Lebensstile, soziale Lagen und Siedlungsstrukturen

FuS Bd. 230
ISBN 978-3-88838-059-4
ISSN 0935-0780
Alle Rechte vorbehalten • Verlag der ARL • Hannover 2007
© Akademie für Raumforschung und Landesplanung
Druck: poppdruck, 30851 Langenhagen

Bestellmöglichkeiten:
über den Buchhandel

VSB Verlagsservice Braunschweig GmbH
Postfach 47 38
38037 Braunschweig
Tel. 01805 708-709
Fax 0531 708-619
E-Mail: vsb-bestellservice@westermann.de

Onlineshop der ARL:
www.ARL-net.de

Verlagsanschrift:
Akademie für Raumforschung und Landesplanung (ARL®)
Hohenzollernstraße 11, 30161 Hannover
Tel. 0511 34842-0, Fax 0511 34842-41
E-Mail: ARL@ARL-net.de
Internet: www.ARL-net.de

Inv.-Nr. A.20.587

Akademie für Raumforschung und Landesplanung

FORSCHUNGS- UND SITZUNGSBERICHTE
DER ARL

Lebensstile, soziale Lagen und Siedlungsstrukturen

Jens S. Dangschat, Alexander Hamedinger (Hrsg.)

Band 230   Hannover 2007

Autorinnen und Autoren

Dangschat, Jens S., Dr., Departement für Raumentwicklung, Infrastruktur- und Umweltplanung, Fachbereich Soziologie, Technische Universität Wien, Ordentliches Mitglied der Akademie für Raumforschung und Landesplanung

Eder Sandtner, Susanne, Dr., Fachbereich Geographie, Humangeographie/Stadt- und Regionalforschung, Universität Basel

Geiling, Heiko, Dr., Prof., Institut für Politische Wissenschaft, Leibniz Universität Hannover, Korrespondierendes Mitglied der Akademie für Raumforschung und Landesplanung

Hamedinger, Alexander, Dr., Departement für Raumentwicklung, Infrastruktur- und Umweltplanung, Fachbereich Soziologie, Technische Universität Wien

Häußermann, Hartmut, Dr., Prof., Institut für Sozialwissenschaften, Humboldt-Universität zu Berlin, Ordentliches Mitglied der Akademie für Raumforschung und Landesplanung

Holzinger, Elizabeth, Dr., Freiberufliche Autorin und Filmemacherin, ehem. Mitarbeiterin des Österreichischen Instituts für Raumplanung, Wien

Kronauer, Martin, Dr., Prof., Fachhochschule für Wirtschaft Berlin, Korrespondierendes Mitglied der Akademie für Raumforschung und Landesplanung

Läpple, Dieter, Dr., Prof., Institut für Stadt- und Regionalökonomie, HafenCity Universität Hamburg, Korrespondierendes Mitglied der Akademie für Raumforschung und Landesplanung

Schneider-Sliwa, Rita, Dr., Fachbereich Geographie, Humangeographie/Stadt- und Regionalforschung, Universität Basel

Spellerberg, Annette, Dr., Prof., Fachbereich Architektur, Raum- und Umweltplanung, Bauingenieurwesen, Technische Universität Kaiserslautern, Korrespondierendes Mitglied der Akademie für Raumforschung und Landesplanung

Walter, Gerd, Dipl.-Ing., Institut für sozialökonomische Strukturanalysen e. V., Berlin

Die Mitglieder des Arbeitskreises haben die Beitragsentwürfe mehrfach mit den Autorinnen und Autoren diskutiert (interne Qualitätskontrolle). Die vom Arbeitskreis verabschiedeten Beiträge wurden darüber hinaus vor der Veröffentlichung durch einen Gutachter einer Evaluierung unterzogen (externe Qualitätskontrolle) und nach Berücksichtigung der Empfehlungen der externen Begutachtung dem Sekretariat der ARL zur Drucklegung übergeben. Die wissenschaftliche Verantwortung für die Beiträge liegt allein bei den Verfassern.

Sekretariat der ARL: WR I „Bevölkerung, Sozialstruktur, Siedlungsstruktur"
Leitung: Dr. Gerd Tönnies (Toennies@ARL-net.de)

Inhalt

Jens S. Dangschat, Alexander Hamedinger	Vorwort	VII

I Theoretische Fragestellungen zum Zusammenhang zwischen Siedlungsstrukturen und sozial konstruiertem Raum — 1

Jens S. Dangschat, Alexander Hamedinger	Lebensstile, soziale Lagen und Siedlungsstrukturen – Einführung	2
Jens S. Dangschat	Soziale Ungleichheit, gesellschaftlicher Raum und Segregation	21
Elisabeth Holzinger	Raum verloren, Räume gewonnen – Veränderungstendenzen der räumlichen Organisation der Gesellschaft	51

II Soziale Lagen, Lebensstile und Raum – empirische Ergebnisse — 71

Martin Kronauer	Quartiere der Armen: Hilfe gegen soziale Ausgrenzung oder zusätzliche Benachteiligung?	72
Heiko Geiling	Probleme sozialer Integration, Identität und Machtverhältnisse in einer Großwohnsiedlung	91
Dieter Läpple, Gerd Walter	Stadtquartiere und gesellschaftliche Integrationsmuster	111
Susanne Eder Sandtner, Rita Schneider-Sliwa	Neue Gesellschaftsformen und ihre residenziellen Verteilungsmuster am Beispiel von Basel-Stadt	139
Hartmut Häußermann	Segregation – Partizipation – Gentrifikation. Zur Bedeutung von kulturellem Kapital in der Stadterneuerung	161
Annette Spellerberg	Lebensstile im sozialräumlichen Kontext: Wohnlagen und Wunschlagen	182

III Resümee: Herausforderungen für Politik und Stadtplanung — 205

Jens S. Dangschat, Alexander Hamedinger	Sozial differenzierte Räume – Erkenntnisinteresse, Problemlagen und Steuerung	206
Kurzfassungen / Abstracts		240

Mitglieder des Arbeitskreises
„Lebensstile, soziale Lagen und Siedlungsstrukturen"

Dangschat, Jens S., Dr., Departement für Raumentwicklung, Infrastruktur- und Umweltplanung, Fachbereich Soziologie, Technische Universität Wien, Ordentliches Mitglied der Akademie für Raumforschung und Landesplanung

Geiling, Heiko, Dr., Prof., Institut für Politische Wissenschaft, Leibniz Universität Hannover, Korrespondierendes Mitglied der Akademie für Raumforschung und Landesplanung

Hamedinger, Alexander, Dr., Departement für Raumentwicklung, Infrastruktur- und Umweltplanung, Fachbereich Soziologie, Technische Universität Wien

Häußermann, Hartmut, Dr., Prof., Institut für Sozialwissenschaften, Humboldt-Universität zu Berlin, Ordentliches Mitglied der Akademie für Raumforschung und Landesplanung

Holzinger, Elizabeth, Dr., Freiberufliche Autorin und Filmemacherin, ehem. Mitarbeiterin des Österreichischen Instituts für Raumplanung, Wien

Kronauer, Martin, Dr., Prof., Fachhochschule für Wirtschaft Berlin, Korrespondierendes Mitglied der Akademie für Raumforschung und Landesplanung

Läpple, Dieter, Dr., Prof., Institut für Stadt- und Regionalökonomie, HafenCity Universität Hamburg, Korrespondierendes Mitglied der Akademie für Raumforschung und Landesplanung

Schneider-Sliwa, Rita, Dr., Fachbereich Geographie, Humangeographie/Stadt- und Regionalforschung, Universität Basel

Spellerberg, Annette, Dr., Prof., Fachbereich Architektur, Raum- und Umweltplanung, Bauingenieurwesen, Technische Universität Kaiserslautern, Korrespondierendes Mitglied der Akademie für Raumforschung und Landesplanung

Vorwort

Seit einigen Jahren werden Forschungsarbeiten und Untersuchungen über die Veränderung von Siedlungsstrukturen, über den Wandel von sozialen Strukturen, über die Verräumlichung sozialer Ungleichheit sowie über ein neues Planungsverständnis im Zuge einer breiteren Verwaltungsmodernisierung (from government to governance) durchgeführt. Diese verschiedenen Forschungsstränge wurden allerdings selten stärker und konziser aufeinander bezogen. Dies war für die Akademie für Raumforschung und Landesplanung (ARL) der zentrale Anlass, um einen Arbeitskreis mit dem Titel „Lebensstile, soziale Lagen und Siedlungsstrukturen" einzurichten. Der Arbeitskreis, an dem Wissenschaftlerinnen und Wissenschaftler aus unterschiedlichen Disziplinen und Forschungszusammenhängen (Geografie, Stadtsoziologie, Ungleichheitssoziologie, Stadt- und Regionalökonomie, Politikwissenschaft, Stadt- und Regionalplanung) aus Deutschland, Österreich und der Schweiz beteiligt waren, nahm seine Tätigkeit vor einigen Jahren auf. Die Herausgeber dieses Bandes waren der Vorsitzende und der Geschäftsführer des Arbeitskreises. Ihre Aufgabe bestand darin, die Workshops des Arbeitskreises inhaltlich und organisatorisch vorzubereiten, die Diskussionen zu moderieren, die Protokolle zu verfassen sowie die gesamte Arbeit zu koordinieren.

Drei Problemfelder wurden in den Mittelpunkt der Diskussionen im Arbeitskreis gerückt:

1. die soziale Ungleichheit in Stadtregionen, insbesondere bezüglich der Wechselwirkung sozioökonomischer (vertikaler) und soziokultureller (horizontaler) Strukturen sowie deren kultureller Reproduktion in sozialen Milieus und in der individuellen Gestaltung der Alltagswelten (Lebensstile) zu beschreiben, sowie

2. zu analysieren, inwieweit sich soziale Ungleichheiten in den Raum übertragen und sich als Segregationsmuster in der Siedlungsweise unmittelbar abbilden. Hierbei war insbesondere die Überlagerung von Merkmalen der sozialen Lage, der sozialen Milieus und der Lebensstile interessant. Damit zusammenhängend ging es um die Fragen, wie soziale Ungleichheiten und deren Verräumlichung bewertet werden, welcher Handlungsbedarf sich daraus für die institutionellen Akteure ergibt und wie sich planerische Interventionen auf Prozesse der sozialräumlichen Strukturierung auswirken.

3. Dies führte unmittelbar zu den praktischen Fragestellungen, wie mit planerischen Mitteln mit den bestehenden Konzentrationen sozialer Problematik umgegangen werden sollte und welche institutionellen Rahmenbedingungen für die Förderung „kreativer Milieus" geschaffen werden sollten. Insbesondere war hier die Frage nach Herausforderungen einer neuen Planungskultur resp. der Zusammenarbeit mit anderen Akteuren und deren Verknüpfung mit aktuellen Formen der politischen Steuerung zu stellen.

In mehreren, zumeist zweitägigen Workshops wurden die zentralen Themen und Fragestellungen des Arbeitskreises behandelt. In jedem Workshop gab es sowohl von Mitgliedern des Arbeitskreises als auch von eingeladenen externen Expertinnen und Experten fachliche Inputs, die dazu dienten, die Diskussionen anzuregen und zu strukturieren.

Vorwort

Einige der Inputs bildeten die Basis für die Beiträge in diesem Buch. Die durchaus kontrovers geführten Debatten, einerseits innerhalb der Runde der Wissenschaftler/innen und andererseits mit den für manche Workshops eingeladenen „Praktikern" aus der Stadtplanung, führten zu anregenden und fruchtbaren Ergebnissen, die Niederschlag in diesem Buch finden.

In den Workshops wurden folgende detailliertere Fragen auf theoretischer und empirischer Ebene bearbeitet:

- Wie stellen sich soziale Ungleichheiten in Stadtregionen dar?
- Was wird unter dem Begriff „Raum" in verschiedenen wissenschaftlichen Disziplinen verstanden und welche Auswirkungen haben diese auf das Raumverständnis der Stadt- und Regionalplanung?
- Für welche sozialen Gruppen und Arten von Nutzungen ist der Wohnstandort mit seinen territorialen Qualitäten und deren räumlichen Konzentrationen bedeutsam?
- Welche Rolle spielt die „lokale Ökonomie" in der Entwicklung von sozial benachteiligten Gebieten?
- Ist Durchmischung eine geeignete Vorstellung sozialer Integration und sollte sie von der Stadtteilplanung angestrebt werden?
- Wie werden soziale Ungleichheiten und deren Verräumlichung bewertet und welcher Handlungsbedarf ergibt sich daraus für die institutionellen Akteure?
- Welche Steuerungsformen gibt es, um mit bestehenden Konzentrationen sozialer Benachteiligung umzugehen?
- Welchen Stellenwert hat ein kommunikatives und kooperatives Planungsverständnis beim Umgang mit räumlichen Konzentrationen von sozialer Ungleichheit vor allem bezüglich zivilgesellschaftlicher Entwicklungen?

Das vorliegende Buch ist das Endprodukt der Tätigkeit des Arbeitskreises und gibt einen Überblick über die vielfältigen Diskussionen, die während seiner Laufzeit geführt wurden. Wir, die Herausgeber, möchten an dieser Stelle allen unseren großen Dank aussprechen, die an diesem Buch mitgewirkt haben. Vor allem bedanken wir uns bei den Autorinnen und Autoren für ihre Beiträge, ihr großes Engagement und für ihre Geduld, insbesondere in der Endphase der Fertigstellung. Darüber hinaus möchten wir Dr. Gerd Tönnies von der ARL danken; ohne seine motivierende und immer wieder zusammenführende Tätigkeit wäre das Buch in dieser Form wohl nicht zustande gekommen. Schließlich bedanken wir uns bei der ARL für die Einrichtung und Finanzierung des Arbeitskreises und bei den Mitarbeiterinnen und Mitarbeitern im Sekretariat für die Herausgabe des Veröffentlichungsbandes.

Wir hoffen, dass dieses Buch weitere Diskussionen und Forschungsbemühungen zum Thema „Lebensstile, soziale Lagen und Siedlungsstrukturen" auslöst. Dass hier noch weiterer Forschungsbedarf besteht, wird in jedem einzelnen Buchbeitrag deutlich gemacht.

Jens S. Dangschat und Alexander Hamedinger

Teil I
Theoretische Fragestellungen zum Zusammenhang zwischen Siedlungsstrukturen und sozial konstruiertem Raum

Jens S. Dangschat, Alexander Hamedinger

Lebensstile, soziale Lagen und Siedlungsstrukturen – Einführung

Gliederung

1　Homogenisierung vs. Heterogenisierung
2　Soziale Ungleichheit und „Raum" – Positionen der Stadt- und Regionalsoziologie
3　Globalisierung vs. Lokalisierung
4　Verräumlichung vs. Enträumlichung
5　Government vs. Governance
6　Gliederung des Bandes
Literatur

„Der Anlass der folgenden Überlegungen ist die Unlösbarkeit der Probleme der Stadt allein von einem Planungsansatz her. Nur gemeinsames Nachdenken der Stadtplaner, Architekten, der Behörden mit den Vertretern der Wissenschaften vom Menschen (den Soziologen und Sozialpsychologen, Politologen, Entwicklungspsychologen) wird uns vor schlimmen Irrtümern, vor der Fortsetzung unheilvoller Fehlplanung bewahren können. Diejenigen unter uns, die beruflich menschliches Verhalten zu untersuchen haben, müssen sich um ein gemeinsames Wissen über den Menschen bemühen" (Mitscherlich 1974: 663).

Dieser Aussage aus der Schrift „Thesen zur Stadt der Zukunft" ist aus heutiger Sicht hinzuzufügen, dass auch Vertreterinnen und Vertreter der Zivilgesellschaft und der Wirtschaft in diesen Prozess einzubeziehen wären, um vor allem einem zentralen und brennenden Problem gegenwärtiger Stadtentwicklung begegnen zu können: der sozialräumlich (auf-)geteilten Stadt. Die Teilung von Großstädten in abgesicherte „Zitadellen der Reichen", „Ghettos der sozial Exkludierten" (vgl. Marcuse, van Kempen 2002), sich ausbreitende suburbane Gebiete einer zahlenmäßig abnehmenden Mittelklasse, heterogene innenstadtnahe Wohngebiete, innerstädtische Konsumzonen, die als Orte der Inszenierung von gehobeneren Lebensstilen dienen (vgl. Dangschat 1994), sowie monofunktionale Großwohnsiedlungen an den Rändern ist Ausdruck moderner Stadtgesellschaften. Die sozialräumlichen Strukturen von Großstädten sind in ständigem Wandel begriffen, wobei sich „alte" und „neue" soziale Gruppen darin unterschiedliche Orte aneignen oder diesen zugewiesen werden und gleichzeitig die Orte und deren Wahrnehmungen prägen resp. die räumlichen Verhaltensweisen beeinflussen. Dabei ist die Verhinderung von und der Umgang mit der Konzentration ökonomischer Strukturschwäche, sozialer Ungleichheit und städtebaulicher Problematik im Raum ein zentrales Thema der Stadt- und Regionalplanung, das gemeinsamen Nachdenkens und gemeinsamer Lösungsfindung bedarf, während die Lebensstilisierung an Orten demgegenüber in der wirtschaftlichen Praxis und in strategischen Überlegungen von Stadtverwaltungen vorerst noch einen geringen Raum einnimmt[1].

Das hauptsächliche Ziel des ARL-Arbeitskreises „Lebensstile, soziale Lagen und Siedlungsstrukturen" war, sich mit der zunehmenden Verräumlichung sozialer Ungleichheit(en) in Großstädten auseinanderzusetzen. Großstädte sind als Untersuchungsobjekte insbesondere deshalb interessant,

- weil sich in ihnen Prozesse des sozialen, politischen und ökonomischen Wandels intensiv und frühzeitig zeigen,
- weil sie daher Orte sind, an denen kreative und innovative Lösungen gesellschaftlicher Probleme entwickelt werden, und
- weil sich empirische Zusammenhänge zwischen Lebensstilen, sozialen Lagen und Siedlungsstrukturen auf dieser räumlichen Ebene sehr gut darstellen lassen.

Ausgangssituation und Aktualität des Themas

Eine eindeutige Beschreibung der Ausgangslage würde eine von allen Arbeitskreismitgliedern geteilte Interpretation des gegenwärtigen sozialen Wandels erfordern. Dies war aufgrund der Heterogenität der Mitglieder, die mit unterschiedlichen (wissenschafts-)theoretischen Positionen arbeiten, nicht möglich und würde zudem der Komplexität der oben erwähnten Zusammenhänge nicht gerecht werden. Daher wird die Ausgangslage für die Analyse des Zusammenhanges von Lebensstilen, sozialen Lagen und Siedlungsstrukturen anhand von antagonistischen Begriffspaaren beschrieben, welche die wissenschaftlichen Diskurse zur Untersuchung unterschiedlicher Aspekte des gegenwärtigen sozialen Wandels aufspannen:

- Homogenisierung vs. Heterogenisierung sozialer Ungleichheit
- Globalisierung vs. Lokalisierung gesellschaftlicher Prozesse
- Verräumlichung vs. Enträumlichung sozialer Strukturen und Prozesse
- Government vs. Governance als Steuerungsform

1   Homogenisierung vs. Heterogenisierung

Die Positionen innerhalb der Ungleichheitsforschung zur Interpretation des gegenwärtigen Wandels des Aufbaus von Gesellschaften können grob in die Sichtweisen „Homogenisierung" und „Heterogenisierung" unterteilt werden. Im *Homogenisierungslager* wird nach wie vor davon ausgegangen, dass auch in einer postindustriellen Gesellschaft Muster sozialer Ungleichheit mit den Begriffen „Klasse" und „Schicht" adäquat beschrieben werden können und daher zur Grundlage der Analyse von sozialstrukturellen

---

[1] Eine Ausnahme bilden dabei die lokalen Netze der „lernenden Regionen", der neuen Produktions- und Dienstleistungscluster, die „Orte der Kreativen", wobei im Sinne des Förderns der sog. „creative industries" vor allem an die Zusammenarbeit von kleinen und mittelgroßen Unternehmen (KMU) mit naturwissenschaftlichen und technischen Forschungseinheiten gedacht wird (vgl. Camagni 1991, 2003; Ratti, Bramanti, Gordon 1997).

Unterschieden verwendet werden sollten (vgl. Geißler 1996; Müller 1997; Dangschat 1998a). Im Mittelpunkt steht die Betonung von fortbestehenden sozialen Strukturierungen, die in der Weiterführung der Geigerschen Schichtungstheorie, in der Einbindung von Milieus in bestehende Klassenstrukturen oder in einer regulationstheoretischen Weiterentwicklung einer Theorie der Klassenstrukturierung gesehen werden (vgl. Vester et al. 1993, 2001; Vester 1994, 1998; Diettrich 1999; Kohlmorgen 2004). Vertreterinnen und Vertreter des Strukturierungslagers kritisieren Ansätze, „die von einer durch den Wohlstandsschub der Nachkriegsjahrzehnte ausgelösten ‚Entkoppelung' zwischen ‚objektiven' Ungleichheiten bzw. Lebenslagen einerseits, den ‚subjektiven' Verarbeitungsweisen, Werthaltungen und Einstellungen, den kulturellen, lebensstilbezogenen Distinktions- und Abgrenzungskämpfen andererseits, ausgehen" (vgl. Berger 2000).

Eine Argumentation für die wiedererstarkte Bedeutung klassenspezifischer Fraktionierungen wird mit Hilfe des Zusammenziehens stadtsoziologischer Positionen, der Ergebnisse der Armutsforschung in Städten und der Regulationstheorie geleistet (vgl. Dangschat 1999). Gerade aufgrund der oftmals ausgrenzenden Wirkung von Armut wurde die Debatte in Frankreich und Großbritannien auf den Begriff „soziale Ausgrenzung" resp. der (fehlenden) sozialen Integration verlagert. Der Begriff „soziale Ausgrenzung" wird dabei einerseits auf marginale bis ausschließende Positionen am Arbeitsmarkt und andererseits auf das Phänomen gesellschaftlicher Isolation bezogen, das auf den Ausschluss von gesellschaftlichen Teilhabemöglichkeiten verweist (etwa auch die Auflösung resp. den Abbruch sozialer Bindungen). Ausgrenzung oder Exklusion meint nicht ein Entweder-oder, nicht ein ausschließliches Drinnen- oder Draußen-Sein in verschiedenen gesellschaftlichen Dimensionen, sondern ein soziales Spannungsverhältnis mit jeweiligen Kombinationen von Drinnen und Draußen. Dieses Verhältnis bezieht sich auf die ökonomische Ebene (Arbeitsmarkt), auf die staatliche Ebene (Sozialstaat und politische Rechte), auf die kulturelle Ebene (Werte und Orientierungen, Erwartungen der „Dazugehörigen" etc.) und auf die Ebene der sozialen Kontakte (Rückzug, Vereinzelung) (vgl. Kronauer 1999, 2002; siehe auch seinen Beitrag in diesem Band; vgl. Bremer 2000: 34). Ausgrenzung wird in dieser Sichtweise als Prozess betrachtet, der sich in Form von Veränderungen zwischen den angesprochenen Dimensionen darstellen lässt. Fragen der vertikalen sozialen Ungleichheit („oben" und „unten") rücken in diesem Zusammenhang in den Hintergrund, obwohl gleichzeitig gefragt wird, „ob man von einer Rückkehr der Klassengesellschaft sprechen müsse, weil ein Teil der Bevölkerung von den Standards entwickelter Industriegesellschaften ausgeschlossen bleibt" (Bremer 2000: 14).

Aus dem *Heterogenisierungslager* wird dagegen seit Beginn der 1980er-Jahre die Debatte über die soziale Ungleichheit durch Positionen bestimmt, die auf die Bedeutung „neuer" sozialer Ungleichheiten hinweisen, die „jenseits von Klasse und Stand" (Beck 1983) „querverteilt" zu den traditionellen vertikalen Mustern sozialer Ungleichheit (beschrieben über die Begriffe Klasse und Schicht) liegen. Am Strukturierungslager wird primär kritisiert, dass der Fokus der sozialstrukturellen Analysen auf die Erwerbstätigkeit ausgerichtet ist, aus der allerdings eine zunehmende Zahl von Menschen herausfällt und die daher für Sozialintegrationsleistungen an Bedeutung verliert. Darüber hinaus wird eine Zunahme von individuellen Wahlmöglichkeiten in postindustriellen Gesellschaften konstatiert, die den Prozess der Individualisierung und Pluralisierung von Lebensweisen vorantreiben. Es wird behauptet, dass sich Schichtungs- und Klassenstrukturen zunehmend verflüssigen und damit Schicht- und Klassenmodelle in ihrer Erklärungskraft für Einstellungs- und Verhaltensformen an Bedeutung verlieren. Weiterhin wird das Aufkommen neuer Dimensionen, neuer Ursachen und neuer Determinanten sozialer Ungleichheit betont (vgl. Hradil 1987: 29–48; Hradil 1992).

Die Vielfalt vertikaler und horizontaler Strukturen wurde von Hradil (1987) in ein Konzept sozialer Lagen integriert. Unter sozialer Lage versteht er die gruppentypische Ausstattung mit „harten", kurzfristig nicht zu verändernden, also „objektiven" Voraussetzungen des Handelns, mit denen die Handlungsbedingungen von Menschen (als Spielraum der Möglichkeiten und der Begrenzungen) determiniert sind. Um auch die kollektiven Ausdeutungen dieser Handlungsbedingungen berücksichtigen zu können, hat Hradil den Milieubegriff eingeführt, womit die Verschränkung und gegenseitige Beeinflussung objektiver sozialer Lagen mit Syndromen subjektiver Faktoren gemeint ist. Hiermit ist die Wahrnehmung, Interpretation, Nutzung und Gestaltung beispielsweise auch von Stadtquartieren gemeint, die zur Gruppenbildung entlang der Wertemuster dienen. Die Strukturierung entlang sozialer Milieus wird durch den Lebensstilbegriff ergänzt, den empirisch nachweisbaren Komplex von Verhaltensregelmäßigkeiten (zur Darstellung der stadtsoziologischen Relevanz von Lebensstilansätzen vgl. Dangschat und Blasius 1994; zum Verhältnis von Lebensstilen und Wohnen siehe den Beitrag von Annette Spellerberg in diesem Band).

Die Konzepte der sozialen Lage, des Milieus und der Lebensstile sind also im Rahmen einer Handlungstheorie aufeinander zu beziehende Dimensionen, deren statistischer Zusammenhang jedoch offen ist, denn die Frage des Ausmaßes der (Un-)Abhängigkeit der Ebenen (soziale Lage, soziales Milieu und Lebensstil) bestimmt in sehr starkem Maße die Ungleichheitsdebatte in Deutschland. Dabei wird weit über Beck hinausgegangen, der im Zuge seiner „disembedding"-Thesen von der Freisetzung der Bindungen an traditionelle Institutionen wie Familie, Kirche, Gewerkschaften, Schicht und Nachbarschaft spricht. Dieses Loslösen resp. Freisetzen führt zu neuen Vergesellschaftungsformen, die vor allem aus der Fähigkeit der Menschen entstehen, reflexiv auf ihre Umwelt eingehen zu können und/oder der Notwendigkeit, dieses tun zu müssen. Die weiter reichenden Thesen gehen von einem Lebensstil-Patchwork aus, das situativ zusammengesetzt werden muss. Tiefenstrukturen sozialer Ungleichheit verblassen demgegenüber vor dem Hintergrund einer reflexiven Alltagskompetenz (vgl. Hitzler 1994; Michailow 1994). Schulze (1992) geht in seiner Darstellung der Erlebnisgesellschaft als Konstante von alters- und bildungsspezifischen Dispositionen aus; alle weiteren Merkmale sozialer Ungleichheit gehen vor dem Hintergrund hoher Mobilität und der breiten Wirksamkeit einer allgemeinen Wohlstandsentwicklung *(„Fahrstuhleffekt")* verloren.

Hradil (1999: 96–142) stellt die Entwicklung sozialer Ungleichheit als eine Geschichte des Ablaufs von Paradigmen dar (Kasten, Stände, Klassen, Schichten), wobei heute eine Reihe unterschiedlicher Ansätze miteinander konkurriert:

- ökonomische Theorien (neo-marxistische, regulationstheoretische, marktwirtschaftliche, Arbeitsmarkttheorien)
- politische Theorien (rational-choice-Theorien kollektiven Handelns, neo-korporatistische, kräftefeldtheoretische Theorien)
- kultursoziologische Theorien (Struktur-Habitus-Praxis, Individualisierungsthese, Milieutheorien)

Einführung

Wir wollen uns an dieser Stelle nicht für eine der beiden Positionen von Homogenisierung resp. Heterogenisierung entscheiden, sondern der These folgen, dass sich die in historischer Abfolge herausgebildeten Strukturen und „driving forces" sozialer Ungleichheit auch in der Gegenwartsgesellschaft noch immer überlagern, auch wenn sie in unterschiedlichem Maße an Wirksamkeit und Dominanz eingebüßt haben. Die Positionen mit Bezug auf Stand, Klasse und Schicht haben also heute lediglich eine gegenüber der damals als einzig, zumindest als dominant dargestellten Position eine relativ geringere Bedeutung. Wir gehen davon aus, dass die soziale Ungleichheit in einer modernen Gesellschaft zu einem Zeitpunkt unterschiedliche Formen annimmt, die gleichzeitig nebeneinander bestehen (und in Teil-Gesellschaften dominant sind), wobei die Wechselwirkungen der Ungleichheitsmodi untereinander noch völlig ungeklärt sind. So besteht, beispielsweise von bestimmten modernen Milieus ausgehend, eine hohe normative Wirkung auf die Identitätsbildung von (ursprünglich) klassen- oder schichtungsspezifisch geformten Gruppen. Aber auch die Konstruktionen der Wissenschaftlerinnen und Wissenschaftler über beispielsweise „neue soziale Ungleichheiten" haben ihre Wirkungen auf die Konstruktionen der sozialen Lage der einzelnen sozialen Gruppen.

Das heißt, dass hier die These vertreten wird, dass sich gegenwärtig folgende Modelle überlagern:

- das *Ständemodell* – noch immer werden Ungleichheiten nach Geburt erzeugt (als Frau, als Mitglied einer Nation/Ethnie resp. einer Rasse etc.)
- das *Klassenmodell* – vor dem Hintergrund struktureller Arbeitslosigkeit nimmt die Abhängigkeit der Arbeitnehmerinnen und Arbeitnehmer von den Kapitaleignerinnen und Kapitaleignern zu (man denke nur an die Orientierung am shareholder value gegenüber der an der Zahl der Beschäftigten); das Klassenmodell ist in seiner grundsätzlich antagonistischen Struktur latent und wird in Zeiten geringerer Solidarität stärker wirksam
- das *Schichtungsmodell* – noch immer ist die Ausdifferenzierung der Berufe und deren Belohnungssystem durch Gehaltshöhen für die Abstufung der mittleren Kategorien bedeutsam; da sich zudem das soziale Sicherungssystem an der Logik des Arbeitsmarktes orientiert, „verlängert" sich das System der Erwerbsarbeit bis in die Altersversorgung, die soziale Absicherung der Arbeitslosigkeit und die Versorgung im Krankheitsfalle
- das *Milieumodell* – es dient vor allem der Ausdifferenzierung bestimmter Bildungs- und Berufsgruppen (insbesondere im Bereich der Dienstleistungen) resp. der Kohorten der Jugendlichen und Jungerwachsenen vor dem Hintergrund hoher Bildung, hoher und relativ gesicherter Einkommen
- das *Lebensstilmodell* – dieses betont den Konsum- und Freizeitaspekt im Rahmen der sich öffnenden Entwicklungsmöglichkeiten in Teilen der Gesellschaft (hier sollte – Bourdieu folgend – verstärkt die Funktion der Reproduktion sozialer Ungleichheit betrachtet werden und weniger eine meist von sozialen Strukturen entkoppelte Typologie von Verhaltensweisen)

Im Folgenden wird also eine integrierende Position zwischen den beiden Lagern vertreten – a) die Gesellschaft spaltet sich vor dem Hintergrund globalisierter Arbeitsmärkte wieder in Klassen auf vs. b) die Menschen nutzen ihre mobile Freiheit dazu, ihre soziale Zugehörigkeit ständig neu zu definieren.

2 Soziale Ungleichheit und „Raum" – Positionen der Stadt- und Regionalsoziologie

Seit den 1980er-Jahren findet auch innerhalb der Stadt- und Regionalsoziologie entlang der Lager „Homogenisierung" und „Heterogenisierung" eine Diskussion über die Bedeutung sozialer Ungleichheit statt (vgl. Hardt, Scheller, Tessin 2000). In diesen Auseinandersetzungen geht es im Kern um die Fragen, ob und wie sich Muster sozialer Ungleichheit in den Raum übertragen und zur Ungleichheit beitragen resp. es wird gefragt, wie ungleiche Verteilungen von Bevölkerungsgruppen in der Stadt zustande kommen.

Die aktuelle Debatte innerhalb der Stadt- und Regionalsoziologie wird vor allem dadurch bestimmt, wie die residenzielle Segregation resp. die räumlichen Konzentrationen unterer sozialer Bildungs- und Einkommensgruppen, von Migrantinnen und Migranten sowie diesen zugeschriebene Formen abweichenden Verhaltens („soziale Brennpunkte", „Soziale Stadt") eingeordnet werden sollten. Die zunehmende Aufmerksamkeit gegenüber der residenziellen Segregation sozial Benachteiligter liegt

- an einer wachsenden sozioökonomischen Ungleichheit (Armuts-Wohlstands-Gefälle) und deren Verräumlichung (objektive soziostrukturelle Veränderungen)
- an der zunehmenden Integrationsproblematik bestimmter sozialer Milieus der Armut und von Migrantinnen und Migranten, die sich zunehmend auf wenige Teilgebiete einer Großstadt konzentrieren („soziale Brennpunkte")
- an einer Zunahme der Bedeutung sozialer Milieus und distinktiver Lebensstile in den besser ausgebildeten und jüngeren Mittelschichten und an den Ausdeutungen gesellschaftlicher Realität dieser Gruppen (subjektiv wahrgenommene Veränderungen) (s. auch den Beitrag von Dangschat in diesem Band)

Sozial benachteiligte Quartiere gelten als „Orte spezifischer Problemakkumulation. Neben der Konzentration sozial benachteiligter Gruppen, die überproportional häufig von staatlichen Transferleistungen abhängig sind, handelt es sich in aller Regel um Gebiete mit hoher Bevölkerungsfluktuation, einer unterdurchschnittlichen Infrastrukturausstattung, hohen verkehrlichen und Umweltbelastungen usw. Überlagern sich mehrere dieser Faktoren, kann hieraus ein Milieu der Benachteiligung, ein sozialer Brennpunkt entstehen" (Anhut, Heitmeyer 2000: 28–29). Schon in den 1920er- und 1930er-Jahren wurde vermutet, dass an Orten hoher räumlicher Konzentration sozial benachteiligter Gruppen zusätzliche benachteiligende Effekte entstehen: Zur sozialen Benachteiligung kommen meist bauliche und städtebauliche Mängel, schlechte infrastrukturelle Ausstattungen, negative Stereotypen und Images sowie häufig verschiedene Formen abweichenden Verhaltens und eher radikalere Wertemuster der Bewohnerinnen und Bewohner hinzu.

Die „Segregations-Debatte" ist durch theoretische Positionen gekennzeichnet, die einerseits von Vertreterinnen und Vertretern der sozialökologischen Schule und andererseits von Vertreterinnen und Vertretern neo-marxistischer und neo-weberianischer Stadtforschungsansätze ins Feld geführt werden. Die sozialökologischen Ansätze fokussieren auf die Berechnung von Segregationsindizes und von „tipping points" (vgl. Friedrichs 1983: 260–265; Kecskes, Knäbel 1988). Dabei werden die Ergebnisse individueller Standortentscheidungen auf einer sog. Makro-Ebene aggregiert. Demgegenüber verweisen Stadtforscherinnen und Stadtforscher aus neo-marxistischen und neo-weberianischen Schulen entsprechend eines Klassenansatzes vor allem auf Prozesse der „Teilung" oder der „Spaltung" der Stadt, die im Zusammenhang mit gesellschaftlichen Phänomenen auf der Makro-Ebene (beispielsweise Globalisierung) thematisiert werden (vgl. Blanke, Evers, Wollmann 1986; Häußermann, Siebel 1987; Marcuse 1989; Dangschat 1995).

In Anlehnung an Modelle der Entwicklung von Pflanzen- und Tiergesellschaften treten Individuen und soziale Gruppe in einen Wettbewerb um die Aneignung von knappen Ressourcen (wie attraktiven Standorten), welcher primär über Geld und den Markt reguliert wird. Vonseiten der sozialökologischen Schule wird argumentiert, dass die Wohnbevölkerung nach den einzelnen Merkmalen der sozialen Ungleichheit (beispielsweise Einkommens- und Vermögenslagen, ethnischer Status, Familienstatus) unterschiedliche Muster der räumlichen Konzentration herausbildet. Daraus ergibt sich ein in unterschiedliche Gebiete mit einer spezifischen Nutzung und einer homogenen sozialen Struktur gegliederter Stadtraum („natural areas'). „Segregierte Wohnviertel und Zonen mit dominanter Nutzung stellen aus dieser Sicht keine Fehlentwicklung dar, sondern sind als Konsequenzen eines ‚natürlichen' Ausleseprozesses zu akzeptieren" (Fassmann 2002: 16) (zur Analyse von Segregationsmustern nach sozialen Milieus siehe den Beitrag von Rita Schneider-Sliwa und Susanne Eder in diesem Band). In der Argumentation von Park (1950) ist residenzielle Segregation im Rahmen seines Modells des „race-relations cycle" letztlich eine notwendige und nützliche Übergangsstufe für Migrantinnen und Migranten. Spezifische Stadtquartiere bilden für die Migrantinnen und Migranten Auffangstationen, in denen sie sich an die neuen Lebensbedingungen und an die für sie fremde Kultur und Sprache gewöhnen können. Der Prozess der Anpassung bildet eine Voraussetzung, um über die Integration in den Arbeitsmarkt sozial aufsteigen zu können.

Aus einer steuerungspolitischen Perspektive stellt sich in diesem Zusammenhang die Frage, wie mit segregierten Wohnvierteln umgegangen werden kann und ob nicht eine bessere „soziale Durchmischung" in den Stadtvierteln anzustreben wäre. Die Argumente für eine „ausgewogene Bevölkerungsmischung" gehen von der Gültigkeit der sog. „Kontakthypothese" aus, wobei das Kennenlernen fremder kultureller Muster, Einstellungen und Verhaltensweisen als Bereicherung angesehen wird. Sozialpsychologische Untersuchungen sind jedoch zu dem Ergebnis gekommen, dass die Wirksamkeit des „Lernens von fremden Kulturen" insbesondere dann gut funktioniert, wenn der „soziale Abstand" zwischen den Gruppen als gering resp. der Unterschied nicht als bedrohlich empfunden wird. Schließlich profitieren insbesondere höhere Bildungsgruppen von dem Kontakt, was es ihnen erleichtert, sich hier toleranter zu verhalten (vgl. Dangschat 1998b: 37–44). Dieses wird daraus verständlich, dass jene Gruppen nur selten mit den Zuwanderern um materielle oder ideelle Güter streiten (Wohnraum, Arbeitsplatz). Da sie in der Regel in anderen Stadtteilen als die Zuwanderer leben, sind sie von der „täglichen Integrationsarbeit" entlastet – stattdessen werden von ihnen die normativen Vorgaben der „political correcten" multikulturellen Gesellschaft an die weniger gebildeten und statusniedrigeren Autochthonen formuliert (vgl. Dangschat 2000).

An der sozialökologischen Schule wird vor allem kritisiert, dass die Rolle des politisch-administrativen Systems und damit der Stadtplanung, die Rolle von Akteuren mit ihren unterschiedlichen und teilweise widersprechenden Interessen sowie die Einbettung in makroökonomische Zusammenhänge in der Erklärung von Segregationsprozessen vernachlässigt werden (vgl. Dangschat 2002).

Von Vertreterinnen und Vertretern der These der „Spaltung der Stadt" wird in der stadtsoziologischen Literatur auf die Bedeutung von strukturellen ökonomischen Veränderungen für das verstärkte Auseinanderdriften zwischen „Reichen" und „Armen" verwiesen. Diese Prozesse schlagen sich in der Stadtstruktur nieder. Die These von der Verräumlichung sozialer Ungleichheit findet sich in den Thesen zur Zwei- und Dreiteilung (Mollenkopf, Castells 1991; Häußermann, Siebel 1987) resp. von der Viertelbildung der Stadt (vgl. Marcuse 1989, 1993; Harth, Scheller, Tessin 2000):

„Unsere Städte erleben eine doppelte Spaltung: einmal zerbricht das bislang einheitliche Muster städtischer Entwicklung in zwei einander entgegengesetzte Typen. Einigen wenigen Städten, die noch das gewohnte Bild von wachsendem Wohlstand, neuen Arbeitsplätzen und spektakulären Neubauten bieten, stehen stagnierende oder gar schrumpfende Städte gegenüber. Zum anderen vollzieht sich innerhalb jeder einzelnen Stadt eine Spaltung, nicht ganz so sichtbar noch, aber doch nicht weniger tiefgreifend: die Spaltung zwischen jenen mit sicheren Arbeitsplätzen mit gesicherter Lebensperspektive und den an den Rand Gedrängten, den Ausländern, den Armen, den dauerhaft Arbeitslosen" (Häußermann, Siebel 1987: 8). Die These der sozial-räumlichen Polarisierung nach reich und arm wird auch in aktuellen Arbeiten von Häußermann und Kapphan weitergeführt, wo es in Bezug auf die sozial-räumliche Entwicklung von Berlin heißt: „Im Zuge dieser Entwicklungen nimmt die soziale Segregation zu. (...) Wo bereits zuvor arme Haushalte hohe Anteile bildeten, hat sich dieser Anteil weiter erhöht; und wo reichere Bewohner dominierten, sind nun noch weniger Bewohner zu finden, die nicht diesen Einkommensgruppen angehören. Die sozialräumliche Struktur hat sich polarisiert" (Häußermann, Kapphan 2000: 239).

Die stadtplanerische Frage, ob es notwendig und gut ist, etwas gegen Segregationsprozesse zu unternehmen, bleibt auch in dieser Debatte ungeklärt. Dabei stellt sich für die sozialwissenschaftliche Forschung die Aufgabe, zu klären, für welche Gruppe welches Ausmaß, welche Form und welche Dauer residenzieller Segregation förderlich oder hinderlich ist (vgl. Dangschat 2002). Eine Aufgabe des Arbeitskreises war es, zumindest erste Schritte einer differenzierteren Betrachtung vorzunehmen. Insbesondere vor dem Hintergrund sehr unterschiedlicher sozialer Strukturen, aber auch unterschiedlicher politisch-kultureller Muster sollten die Effekte der lokalen Kultur, der möglicherweise einschränkenden Handlungsbedingungen durch defizitäre Wohn- und Wohnumfeldbedingungen, des Images der Quartiere und der spezifischen Regulationsbedingungen, die gerade durch Stadtteilplanung und Stadtteilmanagement hergestellt werden, näher analysiert werden.

3 Globalisierung vs. Lokalisierung

Soziale, politische, ökonomische, technologische und kulturelle Prozesse bilden den Kontext für diejenigen Diskurse über die Spaltung und die Pluralisierung der Gesellschaft, die mit dem Begriff „Globalisierung" verbunden sind. Die Breite der Debatte hat dazu geführt, dass es keine klare Definition dieses Begriffs (auch nicht im ökonomischen Bereich) gibt. In der Globalisierungsdebatte wird vor allem auf Begriffe wie „Entbettung" und „Entgrenzung" gesetzt (vgl. Läpple 2000), um Veränderungen von Raum- und Zeitstrukturen, Veränderungen von Interaktionsprozessen sowie Veränderungen von Institutionen und Organisationen mit bestimmten territorialen Logiken zu beschreiben. „Globalisierung meint das erfahrbare Grenzloswerden alltäglichen Handelns in den verschiedenen Dimensionen der Wirtschaft, der Information, der Ökologie, der Technik, der transkulturellen Konflikte und Zivilgesellschaft" (Beck 1998: 44).

Während damit vor allem die These der „Entbettung" und der „Enträumlichung" sozialer Beziehungen unterstützt wird, die darauf abzielt, die Folgen von Globalisierungsprozessen für die alltägliche Raumerfahrung zu bestimmen (vgl. Giddens 1995), verweist der Begriff der „Entgrenzung" auf die langsame Erosion der Steuerungskraft des Nationalstaates angesichts einer sich deterritorialisierenden Ökonomie. Die sicherlich umstrittene These des „hollowing-out" (vgl. Jessop 1994) des Nationalstaates findet sich in dieser Entgrenzungs-Rhetorik ebenso wie die ideologisch konnotierte Vorstellung eines „Sachzwanges Globalisierung". Vor allem zur Durchführung von neoliberalen wirtschaftspolitischen Projekten (wie z. B. Abbau von Handelsschranken) findet der Begriff „Globalisierung" eine strategische Verwendung: „Globalisierung ist kein Sachzwang, sondern beruht auf wirtschaftspolitischen Entscheidungen der ökonomisch mächtigsten Nationen" (Häußermann 2000a: 80). Hinzuzufügen ist, dass die treibenden Kräfte vor allem von den ökonomisch und kulturell bedeutenden Städten ausgehen, genauer: von deren Stakeholdern in den Bereichen Wirtschaft, Politik und Verwaltung. Von ökonomischer Seite wird weiterhin hinzugefügt, dass „global players" oder transnational agierende Großunternehmen zentrale Akteure in der Restrukturierung von Räumen sind (vgl. Heeg 2001), welche die Steuerungskraft von Nationalstaaten infrage stellen. In dieser Diskussion geht es vor allem um die Analyse der Koordination von transnationalen Produktionsketten. Globalisierung verweist auf Prozesse der Intensivierung und Beschleunigung von weltumspannender wirtschaftsbezogener Kommunikation und Interaktion (vgl. Reimann 2002), die durch technische Errungenschaften in Transport- und Kommunikationstechnologien erst möglich gemacht wurden.

Gleichzeitig wird darauf verwiesen, dass primär Städte als Knotenpunkte in der Organisation von globalen Kapitalflüssen an Bedeutung gewinnen, die sogenannten „global cities" (vgl. Sassen 1996), und dass Prozesse der Globalisierung eine Vertiefung der Spaltung der Gesellschaft mit sich bringen. „To put it in a nutshell: rather than homogenizing the human condition, the technological annulment of temporal/spatial distances tends to polarize it. It emancipates certain humans from territorial constraints and renders certain community-generating meanings exterritorial – while denuding the territory, to which other people go on being confined, of its meaning and its identity-endowing capacity" (Bauman 1998: 18). Diese Vertiefung sozialer Spaltung zeigt sich in der sozialräumlichen Struktur städtischer Gesellschaften am deutlichsten. Dies spiegelt sich auch in den Konzepten zur Global City oder zur „World City" (Friedmann 2000) wider, in welchen davon ausgegangen wird, dass Global Cities durch eine Polarisierung der Einkommensverteilung und durch eine Spaltung von Arbeitsmärkten gekennzeichnet sind. In einer globalisierten Ökonomie entwickelt sich demnach ein Netz von Städten, in denen die räumlich verstreuten wirtschaftlichen Aktivitäten (z. B. Finanztransaktionen,

Güterproduktion) kontrolliert und organisiert werden. Weiterhin wird behauptet, dass Globalisierungsprozesse Re-Hierarchisierungen von Räumen induzieren, wobei bestimmte Städte und Regionen in einer globalen Wirtschaft an Bedeutung gewinnen und andere wiederum verlieren. Re-Hierarchisierungen finden dabei nicht nur zwischen Städten und Regionen statt, sondern auch innerhalb von Städten, in denen bestimmte Stadtteile zu „Modernisierungsgewinnern" oder zu „Modernisierungsverlierern" werden.

Bei aller Kritik, die an diesen Konzepten angeführt werden kann (z. B. Übertragbarkeit der empirischen Untersuchungen zu New York, London und Tokio auf andere Großstädte), ist doch bemerkenswert, dass Zusammenhänge zwischen Globalisierung und Prozessen der „Lokalisierung" hergestellt werden. Einerseits braucht eine globalisierte Wirtschaft lokale Verankerungen (wie beispielsweise „headquarters" in global cities), um funktionieren zu können, andererseits spielen regionale oder lokale Differenzierungen im Hinblick auf Regulationsformen, Lebensbedingungen, kulturelle Angebote oder Wissenspotenzial im Wettbewerb der Städte und der Regionen um die Anziehung von internationalem Kapital (Erhöhung der „foreign direct investments") eine wichtige Rolle.

Die globalisierte Wirtschaft basiert auf diesen räumlichen Differenzierungen, die strategisch ausgenutzt und verwertet werden können. „The massive trends towards the spatial dispersal of economic activities at the metropolitan, national, and global levels that we associate with globalisation have contributed to a demand for new forms of territorial centralization of top-level management and control functions" (Sassen 2002: 3). Damit wird die These von der „Enträumlichung" ökonomischer und sozialer Verhältnisse entkräftet und Prozesse der Globalisierung und Lokalisierung als zwei Seiten einer Medaille betrachtet. Diese Argumentation, in der primär auf die räumliche Angewiesenheit einer globalisierten Wirtschaft hingewiesen wird, mündet in den Begriff der „Glokalisierung" (vgl. Swyngedouw 1992; Krätke 1995). In anderen Diskursen wird auf diesen Zusammenhang hingewiesen, indem auf Prozesse des „re-embedding" oder der Re-Regionalisierung eingegangen wird, etwa in den Debatten über „new regionalism" in Großbritannien oder in neueren regionalökonomischen und wirtschaftsgeographischen Theorien (vgl. Piore, Sabel 1985; Scott, Storper 1995).

Die Bedeutung der Diskurse zu Prozessen der Globalisierung und Lokalisierung für die Steuerung der Raumentwicklung ist mannigfaltig. Sie hat Einfluss auf die Diskussionen über die strategische Ausrichtung der gesamtstädtischen Entwicklung, auf die Organisation der Steuerung der Raumentwicklung, auf die Abstimmung von unterschiedlichen Interessen bezüglich der zukünftigen Stadt- und Regionalentwicklung sowie auf das Verhältnis zwischen Staat, Wirtschaft und Zivilgesellschaft. Da Stadt- und Regionalplanung primär Teile von lokalen politisch-administrativen Systemen sind, trifft sie die Frage des Steuerungsverlustes in besonderem Maße. Antworten auf diese Frage werden im Zusammenhang mit dem Übergang vom government zur governance gegeben (s. Kap. 5).

4 Verräumlichung vs. Enträumlichung

Vor allem im Zusammenhang mit der Debatte über die Heterogenisierung der Gesellschaft sowie über die Auswirkungen der Globalisierung auf die Veränderung von Raum- und Zeitstrukturen wird in verschiedenen Diskursen hinterfragt, welche Rolle räumliche Bezüge im sozialen Verhalten von Individuen und sozialen Gruppen spielen. In der Argumentation, wonach sich soziales Geschehen zunehmend von räumlichen Bezügen „emanzipiert" und Menschen sich aus räumlichen Bindungen herauslösen, wird das Bild der „Enträumlichung" verwendet. Weiterhin wird unterstellt, dass sich räumliche und soziale Mobilität erhöhen, dass sich Handlungsräume von Menschen erweitern und dass sich früher feststellbare Identifikationen mit bestimmten Orten (beispielsweise mit Stadtvierteln) und damit mit spezifischen Milieus verflüchtigen. Die Frage ist, ob und welche Rolle aufkommende „Wahlmilieus" bei der Verringerung der räumlichen Gebundenheit sozialer Gruppen spielen (vgl. Herlyn 1998) (zu Aspekten der sozialräumlichen Milieu-analyse siehe auch den Beitrag von Heiko Geiling in diesem Band).

In der Ungleichheitsforschung wird in der Regel die territoriale Verortung von Menschen (Wohnort, Aktionsräume) wenig beachtet. Dieses Defizit besteht, obwohl sich Wohnungsausstattungsqualitäten und die Lage der Wohnung (Erreichbarkeit von Infrastruktur, Naherholung, Ausmaß der Selbstbestimmung über Territorien etc.) auf die Nutzung des Raumes auswirken und zudem mit sozialen Kontakten (Schulen, Peers, Nachbarschaft) verbunden sind, die ebenfalls einen Ortsbezug haben, d. h. dass somit im Rahmen von ortsgebundenen Sozialisationsprozessen die Übernahme von bestimmten Wertemustern und Verhaltensweisen eher nahegelegt wird.

Raumerfahrung und Raumhandeln werden im Sozialisationsprozess geprägt, welcher durch Muster sozialer Ungleichheit und durch spezifische, häufig an den Ort gebundene kulturelle Regeln bestimmt wird. Vor allem die Personen, die sozial benachteiligt sind und die in Stadtteilen leben, welche ökonomische Benachteiligungen oder baulich-räumliche Mängel aufweisen, sind auf das Quartier als „Erfahrungsraum" (vgl. Häußermann 2000b) angewiesen. Wie genau sich soziale Ungleichheit auf unterschiedliche Raumqualitäten und deren selektive Nutzung auswirken, ist bislang jedoch noch weitgehend unklar.

Orte und Territorien werden also verschieden wahrgenommen, und es wird daher mit Orten auch unterschiedlich umgegangen. Entgegen der allgemeinen Enträumlichungsthese (vgl. beispielsweise Schulze 1992) wäre demnach von einer zunehmenden „Verräumlichung" sozialer Ungleichheit zu sprechen. Soziale Differenzierung und Hierarchisierung spiegeln sich im Raum und im territorialen Verhalten wider (vgl. Dangschat 1996). Der physische Raum ist dabei zugleich Ressource und Constraint für das Handeln des Individuums, das sich mit anderen in Konkurrenz um die Besetzung und Verteidigung des Territoriums befindet.

Es ist daher für die Akteure und Institutionen der Raumentwicklung bedeutsam, wie der Raum gestaltet ist (differenzierende oder hierarchisierende Grenzen, Barrieren etc.), denn diese Gestaltung hat Einfluss auf die Wahrnehmung des Raumes und das soziale Verhalten sowie auf die Herstellung von Identitäten (vgl. Keim 2000). Ebenso bedeutsam ist es, wie Territorien von sozioökonomisch und soziokulturell unterschiedlichen Gruppen angeeignet und zur Identitätsstiftung herangezogen (Reproduktion sozialer Ungleichheit) und als Medium der Sozialintegration genutzt werden. Vor Ort vermischen sich also Prozesse und Strukturen des Makro-Raumes mit denen des Mikro-Raumes (vgl. Matthiesen 1998) (zu Thesen der Verräumlichung und Enträumlichen siehe die Beiträge von Holzinger und Läpple, Walter in diesem Band).

Die Formen der Raumwahrnehmung, -bewertung und -nutzung werden durch veränderte Zeitstrukturen einerseits überlagert, andererseits aber auch bestimmt (vgl. Henckel, Eberling 2002). Prozesse der Beschleunigung wirken sich auf Standort- und Gebäudenutzungszyklen ebenso aus wie auf die Zunahme von Flächenbedarf sowie auf die Arbeits- und Lebenswelt. „Die zeitliche Ausdehnung geht mit der räumlichen Ausdehnung Hand in Hand, Zeitersparnisse durch Beschleunigung werden zu einem großen Teil in mehr Fahrten und größere zurückgelegte Entfernungen umgesetzt – der vergrößerte potenzielle Aktionsraum wird tatsächlich genutzt" (Henckel, Eberling 2002: 21). Während bei Henkel und Eberling (2002) noch vom „Mensch an sich" resp. vom allgemeinen sozialen Wandel die Rede ist, stellt sich im Kontext der veränderten Formen sozialer Ungleichheit die Frage nach der sozialen Selektivität dieser neuen Zeitmuster. Sie werden einerseits durch Merkmale sozialer Ungleichheit in unterschiedlicher Weise gebildet und wirken sich andererseits möglicherweise ungleichheitsverstärkend aus.

5 Government vs. Governance

Der forcierte zeitstrukturelle Wandel bedeutet eine Herausforderung für die Steuerung der Raumentwicklung, zumal er Flexibilisierung und Beschleunigung (etwa von Planungsverfahren) nahelegt. Die systematische und zielgerichtete Beeinflussung räumlicher Entwicklung im Sinne der Steuerung ist in verschiedener Weise durch die oben beschriebenen Prozesse herausgefordert:

1. So nehmen die städtebaulichen, stadt- und regionalplanerischen Probleme durch die Verräumlichung wachsender sozioökonomischer und soziokultureller Ungleichheiten zu: Eine eindeutige Strukturierung und die dazugehörigen, eher einheitlichen Einstellungs- und Verhaltensweisen verändern sich zu sehr heterogenen, in Interessengruppen aufgeteilte Gesellschaftsformationen. Dabei entwickeln sich einerseits „neue Konfliktpotenziale" durch die zunehmende Kumulation sozialer Benachteiligung im Raum (beispielsweise die Quartiere, in denen das „Soziale-Stadt"-Programm angewendet wird) und andererseits neue Herausforderungen durch das Herausbilden „neuer Orte" von bestimmten Milieus und Lebensstilgruppen, welche als „creative industries" auch stadtentwicklungspolitisch von Interesse sind (vgl. Aydalot 1986; Camagni 1991, 1995, 2003; Ratti, Bramanti, Gordon 1997; Capello 1999; Scott 2001). Die Vorstellungen über eine angemessene Entwicklung von Stadtregionen werden immer unterschiedlicher (beispielsweise Globalisierung vs. nachhaltige Stadt- und Regionalentwicklung). Die Spanne reicht dabei von einem marktorientierten Immobilienmanagement über regionale Entwicklungsstrategien der „Kooperation zur Verbesserung der Konkurrenzposition" zum eher sozialarbeiterischen Quartiersmanagement auf der Schnittstelle zwischen Stadterneuerung und Sozialpolitik.

2. Die Raumentwicklung ist unübersichtlicher geworden, weil sich nahezu sämtliche ihrer Koordinaten verschoben haben. Territorien (re-)organisieren sich in spezifischer, an den Interessen der lokalen definitionsstarken Gruppen orientierter Weise. Die Thesen der Regionalentwicklung reichen von erneuten Wellen der Suburbanisierung über neue Formen einer dezentralen Zentralisierung beispielsweise als edge-city-Effekt oder als polyzentrische Stadtregionen bis zur Auflösung der bis dahin kontingenten Siedlungsstrukturen („Zwischenstadt") (vgl. Brake, Dangschat, Herfert 2002). Dies impliziert aber

ein Raumverständnis, bei dem der Raum als gesellschaftliches Resultat betrachtet wird. Von vielen Akteuren und Institutionen der Raumentwicklung wird allerdings Raum immer noch als „Behälter-Raum" verstanden (zu dieser Diskussion siehe die Beiträge von Holzinger, Dangschat sowie Läpple und Walter in diesem Band), der in seinen politisch-administrativen Grenzen eindeutig angegeben werden kann. Klare Grenzen hatten und haben die Funktion, Sicherheit, Zuverlässigkeit und Steuerbarkeit zu garantieren. Die Dynamik der Raum- und der gesellschaftlichen Entwicklungen tragen allerdings zu einer langsamen „Perforierung" dieser Grenzen bei.

Wenn es weiterhin richtig ist, dass die Regulationsmöglichkeiten und -fähigkeiten der Nationalstaaten zusehends infrage gestellt werden, dann kommen Großstädte und vor allem Stadtregionen als neue Ebenen der Regulation unterschiedlicher politischer Felder in den Blickpunkt des Interesses. Auf dieser Ebene werden gegenwärtig Modelle für die Neugestaltung des Verhältnisses von Staat, Markt und Zivilgesellschaft entwickelt. Um die mit raschem Tempo auf die Städte zukommenden Herausforderungen und Probleme lösen zu können, bedarf es daher neuer Positionierungen, welche die Steuerungsfähigkeit der lokalen politisch-administrativen Systeme stärken. Diese müssen – gemeinsam mit Akteuren aus dem privaten, zivilgesellschaftlichen und (neo)korporatistischen Bereich – neue, sozial ausgewogene Entscheidungsmodelle erstellen, um den Herausforderungen gerecht werden zu können. Es bedarf zunehmend differenzierter Kommunikationsformen seitens aller Akteure (auch der Raumentwicklung), um einerseits eigene Interessen (besser) durchzusetzen, aber andererseits auch Anregungen durch die „endogenen Potenziale" aufnehmen zu können (vgl. Hamedinger et al. 2007).

Vor allem die räumliche Konzentration sozial benachteiligter Gruppen in Großstädten hat einen erheblichen Druck auf die Notwendigkeit einer neuen Art der Organisation politisch-administrativer Intervention hervorgebracht. Daher überwiegt die Erkenntnis, dass die bekannten staatlichen, regionalen und kommunalen Interventionsstrategien immer weniger dazu geeignet sind, um mit deren Hilfe die Zunahme von Armut und sozialer Ausgrenzung ausgleichen, deren räumliche Konzentration verhindern oder gar abbauen zu können, insbesondere auch, weil der Staat sich zunehmend aus dieser Verantwortung zurückzieht. Für neue Strategien, Instrumente und Formen der Umsetzung sind neue Formen der institutionellen Organisation, der Kommunikation und Einbindung notwendig, wie sie zum Beispiel in Konzepten zum Quartiersmanagement zum Tragen kommen (vgl. Alisch 1998, 2002; Walther 2002; Breitfuss et al. 2004; Greiffenhagen, Neller 2004; Walther, Mensch 2004).

Die unterschiedlichen lokalen Kontexte der Städte führen zu unterschiedlichen Modellen der „urban governance". „Governance" ist eine Antwort auf die Überforderung staatlicher und stadtpolitischer Handlungsmöglichkeiten, die sich aus der „notwendigen" Überwindung von Starrheiten und Rigiditäten des fordistischen Regimes, dessen integrierenden und ausgleichenden Tendenzen, sozialstaatlichen Garantien und Beschäftigungsnormen ergeben. „Governance" beinhaltet die Berücksichtigung vieler Akteure aus dem öffentlichen, privaten und gemeinnützigen Sektor bei der politischen Entscheidungsfindung sowie die Einrichtung horizontaler Verhandlungssysteme als projektorientierte Politikformen (vgl. Healey et al. 1997; Mayer 1997; Pierre 2000; John 2001; Benz 2004; Breitfuss et al. 2004; Heinelt 2004).

„Governance" ist gekennzeichnet dadurch,

- dass öffentliche Maßnahmen nicht mehr primär Folgen von öffentlichen Entscheidungen mit Richtlinien- oder Gesetzescharakter sind, sondern von gemeinsamen Entscheidungen einer Vielzahl von Akteuren aus Privatwirtschaft, Zivilgesellschaft und Staat getragen werden;
- dass eine Vielfalt von nebeneinander bestehenden Verhandlungs- und Kooperationsprozessen entstehen; diese können sich einerseits auf einer räumlichen Ebene, d. h. horizontal (beispielsweise Stadtteil), zwischen diversen Akteuren und zwischen verschiedenen Ressorts des öffentlichen Sektors etablieren resp. zwischen Akteuren und Ressorts unterschiedlicher politischer Ebenen, d. h. vertikal (beispielsweise zwischen national und lokal – „multi-level governance"),
- dass ein zentraler Bestandteil die Verbesserung der Effizienz und Effektivität von Verwaltungshandeln ist („new public management"). Die Modernisierung öffentlicher Verwaltung und die teilweise flexiblere Einbindung von Akteuren und Institutionen der Raumentwicklung führt etwa zu einem veränderten Verständnis öffentlicher Dienstleistungen, das sich im Sinne von Effizienzsteigerungen zunehmend in Form integrativer Politikstile und neuer Modelle der Personalentwicklung zeigt, und
- dass alte, „fordistische" Steuerungsinstrumente beibehalten und ergänzt werden (Überlagerung von government und governance; z. B. Gleichzeitigkeit von top-down- und bottom-up-Ansätzen in der Stadt- und Regionalplanung – „Gegenstrom-Prinzip", die Ausweitung von Partizipation und neue Formen der „public-private-partnerships").

Mit Hilfe der neuen kooperativen Verhandlungsmodelle werden die Funktionsweisen bestehender Systeme repräsentativer Demokratie hinterfragt, um die Probleme der Demokratien in immer komplexer werdenden Gesellschaften zu überwinden. „Demokratie" richtet sich dabei nicht mehr auf Mehrheitsentscheidungen, sondern es geht darum, einen „organisierten Dialog" zwischen der Wirtschaft, den Bürgerinnen und Bürgern sowie dem Staat („Steuerung durch Konsens") herbeizuführen und aufrechtzuerhalten. Im Hinblick auf die neuen Steuerungsformen ist jedoch zu kritisieren, dass

- die staatliche Verantwortlichkeit und die Kontrolle des öffentlichen Handelns durch die Gesellschaft eventuell nicht mehr eindeutig festlegbar ist;
- die parlamentarische Einbindung in Entscheidungen, die in solchen Modellen getroffen werden, nicht immer gewährleistet ist;
- die mit solchen Modellen einhergehende Vorstellung einer „Dezentralisierung der Demokratie" sich auch in ein partikularistisches Verhinderungsinstrument von beispielsweise planerischen Eingriffen verwandeln kann, in welchen eher „urbane Eliten" als bestimmende Minderheiten ihre Interessen durchsetzen können. D. h. es ist zu hinterfragen, wer von den neuen Modellen profitiert und inwieweit die Intentionen der Etablierung dieser Modelle mit den Ergebnissen übereinstimmen (zur Analyse der Veränderung der Organisation der Stadterneuerung im Hinblick auf deren Auswirkungen auf Partizipationsmöglichkeiten und auf die soziale Zusammensetzung in Stadtteilen siehe den Beitrag von Hartmut Häußermann in diesem Band).

Die Etablierung von Governance-Strukturen wird in der Literatur vielfach mit der Vorstellung vom „Wandel der Planungskultur" in Verbindung gebracht (vgl. Friedmann 1987; Wentz 1994; Selle 1996a, 1996b; Schönwandt 2002). Für die Akteure und Institutionen der Steuerung der Raumentwicklung bedeutet dieser Wandel, dass die Handlungen auf allen Ebenen vielfältiger geworden sind – von der Informationsbeschaffung bis zur Planerstellung, der Implementation und Durchführung als Top-down-Raumentwicklung auf EU-Ebene bis zur regionalen Umweltverträglichkeitsprüfung und zur lokalen Bewohner/innen-Beteiligung.

Aufgrund der beschriebenen zunehmenden sozioökonomischen und soziokulturellen Ausdifferenzierungen der Segregationsmuster betreffen politische und planerische Maßnahmen, die wegen des Prinzips der Gerechtigkeit an allgemein gültigen Bedarfen und nicht an individuellen Bedürfnissen orientiert sind, vielfältige und zwischen Regionen schwankende Wahrnehmungs- und Bewertungsmuster von Bewohner/innen, Unternehmer/innen, Vetreter/innen von Kammern und Verbänden, die sich in ihren Interessen deutlich voneinander unterscheiden. Schließlich verändert sich im Übergang von government zu governance die Funktionsweise und Organisation von Stadt- und Regionalplanung, die vermehrt über para-staatliche Organisationen sowie private und „halbstaatliche" Entwicklungsträger (Quangoes – quasi non-governmental organisations) stattfindet (beispielsweise public-private-parternships), die der demokratischen Kontrolle weitgehend entzogen sind.

6 Gliederung des Bandes

Der vorliegende Band ist das Ergebnis der Tätigkeit des Arbeitskreises der ARL. Die Beiträge sind in drei Teile gegliedert. Im ersten Teil sind die eher theoretischen Arbeiten zum Zusammenhang zwischen Ungleichheitsstrukturen, Raumtheorien und Siedlungsstrukturen im Sinne möglicher Segregations- und Konzentrationsmuster zusammengefasst, während im zweiten Teil für verschiedene Großstädte empirische Ergebnisse zu den Armuts-Wohlstands- resp. den „neuen Milieu"-Kategorien dargestellt werden. Die zentrale Fragestellung nach dem Verhältnis zwischen Segregation und Integration wird dabei immer wieder behandelt.

In einem resümierenden Schlusskapitel werden die theoretischen wie empirischen Befunde aus den einzelnen Beiträgen aufeinander bezogen, die Diskussionen der verschiedenen Arbeitskreissitzungen zusammengefasst und im Hinblick auf die Rolle der Stadt- und Regionalplanung in der Steuerung vor allem der räumlichen Konzentration von armen und sozial benachteiligten Personen erörtert. Besonderes Augenmerk wird dabei auf die Steuerungsmöglichkeiten von Stadterneuerungsprogrammen gelegt, die unter dem Begriff „Quartiersmanagement" subsumiert werden können und gegenwärtig in einigen europäischen Ländern kritisch diskutiert werden („area-based-initiatives" in Großbritannien, „grote steten beleid" in den Niederlanden, Programm „Soziale Stadt" in Deutschland oder „contrat de villes" in Frankreich). Schließlich wird das Potenzial der Standorte der „neuen sozialen Milieus", der Kreativ-Netzwerke vor allem vor dem Hintergrund analysiert, inwieweit sie die Möglichkeit dafür verbessern, in den Stadtvierteln die lokale Zivilgesellschaft zu stärken.

Literatur

Alisch, M. (1998): Stadtteilmanagement. Voraussetzungen und Chancen für die soziale Stadt. Opladen.

Alisch, M. (2002): Soziale Stadtentwicklung. Widersprüche, Kausalitäten und Lösungen. Opladen.

Alisch, M.; Dangschat, J. S. (1998): Armut und soziale Integration. Strategien sozialer Stadtentwicklung und lokaler Nachhaltigkeit. Opladen.

Anhut, R.; Heitmeyer, W. (2000): Desintegration, Konflikt und Ethisierung. Eine Problemanalyse und theoretische Rahmenkonzeption. In: Heitmeyer, W.; Anhut, R. (Hrsg.): Bedrohte Stadtgesellschaft. München, S. 17-75.

Aydalot, P. (Hrsg.) (1986): Millieux innovateurs en Europe. Paris.

Baumann, Z. (1998): Globalization. The Human Consequences. Oxford.

Beck, U. (1983): Jenseits von Klasse und Stand? Soziale Ungleichheit, gesellschaftliche Individualisierungsprozesse und die Entstehung neuer sozialer Formationen und Identitäten. In: Kreckel, R. (Hrsg.): Soziale Ungleichheiten. Göttingen, S. 35-74.

Beck, U. (1998): Was ist Globalisierung? Frankfurt am Main.

Benz, A. (Hrsg.) (2004): Governance – Regieren in komplexen Regelsystemen. Wiesbaden.

Berger, P. A. (2000): Anmerkungen zum Stand der Sozialstruktur- und Ungleichheitsforschung. Offene Fragen und Forschungsbedarf. Mimeo.

Berger, P. A.; Vester, M. (Hrsg.) (1998): Alte Ungleichheiten – Neue Spaltungen. Opladen.

Blanke, B.; Evers, A.; Wollmann, H. (Hrsg.) (1986): Die zweite Stadt. Neue Formen lokaler Arbeits- und Sozialpolitik. Leviathan Sonderheft 7/1986. Opladen.

Brake, K.; Dangschat, J. S.; Herfert, G. (Hrsg.) (2002): Suburbanisierung in Deutschland. Aktuelle Tendenzen. Opladen.

Breitfuss, A.; Dangschat, J. S.; Frey, O.; Hamedinger, A. (2004): Städtestrategien gegen Armut und soziale Ausgrenzung. Studie im Auftrag der AK Wien und der Stadt Wien. Wien.

Bremer, P. (2000): Ausgrenzungsprozesse und die Spaltung der Städte. Opladen.

Camagni, R. (Hrsg.) (1991): Innovation networks: spatial perspectives. London.

Camagni, R. (1995): The concept of innovative milieu and its relevance for public policies in European lagging regions. Papers in Regional Science 1995/4, S. 317-340.

Camagni, R. (2003): Regional clusters, regional competencies and regional competition. Mimeo.

Capello, R. (1999): Spatial transfer of knowledge in high-technology milieux: Learning vs. collective learning processes. Regional Studies 33, No. 4, S. 353-365.

Dangschat, J. S. (1994): Lebensstile in der Stadt. Raumbezug und konkreter Ort von Lebensstilen und Lebensstilisierungen. In: Blasius, J.; Dangschat, J. S. (Hrsg.): Lebensstile in den Städten. Opladen, S. 335-354.

Dangschat, J. S. (1995): „Stadt" als Ort und als Ursache von Armut und sozialer Ausgrenzung. In: Aus Politik und Zeitgeschichte B31-32/95, S. 50-62.

Dangschat, J. S. (1996): Raum als Dimension sozialer Ungleichheit und Ort als Bühne der Lebensstilisierung? – Zum Raumbezug sozialer Ungleichheit und von Lebensstilen. In: Schwenk, O. G. (Hrsg.): Lebensstil zwischen Sozialstrukturanalyse und Kulturwissenschaft. Opladen, S. 99-135.

Dangschat, J. S. (1998a): Klassenstrukturen im Nach-Fordismus. In: Berger, P. A.; Vester, M. (Hrsg.): Alte Ungleichheiten – neue Spaltungen. Opladen, S. 49-88.

Dangschat, J. S. (1998b): Warum ziehen sich Gegensätze nicht an? Zu einer Mehrebenen-Theorie ethnischer und rassistischer Konflikte um den städtischen Raum. In: Heitmeyer, W.; Dollase, R.; Backe, O. (Hrsg.): Die Krise der Städte. Analysen zu den Folgen desintegrativer Stadtentwicklung für das ethnisch-kulturelle Zusammenleben. Frankfurt am Main.

Dangschat, J. S. (1999): Armut durch Wohlstand. In: Dangschat, J. S. (Hrsg.): Modernisierte Stadt – Gespaltene Gesellschaft. Ursachen von Armut und sozialer Ausgrenzung. Opladen, S. 13–41.

Dangschat, J. S. (2000): Integration – Eine Figuration voller Probleme. Warum die Integration von Migrant/innen so schwierig ist. In: Klein, G.; Treibel, A. (Hrsg.): Skepsis und Engagement. Hamburg, S. 185–208.

Dangschat, J. S. (2002): Residentielle Segregation – die andauernde Herausforderung an die Stadtforschung. In: Fassmann, H.; Kohlbacher, J.; Reeger, U. (Hrsg.): Zuwanderung und Segregation. Klagenfurt, S. 25–36.

Dangschat, J. S.; Blasius, J. (Hrsg.) (1994): Lebensstile in den Städten. Konzepte und Methoden. Opladen.

Diettrich, B. (1999): Klassenfragmentierung im Postfordismus. Münster.

Fassmann, H. (2002): Zuwanderung und Segregation. In: Fassmann, H.; Kohlbacher, J.; Reeger, U. (Hrsg.): Zuwanderung und Segregation. Klagenfurt.

Fassmann, H.; Kohlbacher, J.; Reeger, U. (Hrsg.) (2002): Zuwanderung und Segregation. Europäische Metropolen im Vergleich. Klagenfurt.

Friedmann, J. (1987): Planning in the Public Domain: from Knowledge to Action. Princeton.

Friedmann, J. (2000): Where we stand: a decade of world city research. In: Knox, P. L.; Taylor, P. J. (Hrsg.): World Cities in a World-System. Cambridge, S. 21–47.

Friedrichs, J. (1983): Stadtanalyse. Soziale und räumliche Organisation der Gesellschaft. 3. Auflage. Opladen.

Geißler, R. (1996): Kein Abschied von Klasse und Schicht. Ideologische Gefahren der deutschen Sozialstrukturanalyse. In: Kölner Zeitschrift für Soziologie und Sozialpsychologie 48, S. 319–338.

Giddens, A. (1995): Konsequenzen der Moderne. Frankfurt am Main.

Greiffenhagen, S.; Neller, K. (Hrsg.) (2005): Praxis ohne Theorie? Wissenschaftliche Diskurse zum Bund-Länder-Programm „Stadtteile mit besonderem Entwicklungsbedarf – die Soziale Stadt". Wiesbaden.

Häußermann, H. (2000a): Globalisierung. In: Häußermann, H. (Hrsg.): Großstadt. Soziologische Stichworte. Opladen, S. 79–91.

Häußermann, H. (2000b): Sozialräumliche Struktur und der Prozess der Ausgrenzung: Quartierseffekte. Paper für den ARL-Arbeitskreis „Lebensstile, soziale Lagen und Siedlungsstrukturen".

Häußermann, H.; Kapphan, A. (1998): Sozialorientierte Stadtentwicklung. Gutachten im Auftrag der Senatsverwaltung für Stadtentwicklung, Umweltschutz und Technologie des Landes Berlin, Institut für Stadtforschung und Strukturpolitik GmbH und S.T.E.R.N., Gesellschaft der behutsamen Stadterneuerung mbH. Berlin.

Häußermann, H.; Kapphan, A. (2000): Berlin: Von der geteilten zur gespaltenen Stadt. Opladen.

Häußermann, H.; Siebel, W. (1987): Neue Urbanität. Frankfurt am Main.

Hamedinger, A.; Dangschat, J. S.; Frey, O.; Breitfuss, A. (Hrsg.) (2007): Strategieorientierte Planung im kooperativen Staat. Wiesbaden: VS Verlag für Sozialwissenschaften. Im Druck.

Harth, A.; Scheller, G.; Tessin, W. (2000): Soziale Ungleichheit als stadtsoziologisches Thema – ein Überblick. In: Harth, A.; Scheller, G.; Tessin, W. (Hrsg.): Stadt und soziale Ungleichheit. Opladen, S. 16–38.

Healey, P.; Cameron, S.; Davoudi, S.; Graham, S.; Madani-Pour, A. (Hrsg.) (1997): Managing Cities – The New Urban Context. Chichester, New York.

Heeg, S. (2001): Politische Regulation des Raumes. Berlin.

Heinelt, H. (2004): Governance auf lokaler Ebene. In: Benz, A. (Hrsg.): Governance – Regieren in komplexen Regelsystemen. Wiesbaden, S. 29–44.

Heitmeyer, W.; Anhut, R. (Hrsg.) (2000): Bedrohte Stadtgesellschaft. Soziale Desintegrationsprozesse und ethnisch-kulturelle Konfliktkonstellationen. München.

Henckel, D.; Eberling, M. (Hrsg.) (2002): Raumzeitpolitik. Opladen.

Herlyn, U. (1998): Milieus. In: Häußermann, H. (Hrsg.): Großstadt. Soziologische Stichworte. Opladen, S. 151–161.

Hitzler, R. (1994): Radikalisierte Praktiken der Distinktion. Zur Politisierung des Lebens in der Stadt. In: Blasius, J.; Dangschat, J. S. (Hrsg.): Lebensstile in den Städten. Opladen, S. 47–58.

Hradil, S. (1987): Sozialstrukturanalyse in einer fortgeschrittenen Gesellschaft. Von Klassen und Schichten zu Lagen und Milieus. Opladen.

Hradil, S. (1992): Alte Begriffe und neue Strukturen. Die Milieu-, Subkultur- und Lebensstilforschung der 80er Jahre. In: Hradil, S. (Hrsg.): Zwischen Bewußtsein und Sein. Die Vermittlung „objektiver" Lebensbedingungen und „subjektiver Lebensweisen". Opladen, S. 15–56.

Hradil, S. (1999): Soziale Ungleichheit in Deutschland. 7. Auflage. Opladen.

Jessop, B. (1994): Postfordism and the State. In: Amin, A. (Hrsg.): Postfordism. A Reader. Oxford, S. 251–279.

John, P. (2001): Local Governance in Western Europe. London.

Kecskes, R.; Knäbel, S. (1988): Der Bevölkerungsaustausch in ethnisch gemischten Wohngebieten. Ein Test der Tipping-Theorie von Schelling. In: Friedrichs, J. (Hrsg.): Soziologische Stadtforschung. Opladen, S. 293–309.

Keim, K.-D. (2000): Ausgrenzung und Milieu: über die Lebensbewältigung von Bewohnerinnen und Bewohnern städtischer Problemgebiete. In: Harth, A.; Scheller, G.; Tessin, W. (Hrsg.): Stadt und soziale Ungleichheit. Opladen, S. 248–273.

Kohlmorgen, L. (2004): Regulation, Klasse, Geschlecht. Die Konstituierung der Sozialstruktur im Fordismus und Postfordismus. Münster.

Krätke, S. (1995): Globalisierung und Regionalisierung. Geographische Zeitschrift, Jg. 82, S. 207–221.

Kronauer, M. (1999): Die Innen-Außen-Spaltung der Gesellschaft. In: Herkommer, S. (Hrsg.): Soziale Ausgrenzungen. Gesichter des neuen Kapitalismus. Hamburg.

Kronauer, M. (2002): Exklusion. Die Gefährdung des Sozialen im hoch entwickelten Kapitalismus. Frankfurt am Main & New York.

Läpple, D. (2000): Städte im Spannungsfeld zwischen globaler und lokaler Entwicklungsdynamik. In: ILS (Hrsg.): Europäische Konferenz: Lokale sozioökonomische Strategien in Stadtteilen mit besonderem Erneuerungsbedarf. Dortmund, S. 19–41.

Marcuse, P. (1989): Dual City: a muddy methapor for a quartered city. Housing Studies, Nr. 4, S. 211–220.

Marcuse, P. (1993): Wohnen in New York: Segregation und fortgeschrittene Obdachlosigkeit in einer viergeteilten Stadt. In: Häußermann, H.; Siebel, W. (Hrsg.): New York. Strukturen einer Metropole. Frankfurt, S. 205–238.

Marcuse, P.; Kempen, R. van (Hrsg.) (2000): Globalizing Cities. A New Spatial Order? Oxford.

Marcuse, P.; Kempen, R. van (Hrsg.) (2002): Of States and Cities. The Partitioning of Urban Space. Oxford.

Matthiesen, U. (1998): Die Räume der Milieus. Berlin.

Mayer, M. (1997): Urban Governance in the Post-Fordist City. In: Healey, P.; Cameron, S.; Davoudi, S., Graham, S.; Madani-Pour, A. (Hrsg.): Managing Cities. Chichester, S. 231–50.

Michailow, M. (1994): Lebensstil und soziale Klassifizierung. Zur Operationsweise einer Praxis sozialer Unterscheidung. In: Blasius, J.; Dangschat, J. S. (Hrsg.): Lebensstile in den Städten. Opladen, S. 27–46.

Mitscherlich, A. (1974): Thesen zur Stadt der Zukunft: vom möglichen Nutzen der Sozialpsychologie für die Stadtplanung. In: Schmals, K. M. (Hrsg.): Stadt und Gesellschaft. Reihe Stadt- und Regionalsoziologie Band 1/2. München, S. 663–680.

Mollenkopf, J.; Castells, M. (1991): Dual City: The Restructuring of New York. New York.

Müller, W. (Hrsg.) (1997): Soziale Ungleichheit. Neue Befunde zu Strukturen, Bewusstsein und Politik. Opladen.

Park, R. E. (1950): Our Racial Frontier on the Pacific. In: Park, R. E. (Hrsg.): Race and Culture. Essays in the Sociology of Contemporary Man, S. 138–151 (zuerst 1926).

Pierre, J. (Hrsg.) (2000): Debating Governance. Oxford.

Piore, M. J.; Sabel, C. (1985): Das Ende der Massenproduktion. Studie über die Requalifizierung der Arbeit und die Rückkehr der Ökonomie in die Gesellschaft. Berlin.

Ratti, R.; Bramanti, A.; Gordon, R. (Hrsg..) (1997): The dynamics of innovative regions. Aldershot.

Reimann, H. (2002): Globalisierung. Die universelle Herausforderung. Konstanz.

Sassen, S. (1996): The Global City. In: Fainstein, S.; Campbell, S. (Hrsg.): Readings in Urban Theory. Oxford, S. 61–71.

Sassen, S. (Hrsg.) (2002): Global Networks – Linked Cities. New York, London.

Schönwandt, W. L. (2002): Planung in der Krise? Theoretische Orientierungen für Architektur, Stadt- und Raumplanung. Stuttgart.

Schulze, G. (1992): Die Erlebnisgesellschaft. Kultursoziologie der Gegenwart. Frankfurt am Main, New York.

Scott, A. J. (2001): Global city-regions: trends, theory, policies. Oxford.

Scott, A. J.; Storper, M. (1995): The Wealth of the Regions. Market Forces and Policy Imperatives in Local and Global Context. In: Futures, Vol. 27, Nr. 5, S. 505–526.

Selle, K. (1996a): Was ist bloß mit der Planung los? Erkundungen auf dem Weg zum kooperativen Handeln. Dortmund.

Selle, K. (Hrsg.) (1996b): Planung und Kommunikation. Wiesbaden, Berlin.

Swyngedouw, E. (1992): The Mammon Quest. ‚Glocalisation', Interspatial Competition and the Monetary Order: the Construction of New Scales. In: Dunford, M.; Kafkalas, G. (Hrsg.): Cities and Regions in the New Europe. London, New York.

Vester, M. (1994): Die verwandelte Klassengesellschaft. Modernisierung der Sozialstruktur und Wandel der Mentalitäten. In: Mörth, I.; Fröhlich, G. (Hrsg.): Das symbolische Kapital der Lebensstile. Zur Kultursoziologie der Moderne nach Pierre Bourdieu. Frankfurt am Main, New York, S. 129–166.

Vester, M. (1998): Klassengesellschaft ohne Klassen. Auflösung oder Transformation der industriegesellschaftlichen Struktur. In: Berger, P. A.; Vester, M. (Hrsg.): Alte Ungleichheiten – neue Spaltungen. Opladen, S. 109–148.

Vester, M.; Oertzen, P. von; Geiling, H.; Hermann, T.; Müller, D. (1993): Soziale Milieus im gesellschaftlichen Strukturwandel. Köln.

Vester, M.; Oertzen, P. von; Geiling, H.; Hermann, T.; Müller, D. (2001): Soziale Milieus im gesellschaftlichen Strukturwandel. Frankfurt am Main: Suhrkamp.

Walther, U.-J. (2002): Soziale Stadt – Zwischenbilanzen: ein Programm auf dem Weg zur Sozialen Stadt? Opladen.

Walther, U.-J.; Mensch, K. (Hrsg.) (2004): Armut und Ausgrenzung in der „Sozialen Stadt". Konzepte und Rezepte auf dem Prüfstand. Darmstadt.

Wentz, M. (Hrsg.) (1992): Planungskulturen. Frankfurt am Main.

Jens S. Dangschat

Soziale Ungleichheit, gesellschaftlicher Raum und Segregation

Gliederung

1 Einleitung
2 Die soziale Bedeutung des Raumes
3 Der Stand der Ungleichheitsforschung in Deutschland
4 Neue soziale Milieus und Lebensstile
5 Residenzielle Segregation
6 Unklarheiten, Ausgeblendetes, Übergangenes
Literatur

1 Einleitung

Die Erkenntnisse über den Zusammenhang zwischen sozialer Ungleichheit und den Siedlungsstrukturen sind nicht gerade umfangreich und reduzieren sich häufig auf die Banalität, dass die räumlichen Bedingungen das Verhalten beeinflussen resp. das Verhalten von Menschen den Raum verändert. Wie genau, das sei wiederum nur schwierig zu ermitteln, zumal man rasch in das Henne-und-Ei-Dilemma gerate. Städtebauer und Architekten machen es sich in dieser Frage bisweilen sehr einfach, da sie häufig fest an den Determinismus gebauter Strukturen glauben. Mit diesem Blickwinkel wird zudem ein Raumverständnis deutlich, nach welchem der gestaltete Raum als „Kulisse" sozialen Handelns angesehen wird, welche Menschen dazu animiert, in bestimmte Rollen zu schlüpfen. In diesem Zusammenhang gibt es eine Wiederbelebung der Vorstellung, dass „gute Architektur" nicht nur Wirtschaftswachstum fördere, sondern auch die soziale Kohäsion durch Identifikation mit „neuen ‚landmarks'" herbeiführe (s. dazu Beispiele aus „Umbau Ost").

Das Raumverständnis der überwiegenden Zahl der Sozialwissenschaftler/innen und in großen Teilen auch der Geographinnen und Geografen reduziert sich auf eine beschreibende und klassifikatorische Sicht, bei der ein „Raum" auf einen Ort resp. ein Territorium reduziert wird, der/das als Behälter mit Rauminhalten wie bestimmten Kategorie von Menschen (als Anteilswerte oder Mengen), baulichen Strukturen (Wohnungen bestimmter Art, Arbeitsplätze) resp. Infrastrukturen „angefüllt" ist. Die Ursache für diese spezifisch fachliche Sichtweise ist, dass in den Sozialwissenschaften der Raum lange als eine materielle ‚Quantité négligeable' galt. Nach Durkheim sollte „Soziales" nur durch „soziale Phänomene" erklärt werden und „Raum" daher als „nicht soziales" Materielles (Steine, Beton, Landschaft) resp. Funktionales (Infra- oder Wohnbaustrukturen) einer „Umwelt" angesehen werden. Er war damit weder Ausdruck gesellschaftlicher Macht und Herrschaft noch eine das Verhalten beeinflussende Größe.

Ein anderer Grund, warum der Raum aus den sozialwissenschaftlichen Theoriebildungen verdrängt wurde, bestand in der Ubiquitätsannahme von Raum bei allen gesellschaftlich relevanten Handlungen – das heißt, man maß dem Raum keine sozial selektive Bedeutung als Handlungskontext bei. Damit kam die Möglichkeit, dass der Raum auch die Ursache von gesellschaftlichen Differenzierungen sein könnte, kaum in Betracht.

Im Rahmen wissenschaftlicher Arbeitsteilung ist man lange davon ausgegangen, dass in der Segregationsforschung die nötigen wissenschaftlichen Erkenntnisse über den Zusammenhang von sozialer Ungleichheit und Siedlungsstrukturen zusammengetragen werden. Innerhalb der Debatte der „Raumfachleute" wurde jedoch nicht nur mit Hilfe des Behälter-Raum-Konzepts, sondern auch mit einem sehr reduzierten Verständnis von sozialer Ungleichheit gearbeitet, das sich eher an veralteten Modi orientiert,[1] resp. die Komplexität des Zusammenspiels mehrere Merkmale sozialer Ungleichheit auf die isolierte Betrachtung einzelner Merkmale reduziert.[2] Umgekehrt hat die Raumkategorie für die Wissenschaftler/innen im Bereich der sozialen Ungleichheit praktisch keine Bedeutung, allenfalls tauchen – beispielsweise bei Hradil (1987: 32 und 43) – Kategorien wie Wohnraumversorgung resp. die Zugehörigkeit zu Bundesländern (als Indikator für ungleich verteilte Chancen am Arbeitsmarkt durch regional unterschiedliche Arbeitslosenquoten, d. h. als ein „Zuweisungsmerkmal" sozialer Ungleichheit) auf. Dass aber der Raum – neben Ausstattungs- und Erreichbarkeitsdefiziten – durch das Image (Adresse als Zuschreibung im Sinne von Lokalisationsprofilen resp. zur Diskriminierung auf dem Lehrstellenmarkt; vgl. Bourdieu 1991), durch Planwertgewinne oder durch eine spezifische soziale oder lokale politische Kultur (der Toleranz und Offenheit oder der Ausgrenzung und Diskriminierung resp. des bürgerschaftlichen Engagements, vgl. Heitmeyer und Anhut 2000) gekennzeichnet ist – das hat in der Regel für die Analysen im Rahmen der Ungleichheitsforschung bislang keine Bedeutung.

Innerhalb der Segregations-/Konzentrationsdebatte wird zudem nur ein kleiner Ausschnitt aus dem Spektrum des Zusammenhangs von sozialer Ungleichheit und Siedlungsstruktur gewählt: die sozial selektive Form der Verteilung der Wohnstandorte. Ob dieses der Ausdruck der relativ freien Wahl am Wohnungsmarkt ist (und damit dem Wunsch nach Abstand/Nähe zu anderen sozialen Gruppen entspricht), das Resultat von zweit- und drittbesten Lösungen (also Umwertungen bedeutet) oder gar von Zwängen und eindeutigen Zuweisungsprozessen, wird kaum diskutiert. Damit ist völlig unklar, ob und für wen Segregation eine bewusste räumliche Distanzierung gegenüber anderen sozialen

---

[1] So werden in der Regel nach wie vor Merkmale der sozialen Schichtung resp. des Lebenszyklus innerhalb der Segregationsforschung angewandt – Kategorien, die innerhalb der Ungleichheitsforschung eindeutig an Bedeutung verloren haben (vgl. Berger und Vester 1998). Es liegen bislang kaum Segregationsanalysen nach Kategorien von sozialen Milieus und/oder Lebensstilen vor (als Ausnahme vgl. Berking, Neckel 1990; Helbrecht 1997; Eder 2003; s. auch die Beiträge von Eder Sandtner, Schneider-Sliwa und Spellerberg, beide in diesem Band).

[2] Das wiederum liegt daran, dass Segregationsberechnungen auf den Grundlagen amtlicher Statistiken aufbauen, die in der Regel einzelne Merkmale isoliert voneinander darstellen. Die Aggregation dieser Merkmale lässt allenfalls zu, bezogen auf räumliche Einheiten jeweils die Anteile bestimmter Merkmalsklassen mathematisch-statistisch in Zusammenhang zu bringen, schafft jedoch keine Erkenntnis über das Zusammenwirken einzelner Merkmalsausprägungen. Mit dieser Vorgehensweise besteht zudem die große Gefahr von ökologischen Fehlschlüssen. Darüber hinaus wird das Verständnis für die Bedeutsamkeit einer sozialen Lage für die Wahrnehmungen, Bewertungen, Standortentscheidungen und das Verhalten im Raum durch die logischen Regeln der linearen (oder ihr nahestehenden) Algebra ersetzt.

Gruppen ist, ob diese – wenn sie eintritt – überhaupt in dieser Weise wahrgenommen, gewünscht oder billigend in Kauf genommen wird.

Darüber hinaus gibt es neben der Wohnstandortwahl weitere raumbezogene Verhaltensweisen, über welche Einfluss auf die Siedlungsstrukturen genommen wird, wie beispielsweise die Nutzung des öffentlichen Raumes oder die räumliche Mobilität. Während im letzten Fall der Zusammenhang zwischen Siedlungsstrukturen (als prägender, oftmals determinierender Faktor) und raumbezogenen Verhaltensweisen durchaus thematisiert wird, wird der Einfluss unterschiedlicher Siedlungsstrukturen auf die Segregation/Konzentration beispielsweise in der vergleichenden Stadtforschung in der Regel völlig vernachlässigt.

Auch wenn man bei der dominanten eingeschränkten Sichtweise der sozial selektiven Wohnstandortwahl, die zu ungleichen Verteilungen sozialer Gruppen im Raum führt, bleibt, entsteht das gravierende Problem der Bewertung dieser Phänomene. Obwohl die empirischen Belege entweder bislang nicht erbracht wurden oder allenfalls schwach sind, hat sich im Bewusstsein der Planer/innen und Politiker/innen – auf Einschätzungen seitens der Sozialwissenschaftler/innen aufbauend – die These verfestigt, dass „einseitige Bevölkerungsstrukturen" abzulehnen seien. Die Ablehnung der räumlichen Konzentrationen von eher unerwünschten Personengruppen dominiert – wenn auch deutlich seltener als früher – nach wie vor, sodass als Planungs- und Steuerungsziel eine Gleichverteilung sozialer Gruppen in der Stadtregion angestrebt wird. De facto ist es jedoch nach wie vor eine offene Frage, für wen eine Konzentration die Lebensbedingungen positiv oder negativ beeinflusst. Die Antwort darauf hat nicht nur eine akademische, sondern auch eine praktische Relevanz.

Mit diesem Beitrag wird daher das Ziel verfolgt, die Erkenntnisse der sozialwissenschaftlichen Raumforschung und der Ungleichheitsforschung auf den Stand der Segregationsforschung zu beziehen, um abschließend die normative Frage der Einschätzung dieser Konstellationen zu diskutieren. Es sind also fünf Schritte vorzunehmen:

a) die Darstellung der sozialwissenschaftlichen Debatte um den „Raum", die für die raumgestaltenden Professionen bedeutsam sein sollte.

b) die Darstellung des Standes der Forschung über soziale Ungleichheit, der momentan voller Widersprüche über Umfang, Bedeutung und dominante Ungleichheitsdimension ist.

c) Dann ist der Stand der Segregationsforschung zu skizzieren, um den Ertrag für das Wissen über die Zusammenhänge der gesellschaftlichen Organisation im Raum zu verstehen sowie die Möglichkeiten zu deren Steuerung zu eruieren.

d) Darüber hinaus ist die relative Bedeutung der Wohnstandorte sozialer Gruppen für unterschiedlich benachteiligende Lebensbedingungen, für Einstellungen und Verhaltensweisen zu bestimmen und über andere Formen der sozial selektiven Nutzung von Raum nachzudenken.

e) Schließlich ist der normativen Frage nicht auszuweichen, welche Art und Intensität residenzieller Segregation als Problem angesehen wird und mit welchen Mitteln unter welcher Zielsetzung mit diesem Phänomen umgegangen werden soll oder kann.

2 Die soziale Bedeutung des Raumes

In der Siedlungssoziologie hat sich Bernd Hamm sehr frühzeitig mit der gesellschaftlichen Bedeutung des Raumes auseinandergesetzt: „Jede Art sozialer Organisation beruht auf Gemeinsamkeiten … oder eben auf der Gemeinsamkeit des Raumes. … Raum ist ein Strukturierungsmoment sozialer Organisation" (Hamm 1982: 23). Als spezielle Soziologie, welche die „gesellschaftliche Organisation im Raum" zum Gegenstand hat (vgl. Friedrichs 1983), sollte Siedlungssoziologie „… demzufolge ein System (sein), dessen Elemente Raum und Verhalten auf ihre wechselwirkenden Abhängigkeiten geprüft werden. Es folgt daraus zwingend, dass soziologische Konzepte raumbezogen definiert werden müssen" (Atteslander, Hamm 1974: 23).

Schon sehr früh distanzierte sich Hamm (1982: 24) vom dominanten Behälter-Konzept der Geografie und Stadtsoziologie: „Wenn nun Raum … nichts anderes wäre als ein bloßes *Gefäß*, in dem die sozialen Beziehungen ablaufen, die von ihm gänzlich unabhängig sind, dann ist der Raum allenfalls auf einer deskriptiven Ebene interessant, aber völlig unfruchtbar für eine Erkenntnis dessen, worauf es einer solchen Soziologie ankäme: von sozialer Organisation nämlich." Allerdings hat er in seinen siedlungssoziologischen Studien selbst diese Forderung kaum erfüllt und ist bei seinen faktorialökologischen Studien bei typologischen Einordnungen von städtischen Teilgebieten verblieben.

Hamm (1982: 26) hat in seinen Arbeiten zudem auf eine weitere Bedeutsamkeit des gesellschaftlichen Raumes hingewiesen, nämlich dass sich Menschen nicht an Gegebenheiten eines allgemeingültigen „objektiven" Raumes orientieren, sondern die Wahrnehmungs- und Bewertungsschemata sowie die raum- und zeitgebundenen Kontexte handlungsleitend sind:[3] „Eben darin liegt die soziologische Bedeutung des Raumes begründet, dass er nicht existiert außer in unserer Wahrnehmung und dass diese Wahrnehmung immer und unausweichlich durch soziale Bezüge vorgeformt und vermittelt stattfindet" (Hamm 1982: 21).

Während Hamm aus systemtheoretischer Sicht vor allem das Handeln im Raum begrifflich zu fassen suchte,[4] hat Dieter Läpple (1991) seinen Ansatz des gesellschaftlichen Raumes aus einer kritischen Sicht auf die bestehenden Raumvorstellungen und aus makrotheoretischer Sicht formuliert. Demnach sollten gesellschaftliche Räume aus ihrem qualitativen, d. h. gesellschaftlichen Funktions- und Entwicklungszusammenhang erklärt werden, d. h. dass die gesellschaftlichen Kräfte, die das materiell-physische Substrat und damit auch die Raumstrukturen formen und gestalten, einbezogen werden sollten. Dazu entwirft er die Vorstellung einer Raum-Matrix, welche „eine formschaffende und gestaltgebende, stets im Prozess (sich) befindende Wirkungsgröße (ist), während die Raumstruktur eine … Manifestationsform bzw. Wirkung der ersten ist" (Läpple 1991: 196).

---

[3] Diese Position hat in starkem Maße auch der Soziologe Norbert Elias mit seinem Figurationsansatz vertreten, den er allerdings nie explizit auf den Raum angewendet hat.

[4] In diesem Zusammenhang hat er jedoch auch das institutionelle Handeln, hier insbesondere das der Stadt- und Regionalplanung, explizit mit angesprochen – in seinem späteren Ansatz unterscheidet Läpple (1991) die beiden Handlungsebenen (s. u.).

Er kommt dabei zu vier analytisch unterscheidbaren, de facto jedoch nicht voneinander trennbaren Elementen des gesellschaftlichen Raumes,[5] welche in der Literatur weitgehend akzeptiert wurden (s. auch den Beitrag von Läpple und Walter in diesem Band):

1. materiell-physisches Substrat gesellschaftlicher Verhältnisse, materielle Erscheinungsform und gesellschaftlich produziert (Nutzungen der Natur, Artefakte, Menschen in ihrer Leiblichkeit), eingebunden in Biosphären-Totalität;
2. gesellschaftliche Interaktions- und Handlungsstrukturen, soziale Akteure und ihre klassenmäßige Differenzierung, lokal spezifische Klassen- und Machtverhältnisse;
3. institutionalisiertes und normatives Regulationssystem, umfasst Eigentumsformen, Machtbeziehungen, Gesetze, Stadt- und Regionalplanung sowie soziale und ästhetische Normen;
4. räumliches Zeichen-Symbol- und Repräsentationssystem, kognitive Erkennbarkeit der sozialen Funktion der Artefakte wie Gebäude, beinhaltet hoch selektive Gebrauchsweisungen, die räumliches Verhalten der Menschen strukturieren, materiell-räumliche Struktur hat kollektives Gedächtnis.

Das Angebot ist also ein Verständnis von Raum,

- dessen konkrete materielle Erscheinungsform (der Wohnbauten- und Infrastrukturen, der Qualität des gebauten Raumes und der unterschiedlichen Erreichbarkeiten) nicht nur schlicht gegeben ist,
- sondern unter gesellschaftlichen Machtbedingungen, Interessenlagen und Verordnungen seine Erscheinungsform erhält (produziert bekommt), was über Regularien (wie beispielsweise das Planungsrecht) hergestellt und über den Markt weiterentwickelt wird und so die Orte mit mehr oder weniger starken Unterschieden der Wohnqualität und Erreichbarkeit mit Preisen versieht;
- der in seiner Bedeutung maßgeblich auch durch die Interaktionsformen der Menschen im Raum bestimmt wird, welche in sozialen Prozessen den lokal gebundenen Sinn herstellen, wobei die Akteure nicht „Menschen an sich" (wie in der Wahrnehmungs-, Umwelt- und Architekturpsychologie) sind, sondern gerade durch Merkmale sozialer Ungleichheit gekennzeichnet sind; die Menschen handeln also mit unterschiedlichen Ressourcen-Konstellationen, aber eben auch vor dem Hintergrund von jeweils spezifischen, im Sozialisationsprozess gelernten Rollenmustern (vgl. Löw 2001) und
- dessen symbolische Wirkung (aus gebauter Umwelt, d. h. aus städtebaulichen und architektonischen Elementen, aber eben auch aus der sozial differenzierten Sichtbarkeit der Akteure, ihren Toleranzmustern, Lebensstilen und Aktionsräumen) in Wahrnehmungs- und Bewertungsvorgängen ermittelt wird, d. h. Orte und Territorien werden über deren Symbolik von Individuen vor deren jeweiligem Erfahrungshintergrund, aber auch in den raum- und zeitgebundenen sozialen Kontext eingebunden rekonstruiert.

---

[5] Hamm (1982: 27) kam zu drei Dimensionen – a) „den Raum, den wir hier in einem sehr allgemeinen Sinn als physische Umwelt bezeichnen wollen, wobei physische Umwelt eben auch die Physis, d. h. die Leiblichkeit der anwesenden Personen umgreift"; b) „die Regeln der sozialen Interaktion, d. h. des Miteinander-Kommunizierens der in der Situation anwesenden Personen" und schließlich c) „die dem Raum anhaftende Symbolik"; sie sind weitgehend mit den vier Dimensionen bei Läpple identisch ist: b) ist 2. und 3. bei Läpple.

Soziale Ungleichheit im Raum zeigt sich also in dreierlei Weise: a) materiell durch die Verfügbarkeit und die Einsetzbarkeit der vorhandenen Ressourcen unter Berücksichtigung der Constraints der einzelnen im Raum befindlichen Akteure, b) in den Regulationsbedingungen des Raumes, welche die Ungleichheiten verstärken oder kompensieren[6] und c) durch die ungleichheitsbedingt unterschiedlichen Formen der De- und Rekonstruktion der Orte (über deren Gebrauchsqualitäten, aber auch über deren Lebensstile als Symbole der sozialen Lage der anderen Akteure, welche die Art und das Maß der Raumergreifung (mit-) bestimmen) (vgl. Löw 2001).

3   Der Stand der Ungleichheitsforschung in Deutschland

Unter sozialer Ungleichheit werden innerhalb der Sozialwissenschaften jene personengebundenen Merkmale subsumiert, die entlang ihrer unterschiedlichen Ausprägungen innerhalb der Gesellschaft zu dauerhaften resp. verfestigten Vor- oder Nachteilen führen. In modernen kapitalistischen Ländern steht der unterschiedliche Zugang zu marktvermittelten Gütern im Mittelpunkt, aber auch Bereiche, welche die Forderung nach Chancengleichheit unterschiedlich umsetzen (Bildung und Ausbildung, Gesundheitsversorgung und soziales Sicherungssystem, Wohnraum und Grundnahrungsmittel etc.).

Standen zu Beginn der Soziologie die Klassengegensätze der frühindustriellen Periode im Mittelpunkt der Ungleichheitsforschung, so wurden parallel zur Ausweitung und Ausdifferenzierung der Mittelschichten sowie infolge des Herausbildens des keynesianischen Wohlfahrtstaates die Schichtungs-Modelle zur Beschreibung gesellschaftlicher Ausdifferenzierung dominant. Seit den 1980er-Jahren gelten in Deutschland innerhalb des Mainstreams der Ungleichheitsforschung auch die Schichtungsmodelle eher als überholt, weil sich der Zusammenhang zwischen Bildungsstand, beruflicher Position und Einkommen (den drei zentralen Schichtungsmerkmalen) immer stärker lockerte (man spricht hier von „Status-Inkonsistenz") und ein zunehmender Teil der Menschen nicht über sie eingeordnet werden konnte (Auflösung der Bedeutung der ‚meritokratischen Triade', vgl. Kreckel 1992: 94–106).

Als schließlich deutlich wurde, dass andere Merkmale für die soziale Ungleichheit an Bedeutung gewannen, wurde in den 1980er-Jahren der Paradigmenwandel zu den sog. „neuen sozialen Ungleichheiten" eingeleitet – vorwärtsgetrieben im Übrigen von einer Schar jüngerer Wissenschaftler/innen, die alle aus der Münchner Schule von Bolte, dem „Vater der Schichtungstheorie", stammten (Beck, Hradil, Berger, Kreckel, Sopp).

In diesem Kontext wurde der Milieu-Ansatz (Hradil) entwickelt, resp. die These der „Entstrukturierung" und „Individualisierung" (Beck) geprägt – in der Regel gegen die These der Spaltung der Gesellschaft in eine Zweidrittelgesellschaft, wie sie seit 1985 insbesondere innerhalb der ‚new urban sociology' der Stadt- und Regionalsoziologie als „sozialräumliche Spaltung der Stadt" thematisiert wurde (Häußermann, Siebel, Läpple, Dangschat).

Aktuelle Ansätze zur Analyse sozialer Ungleichheit(en) in Deutschland gehen also überwiegend davon aus, dass sich die traditionellen Strukturen sozialer Ungleichheit (Schichtungen und Klassen) überlebt hätten und stattdessen resp. zusätzlich „neue", quer

---

[6] In der Regel führt eine Gleichbehandlung von Menschen mit unterschiedlichen Ressourcen-Constraints-Kombinationen (als Ergebnis sozialer Ungleichheit) zu einer Verschärfung der sozialen Ungleichheit.

zu den traditionellen vertikalen Dimensionen sozialer Ungleichheit liegende („horizontale") Ungleichheitsdimensionen als bedeutsam herausgebildet haben. Man spricht von sozialen Lagen und sozialen Milieus (Hradil) und von gesellschaftspolitischen Milieus (Vester et al. 2001, s. auch den Beitrag von Geiling in diesem Band), resp. von Entstrukturierungen, resp. von Formationen „jenseits von Klasse und Stand": von „entstrukturierter Klassengesellschaft" (Berger), von Lebensstilen (Lüdtke, s. auch den Beitrag von Spellerberg in diesem Band) resp. davon, dass Lebensstile und Lebensweisen in einer „Freizeitgesellschaft" (Schulze) alltäglich „zusammengebastelt" (Hitzler, Beck; Beck-Gernsheim) werden könnten und müssten.

Gegenüber dieser spezifisch bundesdeutschen Position ist wiederholt Kritik formuliert worden,

- sei es, weil „im Namen Becks" über dessen Thesen hinausgegriffen wurde und/oder er sehr einseitig interpretiert wurde (vgl. Konietzka 1995: 60–67),
- sei es, weil zwar ein in Deutschland aus den USA übernommener, sehr einseitiger Schichtungsansatz – zu Recht – kritisiert wurde, aber in der Kritik am Schichtungsansatz das wahre Potenzial des Geigerschen Schichtungs-Ansatzes und dessen Kritik nie angemessen eingeordnet wurde (vgl. Geißler 1985, 1994: 9–12),
- sei es, dass sich die bundesdeutsche Ungleichheitsforschung immer stärker von der Oberfläche der Erscheinungs- und Reproduktionsformen beeinflussen ließ und über die kulturellen und reflexiven Zugänge die materiell-strukturellen Ursachen übersah (vgl. Vester 1994; Dangschat 1997b; Diettrich 1999), oder
- sei es, weil der „Mainstream" der bundesdeutschen Ungleichheits- und Armutsforschung aufgehört hat, nach den Ursachen für die als „neu" apostrophierten Phänomene resp. für die „neuen Unübersichtlichkeiten" zu fragen, geschweige denn mögliche Antworten zu formulieren (vgl. zur Kritik Dangschat 1995b, 1997c).

Es war Rainer Geißler, ein im Glauben an die anhaltende Bedeutung Geigerscher Schichtungsforschung nicht erschütterter Soziologe, der „die weitgehende Abwendung der Sozialstrukturanalyse von den Fragestellungen der Ungleichheitsforschung" als „eine westdeutsche Besonderheit" (1994: 7), als einen „westdeutschen Sonderweg" (1996: 324) bezeichnet hatte. Geißler lässt offen, woran dieses liegt; meine These ist, es liegt überwiegend am nationalen Diskurs, d. h. an der Sichtweise und den Interpretationen der wissenschaftlichen Akteure und weniger an den hiesigen sozialen Verhältnissen selbst, die sich von denen anderer westeuropäischer Nationalstaaten nicht so wesentlich unterscheiden dürften.[7] Wenn nicht die objektiven gesellschaftlichen Bedingungen für

---

[7] Bedenklich an den „neuen" Ansätzen, die im Grundsatz Ende der 1970er- resp. zu Beginn der 1980er-Jahre formuliert wurden, ist, dass trotz einer deutlichen Zunahme und Verfestigung von Arbeitslosigkeit und Sozialhilfebezug, trotz zunehmender existenzieller Ängste in Mittelschichten und unter Jugendlichen, trotz zunehmender räumlicher Konzentration von Armut (in spezifischen Regionen und städtischen Wohnquartieren), trotz der Folgen der Vereinigung beider deutscher Teilstaaten in den Neuen Bundesländern, trotz veränderter Politikstile (insbesondere in der Arbeits-, Finanz-, Steuer- und Sozialpolitik) und trotz mentalitätsprägender Zwangsmobilität diese an den alten Interpretationen einer Epoche der bundesdeutschen (!) Geschichte orientiert sind, die sich durch eine relativ hohe soziale Integration auszeichnete, die jedoch längst als „Sonderfall" im Sinne des „kurzen Traums immerwährender Prosperität" (vgl. Lutz 1984) eingeordnet wurde. Nicht nur, dass sich die gesellschaftliche Situation in Deutschland grundlegend geändert haben dürfte, die Protagonisten der „neuen" sozialen Ungleichheit scheinen auch – ganz im Gegensatz zu ihren eigenen impliziten oder expliziten Positionen – an eine lineare Entwicklung jenseits der Arbeits- resp. der Industriegesellschaft zu glauben.

derart große Unterschiede nationalstaatlicher sozialer Ungleichheiten verantwortlich zu machen sind, muss der Unterschied sozialer Strukturierung der nationalen Gesellschaften auf die Interpretationen, d. h. auf die wissenschaftlichen Akteure, deren Diskurs und die gesellschaftliche Reproduktion wissenschaftlicher Erkenntnisse zurückgeführt werden. Welche Motivation im Einzelnen vorliegt, ist bislang nicht systematisch untersucht worden und wird auch differenziert sein.

Wie schon in der Einleitung formuliert, gehen wir von einer Sichtweise auf soziale Ungleichheit aus, bei der das „Entweder – Oder" von Strukturierung resp. Entstrukturierung dahingehend aufgelöst wird, dass von einem Bild ausgegangen wird, dass sich ständische, klassenförmige und schichtspezifische Strukturen in der Gesellschaft nach wie vor erhalten haben, sie unter Umständen nicht mehr so vordergründig sichtbar sind und durch eine Strukturierung entlang von Wertegemeinschaften (sozialen Milieus) ergänzt werden, welche unter Umständen bereits eine neue Restrukturierung jenseits der Entstrukturierung anzeigen könnten.[8] Lebensstile und weitere Formen spontanen Handelns sind demgegenüber vor allem dazu geeignet, die (angestrebte) soziale Position sichtbar und dechiffrierbar zu machen. Die „Lebensstilisierung" hat gegenwärtig unter dem Gesichtspunkt einer „Ökonomie der Aufmerksamkeit" (Frank) resp. im „Zeitalter der Ästhetisierung" (Bourdieu) eine besondere Bedeutung einerseits für die Identifikation, andererseits zur Reproduktion sozialer Ungleichheit.

Am ehesten wird diese Position in Deutschland von der Forschungsgruppe um Michael Vester und Heiko Geiling (s. seinen Beitrag in diesem Band) vertreten (vgl. Vester et al. 2001). Sie geht dabei von einem Konzept aus, in dem sich strukturelle, eher „vertikal" zu denkende Ungleichheitsmuster mit kulturellen Mustern verschränken, die durch (politische) Werthaltungen und Präferenzen der Verhaltensweisen zum Ausdruck kommen. Sie sehen die Gesellschaft, die sie – wie Bourdieu (1982) – „sozialer Raum" nennen, in ihrem Aufbau sozialer Ungleichheit von fünf „Feldern" (= Dimensionen) bestimmt, die man auf einer Makro-Meso-Mikro-Struktur abbilden kann:[9]

---

[8] In diesem Zusammenhang sei auf eine Position von Karl Marx hingewiesen, die in der aktuellen Diskussion in Vergessenheit geraten ist, nämlich dass – nach seiner Interpretation – alle Gesellschaften immer Klassengesellschaften waren (und bis zum Sozialismus sein werden), die jedoch immer wieder andere Erscheinungsformen annehmen. Das bedeutet, dass dann, wenn der Klassenbegriff auf die Situation des Manchester-Kapitalismus bezogen wird, Klassenstrukturen als ahistorisch-deskriptiv und nicht funktional gedeutet werden. Auch wenn es unter den gegenwärtigen Bedingungen eines noch immer aktiven Sozialstaates bei gleichzeitiger Individualisierung und den gegebenen Bedingungen eines relativ flexiblen Arbeitsmarktes in der Dienstleistungsbranche nicht zu einer „Klasse an sich" kommt, kann das Vorhandensein von antagonistischen Widersprüchen im globalen und nationalen Maßstab kaum geleugnet werden. Die Globalisierung formt – in ihrem Negativaspekt – im weltweiten Maßstab Räume der Gewinner und der Verlierer dieser an ökonomischen Kriterien orientierten Forcierung der Modernisierungsprozesse.

[9] Vester et al. (2001: 25) wählen eine andere Hierarchie; ich halte die unter Abb. 1 dargestellte Anordnung für eindeutiger, um auch die determinierenden Wirkungen zu verdeutlichen.

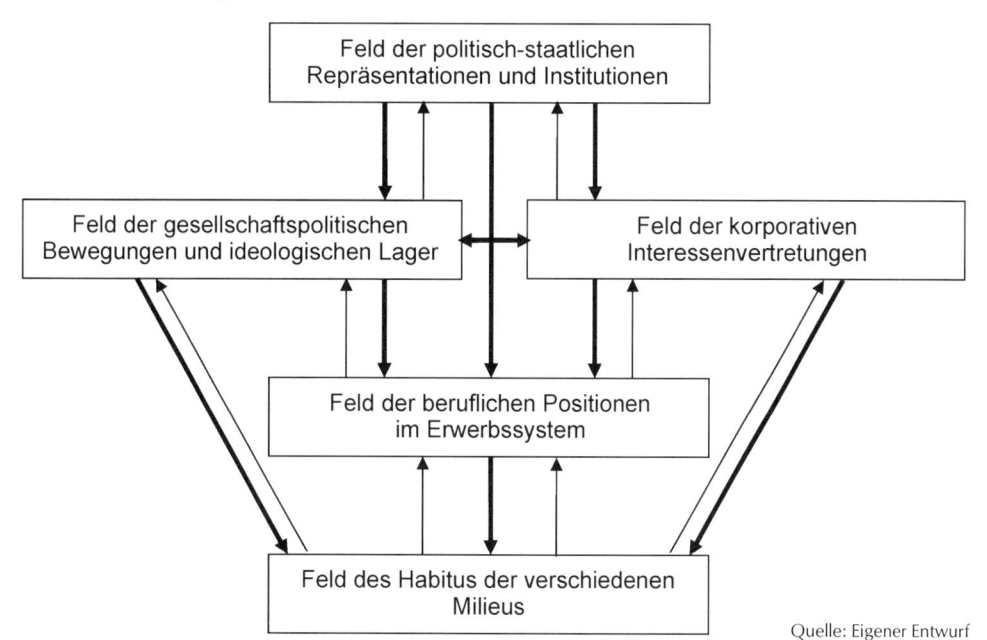

Abb. 1: Dimensionen des sozialen Raumes in ihren determinierenden Wechselbeziehungen

```
                ┌─────────────────────────────────┐
                │  Feld der politisch-staatlichen │
                │ Repräsentationen und Institutionen│
                └─────────────────────────────────┘
                          ↑↓      ↑↓
┌──────────────────────────┐      ┌──────────────────────────┐
│ Feld der gesellschafts-  │ ←→   │    Feld der korporativen │
│ politischen Bewegungen   │      │    Interessenvertretungen│
│ und ideologischen Lager  │      │                          │
└──────────────────────────┘      └──────────────────────────┘
                ↑↓      ↑↓      ↑↓      ↑↓
                ┌─────────────────────────────────┐
                │  Feld der beruflichen Positionen│
                │       im Erwerbssystem          │
                └─────────────────────────────────┘
                          ↑↓      ↑↓
                ┌─────────────────────────────────┐
                │ Feld des Habitus der verschiedenen│
                │             Milieus             │
                └─────────────────────────────────┘
```

Quelle: Eigener Entwurf

Der soziale Raum gesellschaftlicher Ungleichheit wird – ebenso wie bei Bourdieu (1982) – durch eine vertikale (bei Vester et al. 2001: 27 „Herrschaftsachse") und eine horizontale Achse (bei Vester et al. 2001: 31 „Differenzierungsachse") aufgespannt. Entlang der vertikalen „Herrschaftsachse" wird in drei Gruppen unterteilt:

- die unterprivilegierten Volksmilieus (gering Qualifizierte),
- die mittleren Volksmilieus (Arbeiter, Angestellte und Dienstleistende, kleine Selbstständige), die sich von den Unterprivilegierten durch „Respektabilität" abgrenzen und
- die führenden gesellschaftlichen Milieus (nach Bildung, Macht und Besitz), die sich nach unten durch „Distinktion", d. h. symbolische Unterschiede abgrenzen.

Entlang der Differenzierungsachse gibt es erneut drei Gruppierungen, die durch

- *hierarchiegebundene, autoritäre Einstellungen* (Besitzbürger, wirtschaftliche und hoheitliche Elite-Milieus sowie ständisch-kleinbürgerliche Traditionslose),
- *eigenverantwortliche Einstellungen* (humanistische und dienstleistende Elite-Milieus und Bildungsbürger sowie der Traditionslinie der Facharbeiter und der praktischen Intelligenz Folgende) und
- *avantgardistische Einstellungen* (Avantgarde, Vertreter/innen der „schönen Künste" sowie jugendkulturelle Avantgarde)

gekennzeichnet sind.

■ Soziale Ungleichheit und Raum

Die unterprivilegierten Volksmilieus werden entlang dieser Differenzierungsachse der Wertvorstellungen nicht unterschieden – auch hier folgen Vester et al. den Überlegungen Bourdieus, der den unteren Schichten der „Kultur der Notwendigkeit" ebenfalls keinen Spielraum zur kulturellen Differenzierung zutraut.

Die gesellschaftliche Modernisierung der 1980er- und 1990er-Jahre wird in diesem System in zweierlei Hinsicht sichtbar: a) in einer geringen Verschiebung in der Vertikalen von der Mitte an beide Enden (auf beiden Seiten je zwei Prozentpunkte Zuwachs, also sehr leichte sozioökonomische Polarisierungstendenzen), vor allem aber b) in einer internen Modernisierung, insbesondere in den oberen mittleren Milieus der beiden normativen Lager der Hierarchiegebunden-Autoritären und der Eigenverantwortlichen. Hier entstehen neue Milieus („interne Avantgarden") (s. Abb. 2).

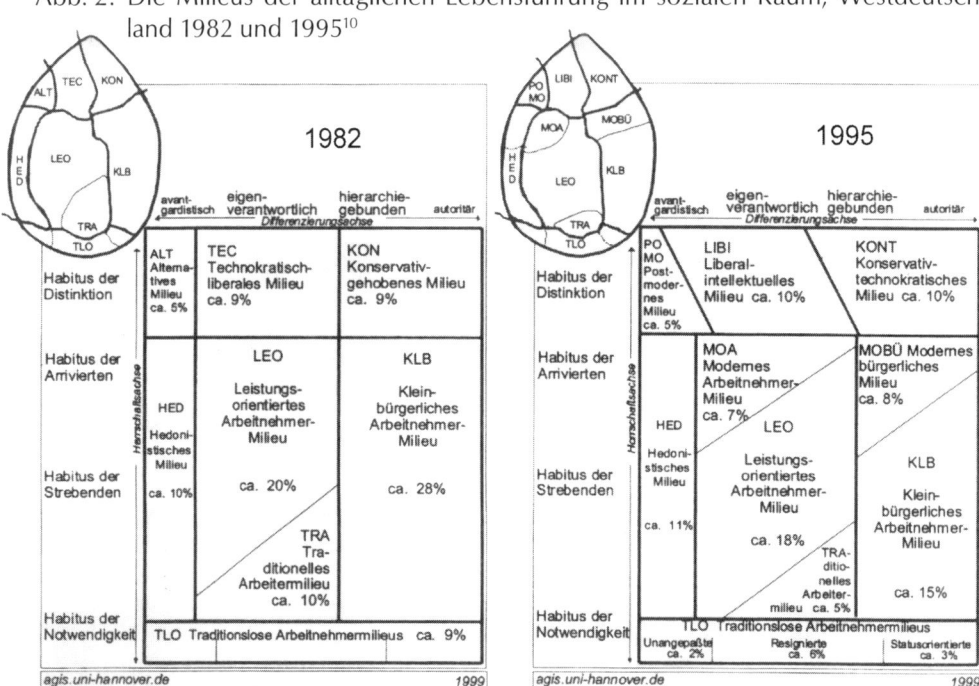

Abb. 2: Die Milieus der alltäglichen Lebensführung im sozialen Raum, Westdeutschland 1982 und 1995[10]

Quelle: Vester et al. (2001: 48 und 49)

Im Zeitraum zwischen 1982 und 1995 haben sich in Westdeutschland mit dem Modernen Arbeitermilieu (MOA) und dem modernen bürgerlichen Milieu (MOBÜ) zwei neue Milieus zulasten des Kleinbürgerlichen Arbeitermilieus (–13 Prozentpunkte), des traditionellen Arbeitermilieus (–5 Prozentpunkte) und des leistungsorientierten Arbeitermilieus

---

[10] Vester et al. (2001: 50–51) gehen auch auf die Milieustrukturen und deren Wandel zwischen 1991 und 1997 in Ostdeutschland ein. Diese Milieustruktur ist aufgrund unterschiedlicher Sozialisationserfahrungen und Kontexte (Kohorteneffekte) in ihrer Ausgangssituation und in der aktuellen Strukturierung gegenüber Westdeutschland noch sehr unterschiedlich; die Modernisierungstendenzen sind untereinander jedoch sehr ähnlich.

(–2 Prozentpunkte) herausgebildet. Zusätzlich lassen sich innerhalb des traditionslosen Arbeitermilieus erste Unterschiede entlang der Differenzierungsachse feststellen.

Bei dem in der Marktforschung am meisten verbreiteten SINUS-Modell[11] werden die klassischen Statusmerkmale (soziale Schicht) mit einer Werteskala verknüpft, wobei die ursprüngliche Materialismus-Postmaterialismus-Skala von Inglehart – letztlich auch aufgrund der Ausdifferenzierung der Werte in der Gesellschaft – mittlerweile durch eine eigene Traditionalismus-Neuorientierungs-Skala ersetzt wurde (s. Abb. 3). Im Vergleich zu beispielsweise Vester et al. (2001, s. Abb. 2) sind nicht nur die Werteskalen unterschiedlich, sondern auch die Art, wie die gesellschaftlichen Ungleichheitsstrukturen berücksichtigt werden: bei SINUS als materielle Schichtungsstruktur, bei Vester et al. (2001) durch klassenbedingte Habitusformen (vgl. Bourdieu 1982).

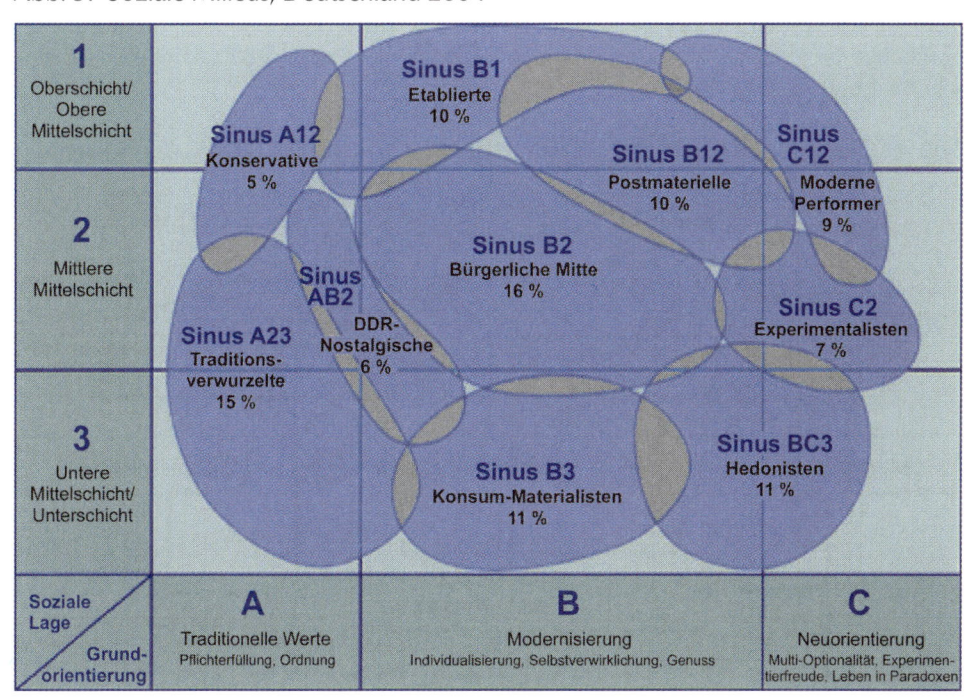

Abb. 3: Soziale Milieus, Deutschland 2004

Quelle: SINUS-Sociovision 2003

Neben der starken Betonung der „horizontalen", soziokulturellen Achse der Werte (Milieu-Konzept) wurde in der jüngsten Vergangenheit dem Lebensstil-Konzept eine hohe Bedeutung zugeschrieben. Während die Notwendigkeit zur Berücksichtigung

---

[11] Gegenwärtig wird seitens der Firmen SINUS-Sociovision und microm versucht, diese gesamtgesellschaftlichen Milieus auf kleinräumige Strukturen herunterzubrechen und mit weiteren Informationen zu kombinieren, um auf diese Weise nicht nur Segregationsmuster nach Milieus bestimmen zu können, sondern auch, um wohnungsmarktrelevante Informationen zu erhalten (vgl. Schmals, Wolff 2003; de Vries, Perry 2003; Perry, Appel 2004; Rohland, Hallenberg 2004).

zusätzlicher Dimensionen neben den althergebrachten Merkmalen sozialer Ungleichheit der Schichtung (Einkommen, Bildung, berufliche Position, Macht) noch von allen geteilt wird, so gehen doch die Begrifflichkeit und die Eindeutigkeit der Abgrenzung arg durcheinander (vgl. Hradil 1992; Rink 2002). So werden unter dem Lebensstil-Konzept oftmals Wertemuster (eigentlich soziales Milieu) und Verhaltensweisen (Lebensführung oder Lebensstil) zusammengezogen. Schließlich gibt es Positionen, die davon ausgehen, dass Lebensstile unterschiedliche Lebensweisen verdeutlichen (vgl. Hradil 1991: 274). Schließlich gehen auch die Meinungen auseinander, ob soziale Lagen und soziale Milieus resp. soziale Milieus und Lebensstile voneinander unabhängig variieren. Vor dieser akademischen Begriffsverwirrung resigniert Rink (2002: 36–40), indem er immer wieder von „Lebensstil- und Milieuansätzen" als Aufzählung spricht, also nicht mehr zwischen beiden unterscheidet.

Zur begrifflichen Klärung in diesem Band soll eindeutig zwischen sozialer Lage, sozialem Milieu und Lebensstil unterschieden werden. Dazu gehört jedoch nicht nur eine eindeutige begriffliche Trennung, sondern auch ein Benennen der funktionalen Zusammenhänge (s. Abb. 4).

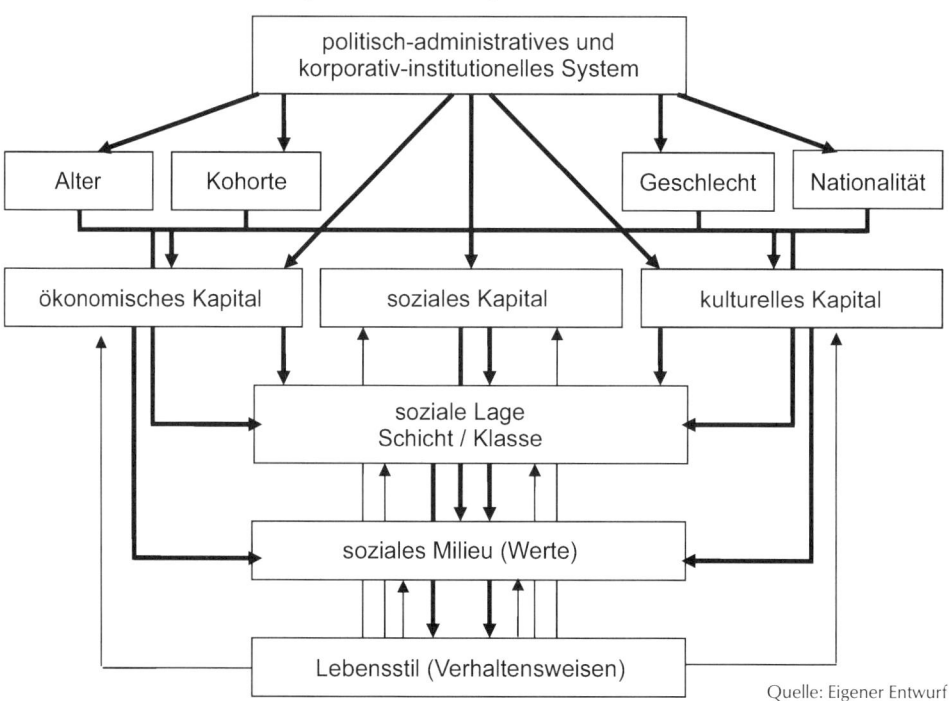

Abb. 4: Der Zusammenhang aus sozialen Lagen, sozialen Milieus und Lebensstilen*

Quelle: Eigener Entwurf

* Mit Alter, Kohorte, Geschlecht und Nationalität ist nicht der biologische oder juristische Status gemeint, sondern die soziale Bedeutung im Sinne systematischer Besser- und Schlechterstellung. Die Möglichkeit, ökonomisches, soziales und kulturelles Kapital akkumulieren zu können, ist in starkem Maße staatlich und gesellschaftlich geregelt. Daher wird hier nicht – wie bei Bourdieu (1982) – von einer Klassifikation ausgegangen, bei der bestimmte soziale Gruppen diese Kapitalsorten einfach „haben", sondern eben auch die Ungleichheit der Möglichkeit zur Akkumulation als strukturierender Effekt hervorgehoben.

Mit „*sozialer Lage*" wird vor allem die materielle Position benannt, die einerseits vom Einkommen, Vermögen und von der Bildung bestimmt ist, andererseits aber auch von kulturellen Fertigkeiten und sozialen Netzwerken (beschrieben durch die drei Kapitalarten, vgl. Bourdieu 1983). Wer mit welcher Legitimität welche Formen von Kapital akkumulieren und auf welche Weise tauschen kann, ist gesellschaftlich stark begrenzt, wobei die politisch-administrativen und korporativen Mechanismen (bei Vester et al. 2001 die Felder der politisch-staatlichen Repräsentationen und Institutionen, der korporativen Interessenvertretungen und der gesellschaftspolitischen Bewegungen und ideologischen Lager; s. Abb. 1) eine wichtige Rolle spielen. So werden beispielsweise Frauen noch immer am Arbeitsmarkt oder bezüglich der Altersversorgung diskriminiert, Zuwanderern werden Bildungstitel, sprachliche und kulturelle Fertigkeiten nicht angemessen anerkannt, die jüngeren Kohorten werden durch ein zu langes Festhalten an einer Sozialstaatlichkeit, die auf dem Generationenvertrag aufbaut, finanziell stark benachteiligt und Alter spielt am Arbeitsmarkt eine stark diskriminierende Rolle.

Die *sozialen Milieus* sind Wertegemeinschaften, die einerseits durch unmittelbare soziale Kontakte stabilisiert und verstärkt (Mikro-Milieus), andererseits auch durch medial vermittelte weltanschauliche Prägungen und allgemeine Trends gebildet werden (Makro-Milieus). Für die Verräumlichung sozialer Ungleichheit (beispielsweise in Form von Konzentrationsprozessen) sind vor allem die Mikro-Milieus relevant. Interessant ist einerseits, ob sich auch nach Merkmalen sozialer Milieus Segregationstendenzen feststellen lassen, und – wenn ja – welche Bedeutung deren Überlagerungen zu den bekannten Merkmalen struktureller sozialer Ungleichheit haben.

„*Lebensstile*" sind Verhaltensweisen mit einem gewissen Kontinuitätsgrad (also unter Ausschluss rein spontaner Aktivitäten) und damit (ein Teil der) Ausdrucksform sozialer Milieus und der dahinter stehenden Wertvorstellungen. Durch die Art der Kleidung, den Besitz von Konsumgütern (Marken, Stil), die Art der Freizeitgestaltung wird eine gesellschaftliche Positionierung durch die Interpretation des tatsächlichen oder des erwünschten Status zum Ausdruck gebracht.

Im Sinne Bourdieus werden die Alltagspraktiken häufig dafür genutzt, um die gesellschaftliche Positionierung (in ihrer distinktiven Kraft) zu symbolisieren und damit zu festigen resp. zu entwickeln (symbolisches Kapital). Das bedeutet, dass Ungleichheitsmuster nicht nur über ihre Materialität der strukturellen Ungleichheit bestimmt sind, sondern durch die Reproduktion von Wertvorstellungen über Handlungsweisen auch dekonstruiert und reproduziert werden. Das gilt nach Löw (2001) insbesondere für das raumbezogene Handeln. Das bedeutet, dass die soziale Ungleichheit nicht nur durch die Positionierung im Raum (über Wohnstandorte und Aktionsräume) abgebildet wird, sondern auch die Art, in welcher der (öffentliche) Raum angeeignet und genutzt wird und wie sich soziale Gruppen im (städtischen) Raum positionieren, wiederum die Strukturierung und Hierarchisierung sozialer Ungleichheit in einer Gesellschaft (mit) bestimmt (s. den Beitrag von Läpple et al. in diesem Band).

Armut und „neue soziale Milieus" – Zwei Formen der Vertiefung

Im Arbeitskreis haben wir uns auf die Betrachtung von zwei Phänomenen sozialräumlicher Entwicklungen in Städten geeinigt, die uns einerseits quantitativ bedeutsam erschienen, zum anderen aber auch die Stadtplanung herausfordern: a) die (Wieder-)Zunahme von Armut und deren räumliche Konzentration (die im Bund-Länder-Programm „Stadtteile mit besonderem Entwicklungsbedarf – die Soziale Stadt" gegenwärtig in Deutschland eine große Aufmerksamkeit erfährt; vgl. Schader-Stiftung 2001; Walther 2002; Difu 2003; Walther, Kind 2004; Greiffenhagen, Neller 2005) und b) das Herausbilden neuer städtischer Lebensstile über veränderte Erwerbsformen, Zeitmuster und Raumnutzungen (‚creative industries', vgl. Camagni 1995; Franz 1999; Crevoisir, Camagni 2000), welche im „Verdacht" stehen, gesellschaftliche Innovationen zu entwickeln, die den künftigen Mainstream prägen könnten. Sie dienen aufgrund ihrer Sichtbarkeit bisweilen den Städten dazu, sich im Wettbewerb um Investitionen, Kulturevents und Images zu positionieren. Jede der beiden Gruppen steht zudem für den jeweiligen Schwerpunkt in der Ungleichheitsforschung – die (sozioökonomische) Strukturierung resp. Entstrukturierung, Entbettung und die Neu-Formierung nach Milieus, Szenen, Cliquen oder Netzwerken.

Armut und deren räumliche Konzentration

Armut nimmt – wenn auch auf unterschiedlichem Niveau und mit unterschiedlicher Intensität – in allen Ländern Europas wieder zu (vgl. Hübinger 1996; Koch 2003). Wurde vor dem Hintergrund einer gleichzeitig permanent zunehmenden Wohlfahrt auf nationalstaatlichem Niveau („Fahrstuhleffekt") ursprünglich von einer „Armut im Wohlstand" gesprochen und diese als Paradoxon dargestellt (vgl. Breckner et al. 1989; Döring et al. 1990), so wird die Interpretation der „Armut durch Wohlstand" zunehmend akzeptiert, d. h. also die Produktion zunehmender Armut folgt der immanenten Logik des aktuellen kapitalistischen Modernisierungsprozesses (vgl. Freyberg 1992, 1996; Dangschat 1995a, 1997a, 1999b).

Die Ursachen für die Zunahme der Armut[12] liegen im Wesentlichen in den Veränderungen des Arbeitsmarktes, d. h. in dessen zunehmendem Effizienzdruck, der den Ersatz menschlicher Arbeitskraft durch Maschinenarbeit resp. die Verlagerung von Arbeit in andere Regionen (Peripherisierung) nahelegt, was sich in alt-industrialisierten Ländern in struktureller (Dauer-)Arbeitslosigkeit, Regelungen des vorgezogenen Ruhestandes und letztlich auch in steigender Jugendarbeitslosigkeit niederschlägt. Weiterhin bedeutet eine Verlagerung der hochgradig verregelten Arbeitsbedingungen der industriellen Produktion zu stärker flexibilisierter Erwerbsarbeit in vielen Bereichen des Dienstleistungssektors eine Zunahme des Beschäftigungsrisikos, unsicherer Einkommen und unzureichender Alters- und Krankenversorgung. Zusätzlich ist seit geraumer Zeit eine deutliche Lohnspreizung sichtbar.

Die Zunahme der Armut liegt weiter in einem veränderten Verständnis von Politik (Neo-Liberalisierung), wonach sich der Staat weniger interventionistisch verhalten und den Marktkräften größere Spielräume geben solle. Zusätzlich werden aus demographischen Gründen (Lastquote), wegen einer teilweise rückläufigen Wirtschaftsentwicklung und der zunehmenden Armutsdynamik auch die fiskalischen Mittel objektiv knapp. Das wiederum führt zu einem Umbau des Sozialstaates sowie zu einem Abbau der „freiwilligen" Leistungen des Staates resp. der Kommunen (meist im präventiven Bereich) und zu einem Zurückstufen der Regelleistungen, mit einer zunehmenden Entsolidarisie-

---

[12] Zum Stand der Armutsforschung vgl. Leibfried und Voges 1992; Dietz 1997; Barlösius und Ludwig-Mayerhofer 2001.

rung gegenüber den schwächsten sozialen Gruppen (Asylsuchende, Migranten/innen, Sozialhilfeempfänger/innen, Arbeitslose, Ruheständler/innen, Alleinerziehende, Familien etc.) (vgl. Dangschat 1997b).

Ein weiterer Faktor zunehmenden Armutsrisikos liegt im wachsenden Anteil kleinerer Haushalte. Mit der steigenden Zahl an Alleinlebenden nimmt auch die Zahl kleiner Versorgungsgemeinschaften zu, was bei unstetigem Einkommen das Verarmungsrisiko erhöht. Auch große Haushalte und insbesondere Alleinerziehende stehen unter einem zunehmenden Verarmungsrisiko, was aber vor allem auf einen unzureichenden Familienlastenausgleich zurückzuführen ist.

Während mit all diesen Faktoren vor allem die Einkommens- und Vermögens-Armut thematisiert wird, gehen sozialwissenschaftliche Ansätze der Armutsforschung von der Armut als Lebenslage aus (vgl. Hübinger 1989; Döring et al. 1990; Glatzer, Hübinger 1990; Dietz 1997), d. h. von komplexen strukturellen Merkmalen intensiver sozialer Benachteiligung und sozialer Ausgrenzung, von Wertemustern, Habitusformen und Milieu-Kategorien (‚culture of poverty') sowie von Verhaltensformen, die auf Randständigkeit, Radikalität und Abweichung der ‚truly disadvantaged' verweisen (vgl. Wilson 1987, 1996; s. auch den Beitrag von Kronauer in diesem Band).

Der örtlichen und regionalen Konzentration von Armut ist in den letzten Jahren innerhalb der Medien und des politisch-administrativen Systems eine besondere Aufmerksamkeit gewidmet worden. Haben ursprünglich wieder wachsende regionale Ungleichgewichte im Zuge der De-Industrialisierung eine hohe Bedeutung gehabt (Süd-Nord- und Ost-West-Gefälle, Gegensätze zwischen sun belt und frost belt, periphere vs. zentrale Räume etc.), so rückt die Stadt – gerade die ökonomisch prosperierende Stadt – über die sozio-ökonomische Binnen-Polarisierung in den Mittelpunkt der Armutsdebatte (vgl. Freyberg 1992, 1996; Jaschke 1992; Dangschat 1995b, 1997c; Zimmermann 1996).

In jüngster Zeit gewinnt dabei vor allem die Konzentration von Armut in spezifischen städtischen Quartieren zunehmend an Bedeutung („soziale Brennpunkte", „Stadtteile mit besonderem Entwicklungsbedarf" etc.) (vgl. Alisch, Dangschat 1998; Friedrichs, Blasius 2000). Dabei wird diesen territorialen Konzentrationen eine negative Verstärkungswirkung zugeschrieben, die aus strukturell-materieller Armut erwächst: Es entstehen Entwicklungsprobleme und schulische Lernerfolge von Kindern werden schlechter (vgl. Bielig 1996; Klocke, Hurrelmann 2001), Ausländer/innen werden schlechter integriert und die Ausländerfeindlichkeit nimmt zu (vgl. Heitmeyer, Anhut 2000), (Jugend-)Kriminalität, Drogenhandel und -konsum sowie Vandalismus weiten sich aus, aber auch unzureichende Wohnbedingungen und Infrastrukturausstattungen verstärken die benachteiligende und bisweilen ausgrenzende Wirkung (vgl. Breckner 1995; Mutschler 1995).

Dauerarbeitslosigkeit, die räumliche Konzentration in Vierteln der Armut und soziale Ausgrenzung haben zudem auch im deutschsprachigen Raum die ‚underclass-Debatte' intensiviert (vgl. Dangschat, Fasenfest 1995; Bremer, Gestring 1997; Häußermann 1997; Siebel 1997; Kronauer 1997, 2002; siehe auch seinen Beitrag in diesem Band).

Welche Bedeutung im Verarmungsprozess dem Raum selbst zukommt, d. h. inwiefern der Raum eine eigenständige Kategorie der Ungleichheits-/Armutsforschung sein sollte, wird im Folgenden näher diskutiert (vgl. auch Dangschat 1996b, Friedrich 1999, Atkinson; Kintrea 2004).

Die Tatsache, dass sich Armut territorial zunehmend konzentriert, hat innerhalb der letzten 15 Jahre viel zur Thematisierung der Armut beigetragen. Armut konnte zwar skandalisiert werden, sie führte aber – die Verwaltungen peinlich berührend, weil statistisch ablesbar – auch zu Interventionen seitens des politisch-administrativen Systems (von der Etablierung kommunaler Armutsberichterstattung über Beteiligungsverfahren bei der Stadterneuerung resp. der Nachbesserung von Großsiedlungen bis hin zu „Feuerwehrpolitiken" in „sozialen Brennpunkten" und den aktuellen Formen des Quartiersmanagements; vgl. Alisch 2002) – letztlich auch, weil dadurch demokratische Mehrheiten (insbesondere der Sozialdemokratie) in Gefahr gerieten.

Die Einordnung und Bewertung der Konzentration von Armut in bestimmten Regionen und Nachbarschaften orientiert sich sehr stark an der klassischen Segregationsanalyse. Schon Ende der 1920er-Jahre stellte man (in Chicago) hohe positive statistische Korrelationen zwischen Armut, Krankheit, abweichendem Verhalten, schlechter Baustruktur und hoher Fluktuationsrate fest. Man interpretierte die zunehmende Konzentration sozialer Gruppen in einzelnen Wohnquartieren als wachsende Desintegration städtischer Gesellschaften. Schließlich stellte man im Invasions-Sukzessions-Zyklus zwischen zuwandernden und sesshaften Gruppen „kritische Werte" der Konzentration diskriminierter Minderheiten fest (,Tipping point'), von welchen an die (eher statushöheren) Bewohnerinnen und Bewohner der Nachbarschaften fortziehen und so das „Umkippen" des Stadtteils beschleunigen.

Daher wird in kommunalen Armutsberichten den Stadtteilen mit hoher Konzentration an Sozialhilfebeziehern, Arbeitslosen, Ausländer/innen und Menschen mit niedrigem Bildungsniveau eine besonders negative Bedeutung beigemessen. Um eine „ausgewogene" Mischung der sozialen Gruppen wieder herzustellen, wurden gegenüber Zuwanderern Zuzugssperren ausgesprochen resp. Programme zur Umverteilung „überschüssiger" Bevölkerungsgruppen aufgelegt. Diese „statistischen Bereinigungen" sind in der Regel jedoch erstens nicht erfolgreich und lösen zweitens oft nicht das Problem der Armut – es wird allenfalls statistisch weniger sichtbar. Trotz aller Berechnungsmöglichkeiten der „tipping points" gibt es keine zuverlässige Information, ob es solche fixen, allgemein gültigen Grenzwerte tatsächlich gibt und was sie bei wem bewirken.

Insbesondere ist die Bewertung solcher „kritischen Werte" vom quantitativen Umfang des Problems selbst abhängig, d. h. die Grenzen wurden in der Vergangenheit entsprechend der zunehmenden Anteile „nach oben" verschoben (wie es Schroeder 2000 am Beispiel des Anteils ausländischer Schüler für Schulprogramme und Verteilungsschlüssel in Schulen eines Hamburger Stadtteils zeigen konnte). Es gibt also keine verbindlichen Werte. Es konnte von Anhut und Heitmeyer (2000) gezeigt werden, dass trotz vergleichbarer Armuts- und Ausländer-Anteile in einzelnen Wohnquartieren das Ausmaß der sozialen Konflikte, die Stabilität zivilgesellschaftlicher Strukturen und die Akzeptanz von Kommunalpolitik erheblich variierten (s. den Beitrag von Läpple et al. in diesem Band). Dennoch werden seitens des politisch-administrativen Systems immer wieder „kritische Werte" (30 %-Ausländeranteil, Unterschreiten des Äquivalenzeinkommens um 50 % etc.) benannt, nach denen Förderprogramme resp. Darlehens-Sperren verhängt werden.

4 Neue soziale Milieus und Lebensstile

Empirische Ergebnisse zeigen, dass in den vergangenen Jahren innerhalb der Milieu- und Lebensstilgruppen deutliche Verschiebungen festzustellen sind. Im Gegensatz dazu haben sich die strukturellen Relationen (Klassen und Schichten) weniger deutlich entwickelt,[13] denn die oftmals (gerade in der Stadtsoziologie) postulierte Zunahme der sozio-ökonomischen Spaltung der Gesellschaften oder deren Auseinanderdriften ließ sich bislang empirisch nur schwierig nachweisen (vgl. Dangschat 1995a). Dieses ist ein Grund dafür, dass sich – wie bereits geschildert – die Ungleichheitsforschung der 1990er-Jahre weniger mit den Ursachen, dafür verstärkt mit der Milieu- und Lebensstil-Forschung, d. h. den Erscheinungsformen sozialer Ungleichheit und deren Reproduktion beschäftigt hat. Dabei wurde eine Zunahme hedonistischer, erlebnisorientierter, aber auch „traditionsloser" Milieus festgestellt. Diese Verschiebungen werden auf die Entwicklung unter den Jugendlichen und jungen Erwachsenen, die Zunahme „neuer Haushaltsformen" und die Veränderungen der Erwerbsarbeit zurückgeführt und stehen im Zusammenhang mit der Tendenz zur Individualisierung/Ent-Traditionalisierung, veränderten Geschlechtsrollen, neuen Beschäftigungsformen, die wiederum Biografien, berufliche Karrieren und Zeitmuster beeinflussen.

Die Bedeutung des Lebensstil-Ansatzes innerhalb der Ungleichheitsdebatte nahm vor allem auch deshalb zu, weil mit diesem Ansatz eine Reihe der neuen Tendenzen der Sichtbarkeit gesellschaftlicher Ausdifferenzierungen besser deutlich gemacht werden konnte. Die „Entstrukturierungstendenzen" werden in einer Gesellschaft vor allem unter den „modernen" Milieus, unter Jugendlichen und jungen Erwachsenen und höheren Bildungsgruppen sichtbar. Zusätzlich sind meist die Großstädte die Orte des Entstehens „neuer Milieus" und „neuer Lebensstile". Die Ursachen hierfür sind die Verschiebungen im Arbeitsmarkt (zu einem höheren Dienstleistungsanteil, aber auch innerhalb der Dienstleistungen zu einem höheren Anteil an Berufen, bei denen Kreativität, Eigenverantwortung, Flexibilität und Selbstverwirklichung bedeutsam sind). Diese Verschiebungen innerhalb der Erwerbstätigkeit werden von einer Jugend-Freizeitkultur untersetzt, in der Individualisierung, Selbstverwirklichung, Distinktion und Symbolisierung einen hohen Stellenwert erhalten. Verbesserte Ausbildung (gerade von Frauen) und Öffnungen des Dienstleistungssektors haben zudem zu einer stärkeren Berufsorientierung (zu Lasten einer Familienorientierung) geführt.

Eine geringere Familienorientierung sowie veränderte Arbeitszeiten erfordern und ermöglichen neue Zeit- und Raumnutzungs-Muster. Die moderne Dienstleistungsarbeit ist stärker als die Industriearbeit nach dem Umfang und der Dauer anfallender Arbeit (und nicht nach dem permanenten Lauf von Fließbändern) organisiert – sei es nach Kundenströmen im Einzelhandel oder nach Terminen der Fertigstellung von „Projekten". D. h. das Leben der Menschen dieser „neuen Lebensstile" ordnet sich nicht mehr den traditionellen Zeitmustern von Acht-Stunden-Arbeitstagen und Fünf-Tage-Wochen, Jahresurlauben oder durchgehender Erwerbsbeschäftigung unter, sondern entspricht eher den

---

[13] Hier reichen die Thesen von einer Neuformierung der Klassengesellschaft im Zuge der Globalisierung (vgl. Diettrich 1999; Kohlmorgen 2004) hin zu einer Auflösung der Klassen- und Schichtstrukturen durch Prozesse der Individualisierung (vgl. Beck 1995 – zur Übersicht vgl. Konietzka 1995).

Arbeitsgewohnheiten der Freiberufler und Künstler. Zudem wird die Zeit der Erwerbsarbeit intensiviert und häufig mit Freizeitelementen „durchsetzt"; zwischen Projekten kann es durchaus zu längeren Freizeiten kommen (drei Wochen hart arbeiten, eine Woche nichts tun) (vgl. Henckel, Eberling 2002).

Die meisten städtischen Siedlungsstrukturen sind jedoch nach den Traditionen der industriellen Arbeit mit ihren fixen zeitlichen Regeln aufgebaut und organisiert und an der Arbeitsteilung innerhalb einer Kleinfamilie orientiert. Das bedeutet, dass auf die neuen Standortpräferenzen und die zeitlichen Nutzungsmuster sowohl in der gebauten Struktur, aber auch bezüglich der „Zeittakte" der Stadt(teile) reagiert werden muss (vgl. ebd.). Die Städte unterliegen also auch einer neuen Segmentation traditioneller Arbeitsformen und Haushaltsstrukturen auf der einen und der der „neuen" auf der anderen Seite.

Ohne explizit auf die Lebensstildebatte einzugehen, wurde in der Stadtsoziologie mit der Gentrification-Forschung theoretisch und empirisch die Segregation/Konzentration nach Lebensstilen und sozialen Milieus analysiert (vgl. Friedrichs, Kecskes 1996). Für die hedonistischen Gruppen, oftmals in „neuen Haushaltsformen" lebend, sind die innenstadtnahen Wohnstandorte und Erlebnisorte bedeutsam: In bestimmten innenstadtnahen Lagen kommt es zu sozioökonomisch und soziokulturell neuartigen Konzentrationen (s. den Beitrag von Läpple; Walter in diesem Band). Weniger Beachtung hingegen haben die unterhaltungsorientierten, traditionslosen Gruppen gefunden, deren Orte wohl Suburbia oder die äußeren Stadtteile sind – zwischen Disco und Sport, griechischen Restaurants und Möbelmärkten bei eher traditionellen geschlechtsspezifischen Rollenzuschreibungen.

Innerhalb des ARL-Arbeitskreises haben wir uns neben den Armutsphänomenen intensiver mit den innovativen Milieus beschäftigt.[14] Sie sind – so die These – die ‚oppinion leader' gesellschaftlicher Entwicklung; sie entwickeln die neuen Haltungen zur Erwerbs- und Reproduktionsarbeit sowie zur Freizeit durch neue Formen der Arbeitsorganisation mit den dazugehörigen Zeit- und Standortmustern. Genauere Abgrenzungen und Statistiken liegen über diese Gruppen (‚creative milieus', „neue Selbständige", „neue Dienstleistungsklasse") nicht vor, allenfalls erste Ergebnisse im Rahmen von Fallstudien (vgl. Camagni 1995, 1999; Franz 1999; Crevosier; Camagni 2000; Wood 2003; Lange 2006; s. auch Läpple und Walter in diesem Band).

Wodurch entstehen diese Gruppen? Hierzu stichwortartig einige Fakten und Plausibilitäten:

- Der massive Ausbau des Bildungssystems hat die Bildungsphase und damit die Phase der Post-Adoleszenz verlängert. Damit werden für eine immer größere Zahl an jungen Erwachsenen das Heiratsalter und der Zeitpunkt der Geburt des ersten Kindes zeitlich verschoben (oder ganz obsolet).

- Vom Bildungs-Boom haben insbesondere Frauen profitiert, was sich vor allem in einer zunehmenden Eigenständigkeit im Erwerbsleben ausdrückt, was wiederum

---

[14] In der Diktion von Vester et al. (2001) der Habitus der Arrivierten und die Avantgardisten, welche die modernen Arbeitnehmer-Milieus, hedonistische sowie die postmodernen Milieus kennzeichnen; s. Abb. 2; in der Diktion von SINUS Socialdata entspräche dieses den „modernen Performern", den „Experimentalisten" und den „Hedonisten", s. Abb. 3).

dazu beiträgt, die traditionellen Rollen in der Reproduktionsarbeit gründlich infrage zu stellen. Das Ergebnis ist eine deutliche Zunahme an Single- und DINK-Haushalten sowie häufigere Partnerwechsel. Viele von ihnen folgen daher auch nicht dem Suburbanisierungs-Trend der älteren Kohorten, weil sie aufgrund der Lebenslagen und der Wohnbiografie funktional, emotional und oftmals auch ökonomisch (Wohneigentum) an innerstädtische Standorte gebunden sind.

- Von diesen gesellschaftlichen Öffnungstendenzen profitierten in den 1990er-Jahren umfangreiche Gruppen (Generation des Babybooms). Für viele von ihnen verlaufen weder die Erwerbsbiografie noch die Lebenszyklen in der bis dahin traditionellen Art. Dieser quantitative Nachfrageschub hat eine verschärfte Konkurrenz um die innenstadtnahen Standorte eingeleitet, die sowohl über das ökonomische Kapital (⇨ Gentrification) als auch über das kulturelle Kapital (⇨ „Politik der Lebensstile") geführt wird (vgl. Dangschat 1994).

- Für die beschriebenen Haushalte sind innenstadtnahe Wohnstandorte nicht nur wegen der Nähe zu den Ausbildungs- und Arbeitsplätzen, sondern auch aufgrund des dichten und heterogenen infrastrukturellen Angebots an kulturellen und von Hausarbeit entlastenden Einrichtungen ebenso wichtig wie die belebten Straßenräume (⇨ Erlebnisorientierung). Eine längere Wohnbiografie von zehn, zwölf, 15 Jahren an innenstadtnahen Standorten führt häufig dazu, dass diese auch dann nicht aufgegeben werden, wenn Kinder geboren und aufgezogen werden. Den neuen Bedingungen wird sich allenfalls angepasst, indem man in größere Wohnungen (oftmals Eigentumswohnungen ⇨ Steuervorteile), Häuser mit Fahrstühlen und an ruhigere Orte (Seiten- und Nebenstraßen) zieht (vgl. Friedrichs und Kecskes 1996).[15]

- Auch die Widerstands-Kultur gegen Überplanung und Aufwertung hat hier ihren Platz und formt (überwiegend wohl in Hamburg und Berlin) Orte (Nischen) der „Alternativ"-Kulturen auf eher ökonomisch niedrigem, kreativ aber vielfältigem Niveau. Dieses sind die Orte der Künstler und Kulturschaffenden, der Produzenten von Geschichte(n), Fiktionen, Fakes und Bildern des Scheins. Es sind Orte der Vielfalt und der Integration: Hier sind Sponties und Anarchos und andere Nicht-Wähler ebenso zu Hause wie Wähler der Grünen, die Öko- und Gesundheitsfreaks sowie die Anhänger der Esoterik und der diversen asiatischen Philosophien. Parallel dazu, und keineswegs immer vernetzt mit den benachbarten sozialen Gruppen, bestehen an diesen Orten häufig die ethnischen Kolonien der Zuwanderer, die der älteren Autochthonen und die der „neuen Dienstleistungsklasse", die an Laptops arbeitend sich in den stylish adaptierten Fabrikgebäuden der Hinterhöfe einquartieren (⇨ Parallelgesellschaften).

- Denn diese Orte werden zunehmend in ihrer kulturellen Vielfalt ökonomisiert, es ziehen Journalisten und Architekten, Kulturmakler und -manager und neuerdings die „Neue-Medien"-Leute zu. In die Ladenlokale und (oftmals zweckentfremdeten) Büroetagen ziehen junge Unternehmer des Softwaredesign, der Homepagegestaltung, der Portalbetreiber, der Internethändler und vor allem der Multimediakünstler (‚creative

---

[15] Nach eigenen Studien sind die überzeugtesten Gentrifier jene, die bereits seit mehr als 20 Jahren in ihrem Viertel leben, zwischen 40 und 60 Jahre alt sind und eine vertikale soziale Mobilität parallel zur Entwicklung des Viertels genommen haben (vgl. Alisch, Dangschat 1996).

industries'). Sie verändern die Wohn- und Arbeitsorte in ganzheitliche Lebensorte, an denen die 24-Stunden-Bedürfnisse fußläufig erledigt werden können, an denen dichte und vielfältige informelle Netzwerke[16] entstehen, die ökonomisch und/oder hedonistisch genutzt werden (s. den Beitrag von Läpple et al. in diesem Band).

- In diesen Vierteln sind soziale Netzwerke offensichtlich sehr dicht, auch wenn sich die unterschiedlichen örtlich lediglich überlagern: die ethnischen Netzwerke der Zuwanderer, die zunehmend Communities und lokale ethnische Ökonomien ausbilden, multikulturelle Gruppen von Fair Trade bis zu deutsch-türkischen Kulturvereinen, die Netzwerke der Reste städtischer sozialer Bewegungen, die sich gegen Eingriffe der Stadtplanung formierten, Lokale Agenda-21-Gruppen. Dieses wird offensichtlich überlagert von informellen Netzwerken der projektorientierten Produktion von Gütern und vor allem Dienstleistungen, die morgens (zwischen 9 und 11 Uhr) in den Bäckerläden (die längst ihren hauptsächlichen Gewinn durch das Zubereiten von Frühstück erzielen), mittags (zwischen 13 und 15 Uhr) bei den „Italienern" und abends (zwischen 21 und 3 Uhr) wieder bei den gleichen „Italienern" oder anderen Eß- und Trinklokalen der Szene zu beobachten und zu belauschen sind.

- Bedeutsam ist die städtebauliche und architektonische Struktur dieser Quartiere. Besonders attraktiv sind verlassene Fabrikgebäude, in sich geschlossene und vielfältige Hinter- und Innenhofsituationen, die in ihrer proletarischen Vergangenheit einerseits stilistisch überhöht, andererseits mit aktueller Architektur unterfüttert werden. Dieser Trend ist zwar schon aus den 1970er-Jahren bekannt (Stollwerck-Fabrik in Köln-Südstadt, Fabrik in Hamburg-Ottensen, Gallustheater in Frankfurt etc.), doch ziehen dort heute keine Stadtteil-Kulturzentren und „Häuser der Jugend" mehr ein, sondern moderne Büros in Loft- und Fabrikgebäuden, Einkaufs-Malls mit Boutiquen und Kunsthandwerk, Event-places, stilisierte Restaurants und Bars (Zeise-Hallen, Rinderschlachthalle oder Handwerkerhof in Hamburg, Hackesche Höfe in Berlin, Zeche Zollverein in Essen, Ostend in München, Brauerei in Darmstadt, Gasometer in Wien etc.) – die Kulturbrauerei am Prenzlauer Berg, andere Entwicklungen im Scheunenviertel oder manche im Ruhrgebiet stellen hier Zwischen- und Pionier-Stufen der ökonomischen Auf- und der kulturellen Umwertung dar (⇨ Gentrification).

5 Residenzielle Segregation

Das Thema der residenziellen Segregation ist eines, das in der Kommunalpolitik und Stadtplanung sehr emotionell gehandhabt wird. Auch wenn es sich streng genommen weniger um das Phänomen der Segregation (= ungleichmäßige Verteilung der (Wohn-)Standorte sozialer Gruppen in einer Stadtagglomeration), sondern um die Konzentration vor allem sozial Benachteiligter handelt, löst eine erhöhte Konzentration dieser sozialen Gruppen (Armuts- oder armutsnahe Bevölkerung aus Arbeitslosen resp. Sozialhilfeempfängern/innen, ältere Menschen, Zuwanderer in einzelnen Nachbarschaften, formal wenig gebildete

---

[16] Hierbei überlagern sich mittels der IuK-Medien gebildete Informationsnetze mit face-to-face-Kontakten in den Restaurants, Kneipen und „Locations", bei denen Vertrauen, Respekt und Kreativität „erzeugt" wird. Wie das Wechselverhältnis der unterschiedlichen Kommunikationsformen in ihrer Überlagerung und wechselseitigen Bedingtheit strukturiert ist, ist m. E. noch nicht erforscht.

Menschen) in der Regel eine hohe Alarmbereitschaft in kommunalen politisch-administrativen Systemen aus. Die These ist hierbei, dass insbesondere für die benachteiligten Bevölkerungsgruppen diese hohen Konzentrationen zusätzlich benachteiligend sind, weil der Anschluss an den bürgerlichen Mainstream über die zurückgehende Motivation, sich selbst zu helfen, verloren gehe, weil möglicherweise negative Sozialisationsprozesse insbesondere bei (männlichen) Jugendlichen wirksam werden und weil sich schließlich die Wohn- und Wohnumfeldbedingungen zusätzlich benachteiligend auswirken. Residenzielle Segregation soll daher aus Sicht der städtischen Institutionen verhindert und/oder durch entsprechende Sozialpolitik, Stadt(teil)-Entwicklungspolitik, Wohnungsbau- und Belegungspolitik abgebaut werden.

Residenzielle Segregation besteht aus den Komponenten (a) der sozialen Ungleichheit, (b) der Ungleichheit der Raumqualitäten und (c) der Zuweisungsmechanismen von sozialen Gruppen zu Orten unterschiedlicher Lebensbedingungen. Auch wenn diese Ausgangsbedingungen weitgehend Konsens unter den Forschenden hervorrufen dürften, ist das Wissen um eben diese Zusammenhänge eher gering, was wiederum daran liegt, dass diese drei Bereiche eher getrennt und fachlich nicht übergreifend diskutiert werden.

Die Debatte in der Ungleichheitsforschung war in Deutschland in den vergangenen zwanzig Jahren sehr lebendig und kontrovers: Ursachen, Anlässe, Erscheinungsformen, unterschiedlich risikobelastete Lebenslaufabschnitte, Zeitmuster und bisweilen auch (städtische) Kontexte wurden thematisiert. Dadurch ist nicht nur eine hohe Paradigmenvielfalt, sondern auch eine Verschiebung von der materiellen auf die kulturelle Ebene vollzogen worden (s. o.). Wenn aufgrund der vielfältigen Debatte behauptet wird, der Ungleichheitsforschung sei der Gegenstand verloren gegangen (vgl. Sopp 2000), dann ist es – insbesondere dann, wenn die Ungleichheit in einer Gesellschaft wieder zunimmt – umso eher notwendig, diese einzelnen Teildiskurse zu ordnen und aufeinander zu beziehen.

Das zentrale Problem für unsere Fragestellung ist, dass die breite Debatte über die Formen sozialer Ungleichheit von den Stadt- und Regionalsoziologen/innen und den Geografen/innen[17] kaum wahrgenommen und schon gar nicht angemessen eingeordnet wird. Es werden einzelne Facetten sozialer Ungleichheit herausgelöst, weil man auf Informationen aus der Statistik angewiesen ist resp. ohnehin ein veraltetes Ungleichheitsmodell (beispielsweise ein Schichtungsmodell) im Kopf hat. Auch Segregation nach Gender-Mustern resp. entlang der Logik der ‚dual', ‚dreigeteilten' oder auch ‚quartered city' (vgl. Blanke et al. 1986; Häußermann und Siebel 1989, 1991; Marcuse 1989) folgen je spezifischen Vorstellungen strukturierter sozialer Ungleichheit, die in dieser Weise unter den Ungleichheits-Experten/innen nicht zu finden ist (selbst die Gender-Fragestellungen folgen momentan eher den kulturellen Reproduktionsmustern als denen struktureller Ungleichheit, vgl. Löw 2001).

Das Problem der aktuellen Segregationsforschung vergrößert sich dadurch, dass auch dem Raum nicht die Bedeutung geschenkt wird, die unter Experten/innen in diesem Bereich seit etwa fünfzehn Jahren (wieder) dargelegt wird. Raum folgt hier weitgehend

---

[17] Das unterstellt, dass im Wesentlichen von diesem Kreis Segregationsforschung betrieben wird.

seiner territorialen Festlegung, die durch spezifische Sozialstrukturen (in der Regel unterschiedliches Ausmaß von Konzentrationen) bestimmt ist. Ist man an der residenziellen Segregation in ihrer Bedeutung für soziale Prozesse resp. an dem Verständnis der Ursachen von (möglicherweise unerwünschten) Konzentrationen sozialer Gruppen im Raum interessiert, so muss man die soziale Bedeutung des Raumes in Betracht ziehen, wie es Hamm (1982) bereits frühzeitig eingefordert hat (s. o.).

Also: Weder die Ungleichheitsforschung noch die sozialwissenschaftlichen Bedeutungen des Raumes für die soziale Organisation haben in die Segregationsforschung, die gerade einen – oftmals als problematisch angesehenen – Aspekt gesellschaftlicher Organisation im Raum thematisiert, einen angemessenen Eingang gefunden. Vor diesem Hintergrund ist dann die geringe Reflexion der Zuweisungsprozesse in Teilterritorien nicht mehr überraschend.

Ergebnisse der Segregationsforschung

Die quantitativ-empirische Segregationsforschung brachte eine Reihe empirischer Regelhaftigkeiten und Deutungsangebote, die vor allem im Hinblick auf Integration und Vorstellungen über Integration bedeutsam sind:

- Segregation nimmt im Laufe der Zeit zu; dieses wurde – auf den Modernisierungsthesen Durkheims aufbauend – auf die mit der Modernisierung einhergehende zunehmende Arbeitsteilung und die daraus folgenden zunehmenden Ausdifferenzierungen zurückgeführt und schließlich den daraus ableitbaren Distinktionsmöglichkeiten und -interessen zugeschrieben, was auch ein geografisches Auseinanderrücken der Gesellschaft nach sich zöge.

- Die höchsten Segregationswerte weisen die Gruppen auf, welche sich am Rand der sozialen Hierarchien befinden – hier werden jedoch die inhaltlich denkbaren Unterschiede durch statistisch-mathematische Logiken überlagert, die kaum inhaltlich interpretiert werden sollten: Jede Gruppe am (oberen oder unteren) Rand hat nur eine „Nachbar"gruppe und muss daher – soziale Distinktion/Distanz spiegelt sich in geografischer Distanz wider – höhere Segregationswerte haben (,edge effect' – vgl. Dangschat 2004).

- Die stärksten Segregationsmuster werden durch die Merkmale Ethnie/Nationalität/ Rasse sowie Einkommen/Vermögen/soziale Schicht erzeugt, zumal sie sich kausal wechselseitig verstärken.

- Städte, deren Wohnungsmarkt ein „Eigentümer-Markt" ist, haben höhere Segregationswerte als solche, in denen der Mietwohnsektor dominant ist; allerdings haben größere Gebiete, die durch – sich als starke Barrieren erweisende – öffentlich geförderte Wohnungssegmente bestimmt sind, ebenfalls eher höhere Werte der Konzentration sozialer Gruppen.

- Die Segregationswerte zwischen sozialen Gruppen sind (insbesondere in einem Eigentümer-Markt) höher als es die betroffenen sozialen Gruppen intendieren resp. für richtig halten.

- Konzentrationen von eher abgelehnten Bevölkerungsgruppen werden tendenziell als zu hoch eingeschätzt („angstgeweitete Pupillen").
- Es gibt empirisch bestimmbare Konzentrationen von Ethnien/Rassen (,tipping points'), welche zu verstärkten Auszügen von solchen Gruppen führen, die sich von diesen Zuwanderern „bedroht" fühlen; es gibt mehrere solcher „Umkipp-Punkte" im Verlauf eines Austauschs zweier Gruppen der Wohnbevölkerung.[18]

Von der quantitativ-empirischen Segregationsforschung werden zudem zwei Interpretationsangebote gemacht:

- Der Indikatorwert gibt eine unmittelbare Auskunft darüber, wie viele der Minoritäten umziehen müssten, damit eine Gleichverteilung entsteht. Dieses Interpretations-Angebot erzeugt zwei Probleme: Es ist mathematisch falsch (weil der Prozentsatz davon abhängt, ob der Umzug „optimal" im Sinne einer zu erreichenden Gleichverteilung ist – nämlich immer von einem Überzahl- in ein Unterzahlgebiet), dann aber wäre der Prozentsatz nur halb so hoch, weil jeder „richtige" Umzug einen doppelten Effekt im Quell- und Zielgebiet erzeugt.
- Schließlich ist das Referenzstadium „Gleichverteilung" problematisch, weil dahinter sowohl die Integrationsvorstellung nach dem ‚melting-pot'-Modell steht und weil zudem von einer nahezu deterministischen Wirkung des Wohnumfeldes auf die Chance zu einer gelungenen Integration in die Gesamtgesellschaft ausgegangen wird. Konsequenterweise interpretiert Friedrichs (1995: 80) den Wert einer ungleichen Verteilung der Wohngebiete sozialer Gruppen im städtischen Raum als Maß für die (Des-)Integration einer Gesellschaft. Auch diese Interpretation ist fragwürdig, weil das Nahe-beieinander-Wohnen nur ein Element sozialer Nähe ist; Aktionsräume, Verkehrskreise und Kontaktnetzwerke sind gerade heute aufgrund der technologischen Entwicklung und der gestiegenen Mobilität zunehmend von der territorialen Bindung unabhängig.

Weitgehender Konsens besteht innerhalb der Wissenschaften zumindest darin, dass sich die vielfältigen Muster sozialer Ungleichheit im Raum niederschlagen. Ein Unterschied besteht jedoch darin, ob es sich um eine reine „Spiegelung" sozialer Ungleichheit in den Raum oder um gesellschaftliche Prozesse der Verschärfung, Verlagerung und Verringerung sozialer Ungleichheit handelt.[19] Hinter den Polarisierungstendenzen der Großstädte

---

[18] Auch wenn sich für ein Quartier empirisch solche Umkipp-Punkte ex post eindeutig bestimmen lassen, ist fraglich, was dies für die Prognose in anderen Gebieten bedeutet. Da die Menschen nicht auf statistische Größen reagieren, sondern auf eigene Interpretationen von störender Fremdheit, helfen hier meines Erachtens Wahrscheinlichkeiten und generalisierende Aussagen nur wenig.

[19] Diese Unterscheidung variiert häufig mit der Raumvorstellung: Folgt man dem Container-Modell, dann sind Segregations- und Konzentrationsmuster nichts anderes als ein gut messbares Abbild sozialer Ungleichheit; folgt man hingegen der Vorstellung eines gesellschaftlichen Raumes, dann ist das Segregations- und Konzentrationsmuster nicht nur der Ausdruck gesellschaftlicher Kräfte und sozialer Prozesse, in denen sozialräumliche Nähen ausgehandelt werden und der Umgang mit sozialer Verschiedenheit auf engstem Raum zum Ausdruck kommt, sondern gleichzeitig ein Prozess der Reproduktion sozialer Ungleichheit (vgl. Bourdieu 1991; Anhut, Heitmeyer 2000).

stehen nach Häußermann und Siebel (1990: 5) drei Arten von Prozessen: die *ökonomische Spaltung* nach Eigentum, Einkommen und der Position auf dem Arbeitsmarkt, die *soziale Spaltung* nach Bildung, sozialer Integration und Position auf dem Wohnungsmarkt sowie die *kulturelle Spaltung* nach ethnischer Zugehörigkeit, Religion und normativen Orientierungen. Marcuse (1989) geht von einer in spezifische Quartiere zerfallenden Stadt aus (‚quartered city'). Ihn interessieren dabei vor allem die funktionalen Zuordnungen der Bewohner/innen über den Arbeitsmarkt einer ‚global city' und die infrastrukturelle Ausstattung der einzelnen Quartiere.

6   Unklarheiten, Ausgeblendetes, Übergangenes

Es gibt also eine Reihe deskriptiver Ergebnisse der Segregationsforschung, welche die These von bestehenden Regelhaftigkeiten sozial-struktureller Organisation im Raum unterstützen. Dennoch geben diese Ergebnisse wenig für die Frage einer „richtigen" Steuerung her, denn es werden die Ursachen weitgehend ausgeblendet und die dahinter stehende normative Frage am liebsten umgangen oder implizit in Richtung eines Gleichverteilungs-Modells entschieden, das es aber niemals in einer Stadt gab und das von den mobilen Bevölkerungsgruppen abgelehnt wird. Es gibt daher eine Reihe von Unklarheiten, viel Unreflektiertes und eine große „Schüssel Brei", um den die Wissenschaftler/innen lieber einen großen Bogen machen:

- Welche Bedeutung haben konkrete Anteilswerte oder auch statistische Informationen über die Heterogenität/Zusammensetzung der ethnischen Minoritäten?

- Wie stabil sind die Muster der residenziellen Segregation? Sind diese vorübergehend und überwiegend „freiwillig" (und damit sehr viel positiver zu bewerten) oder ein Hinweis auf dauerhafte und zwangsweise Zuweisung zu Orten? (Was dann die Frage der Exklusion hervorruft; siehe den Beitrag von Kronauer in diesem Band.)

- Aus der wissenschaftlichen und umsetzungspraktischen Debatte wird völlig ausgeblendet, dass eine Konzentration sozialer Gruppen im Raum letztlich auch durch eine Fülle gleichgerichteter Umzugsentscheidungen von Haushalten entsteht. In der wissenschaftlichen Debatte wird darüber nicht mit gesamtgesellschaftlicher Verantwortung argumentiert (oder einem sonstigen Argument des Gemeinwohls), sondern man beruft sich selbstverständlich auf den freien Willen mündiger Bürger/innen. Dabei gerät die Tatsache völlig aus dem Blick, dass infolge der Summen dieser „freiwilligen" Entscheidungen in spezifischen Stadtgebieten die Integrationsarbeit von Zuwanderern und von gesellschaftlichen Randgruppen im nachbarschaftlichen Alltag oder in den Schulen geleistet wird resp. benachteiligende Wohn- und Wohnumfeldsituationen erlebt werden, während an anderer Stelle moderner Lebensstil (als Leitkultur – von der Konsumorientierung bis zur politisch korrekten Multikulti-Haltung) inszeniert oder beruflich günstige Netzwerke ausgebildet werden.

- Aus welchem Blickwinkel (autochthone Mehrheit oder allochthone Minderheit) wird die Konzentration betrachtet? Je nach Blickwinkel ergeben sich andere Erwartungen und Bewertungen resp. werden gerade die Spielräume nicht gegeben, die als besonders wichtig erachtet werden (vgl. Heitmeyer und Anhut 2000). Die zentrale Frage bleibt von der Wissenschaft noch unbeantwortet: Wie viel Konzentration ist für wen positiv und wie „feinkörnig" soll die Mischung unterschiedlicher Gruppen sein? Wichtiger dürfte jedoch sein, wie die Inter-Gruppen-Beziehungen tatsächlich gestaltet werden.

- In der Segregationsforschung wird die ungleichmäßige Verteilung der Wohnstandorte in einer Stadtregion analysiert – andere Formen der Raumnutzung bleiben dabei unberücksichtigt. Aktionsräume wurden in den 1970er-Jahren allenfalls in ihrer formalen Form sozial selektiv untersucht, nicht aber, was Überschneidungen, Parallelitäten bedeuten. Insbesondere die selektive Nutzung des öffentlichen Raumes (Plätze, Parks, Straßen) wurde in seiner (des-)integrativen Nutzung selten analysiert. Wie kann der „öffentliche Raum" integrativ wirksam sein? Durch seine Ausstattung (materielles Substrat), durch die Vielzahl sozialer Gruppen resp. eine möglichst hohe Homogenität (Symbolik), durch Partizipationsprozesse bei deren (Um-)Gestaltung oder Betreuung oder sind es die subjektiven, jedoch gruppenspezifischen Konstruktionen von raumbezogener Qualität, die bedeutsam dafür sind, sich den Raum (zumindest temporär) anzueignen? (Vgl. Dangschat et al. 2006.)

- Welches Integrationsmodell gilt als „Leitkultur" – das des ‚melting pot' oder das der ‚salad bowl'? Die Entscheidung darüber steht in einem engen Zusammenhang mit den Konzentrationsmustern sozialer (Rand-)Gruppen. Denn folgt man den ‚melting-pot'-Vorstellungen, dann verbieten sich ethnische Konzentrationen oder auch bestimmte Szene-Viertel, während nach der ‚salad-bowl'-Vorstellung gerade die sozial-räumliche Distanzierung von Klassen, sozialen Lagen und sozialen Milieus sinnvoll ist. Aus der Tradition der Integrationsforschung, stärker aber noch als normativer Hintergrund der Handelnden im politisch-administrativen System, ist die Sichtweise die des ‚melting pot' – diese Position haben aber die klassischen Einwanderungsländer in ihrer Leitkultur längst aufgegeben. Das in Kanada entwickelte Bild der multikulturellen Gesellschaft verfolgt eindeutig das ‚salad-bowl'-Modell und auch Siebel (1997) schreibt von der Notwendigkeit einer „binnenintegrativen Segregation", d. h. einem gewissen Grad an (überwiegend freiwilliger) Segregation, die jedoch über eine Klammer gemeinsamer Werte zusammengehalten wird. Dem steht die Furcht vor „Parallelgesellschaften" gegenüber, wie sie vor allem von Heitmeyer (1998) formuliert werden – wie berechtigt dies sein kann, zeigen die jüngsten Pogrome in den Niederlanden.

- Wenn die bestehenden und deskriptiv bekannten Muster der Segregation nach sozioökonomischen Kategorien durch solche nach soziokulturellen Gesichtspunkten überlagert werden, entsteht daraus eine Verschärfung bestehender Ungleichheitslagen oder gibt es eher kompensatorische Wirkungen?

- Aktuell wird intensiv über „kreative Milieus"/„Klassen" resp. „kreative Industrien" und „lernende Regionen" gesprochen, sei es, um sie als neues Phänomen zu beschreiben oder aber, um sie im Sinne der Standortsicherung und -entwicklung zu instrumentalisieren. Bislang ist wissenschaftlich wenig über deren Entstehungsbedingungen und Stabilisierung, ihre Raum- und Zeitmuster bekannt. Inwiefern sich diese neuartigen sozialräumlichen Konfigurationen im Sinne von „Industrien" oder aber zu zivilgesellschaftlichen Formationen nutzen und entwickeln lassen, ist noch wenig untersucht worden.

Literatur

Alisch, M. (2002): Soziale Stadtentwicklung. Widersprüche, Kausalitäten und Lösungen. Opladen.

Alisch, M.; Dangschat, J. S. (1996): Die Akteure der Gentrifizierung und ihre „Karrieren". In: Friedrichs, J.; Kecskes, R. (Hrsg.): Gentrification. Theorien und Forschungsergebnisse. Opladen, S. 95–29.

Alisch, M.; Dangschat, J. S. (1998): Armut und soziale Integration. Strategien sozialer Stadtentwicklung und lokaler Nachhaltigkeit. Opladen.

Anhut, R.; Heitmeyer, W. (2000): Desintegration, Konflikt und Ethisierung. Eine Problemanalyse und theoretische Rahmenkonzeption. In: Heitmeyer, W.; Anhut, R. (Hrsg.) (2000): S. 17–75.

Atkinson, R.; Kintrea, K. (2004): 'Opportunities and Despair, It's All in There': Practitioner Experiences and Explanations of Area Effects and Life Changes. In: Sociology, 3/38, S. 437–455.

Atteslander, P.; Hamm, B. (1974): Einleitung: Grundzüge einer Siedlungssoziologie. In: Atteslander, P.; Hamm, B. (Hrsg.): Materialien zur Siedlungssoziologie. Köln, S. 11–32.

Barlösius, E.; Ludwig-Mayerhofer, W. (Hrsg.) (2001): Die Armut der Gesellschaft.

Beck, U. (1995): Die „Individualisierungsdebatte". In: Schäfers, B. (Hrsg.): Soziologie in Deutschland. Entwicklung, Institutionalisierung und Berufsfelder, theoretische Kontroversen. Opladen, S.185–198.

Berger, P. A.; Vester, M. (Hrsg.) (1998): Alte Ungleichheiten – Neue Spaltungen. Sozialstrukturanalyse 11. Opladen.

Berking, H.; Neckel, S. (1990): Die Politik der Lebensstile in einem Berliner Bezirk. Zu einigen Formen nachtraditionaler Vergemeinschaftung. In: Berger, P. A.; Hradil, S. (Hrsg.): Lebenslagen, Lebensläufe, Lebensstile. Soziale Welt, Sonderband 7, S. 481–500.

Bieback, K.-J.; Milz, H. (Hrsg.) (1995): Neue Armut. Frankfurt am Main.

Bieligk, A. (1996): „Die armen Kinder". Armut und Unterversorgung bei Kindern. Belastungen und ihre Bewältigung. Essen.

Breckner, I. (1995): Wohnungsarmut als Aspekt der Lebenslage. In: Bieback, K.-J.; Milz, H. (Hrsg.) (1995), S. 260–283.

Breckner, I.; Heinelt, H.; Krummacher, M.; Oelschlägel, D.; Rommelspacher, T.; Schmals, K. M. (Hrsg.) (1989): Armut im Reichtum. Erscheinungsformen, Ursachen und Handlungsstrategien in ausgewählten Großstädten der Bundesrepublik. Bochum.

Bremer, P.; Gestring, N. (1997): Urban Underclass – neue Formen der Ausgrenzung auch in deutschen Städten? In: PROKLA – Zeitschrift für kritische Sozialwissenschaft 27, Heft 106, S. 55–76.

Bourdieu, P. (1982): Die feinen Unterschiede. Kritik der gesellschaftlichen Urteilskraft. Frankfurt am Main.

Bourdieu, P. (1983): Ökonomisches Kapital, kulturelles Kapital, soziales Kapital. In: Kreckel, R. (Hrsg.): Soziale Ungleichheiten. Soziale Welt, Sonderheft 2, Göttingen, S. 183–198.

Bourdieu, P. (1991): Physischer, sozialer und angeeigneter physischer Raum. In: Wentz, M. (Hrsg.): Stadt-Räume. Frankfurt am Main & New York, S. 25–34.

Camagni, R. (1995): The Concept of Innovative Milieu and Its Relevance for Public Policies in European Lagging Regions. In: Regional Science 4/1995, S. 317–340.

Camagni, R. (1999): The City as a Milieu: Applying GREMI's Approach to Urban Evolution. In: Revue d'Economie Régionale et Urbaine 3, S. 591–606.

Crevoisier, O.; Camagni, R. (2000): Les milieux urbains: innovation, systèmes de production, et ancrage. Neuchâtel.

Dangschat, J. S. (1994): Segregation – Lebensstile im Konflikt, soziale Ungleichheiten und räumliche Disparitäten. In: Dangschat, J. S.; Blasius, J. (Hrsg.) (1994), S. 426–445.

Dangschat, J. S. (1995a): „Stadt" als Ort und als Ursache von Armut und sozialer Ausgrenzung. In: Aus Politik und Zeitgeschichte B31–32/95, S. 50–62.

Dangschat, J. S. (1995b): Armut als Folge der Modernisierung des städtischen Wirtschaftsstandortes. In: Standpunkt: sozial. Hamburger Forum für soziale Arbeit. 3/1995, S. 6–14.

Dangschat, J. S. (1996a): Zur Armutsentwicklung in deutschen Städten. In: Akademie für Raumforschung und Landesplanung (ARL) (Hrsg.): Agglomerationsräume in Deutschland. Ansichten, Einsichten, Aussichten. Forschungs- und Sitzungsberichte der ARL, Band 199, Hannover, S. 51–76.

Dangschat, J. S. (1996b): Raum als Dimension sozialer Ungleichheit und Ort als Bühne der Lebensstilisierung? – Zum Raumbezug sozialer Ungleichheit und von Lebensstilen. In: Schwenk, O. G. (Hrsg.): Lebensstile zwischen Sozialstrukturanalyse und Kulturwissenschaft. Opladen, S. 83–119.

Dangschat, J. S. (1997a): Entwicklung sozialer Problemlagen als Herausforderung für die Soziale Stadt. In: W. Hanesch (Hrsg.): Überlebt die soziale Stadt? Konzeption, Krise und Perspektiven kommunaler Sozialstaatlichkeit. Opladen, S. 77–108.

Dangschat, J. S. (1997b): Reichtum und Wohlstand auf Kosten der Armen. Folgen der städtischen Modernisierung für wachsende Einkommenspolarisierung und Segregation. In: Huster, E.-U. (Hrsg.) (1997): Reichtum in Deutschland. Die Gewinner der sozialen Polarisierung. Frankfurt am Main & New York, S. 321–335.

Dangschat, J. S. (1997c): Armut und sozialräumliche Ausgrenzung in den Städten der Bundesrepublik Deutschland. In: Friedrichs, J. (Hrsg.): Die Städte in den 90er Jahren. Opladen, S. 167–212.

Dangschat, J. S. (Hrsg.) (1999a): Modernisierte Stadt – Gespaltene Gesellschaft. Ursachen von Armut und sozialer Ausgrenzung. Opladen.

Dangschat, J. S. (1999b): Armut durch Wohlstand. In: Dangschat, J. S. (Hrsg.) (1999a): S. 13–41.

Dangschat, J. S. (2004): Konzentration oder Integration? – Oder: Integration durch Konzentration? In: Kecskes, R.; Wagner, M.; Wolf, C. (Hrsg.): Angewandte Soziologie. Wiesbaden, S. 45–76.

Dangschat, J. S.; Blasius, J. (Hrsg.) (1994): Lebensstile in den Städten. Konzepte und Methoden. Opladen.

Dangschat, J. S.; Fasenfest, D. (1995): (Re)structuring Urban Poverty: The Impact of Globalization on Its Extent and Spatial Concentration. In: Chekki, D. A. (Hrsg.): Urban Poverty in Affluent Nations. Research in Community Sociology, Vol. V, S. 35–61.

Dangschat, J. S.; Gruber, S.; Gstöttner, S.; Witthöft, G.; Breitfuss, A. (2006): Integration im öffentlichen Raum. Stadt Wien, Magistratsabteilung 18 (Hrsg.): Werkstattbericht, Nr. 82.

Difu (Deutsches Institut für Urbanistik) (2003): Strategien für die soziale Stadt. Erfahrungen und Perspektiven – Umsetzung des Bund-Länder-Programms „Stadtteile mit besonderem Entwicklungsbedarf – die soziale Stadt <http://www.sozialestadt.de/veroeffentlichungen/endbericht/>.

De Vries, J.; Perry, T. (2003): Zukünftige Nachfrager und die Wohneigentumsbildung. In: vhw Forum Wohneigentum, 4/2003, S. 210–214.

Dietz, B. (1997): Soziologie der Armut. Eine Einführung. Frankfurt am Main & New York.

Diettrich, B. (1999): Klassenfragmentierung im Postfordismus. Geschlecht Arbeit Rassismus Marginalisierung. Hamburg & Münster.

Döring, D.; Hanesch, W.; Huster, E.-U. (Hrsg.) (1990): Armut im Wohlstand. Frankfurt am Main.

Eder, S. (2003): Neuartige residentielle Stadtstrukturen vor dem Hintergrund postmoderner Gesellschaftsstrukturen. Basel.

Franz, P. (1999): Innovative Milieus: Extrempunkte der Interpenetration von Wirtschafts- und Wissenschaftssystem. In: Jahrbuch für Regionalwissenschaft 19, S. 107–130.

Freyberg, T. von (1992): Städtische Modernisierung und soziale Polarisierung. Anmerkungen zur Armutsentwicklung in Frankfurt/Main. In: Freyberg, T. von et al. (Hrsg.) (1992): S. 49–68.

Freyberg, T. von (1996): Der gespaltene Fortschritt. Zur städtischen Modernisierung am Beispiel Frankfurt am Main. Frankfurt am Main & New York.

Freyberg, T. von; Koch, K.; Petersen, K. H. (Hrsg.) (1992): Armut in Frankfurt. Probleme der Armutsberichterstattung. Offenbach.

Friedrich, M. (1999): Die räumliche Dimension städtischer Armut. In: Dangschat, J. S. (Hrsg.) 1999a: S. 263–288.

Friedrichs, J. (1983): Stadtanalyse. Soziale und räumliche Organisation der Gesellschaft. Opladen.

Friedrichs, J. (1995): Stadtsoziologie. Opladen.

Friedrichs, J.; Blasius, J. (2000): Leben in benachteiligten Wohngebieten. Opladen.

Friedrichs, J.; Kecskes, R. (Hrsg.) (1996): Gentrification. Theorie und Forschungsergebnisse. Opladen.

Geißler, R. (1985): Die Schichtungstheorie von Theodor Geiger. In: Kölner Zeitschrift für Soziologie und Sozialpsychologie 37, S. 387–410.

Geißler, R. (1994): Pluralisierte Schichtstruktur der modernen Gesellschaft: Zur aktuellen Bedeutung des Schichtbegriffs. In: Geißler, R. (Hrsg.): Soziale Schichtung und Lebenschancen in Deutschland. Stuttgart, S. 6–36.

Geißler, R. (1996): Kein Abschied von Klasse und Schicht. Ideologische Gefahren der deutschen Sozialstrukturanalyse. In: Kölner Zeitschrift für Soziologie und Sozialpsychologie 48, Heft 2, S. 319–338.

Glatzer, W.; Hübinger, W. (1990): Lebenslagen und Armut. In: Döring, D. et al. (Hrsg.) 1990: S. 31–55.

Greiffenhagen, S.; Neller, K. (Hrsg.) (2005): Praxis ohne Theorie? Wissenschaftliche Diskurse zum Bund-Länder-Programm „Stadtteile mit besonderem Entwicklungsbedarf – die Soziale Stadt". Wiesbaden.

Hamm, B. (1982): Einführung in die Siedlungssoziologie. München.

Häußermann, H. (1997): Armut in den Großstädten – eine neue städtische Unterklasse? In: Leviathan 25, Heft 1, S. 12–27.

Häußermann, H.; Siebel, W. (1989): Neue Urbanität. Frankfurt am Main.

Häußermann, H.; Siebel, W. (1990): Bausteine zu einem Szenario zur Entwicklung von Berlin. Sozialräumliche Struktur und Steuerung des Wachstums. Mimeo.

Häußermann, H.; Siebel, W. (1991): Polarisierung der Städte und Politisierung der Kultur: Einige Vermutungen zur Zukunft der Stadtpolitik. In: Heinelt, H.; Wollmann, H. (Hrsg.): Brennpunkt Stadt. Stadtforschung aktuell, Band 31, Boston et al.

Heitmeyer, W. (1998): Versagt die „Integrationsmaschine" Stadt? Zum Problem der ethnisch-kulturellen Segregation und ihren Konfliktlagen. In: Heitmeyer, W.; Dollase, R.; Backes, O. (Hrsg.) 1998: Die Krise der Städte. Frankfurt am Main, S. 443–468.

Heitmeyer, W.; Anhut, R. (Hrsg.) (2000): Bedrohte Stadtgesellschaft. Soziale Desintegrationsprozesse und ethnisch-kulturelle Konfliktkonstellationen. Weinheim & München.

Helbrecht, I. (1997): Stadt und Lebensstil. Von der Sozialraumanalyse zur Kulturraumanalyse? In: Die Erde 128, S. 3–16.

Henckel, D.; Eberling, M. (Hrsg.) (2002): Raumzeitpolitik. Opladen

Hradil, S. (1987): Sozialstrukturanalyse in einer fortgeschrittenen Gesellschaft. Von Klassen und Schichten zu Lagen und Milieus. Opladen.

Hradil, S. (1991): Eine Alternative? Einige Anmerkungen zu Thomas Meyers Aufsatz „Das Konzept der Lebensstile in der Sozialstrukturforschung". In: Soziale Welt 3/52, S. 273–282.

Hradil, S. (1992): Alte Begriffe und neue Strukturen. Die Milieu-, Subkultur- und Lebensstilforschung der 80er Jahre. In: Hradil, S. (Hrsg.): Zwischen Bewusstsein und Sein. Die Vermittlung „objektiver" Lebensbedingungen und „subjektiver" Lebensweisen. Opladen, S. 1–55.

Hübinger, W. (1989): Zur Lebenslage und Lebensqualität von Sozialhilfeempfängern. In: Sozialer Fortschritt 8, S. 172–180.

Hübinger, W. (1996): Prekärer Wohlstand. Neue Befunde zu Armut und sozialer Ungleichheit. Freiburg.

Jaschke, H.-G. (1992): Neue Armut und Stadtentwicklung. Welche Rolle spielt „Armut" in der neueren politischen und wirtschaftlichen Stadtdebatte? In: Freyberg et al. (Hrsg.) (1992): S. 7-18.

Klocke, A.; Hurrelmann, K. (Hrsg.) (2001): Kinder und Jugendliche in Armut. Umfang, Auswirkungen und Konsequenzen. Opladen & Wiesbaden.

Koch, M. (2003): Arbeitsmärkte und Sozialstrukturen und Europa. Wiesbaden.

Kohlmorgen, L. (2004): Regulation, Klasse, Geschlecht. Die Konstituierung der Sozialstruktur im Fordismus und Postfordismus. Münster.

Konietzka, D. (1995): Lebensstile im sozialstrukturellen Kontext. Zur Analyse soziokultureller Ungleichheiten. Opladen.

Kreckel, R. (1992): Politische Soziologie der sozialen Ungleichheit. Frankfurt am Main & New York.

Kronauer, M. (1997): „Soziale Ausgrenzung" und „Underclass": Über neue Formen der gesellschaftlichen Spaltung. In: Leviathan 25, Heft 1, S. 28-49.

Kronauer, M. (2002): Exklusion. Die Gefährdung des Sozialen im hoch entwickelten Kapitalismus. Frankfurt am Main & New York.

Lange, S. (2006): Landscapes of Scenes. Socio-spatial strategies of Culturepreneurs in Berlin. In: d'Hauteserre, A.-M.; Terkenli, T. S. (Hrsg.): Landscapes of a new cultural economy of space. Kluwer Academic Publishers.

Läpple, D. (1991): Essay über den Raum. Für ein gesellschaftswissenschaftliches Raumkonzept. In: Häußermann, H.; Ipsen, D.; Krämer-Badoni, T.; Läpple, D.; Rodenstein, M.; Siebel, W. (Hrsg.): Stadt und Raum – Soziologische Analysen. Pfaffenweiler, S. 157-207.

Leibfried, S.; Voges, W. (Hrsg.) (1992): Armut im modernen Wohlfahrtsstaat. In: Kölner Zeitschrift für Soziologie und Sozialpsychologie, Sonderheft 32, Opladen.

Löw, Martina (2001): Raumsoziologie. Frankfurt am Main.

Lutz, B. (1984): Der kurze Traum immerwährender Prosperität. Eine Neuinterpretation der industriell-kapitalistischen Entwicklung im Europa des 20. Jahrhunderts. Frankfurt am Main & New York.

Marcuse, P. (1989): ‚Dual City': A Muddy Metaphor for a Quartered City. In: International Journal of Urban and Regional Research 13, S. 697-708.

Mutschler, R. (1995): Wohnungsnot und Armut. In: Bieback, K.-J.; Milz, H. (Hrsg.) Neue Armut. Frankfurt am Main (1995): S. 235-259.

Perry, T.; Appel, C. (2004): Trendmonitoring im Wohnungsmarkt. In: vhw Forum Wohneigentum, 1/2004, S. 3-10.

Rink, D. (2002): Lebensweise, Lebensstile und Lebensführung. Soziologische Konzepte zur Untersuchung von nachhaltigem Leben. In: Rink, D. (Hrsg.): Lebensstile und Nachhaltigkeit. Konzepte, Befunde und Potentiale. Opladen, S. 27-52.

Rohland, P.; Hallenberg, B. (2004): Auf dem Weg zu einer nachfrageorientierten Verbandspolitik des vhw. In: vhw Forum Wohneigentum, 4/2004, S. 170-175.

Schader-Stiftung (Hrsg.) (2001): Politische Steuerung der Stadtentwicklung. Das Programm „Soziale Stadt" in der Diskussion. Darmstadt.

Schmals, K. M.; Wolff, A. (2003): „Nachfrageorientierte Wohnungspolitik" – Weiterentwicklung des Projektes. In: vhw Forum Wohneigentum, 4/2003, S. 202-209.

Schroeder, J. (2000): Bildung im geteilten Raum. Schulentwicklung unter Bedingungen von Einwanderung und Verarmung. Hamburg. Unveröff. Habilitation.

Siebel, W. (1997): Die Stadt und die Zuwanderer. In: Häußermann, H.; Oswald, I. (Hrsg.) (1997a): Zuwanderung und Stadtentwicklung. Leviathan, Sonderheft 17/1997, S. 30-41.

Sinus Sociovision (2003): 3SC Trendforschung Deutschland 2003. Heidelberg.

Sopp, P. (2000): Zum Stand der Ungleichheitsforschung. Vortrag im Rahmen des 1. ARL-Workshops „Soziale Ungleichheit und Segregation" (08./09.06.2000, Berlin). Mimeo.

Vester, M. (1994): Die verwandelte Klassengesellschaft. Modernisierung der Sozialstruktur und Wandel der Mentalitäten in Westdeutschland. In: Mörth, I.; Fröhlich, G. (Hrsg.): Das symbolische Kapital der Lebensstile. Zur Kultursoziologie der Moderne nach Pierre Bourdieu. Frankfurt am Main & New York, S. 129-166.

Vester, M.; Oertzen, P. von; Geiling, H.; Hermann, T.; Müller, D. (2001): Soziale Milieus im gesellschaftlichen Strukturwandel. Frankfurt am Main.

Walther, U.-J. (Hrsg.) (2002): Soziale Stadt – Zwischenbilanzen. Ein Programm auf dem Weg zur Sozialen Stadt? Opladen.

Walther, U.-J.; Mensch, K. (Hrsg.) (2004): Armut und Ausgrenzung von der „Sozialen Stadt". Konzepte und Rezepte auf dem Prüfstand. Darmstadt.

Wilson, W. J. (1987): The Truly Disadvantaged: The Inner City, the Underclass and Public Policy. Chicago.

Wilson, W. J. (1996): When Work Disappears. The World of the New Urban Poor. New York.

Wood, P. (2003): The Cycle of Urban Creativity. Der Kreislauf urbaner Kreativität. In: Liebmann, H.; Robischon, T. (Hrsg.): Städtische Kreativität – Potenzial für den Stadtumbau. Erkner & Darmstadt, S. 26-28.

Zimmermann, G. E. (1996): Armut in der Großstadt. Zur Konzentration von Arbeitslosigkeit, Wohnungsnot und Sozialhilfe. In: Schäfers, B.; Wewer, G. (Hrsg.): Die Stadt in Deutschland. Soziale, politische und kulturelle Lebenswelt. Opladen, S. 105-122.

Elisabeth Holzinger

Raum verloren, Räume gewonnen – Veränderungstendenzen der räumlichen Organisation der Gesellschaft

Gliederung

1   Entraumstimmung
1.1 Verlust von Ferne
1.2 Verlust von Nähe
1.3 Verlust von ganzheitlicher Wahrnehmung
1.4 Verlust von Vielfalt
1.5 Verlust von konkreter Erfahrung
1.6 Verlust von Verankerung
1.7 Verlust von Entscheidungsmacht
1.8 Zusammenfassung
2   Raum ist ... nicht
2.1 Typologie von Raumbegriffen
2.2 Zusammenfassung
3   Neue Räume – neue Raumbezüge
Literatur

Fahrrad fahren sei nicht nur gefährlich und ungesund, weil es Schwindsucht fördere und durch die Erschütterung die inneren Organe verletze, sondern auch – insbesondere bei Frauen – schamlos und moralisch anrüchig, vergleichbar der Trunksucht oder der Spielleidenschaft (vgl. Timm 1984).

Die Verteufelung der neuen Technologie galt nicht nur dem Gerät, dessen Beherrschung in der Form des Hochrads tatsächlich nicht ganz ungefährlich war, sondern auch der neuen, einfach zugänglichen Möglichkeit der schnellen Raumüberwindung und der neuen Freiheit, die sich damit eröffnete.

Von starken Worten und emotional aufgeladenen Bildern waren drohende Veränderungen der räumlichen Organisation der Gesellschaft schon immer begleitet. Eine „Vernichtung des Raums" wurde zu Beginn des Einsatzes und der massenhaften Verbreitung der Schienentechnologie ebenso vorausgesagt wie „das Ende des Raums" angesichts der massenhaften Verbreitung der I & K-Technologie. Die Raumwirkungen des „electronic space" würden die durch Eisenbahn und Auto ausgelösten bei Weitem übertreffen.

Immer wieder herrscht Entraumstimmung. Und wie die Endzeitstimmung ist sie durchsetzt von nostalgischen, reaktionären und apokalyptischen Stimmungsbildern.

Globalisierung, Beschleunigung, Ubiquität, Virtualisierung gelten als Ursachen und Beweise für einen Bedeutungsverlust des Räumlichen in modernen Gesellschaften. Der „Raum" hätte seine Funktion als realer Ort des Handelns und Erlebens und als Bezugs- und Orientierungssystem verloren. Tatsächlich drängt sich die empirische Evidenz einer Emanzipation der Gesellschaft vom „Raum" eher auf als die ebenfalls nachweisbare Evidenz von starken Raumbezügen, die schließlich Arbeitshypothese sowohl der EU-Strukturpolitik als auch der nationalen und regionalen Raumentwicklungspolitiken ist.

Die Wechselbeziehung zwischen Mensch und „Raum" ist Thema dieses Buches. Eine Reihe von theoretischen Auseinandersetzungen und empirischen Ergebnissen liefert Befunde. Dieser Beitrag beschäftigt sich mit den Interpretationen des Mensch-„Raum"-Verhältnisses vor dem Hintergrund der Veränderungen der räumlichen Organisation der Gesellschaft. Ziel ist es erstens, darauf hinzuweisen, wie sehr die jeweiligen Befunde vom Konzept des „Raums" abhängen, von dem ausgegangen wird. Das Wort „Raum" wird daher wegen seiner Vieldeutigkeit immer unter Anführungszeichen gesetzt, wenn seine Bedeutung nicht genauer beschrieben ist. Zweitens soll gezeigt werden, dass nicht alle Raumkonzepte geeignet sind, um den aktuellen Entwicklungsstand dieses komplexen Verhältnisses adäquat erfassen und die große Frage „Was tun Menschen mit ‚Räumen' und ‚Räume' mit Menschen?" angemessen beantworten zu können.

Im folgenden Beitrag werden im ersten Kapitel einige der zahlreichen Enträumlichungsthesen präsentiert. Sie bleiben nicht unwidersprochen, um die Einseitigkeit und Widersprüchlichkeiten der Argumentation aufzuzeigen.

Im zweiten Kapitel wird eine Typologie der verschiedenen Raumkonzepte vorgestellt und daraus Anforderungen an einen komplexen Raumbegriff abgeleitet.

Ausgehend von einem komplexen Raumbegriff, der Raum als Syntheseleistung von Menschen/sozialen Gruppen auffasst, wird die Mensch-Raum-Beziehung nicht als Enträumlichung charakterisiert, sondern als Pluralisierung der Produktions- und Reproduktionsbedingungen für die Raumschaffung mit der Folge, dass sowohl mehr Handlungsoptionen als auch mehr Handlungsbeschränkungen entstehen.

1 Entraumstimmung

Die Sammlung der Argumente wird zeigen, wie widersprüchlich die Befunde sind und dass Bedeutungsverlust und -gewinn oft nur zwei Seiten der gleichen Entwicklungstendenz sind. Der „Verlust von Ferne" ist durch die gestiegene Möglichkeit der Erreichbarkeit jedes Punktes der Welt gleichzeitig ein „Verlust von Nähe", da Erreichbarkeit unter den Bedingungen der Ausdehnung und Vergrößerung von Entfernungen stattfindet.

Enträumlichung hat eine negative Konnotation. Es sei etwas verloren gegangen, was vorher da war, wird unterstellt. Die folgenden Argumentationslinien werden analog dazu unter dem Heading „Verlust" kurz skizziert.

1.1 Verlust von Ferne

Die Verkleinerung der Welt

Eine Schlüsselrolle für diese Beweisführung spielen die Raumüberwindungstechnologien und Verkehrssysteme. Sie rücken eine immer weiter entfernte Welt in erreichbare Nähe, während die überwundenen Räume dazwischen verschwinden – „der Raum wird getötet", „[d]ie zeitliche Koordination, die sich über räumlich immer größere Distanzen vollzieht, reduziert die Bedeutung des Raumes und ist nur über Vernetzung zu bewältigen. (...) Die Reaktion darauf ist (weltweit) die Erweiterung der Straßennetze, der Ausbau der Eisenbahn, vor allem der Schnellbahnnetze, und der Ausbau der Flughäfen" (Henckel 1991: 151).

Das derzeit letzte Kapitel der Geschichte der „Enträumlichung" wird am stärksten vom Einsatz und der Verbreitung der Informations- und Kommunikationstechnologien (IKT) geprägt. Sie kennzeichnen den Übergang von der schweren zur leichten Moderne. „Die mühelose Überwindung von Raum und Zeit durch Mausklick oder Tastendruck hat die Wirtschaft radikal verändert und damit ihre wichtigsten Protagonisten Kapital und Arbeit. In schweren Hardware-Zeiten fest aneinander gebunden und monogam, hat das Kapital in heutigen Software-Zeiten den Ehevertrag einseitig gekündigt und ist leicht und flüchtig geworden" (Baumann 2000: 23). Während die erste Phase, die „schwere Moderne", für die Güterproduktion einen wachsenden Umfang und immer weitere räumliche Ausdehnung bedeutete, zählt Raum in der „leichten Moderne" nicht mehr. „Der Unterschied zwischen weit weg und gleich hier ist aufgehoben. Raum setzt dem Handeln und seinen Wirkungen keine Grenzen mehr, und deshalb zählt Raum auch nicht mehr viel, wenn überhaupt noch etwas. (...) Auf die Relation von Zeit und Raum angewendet, bedeutet dies, dass kein Teil des Raums mehr privilegiert ist bzw. keiner mehr einen besonderen Wert hat, nachdem alle Teile des Raums im selben Zeitabschnitt erreicht werden können" (Baumann 2000: 29).

Ein sichtbarer Ausdruck dieser Auswirkungen der digitalen Ökonomie auf die räumliche Organisation der Gesellschaft ist die „global city" (Sassen 2000), deren Merkmal ein neues Verhältnis einzelner Räume zueinander ist: „Sie werden sowohl entflochten als auch verdichtet. Dezentralität und neue Zentralität gehen ein kompliziertes Wechselspiel ein. Die auf der grünen Wiese sich ausbreitende, aus einzelnen Elementen eines Städtenetzwerks bestehende globale Stadt ist kein isoliertes Gebilde, sondern definitionsgemäß grundsätzlich Element eines Städtenetzwerks" (Sassen 2000: 197).

Dezentralität oder Zentralität werden gefördert durch Verfügbarkeit über reale und virtuelle Raumüberwindungstechnologien und Investitionen in ein attraktives soziales und kulturelles Umfeld mit einer hohen Qualität der Wissensbasis. „Räume" mit problematischer Achsendistanz – solche, die nicht an transnationalen, nationalen oder Nahverkehrsachsen liegen –, werden unattraktiv für Betriebe und Bewohnerinnen und Bewohner (Arbeitskräfte), können weniger Investitionen anziehen und kaum ein innovatives Umfeld schaffen. Spitzenreiter der modernen, informationsbasierten Dienstleistungsindustrie sind nicht Call-Center auf der grünen Wiese (im grünen Irland), sondern Forschungs-, Technologie- und Wissenscluster in Städten und regionalen Zentren. Agglomerationsbildung und „urban sprawl" führen zu einer polyzentrischen Raumstruktur: Zentrum und Peripherie sind überall.

1.2 Verlust von Nähe

Peripherisierung

Die Kehrseite der Weltschrumpfung auf einer immer größeren Fläche, bestehend aus Funktionsinseln, ist der Verlust von Nähe. Die daraus abgeleiteten Enträumlichungsthesen beziehen sich nicht auf einen Bedeutungsverlust von „Räumen", sondern auf den Verlust von geeigneten „Räumen" in weiter Ferne.

Treibende Kräfte waren und sind die Trennung der Daseinsfunktionen, die durch die Raumüberwindungstechnologien möglich gewordene Ausweitung der Produktions- und Konsumptionskreisläufe und die Konzentration von Kapital und Arbeit in Metropolen sowie in nationalen und regionalen Zentren. „Schon die Industrialisierung bedingte eine räumlich-funktionale Spezialisierung, vor allem die Trennung von Wohnung und Arbeiten nahm hier ihren Ausgangspunkt. (...) Die einsetzende Massenproduktion erforderte die Anwesenheit von vielen Arbeitskräften gleichzeitig und damit große Fabrikeinheiten. Damit einher ging ein Rückgang der Verträglichkeit unterschiedlicher Funktionen, was zur weiteren Trennung von Wohnung und Arbeitsplatz beitrug und die Distanzen erhöhte" (Henckel 1991: 153). Mit der quantitativen Ausweitung der Produktion und der Globalisierung der Verflechtung von Beschaffung, Produktion und Absatz entstanden riesige Einzugsbereiche für die entsprechende Infrastruktur. In den Stadterweiterungskonzepten der 60er- und 70er-Jahre fand die Trennung von Daseinsfunktionen ihren städteplanerischen Ausdruck. Wenn auch mittlerweile durch Konzepte der inneren Stadtentwicklung ersetzt, geht die Zersiedlung und Suburbanisierung in hohem Tempo weiter und erzeugt laufend Entfernung.

Der Verlust von Nähe wird nur für mobile Menschen zu einem Gewinn an Ferne. Raumüberwindungstechnologien und die Verfügung über sie werden zur entscheidenden Ressource, sowohl im großräumigen Maßstab der internationalen Ökonomie als auch im kleinräumigen Maßstab für die Gestaltung des Alltagslebens durch die Bewohner von Stadtteilen, Kleinstädten und im ländlichen Raum. Die punktuelle Konzentration von Arbeitsplätzen, Versorgungseinrichtungen (vom „Food Cort" bis zum Pensionistenheim) und Freizeitanlagen erzwingt Mobilität und schließt Immobile von der Teilnahme an der Gesellschaft aus.

Damit kommt eine ganz neue Dimension der sozialen Ungleichheit auf. Die neuen Ungleichen sind jene, die nicht die Möglichkeit bzw. Fähigkeit zur – realen und virtuellen – Bewegung im „Raum" haben und von der Teilnahme an Gesellschaft in ihren verschiedensten Formen ausgeschlossen sind. „Der unterschiedliche Zugang zu Augenblicklichkeit – nämlich zu Unvorhersehbarkeit und folglich zu Freiheit – ist für die derzeitigen Varianten des Fundaments sozialer Unterschiede, das in all seinen historischen Formen letztlich überdauernd und unzerstörbar ist, ausschlaggebend" (Baumann 2000: 33).

Zum Verlust von Nähe trägt auch die als „Landnahme" bezeichnete Ausdehnung der Flächeninanspruchnahme durch Straßen, Parkplätze, Bahntrassen, Altlastenflächen bei. Zusammen mit den Zwischenräumen zwischen Funktionsinseln zählen sie zu den sogenannten Nicht-Orten: so wird ein Raum definiert, der keine Identität besitzt und sich weder als relational noch als historisch bezeichnen lässt (Augé 1994).

1.3 Verlust von ganzheitlicher Wahrnehmung

Schwarze Löcher

Eine andere Auswirkung der beschriebenen funktionalen Spezialisierung und Trennung von Daseinsfunktionen ist die Verinselung der Raumerfahrung bzw. die Fragmentierung der Wahrnehmung, die zusätzlich durch den Prozess der Verhäuslichung oder Privatisierung gefördert wird. Damit ist nicht nur der Hang zum Eigenheim und dessen raumplanerische Entsprechung der Zersiedelung gemeint, sondern ein gesellschaftliches Gestaltungsprinzip der Verlagerung von Lebensfunktionen aus Außen- in Innenräume, das Richard Sennet als „Tyrannei der Intimität" bezeichnet hat.

Durch die Notwendigkeit, von einer Funktionsinsel zur anderen zu springen, entstünde/n eine bzw. mehrere Erfahrungslücke/n und/oder ein Verlust an emotionaler Bindung an den Raum. Der Gesamtraum ist funktional aufgeteilt, dem Raum zwischen den Funktionsinseln begegnet man mit einem hohen Maß an Gleichgültigkeit und Verantwortungslosigkeit, die Teilräume werden nur mehr funktional wahrgenommen, der Ort selbst, das Umfeld, die Nachbarn und die Bewohner „unnötig". Eine starke Ortsbindung wird nur zu den intensiv genutzten Bereichen, das ist die Wohnung und Wohnumgebung, hergestellt, mit der Konsequenz, dass „sich alles verändert, wenn sich die Tätigkeit des Menschen aus der räumlichen Bindung löst, wenn die Mobilität von Mensch und Wirtschaft das geographische Netz zerreißt. Die räumliche Solidarität der Territorialgemeinschaften schwindet und wird durch befristete Interessensgemeinschaften ersetzt" (Guénnho 1994: 37).

Das globale Pendant der auf der Mikro-Ebene konstatierten „Erfahrungslücke" durch die Verinselung der Raumerfahrung sind die durch den „footlose capitalism" ausgelösten fragmentierten Raumstrukturen aus unterschiedlich dimensionierten Zentren und Peripherien, gebildet durch ökonomische, soziale und kulturelle Differenzen mit flexiblen Hierarchien. Diese Raumfiguration wird auch als fließendes Netzwerk beschrieben, mit Schaltstellen an Knotenpunkten, die transnational, national und lokal verbunden sind.

1.4 Verlust von Vielfalt

Verloren im Einheitsbrei

Unter diesem Titel können mehrere Beweisführungen zusammengefasst werden, die Enträumlichung – aus unterschiedlichen Gründen – als einen durch die Gestalt und Organisation des umgebenden „Raums" geprägten Verlust von Vielfalt und Eigenart darstellen. Ubiquität – das Ergebnis der „potentiellen Totalität eines einzigen Informationsnetzwerkes" (Becker, zitiert nach Nahrada 1994: 18), eine Form der Virtualisierung des „Raums" – sei eine der Ursachen für die Unmöglichkeit zur orientierungs- und identifizierungswirksamen Differenzierung.

Eine andere Beweisführung stützt sich darauf, dass ehemals prägende Unterschiede – zwischen Stadt und Land, zwischen zentral und entlegen, zwischen nah und fern, hier und dort – im Verschwinden begriffen sind, was ähnlich wie die Fragmentierung der Erfahrung zur Auflösung von Raumbindung führe. „Enträumlichung" als Gleichgültigkeit gegenüber dem Raum sei vor allem auf die Nivellierung des Gegensatzes zwischen Stadt und Land zurückzuführen. Stadtähnliche Gebilde wachsen in den Ballungsräumen zu riesigen Agglomerationen, bestehend aus Funktionsinseln bzw. Identitätszonen für Arbeit, Freizeit, Versorgung und Wohnen zusammen. Was sich in den Reihenhaus- oder Gartensiedlungen, in den Großsiedlungen am Stadtrand oder den weit ins Land hineinragenden Siedlungen an den Verkehrsachsen an sozialen Prozessen abspielt, kann weder als städtisch noch als ländlich bezeichnet werden. In den EU-Staaten (mit Ausnahme von Irland und Portugal) leben heute zwischen 62 und 97 % der Bevölkerung in Städten bzw. städtischen Agglomerationen. Sowohl spezifisch ländliche als auch urbane Lebensweisen verschwinden und mit ihnen die Eigenart der räumlichen Gestalt.

1.5 Verlust von konkreter Erfahrung

Virtualität gegen Sinnlichkeit

Die Bilderflut des Medienzeitalters, die elektronischen Netzwerke, in denen eine wachsende Zahl von Menschen auch ihren Alltag verbringt, erzeugten eine „virtual reality", die dabei sei, den realen „Raum" der sinnlichen Erfahrung abzulösen. Es komme zu einer Kolonialisierung der Wahrnehmung[1] durch den „Sieg der Bilder". Vorstrukturierte, medial produzierte und massenhaft verbreitete Raumbilder könnten nicht mehr mit der Wirklichkeit verbunden werden. Es komme zu einer entgrenzten und flüchtigen Raumwahrnehmung, weil die Raumbilder in immer schnellerer Folge in die Lebenswelten der konkreten Orte eindringen und diese überlagern. Eine ortlose, entgrenzte Welt scheint sich anzubahnen. „Wir befinden uns in einer neuen Wirklichkeit der Bilder. Bilder beginnen, Wirklichkeit nicht nur darzustellen, sondern – gleichsam auf magische Weise – selbst Wirklichkeit zu werden. (...) Die Erfahrung im Original, in mehrfältig sinnlich erfahrbarer Wirklichkeit geht verloren oder – wenn noch vorhanden – wird an der Bildwirklichkeit gemessen. (...) Simulationen von Menschen, Städten, Landschaften ersetzen als virtuelle Räume die Realität" (Strohmeier 2000: 23).

Ein weiteres Phänomen: Können an jedem Ort potenziell auch andere Orte visuell präsent sein, fallen reale Nähe und das Image von Nähe zusammen. Zum Gebrauch der realen Welt tritt der Gebrauch virtueller Welten. Der Gebrauch des „Raums" wird überlagert vom Gebrauch eines elektronisch generierten, multisensorischen Eindrucks von „Raum", eines räumlichen Interface. Durch Überlagerung von realer und virtueller Welt werden Raum und Gegenstand als synthetisch projizierte Gebilde zu einem trügerischen Sachverhalt.

In diesem Zusammenhang wird die Frage nach den „Bildermachern" gestellt – siehe oben: „Kolonialisierung der Wahrnehmung" –, denn die Bilder seien keineswegs nur individuell wählbar. „Die elektronischen Netzwerke, in denen eine wachsende Zahl von Menschen ihren Alltag verlebt, werden von einigen wenigen mächtigen transnationalen Medienkonzernen kontrolliert. Sie sind Eigentümer der ‚Pipelines', über die die Menschen miteinander kommunizieren, und sie werden über einen Großteil der kulturellen Inhalte verfügen, in denen die bezahlten Erlebnisse der postmodernen Welt bestehen" (Rifkin 2000: 19).

---

[1] In Anlehnung an die Kolonialisierung der Lebenswelt von Jürgen Habermas.

1.6 Verlust von Verankerung
Gestiegene Handlungsspielräume

Seit langem wird der Modernisierungsprozess auch mit dem Bild von der räumlichen Entankerung – „disembeddedness" – veranschaulicht. Diese Enträumlichungsthese beschreibt die Sinnentleerung von „Raum" und Zeit als Folge der gestiegenen Handlungsfähigkeit. „Im historischen Prozess ist evident, dass ‚Raum' und ‚Zeit' ihrer Rolle als ‚versteckte', soziale Regulative enthoben (werden) und nunmehr – in modernen Gesellschaften – ihre sozial sinnkonstituierende Bedeutung mehr und mehr verloren haben" (Werlen 1995: 139).

Die Argumentation ist die handlungstheoretische, fundierte Denkfigur des sich entwickelnden, handelnden Individuums. Die starke Bestimmung des Handelns durch die räumlich-zeitlichen Bedingungen und die symbolische und emotionale Besetzung des „Raums" wäre in modernen bzw. „spät-modernen" Gesellschaften nach und nach abgelöst worden. Die abnehmende Bedeutung allumfassend dominierender Handlungsregulative und gestiegener Möglichkeiten und Verpflichtungen zur Selbstpositionierung schufen grundsätzlich andere räumliche und zeitliche Bedingungen des Handelns: Die Produktion ist unabhängiger von natürlichen Bedingungen, Wissensaneignung und Informationsübertragung sind nicht mehr an die face-to-face-Interaktion, also räumlich, gebunden, globale Zusammenhänge werden konstitutiv für alltägliche Handlungen. Wie weit physisch-räumliche Gegebenheiten Handlungen ermöglichen, hemmen oder fördern, ist Sache der Gestaltungsfähigkeit und Nutzung der erweiterten Spielräume.

Sind Handlungsweisen nicht mehr durchgehend von Traditionen bestimmt, können soziale Beziehungen nach Wahl hergestellt und gesellschaftliche Positionen auch durch individuelle Anstrengungen wie Bildung und Beruf erreicht werden, können sich Individuen erst dessen bewusst werden, dass Sinnzuweisungen durch sie selbst erfolgen und auch wieder revidiert werden können. Die Bedeutung von Orten erfährt dadurch eine Relativierung. Die Möglichkeit der Zu- und Abwendung, die freie Wahl des Orts und häufiger Ortswechsel fördere zusätzlich die Aufhebung von Ortsbindung bzw. mache sie zu einer temporären.

Räumliche und soziale Mobilität, Entkonventionalisierung und Selbstpositionierung führten auch zu einer grundlegenden Veränderung der Konstruktion sozialer Netzwerke, zu einem neuen Modus, nach dem sich soziale Milieus (homogene Personengruppen mit erhöhter Binnenkommunikation) bilden, und zu einem Wandel ihrer Beziehung zum „Raum". Unter den selbst gewählten Sozialbeziehungen verliert der „Raum" an Bedeutung für die Milieukonstitution, es entstünden immer mehr milieuneutrale Zonen. Der jeweils umgebende „Raum" wird zur Szenerie, dazwischen sind Netzwerke, durch die Milieus fluktuieren. Auch milieuneutrale Zonen werden als Räume gesehen, für die keine Verantwortung mehr übernommen wird, die jeder im eigenen Interesse benutzt und verbraucht, ohne sich um ihre Erhaltung zu kümmern.

1.7 Verlust von Entscheidungsmacht
Raumentwicklungspolitik ohne Einfluss

Man kann „Räume" auch als Angeklagte ohne Rechtsvertreter bezeichnen. Sie haben im historischen Prozess nicht nur ihre Bedeutung als Handlungsregulative verloren; raumbezogene Politik als Anwalt der „Entfaltung der Gesellschaft im Raum" kann sich immer nur partiell und anlassbezogen gegen sektorale Politik durchsetzen. Viele Steuerungsmaßnahmen, wie Wohnbauförderung, Treibstoffbesteuerung oder Finanzausgleich, haben erhebliche räumliche Auswirkungen, die erst dann bewusst wahrgenommen werden, wenn Schmerzgrenzen erreicht sind. Raumbezogene Politik und Instrumente kommen meist erst dann zum Einsatz, wenn sie die Scherben – Verkehrskollaps, Abwanderung, Zersiedlung oder Segregation mit all ihren Folgen – wegzukehren haben.

Dieses grundlegende Dilemma raumbezogener Politik wird durch die Internationalisierung der Politik und das Paradigma der Deregulierung noch verstärkt.

Im Zuge der Internationalisierung wird das Deckungsverhältnis von Nationalstaat und Gesellschaft aufgebrochen, da sich „immer mehr wirtschaftliche und gesellschaftliche Handlungs-, Arbeits- und Lebensformen nicht mehr im Container des Staates" (Beck 2001: 31) vollziehen und die territoriale Ordnungsmacht im transnationalen Machtspiel unterlaufen wird. Beck bezeichnet diesen Prozess als „Enträumlichung des Sozialen". „Wirtschaft, Politik und Lebensstile drängen nicht nur über die Grenzen der alten Nationalstaaten hinaus, sie verändern ihren Aggregatzustand. (...) Ein territorial fixiertes Epochenbild des Sozialen, welches die politische, kulturelle und wissenschaftliche Imagination im Großen wie im Kleinen zwei Jahrhunderte lang in Bann geschlagen und beflügelt hat, löst sich auf. Dem globalen Kapitalismus entspricht ein Prozess kultureller und politischer Globalisierung, welcher Territorialität als Ordnungsprinzip von Gesellschaft – und als Ordnungsprinzip des kulturellen Wissen, auf dem die vertrauten Selbst- und Weltbilder beruhen – aufhebt" (Beck 2001: 31).

Die europäische Integration stellt ein aktuelles Beispiel für die Transnationalisierung der Politik dar. Wie mühsam die Durchsetzung dieser Politik ist, kann täglich nachgelesen werden.

Die Notwendigkeit des Disparitätenausgleichs[2] im Zuge dieses ökonomischen und politischen Projekts stellt im Prinzip eine Rückkehr der Region in die Politik und – durch den verstärkten Einsatz der innovations- und wissensbasierten Entwicklungsstrategien der „Ökonomie der Nähe" – eine Bezugnahme auf lokale, sozial-räumliche Zusammenhänge dar. Dies ändert jedoch nichts am geringen Entscheidungs- und Handlungsspielraum raumbezogener Politik, und nur zögernd und vereinzelt gelingt es Regionen (z. B. der Region Hannover), sich politische Institutionen mit einigermaßen großen Entscheidungsbefugnissen zu schaffen, die es ihnen erlauben über ihre Anliegen selbst zu bestimmen.

Ein weiterer „Verlust von Entscheidungsmacht" geht von der Deregulierung, d. h. der Ablösung des klassischen Wohlfahrtsstaates parlamentarischer- und/oder korporatistischer

---
[2] Nicht aus moralischen Gründen, sondern aus ökonomischer Notwendigkeit zur Vermeidung von Push- und Pulleffekten.

Prägung durch das „New Public Management" des schlanken Staats aus. Aufgabenreform durch Konzentration auf Kernkompetenzen, externe Strukturreform durch neue Rahmenbedingungen für staatliches Handeln und Binnenmodernisierung durch Verwaltungsreform haben in allen europäischen Ländern Sparpakete, die Ausgliederung von staatlichen Betrieben und deren Übergabe an Private oder „Private-Public-Partnerships" und den Ersatz von hoheitsstaatlicher Regulierung durch privatrechtlich fundierte Verhandlungsverfahren gebracht. Das bedeutet den Ersatz staatlicher bzw. gesellschaftspolitisch motivierter Handlungslogiken durch privatwirtschaftliche. Ob die Übergabe bisher von der öffentlichen Hand wahrgenommener Aufgaben an diese Handlungslogik mehr Effizienz bringt, bleibt noch zu untersuchen. Das ökonomische Effizienzkonzept ist jedenfalls als Lösung von Verteilungs- und Gerechtigkeitsproblemen wenig hilfreich (Dumjovits 2002). Raumbezogene Politik als Organisation und Koordination unterschiedlicher Nutzungsansprüche an den Raum verliert durch den Verzicht auf territoriale Verantwortung an Entscheidungsmacht.

1.8 Zusammenfassung

Lassen sich die augenfälligen Veränderungen der räumlichen Organisation der Gesellschaft als Enträumlichung interpretieren? Dies schon allein deswegen nicht, weil die empirische Evidenz für beides – sinkende und steigende Raumbedeutung – spricht. Es ist daher nicht verwunderlich, dass den Pro-Argumenten eben so viele Contra-Argumente gegenüberstehen.

Nicht Bedeutungslosigkeit des „Raums", sondern neue Formen räumlicher Arbeitsteilung und der räumlichen Determination sozialer Prozesse konstatiert Castells: „Die Arbeits- und Leistungsanforderungen sind im Hochtechnologiebereich und in Bereichen der traditionellen Produktion für sich nicht nur verschieden, sie schließen sich sogar gegenseitig aus. Daher muss der produktive und reproduktive Raum für hochqualifizierte Ingenieure und Wissenschaftler verschieden von dem sein, der für ungelernte Frauen und ethnische Minderheiten gebraucht wird. (...)". Neu ist, dass „(...) räumlich unterschiedliche Einheiten in Echtzeit durch den Gebrauch derselben Technologien, die sie produzieren helfen, zusammenarbeiten. Hier ist wiederum nicht ein gegebenes Standortmuster kennzeichnend, sondern der simultane Prozess der Differenzierung und der Verbindung zwischen verschiedenen Elementen der Produktion und des Managements mittels der Kommunikationsflüsse. (...) Nicht die Enträumlichung folgt daraus, sondern die Schaffung einer neuen Form von Raum, die sich von den historisch determinierten, ortsbezogenen Formen der räumlichen Determination unterscheidet" (Castells 1991: 142).

Gegen die These von der Überlagerung/Kolonialisierung der realen durch die virtuelle Raumerfahrung wird die These von der Erweiterung des Erfahrungsspektrums (Meurer 1994) gestellt.

Aus raumsoziologischer Sicht wird gegen den behaupteten Verlust von Kontinuitäts- und Konsistenzgefühlen eingewandt, dass Fragmentierung und Einheitlichkeit nur zwei Aspekte ein und desselben Prozesses sind und dass zwischen den Fragmenten durchaus neue Beziehungen entstehen können. „Der ‚Raum' ist die Vielfalt der miteinander verflochtenen ‚Räume'. Dieser Verflechtungszusammenhang ist, wie Castells hervorhebt, über Bewegungen (Ströme) organisiert. Die Ströme heben den Bezug zu konkreten Orten nicht auf, sie produzieren vielmehr drei unterschiedliche Formen von Orten: flüchtige Orte im Netz, privilegierte Orte und periphere Orte (...). Neu ist vielmehr eine Bezugnahme auf Raum im Sinne immer schneller werdender Verknüpfungen einzelner Räume, sodass die Vorstellung, im einheitlichen, homogenen Raum zu leben, allein nicht mehr sinnstiftend ist. Neuartig sind auch die Bedingungen einer verinselten, räumlichen Sozialisation. Neu ist schließlich auch, dass einfache Modelle von größer und kleiner werdenden Einheiten nicht mehr greifen, da mehr Ebenen gleichzeitig betrachtet werden müssen" (Löw 2001: 111).

Die widersprüchliche Interpretation der Veränderung der Mensch-„Raum"-Beziehung liegt aber nicht nur an der Widersprüchlichkeit der Entwicklung, sondern auch an der unreflektierten Mischverwendung verschiedener Raumbegriffe. Einmal wird „Enträumlichung" aus der abnehmenden Bedeutung der Distanz zwischen Punkten auf der Erdoberfläche durch die Verfügbarkeit über Raumüberwindungstechnologien abgeleitet. Ein anderes Mal wird auf die neuen Möglichkeiten bzw. Einschränkungen der Raumerfahrung Bezug genommen. Wieder andere Enträumlichungsthesen argumentieren mit dem emanzipierten, handlungsfähigen Individuum, das sich über materiell-physische Gegebenheiten und die von ihnen ausgehenden Handlungsbeschränkungen hinwegsetze.

Bemerkbar ist eine Fetischisierung der Raumüberwindungstechnologien und eine Dämonisierung des Virtuellen: Sinnlich-anschaulich ist gut, virtuell ist schlecht. Als ob das konkrete „Dortsein" automatisch dazu führte, das Wesen hinter den Erscheinungen oder die Funktionale, in welche die Wirklichkeit gerutscht ist, zu erkennen. Eine gut gemachte Sendung à la „Am Schauplatz" kann mehr über die Wirklichkeit eines konkreten Orts vermitteln als die persönliche Anwesenheit. Noch nie waren so viele Menschen an so vielen Orten konkret anwesend, ohne etwas über sie zu erfahren.

Was durch die keineswegs vollständige Aufzählung der aus der Veränderung der sozialen und räumlichen Organisation der Gesellschaft abgeleiteten Thesen über die Raumbedeutung aber insbesondere deutlich wird, ist, dass sich die Befunde von einem ganz bestimmten Verständnis von „Raum" herleiten.

2 Raum ist ... nicht

Es gibt gute Gründe, warum die Auseinandersetzung mit der Mensch-„Raum"-Beziehung damit beginnen sollte, mit dem Begriff Raum aufzuräumen. Er ist zu vieldeutig und stiftet Verwirrung. Der Zweck dieses Kapitels ist es nicht, ein neues Raumkonzept zu entwickeln, sondern die bestehenden Konzepte und ihre Teilwahrheiten darzustellen und auf ihre Eignung zur Erklärung der Veränderungen der räumlichen Organisation der Gesellschaft zu überprüfen.

Im Alltagsverständnis wird unter „Raum" ein bestimmter Ausschnitt der wahrnehmbaren bzw. sichtbaren Umgebung auf oder über der Erdoberfläche verstanden. Man spricht von Wohnraum, Alpenraum, Ballungsraum, Luftraum oder dem sich ins Unendliche ausdehnenden Weltraum. Der Raum stellt sich als etwas Materielles dar, bestehend aus Elementen in einer bestimmten Entfernung, so etwas wie die Umgebung in aktueller, potenzieller und erlangbarer Reichweite (Schütz und Luckmann 1990), ohne sich dessen bewusst zu sein, wie sehr der vorgestellte Raum von der eigenen Konstruktionsleistung, die diese Elemente zusammenfügt, abhängt.

Diese Raumauffassung entspricht in etwa der der traditionellen Geografie, die mit einem zweidimensionalen, territorialen Raumbegriff operiert und Raum als einen bestimmten Ausschnitt auf der Erdoberfläche betrachtet, auf dem Objekte in einer bestimmten Entfernung zueinander angeordnet sind (Gebirge) oder wurden (Einfamilienhäuser). Gefragt wird nach der Nähe bzw. Ferne der Dinge zueinander, nach der Dichte der Anordnung, den Möglichkeiten der Bewegung zwischen den Dingen.

Ein weiterer gebräuchlicher – aus der Naturwissenschaft entlehnter – Raumbegriff ist der dreidimensional gedachte Behälterraum. Es ist dies die Anwendung des Begriffs Raum auf das „existierende Unding, das übrigbleibt, wenn man gleichsam aus einem Gebirgsraum das Gebirge herausnimmt" (Weichhart 2000: 39). Für Newton war dieser Raum eine Art dreidimensionaler Container, in den alles Materielle eingebettet ist. Raum ist nach dieser Auffassung eine der Körperwelt übergeordnete bzw. sie umgebende Realität und existiert als eigenständige – ontologische – Struktur. „Im Gegensatz zum ersten Verwendungsmodus des Wortes Raum, der auf die Gesamtheit der Dinge verweist, die auf der Oberfläche oder im Container in einem bestimmten Abstand voneinander vorhanden sind bzw. angeordnet wurden, abstrahiert dieser Raumbegriff von der Füllung und meint den Behälter selbst. Raum und Rauminhalt sind definitorisch entkoppelt. Daraus ergibt sich, dass der Raum als etwas Leeres vorgestellt werden kann, in das man was hineingeben kann. Aus naturwissenschaftlicher Sicht widerlegt wurde der dreidimensionale Raum durch die Konzeption eines vierdimensionalen Raum-Zeit-Kontinuums" (Weichhart 2000: 40).

Bei beiden handelt es sich um materielle Raumbegriffe. Ihre Anwendung führte und führt entweder dazu, der Kategorie Raum jeden Erklärungswert für soziales Verhalten abzusprechen oder abweichendes soziales Verhalten sehr direkt mit der Umwelt in Zusammenhang zu bringen. Die Regionalsoziologie bezeichnet als (Untersuchungs-)Raum ein abgegrenztes Gebiet, in dem nach bestimmten Strukturmerkmalen gesucht wird, oder bildet unterschiedlich große Räume aus sozialen Strukturmerkmalen (das Gebiet mit einer Arbeitslosenquote über 10 %). Die meisten der Anwendungen basieren auf einer „Entkoppelung der Konstitution des ‚Raumes' von dem Funktions- und Entwicklungszusammenhang seines gesellschaftlichen ‚Inhalts'" (Läpple 1991: 191). Raum wird als Abgrenzung für ein empirisches Forschungsfeld behandelt und nicht als Erkenntnisobjekt an sich. Bewegungen oder Veränderungen finden nur in ihm (bzw. besser gesagt auf ihm – dem Territorium) statt, er selbst bewegt sich nicht. Falls der Raum als Erkenntnisobjekt nicht überhaupt total ausgeblendet ist, hat die räumliche Komponente der Wirklichkeit den Status einer Umweltbedingung, eines Behälters für gesellschaftliche Inhalte. Auch die Raumbegriffe, mit denen in der Ökonomie operiert wird (vgl. Läpple 1991), sind weitgehend chorische oder Behälterraum-Konzepte. Raum ist ein zu überwindendes Hindernis, das durch Ausbau der Verkehrsinfrastruktur überwunden werden kann, oder ein Ort, den man durch Ressourcenkonzentration ausstaffieren kann. Neben der Distanz (Transportkosten) begründet die Kategorie „Standort" die optimale, naturräumlich gegebene bzw. geschaffene Anordnung von Dingen in optimaler Entfernung, Vor- bzw. Nachteile für die Produktion und Distribution von Gütern.

Für traditionelle, den Raum als Platz oder Behälter materiell-physischer Artefakte betrachtende Raumbegriffe sind *Distanz, Dichte, Grenze und Standort* die zentralen Kategorien zur Beschreibung räumlicher Verhältnisse. Es werden Referenzschemata zur Lokalisierung von Objekten verwendet, Verteilungsregelmäßigkeiten beobachtet, Distanzüberwindungen geplant und/oder Konzentrationen verhindert oder gefördert. Die meisten Enträumlichungsthesen gründen ihre Beweisführung auf Veränderungen dieser zentralen Beschreibungskategorien von Raum. In all diesen Anwendungen wird unter Raum etwas außerhalb der subjektiven Erfahrung und Wahrnehmung materiell Existierendes, ein Element der physischen Wirklichkeit, verstanden.

Gegen diese „banalen" (Läpple 1991: 189) Raumbegriffe wurden komplexe Raumbegriffe, gestützt auf soziologische, handlungs-, struktur-, regulations- und systemtheoretische Ansätze, entwickelt, die den Zusammenhang zwischen Räumlichem und Sozialem thematisieren. Sie sind besser geeignet, die Leitfrage dieses Sammelbandes, in welcher Beziehung soziale Lagen und deren Veränderungen zur räumlichen Organisation der Gesellschaft stehen, zu klären. Zentrale Beschreibungskategorien räumlicher Verhältnisse sind *System, Funktionszusammenhang, Kommunikation, Konstruktion, Handeln*.

2.1 Typologie von Raumbegriffen

Materielle – immaterielle/abstrakte Raumbegriffe

Materielle Raumbegriffe bezeichnen etwas Gegenständliches – immaterielle/abstrakte Raumbegriffe bezeichnen das System von Beziehungen der Objekte (Menschen und Artefakte) im Raum zueinander. Dadurch, dass materielle Dinge eine bestimmte Konfiguriertheit aufweisen, zueinander in bestimmten Lagerelationen stehen, miteinander funktional vernetzt sind, entsteht so etwas wie ein struktureller, funktionaler oder dynamischer Systemzusammenhang zwischen ihnen – ein „Raum", der keine eigenständige ontologische Struktur besitzt, kein Gegenstand, sondern ein Attribut der physisch-materiellen Dinge ist. „Man sollte sprachlich korrekt nicht von ,Raum', sondern von ,Räumlichkeit' reden" (Weichhart 2000).

Immaterielle bzw. abstrakte Raumbegriffe betrachten die physisch-materielle Struktur des Raums als Substrat von Funktionszusammenhängen als „dynamische ,geistige Matrix', die für die Struktur verantwortlich ist" (Läpple 1991: 195). Sie beruhen auf der Vorstellung, dass Raum nicht schon immer vorhanden ist, sondern konkrete Orte durch menschliche Syntheseleistung zu Räumen zusammengeführt werden, „eine Art Synopsis der einzelnen ,Orte', durch die das örtlich Getrennte in einen simultanen Zusammenhang, in ein räumliches Bezugssystem gebracht wird" (Läpple 1991: 202).

Mit den Kategorien „Beziehung und Lagerelation" kann man auch einen „sozialen Raum" konstruieren und damit die Position von Menschen/Gruppen in den Dimensionen Status, Mittelverfügbarkeit, Integration/Desintegration etc. beschreiben. Der „Sozialraum" (Bourdieu 1991) ist ein Raum von Beziehungen, hergestellt durch die relative Stellung von Menschen/Gruppen, ein „Kräftefeld", in dem Menschen je nach Ausstattung mit Macht, Geld, sozialem und Bildungskapital einen Platz einnehmen. Physischer und sozialer Raum stehen in Beziehung zueinander, da jede Gesellschaft ihre entsprechenden räumlichen Strukturen – das Ergebnis der Verfügungsgewalt über das Materielle – hat.[3]

Der Raum der Systemtheorie ist ebenfalls abstrakt konzeptualisiert. Systemtheoretisch fundierte Raumkonzepte sind reine Abstraktionen, nicht Kommunikation spielt sich im Raum ab, sondern Raum ist (Bestandteil von) Kommunikation. Raumabstraktionen sind gleichzeitig Bestandteil von Handlungen. Mit Hilfe der Raumabstraktionen steuern Handelnde sich selbst, sie folgen nicht „mental maps", einem bestimmten Bewusstsein von Räumen, sondern „präexistenten, von bestimmten Organisationen produzierten und normierten räumlichen Informationen" (Hard 1986: 29). Raumabstraktionen sind nicht schon immer da, sondern werden laufend gesellschaftlich produziert, massenmedial vertrieben und politisch genützt. „Hierher gehören neben ‚Landschaft' z. B. auch ‚Heimat(land)' und als historisch wohl wirkungsvollste dieser Raumabstraktionen das Vaterland und verwandte nationale Sanktuarien. Man kann aber auch die neuerdings wieder so beliebten Identitäts , Satisfaktions- und Identifikationsräume hinzuzählen sowie die verräumlicht verdinglichten Bilder sozialer Idyllen (Mittelstadtidyll, suburbanes Eigenheimidyll, Öko-idyll, (...), die alle nicht selten als Heimat- und Vaterlandssurrogate fungieren" (Hard 1986: 35).

Systemtheoretische Raumkonzepte beantworten die Frage, ob es eine Raumbindung gebe, dahingehend, dass es nur eine Bindung an gesellschaftlich produzierte Raumabstraktionen gäben könne.

Eindimensionale – komplexe Raumbegriffe

Eindimensionale Raumbegriffe erfassen Raum nur mit einer Beschreibungskategorie. Ein solcher eindimensionaler Raumbegriff ist der territoriale Raumbegriff, der Raum als Distanz zwischen Punkten auf einer Oberfläche erfasst, aber auch der systemtheoretische, der den Raum auf Kommunikation reduziert.

Mehrdimensionale, komplexe Raumbegriffe beinhalten materiell-physische und immaterielle Elemente und setzen sich mit den Beziehungen der Elemente auseinander. Ein mehrdimensionaler Raumbegriff ist der „gesellschaftliche Raum". „Unter dem Aspekt seiner Gesellschaftlichkeit erhält ein Raum die Qualität eines aktiven Wirkungsfeldes, eines gesellschaftlichen Milieus, dessen formschaffende Kraft die gesellschaftliche Praxis der Menschen ist, die den physischen Raum gestaltet, aneignet, mit Symbolen besetzt und ihn damit zu einem gesellschaftlichen macht. Der gesellschaftliche Raum ist also nicht nur ein ‚Umraum' der handelnden Menschen, sondern schließt sie in ihrer eigenen Leiblichkeit, ihren räumlich vermittelten Interaktionen und ihren Ausdrucks- und Verwirklichungsformen mit ein" (Läpple 1991: 43). Die vier Elemente, aus denen sich der Raum zusammensetzt, sind materiell-physische Artefakte (sowohl vorhandene wie produzierte), gesellschaftliche Interaktions- und Handlungsstrukturen (die Verfasstheit der Gesellschaft), das institutionalisierte und normative Regulierungssystem und ein mit den materiellen Artefakten verbundenes räumliches Zeichen-, Symbol- und Repräsentationssystem. Da gesellschaftliche Verhältnisse durch funktionale Spezialisierung und Ausdifferenzierung gekennzeichnet sind, können innerhalb des gesellschaftlichen Raums „Funktionsräume" unterschieden werden, eine Vielzahl von gesellschaftlichen Teilräumen, die durch funktionale Spezialisierung und „strukturelle Ausdifferenzierung" zustande kommen und sich auch (physisch)räumlich auf der Mikro-, Meso- oder Makro-Ebene manifestieren.

---

[3] Vergleiche auch den Beitrag von Jens Dangschat in diesem Band.

Ein weiterer komplexer Raumbegriff ist der des Raums als „action setting".[4] Er umfasst sowohl den Handlungsrahmen als auch die ablaufenden Prozesse und Sinnzuweisungen durch Akteure. „Unter einem ‚action setting' können wir eine Konfiguration von austauschbaren menschlichen Akteuren, spezifischen Handlungsvollzügen und einem materiellen wie sozialen Kontext verstehen, die als integraler Systemzusammenhang den Ablauf bestimmter Handlungsprogramme ermöglicht. Dabei werden die Interaktionen der Akteure gleichsam synchronisiert und in den materiellen wie sozialen Kontext der Handlungsbühne eingebunden" (Weichhart 1996).

Deterministische – nicht-deterministische Raumbegriffe

„Banale" oder wenig komplexe Erklärungsansätze gehen von linearen Ursache-Wirkung-Ketten aus und neigen zur Aufstellung von Kausalgesetzen. Im Fall des Raumdeterminismus wird dem physischen „Environment" oder den massenmedial produzierten Raumbildern eine entscheidende verhaltensprägende Wirkung unterstellt. Die Unterstellung einer linearen Beziehung existiert auch in umgekehrter Richtung als Sozialdeterminismus. Räumliche Gegebenheiten werden ausschließlich als Ausdruck sozialer Strukturen oder Prozesse, als Repräsentation/Manifestation sozialer Verhältnisse interpretiert.

In der nicht-deterministischen Konzeptualisierung wird von Wirkungszusammenhängen ausgegangen, da weder der Raum (das materielle Substrat) noch das Soziale (die Handlungsvollzüge von Mensch/Gesellschaft) der Unter- oder Hintergrund für das Handeln sein könne, sondern beide analytischen Kategorien in Wechselbeziehung zueinander stehen: der – materiell-physische wie abstrakte – Raum hat handlungsstrukturierende, das Soziale raumstrukturierende Wirkung.

Über die Funktionsweise dieser Wechselbeziehung gibt es unterschiedliche Vorstellungen.

Für Anthony Giddens, der von der „Dualität der Struktur"[5] (Struktur als Raum und Zeit überdauernde semantische und moralische Regeln und Ressourcen) ausgeht, wird Raum über Nutzung (handeln) geschaffen. Er bezeichnet den Vorgang der „Zonierung" des Raums durch verschiedene soziale Praktiken und das Zuweisen von Bedeutung als Regionalisierung, d. h. verortetes Handeln. Zonen/Regionen bilden den zu strukturierenden Hintergrund des Handelns und strukturieren das Handeln durch Gliederung in Zonen/Regionen.

In kritischer Auseinandersetzung, aber mit Bezug auf Giddens' Strukturationstheorie formulierte Bruno Werlen die „Sozialgeographie alltäglicher Regionalisierungen" (Werlen 1995). Um zu verstehen, was der Raum sei und wie er das Handeln bestimme, gehe es um die Rekonstruktion der täglichen und alltäglichen sozialen Praktiken und Interpretationen materieller Sachverhalte (Raumkürzel) der/durch die Menschen.

---

[4] Der Begriff ist an den in der Verhaltensforschung üblichen Begriff ‚behaviour setting' angelehnt, ohne die deterministische Vorstellung vom Primat der Umwelt zu übernehmen.

[5] Strukturen sind Inhalt und Medium sozialer Prozesse, sie determinieren das Handeln und werden gleichzeitig durch das Handeln produziert (Giddens 1984).

Im Konzept der „Dualität"[6] wird die Trennung der beiden analytischen Kategorien Raum und Soziales aufgegeben. Räumliche wie soziale Strukturen hätten einen „dualen" Charakter: Raum ist das Produkt sozialer Verhältnisse, in seiner Gestalt spiegeln sich gesellschaftliche Beziehungen wider, gleichzeitig stellt die hergestellte räumliche Struktur eine objektive Beschränkung oder günstige Voraussetzung für das Handeln dar und neue soziale Verhältnisse her. Raum- und Sozialwissenschaftler/innen gehen dann von der notwendigen Verschmelzung beider Kategorien aus. „The social and the spatial are inseparable" (Massey 1992). Man müsse statt von Raum als eigenem Seinsbereich, der dem Seinsbereich Soziales bzw. soziales System gegenübersteht, von Räumlichkeit sozialer und kultureller Phänomene sprechen und diese Gegenüberstellung aufgeben. Die Debatte vom Primat des Raums oder der Gesellschaft wird für fruchtlos erklärt und stattdessen von einer „dialektischen Verschränkung" von räumlichen und sozialen Strukturen im gesellschaftlichen Leben gesprochen.

Die Konzeptualisierung als „untrennbar" oder „verschränkt" stellt hohe Anforderungen an die Forschung. Wie sollen die Wirkungen und Wirkungsweisen dieser Verschränkung aufgefunden werden, wenn nicht beide „Partner" in ihrer spezifischen Gestalt, Eigengesetzlichkeit und Eigenwilligkeit betrachtet werden? Sie werden ja auch in der Realität jeder für sich wahrgenommen. Die Erforschung der handlungsstrukturierenden bzw. raumstrukturierenden Wirkungen setzt daher eine analytische Trennung voraus, um Hypothesen und Befunde über die Wechselbeziehung bilden zu können.

Starre – prozesshaft konzeptualisierte Raumbegriffe

Komplexe, nicht-deterministische Raumbegriffe, die Raum als menschliche Syntheseleistung auffassen, denken Raum als laufenden Gestaltungsprozess. „Das Platzieren der sozialen Güter, seiner selbst oder anderer Menschen sowie die Syntheseleistung erfolgen in vorarrangierten Prozessen, das heißt, das Handeln vollzieht sich in strukturierten Kontexten, was nicht bedeutet, dass es prinzipiell die Raumkonstruktion bestätigt. Plazierungen und Synthesen können auch im Widerstand erfolgen. Die Konstitution von Räumen ist daher nie starr, sondern immer prozesshaft" (Löw 2001: 230).

Absolutistische – relationale Raumbegriffe

Komplexe, nicht-deterministische Raumbegriffe, die Raum als menschliche Syntheseleistung auffassen und von einem Prozess der Raumkonstitution ausgehen, sind per se auch relational.

Als absolutistisch kann ein Raumbegriff entweder bezeichnet werden, wenn dem Raum eine eigene Realität jenseits des Handelns, der Körper oder der Menschen zugeschrieben wird oder wenn der Raum als Behälter, der das soziale Geschehen umschließt, vorgestellt wird. „Die Ausgangsannahme zweier völlig getrennter Realitäten, nämlich ‚Raum' und ‚Körper/Menschen/Handeln' führt dazu, dass entweder nur eine Seite als soziologischer Gegenstand oder aber dass nur ein Berührungspunkt zwischen beiden Seiten definiert wird. (...) Dies hat zur Konsequenz, dass in keinem Fall die Konstitution von Raum untersucht

---

[6] Dabei wird oft auf die „Dualität der Struktur" von Giddens Bezug genommen.

wird. (...) Eine zentrale Kritik an dieser Konzeptualisierung von Räumen als eine Verdinglichung zu Orten und Territorien ist also, dass diese Denkfigur ausschließt, dass durch die Aktivität verschiedener gesellschaftlicher Teilgruppen an einem Ort oder auf einem Territorium mehrere Räume entstehen können. Ferner wird die Bedeutung symbolischer Verknüpfungen nicht berücksichtigt" (Löw 2001: 64).

Im Gegensatz dazu stehen relationale Raumkonzepte. Demnach ist Raum eine stets neu zu produzierende und reproduzierte relationale (An-)Ordnung sozialer Güter und Menschen (Lebewesen) an Orten, in deren Konstitution Menschen in zweifacher Hinsicht einbezogen sind. „Zum einen können sie ein Bestandteil der zu Räumen verknüpften Elemente sein, zum zweiten ist die Verknüpfung selbst an menschliche Aktivität gebunden" (Löw 2001: 224). Räume sind nicht a priori vorhanden, sondern müssen aktiv durch Syntheseleistungen, durch die klassen-, geschlechts- und kulturspezifisch vorstrukturierten Interaktionen, Wahrnehmungen, Erinnerungen (re-)produziert werden. Das heißt aber auch, dass nicht ein Raum, sondern verschiedene Räume entstehen, solche für bestimmte Funktionen und solche, die Menschen/Gruppen/Gesellschaft zu schaffen in der Lage sind. „Die Chancen, Raum zu konstituieren, können aufgrund geringerer oder größerer Verfügungsmöglichkeiten über soziale Güter, aufgrund von geringerem oder breiterem Wissen, aufgrund geringerer oder höherer Verfügungsmöglichkeiten über soziale Positionen oder/und aufgrund von Zugehörigkeit bzw. Nicht-Zugehörigkeit dauerhaft begünstigt oder benachteiligt sein" (Löw 2001: 228). Wissen, Macht, Geld oder Rang konstituieren unterschiedliche Räume, die wieder als beschränkte Handlungsbedingungen die weitere Raumkonstitution einschränken.

2.2 Zusammenfassung

Raumbegriffe sind mehr oder weniger gelungene Hilfskonstruktionen zur Reduktion der Komplexität der Realität. Es gibt daher nicht den „Raum", sondern problembezogen mehrere „Räume" und einen Wandel der Raumbedeutung. Jeder Raumbegriff hat einen bestimmten, mehr oder weniger beschränkten Erklärungswert. Wenn es um die Senkung von Transportkosten geht, ist es sinnvoll, sich über die Veränderung von Distanzen, wenn es um die Senkung von Infrastrukturkosten geht, ist es sinnvoll, sich über die künstliche Peripherisierung durch flächenfressende Siedlungsentwicklung den Kopf zu zerbrechen.

Tatsächlich existieren viele Raumbegriffe nebeneinander. Die – weitgehend unreflektierte – Mischverwendung führt daher zu unterschiedlichen Diagnosen über die Veränderungen der räumlichen und sozialen Organisation der Gesellschaft und deren Konsequenzen. Es handelt sich aber weniger um eine „Krise des Raums", sondern vielmehr um eine latente, und im Fall von radikalen Entwicklungsschüben zugespitzte, Erklärungskrise. Die Veränderung der empirisch evidenten Mensch-„Raum"-Beziehungen verlangte aber, die sozial vorgegebenen Raumvorstellungen, die sich in einem bestimmten historischen Zusammenhang entwickelt haben, zu revidieren und weiterzuentwickeln. Das ist nur mit einem komplexen, relationalen Raumkonzept möglich. Seine Merkmale sind:

- Raum ist nicht etwas an sich Existierendes, sondern ein Prozess der permanenten (Re-)Produktion.

- Handelnde Menschen/Gruppen und ihre Syntheseleistungen konstituieren Räume.
- Der Begriff Raum umfasst nicht (nur) das Materiell-Physische oder Handlungsvollzüge oder Raumvorstellungen, sondern auch die Art der Verknüpfung und Beziehungen zwischen diesen Elementen.
- Räumliches und Soziales bedingen einander; nicht eine Seite ist die bestimmende (Raumdeterminismus oder Sozialdeterminismus), sondern beide stehen in einer Wechselbeziehung zueinander.

Bleibt nur die Frage, wieso komplexe, relationale Raumbegriffe nicht alltagstauglich und so wenig wissenschaftstauglich sind. Wenige Interpretationen der Veränderungen der räumlichen und sozialen Organisation der Gesellschaft stützen sich auf sie.

3 Neue Räume – neue Raumbezüge

Die sozioökonomischen, politischen und kulturellen Veränderungen der letzten Jahrzehnte haben Räume und Raumbezüge tiefgreifend verändert. Das Ergebnis sind Räume mit unterschiedlicher, wechselnder Bedeutung, ein verstreutes Muster von Funktionsinseln, ein „Fleckerlteppich" aus Räumen mit hoher und geringer Beziehungsdichte, mono- und multifunktionale, benachteiligte und bevorteilte Räume, durchbrochen von Zwischenräumen und Nicht-Orten, ein Nebeneinander von emotional besetzten, symbolisch überfrachteten und wertlosen Räumen. Das Spannungsfeld zwischen Stadt und Land löst sich mehr und mehr auf. Zum einen, weil immer mehr Räume durch das Ausfransen der Städte ihre charakteristischen Merkmale verlieren, zum anderen, weil neue Dichotomien von Globalem und Lokalem, von Makro- und Mikro-Zusammenhängen die alten, durch die Produktions- und Lebensweise geprägten, überlagern. Regionale Disparitäten zwischen entlegenen/peripherisierten und zentralen Räumen, vor allem innerhalb der europäischen Metropolen, nehmen zu.[7]

Im Zuge der Internationalisierung von Politik und Ökonomie gibt es kein entweder „footloose" agierendes, multinationales und oligopolistisches Unternehmen oder netzwerkartig verbundene Cluster in räumlicher Nähe. „Weder gibt es eine gleichförmige Regionalisierung wirtschaftlicher Aktivitäten, noch deutet sich ein durch die Globalisierung enthistorisierter und homogenisierter Raum an. Bezieht man demgegenüber die Rolle des Nationalstaates und die historisch begründete Konstitution von Räumen in die Analyse ein, so muss man davon ausgehen, dass Räume durch das Zusammenspiel von Ökonomie und Politik in unterschiedlicher Weise geprägt werden. (...) Nationale Politiken tragen dazu bei, Regionalisierung im Kontext der Globalisierung wirtschaftlicher Aktivitäten zu forcieren, und zwar – das ist das Bedeutsame – je nach Politikstrategie in mehr oder weniger polarisierter Form. In diesem Sinne erscheint es wenig fruchtbar, ausschließlich über „Globalisierung" oder „Regionalisierung" als einander ausschließende Alternativen zu diskutieren" (Heeg 1996).

---

[7] Während das Gefälle zwischen den EU-Mitgliedsländern geringer geworden ist.

Die Veränderungen der räumlichen Organisation der Gesellschaft können nicht als Enträumlichung, sondern als Pluralisierung der Produktions- und Reproduktionsbedingungen für die Raumschaffung bezeichnet werden. Geht man unter Anwendung eines komplexen und relationalen Raumbegriffs davon aus, dass es Menschen sind, die jede/r für sich und als Gesellschaft durch ihre Syntheseleistung, durch Handlungsweisen und mittels eines Regulierungs- und Symbolsystems Raum schaffen, ist die Frage müßig, ob der Raum seine Bedeutung als Bezugs- und Orientierungssystem verloren hat. Wo Mensch/ Gesellschaft ist, ist auch Raum.

Die interessanten Fragen sind andere: Ist die durch klassen-, geschlechts- und kulturspezifisch vorstrukturierte Interaktionen, Wahrnehmungen und Erinnerung geschaffene relationale Anordnung sozialer Güter und Menschen an Orten geeignet? Ist sie brauchbar für das Handeln (agieren, denken, kommunizieren) in all den vielfältigen, für den Lebensvollzug sinnvollen, notwendigen und erfreulichen Formen, wie wohnen, arbeiten, Freunde treffen, einkaufen, zur Schule gehen, spielen, sporteln, und in den verschiedenen Lebensphasen und -lagen, wie jung sein, alt sein, krank sein, arm sein?

Sind die geschaffenen Nutzungsstrukturen,[8] die Planungsrichtlinien, Entscheidungsprozesse oder Eigentumsstrukturen,[9] sind die ästhetischen Normen und affektiven Aufladungen von räumlichen Konfigurationen[10] geeignet? Sind sie durch barrierefreie Bewegung im Raum, Zugang und Erreichbarkeit von Infrastruktur in überwindbarer Distanz, Hochwasserschutz, flächensparende Siedlungsentwicklung, Beteiligung an Planungs- und Entscheidungsprozessen u. v. m. brauchbar, um Gesundheit, Bildung, Erholung, Sicherheit, Arbeitsmöglichkeiten für die Bevölkerung sicherzustellen?

Welche Gruppen von Menschen, welche Teilbereiche der Gesellschaft, sind an der Raumbildung aktiv beteiligt, welche sind von der Raumbildung (weitgehend) ausgeschlossen, in ihrer Syntheseleistung beschränkt?

Solche Fragen sind nicht generell mit ja oder nein zu beantworten. Entstanden sind mehr Handlungsmöglichkeiten und mehr Handlungsbeschränkungen.

Einerseits bedeuten die pluralen Raumkonfigurationen für das – im historischen Prozess – immer gestaltungsfähigere Individuum im Prinzip eine Erweiterung der Handlungsmöglichkeiten. Den Verlust von Ferne können viele Menschen als Bereicherung erleben, den Verlust von Nähe locker wegstecken, die fragmentierten Räume zusammenfügen, Un-Räume problemlos überspringen. Sie können Räume je nach Bedarf bewusst wählen und verlassen. Das große Angebot und die Möglichkeit der freien Partnerwahl ermöglicht die Liebesheirat mit dem Raum, Mehrfachloyalität und Scheidung. Das Mehr an Autonomie und Optionen stellt eine Erweiterung des Erfahrungshorizonts dar. Real und virtuell können „grenzenlos" viele Räume zu einem passenden Kaleidoskop zusammengesetzt werden, virtuelle Realitäten können die Beziehung zum realen Raum noch verstärken. Es

---

[8] Als Repräsentanten des materiell-physischen Substrats von Räumlichkeit.

[9] Als Repräsentanten des Regulierungssystems von Räumlichkeit.

[10] Als Repräsentanten des Symbolsystems.

entstanden und entstehen immer neue Möglichkeiten der Raumschaffung für Menschen. Sie können quasi wie „Barmixer" von Räumen agieren.

Andererseits entstanden und entstehen gleichzeitig immer neue Handlungsbeschränkungen, die soziale Ungleichheit verstärken. Diese Tendenz kann auch als „Entgesellschaftlichung des Raums" bezeichnet und der These von der „Enträumlichung der Gesellschaft" entgegengestellt werden. Sie beschreibt den Tatbestand, dass immer mehr Räume für eine Vielfalt von Lebensvollzügen ungeeignet (gemacht) werden und Menschen von der Raumbildung ausschließen.

Ungeeignete Räume und Raumbildungsprozesse sind: Periphere und peripherisierte Regionen, die keine Arbeits- und Versorgungsmöglichkeiten mehr bieten, Mobilität erzwingen und/oder die weitere Entleerung von Regionen fördern; die räumliche Konzentration von sozial Benachteiligten in innerstädtischen Wohngebieten, die Unterversorgung mit Infrastruktur und Vernachlässigung produziert und einen Teufelskreis von Benachteiligung in Gang setzt – benachteiligte Gebiete benachteiligen; die Schaffung von innerstädtischen Erlebniswelten, die Gentrifizierung und die Verdrängung von sozial Schwächeren an den Stadtrand fördert; die Konzentration von Einkaufserlebniswelten in den suburbanen Gebieten, die Verkehr erzeugt, die ökonomische Basis der Nahversorger in den Innenstädten zerstört und Kommunikationsnetze zerreißt; monostrukturelle Tourismusregionen, die Infrastrukturversorgung den Bedürfnissen der Tourismusindustrie unterwerfen und gewachsene ökonomische und soziale Strukturen in den betroffenen Regionen zerstören; sich im Stadtumland ausbreitende Einfamilienhaus-Siedlungen, die enorme, von der Gesellschaft zu tragende Infrastrukturkosten verursachen, gesellschaftlichen Raum „fressen" und die Gesellschaft privatisieren. Die Beispiele ließen sich beliebig fortsetzen. Sie zeigen auf, dass die Produktion und Reproduktion von Raum vielfach in einer Form vor sich und in eine Richtung geht, die der „Entfaltung der Gesellschaft im Raum" – Credo der Profession Raumordnung – zuwiderläuft.

Für eine vielfältige Raumnutzung, für selbstbestimmtes Platzieren und Synthetisieren fehlen unter diesen Bedingungen vielen gesellschaftlichen Gruppen die Voraussetzungen. Zur Ungleichheitsursache Armut gesellt sich die Ungleichheitsursache Ausschluss von der Raumbildung, mangelnde Mobilität, Beschränkung der Gestaltungs- und Definitionsmacht von Räumen. Davon betroffen sind Kinder und Jugendliche, Erziehende, ältere Menschen und ausgegrenzte ethnische Gruppen.

Raumordnung und Raumplanung hätten die Aufgabe, die Möglichkeit zur Raumbildung für alle gesellschaftlichen Gruppen sicherzustellen. Dafür fehlen unter den Bedingungen der Deregulierung, Privatisierung und Unterwerfung von immer mehr Lebensbereichen unter eine ökonomisch definierte Effizienzlogik immer mehr die Voraussetzungen. Täglich entstehen weitere geeignete und ungeeignete Räume, werden Menschen/Gruppen zur Raumbildung animiert und von ihr ausgeschlossen. Wie das Match steht und ausgeht, ist ungewiss.

Literatur

Augé, M. (1994): Orte und Nicht-Orte. Vorüberlegungen zu einer Ethnologie der Einsamkeit. Frankfurt/M.

Baumann, Z. (2000): Völlig losgelöst. In: Kursbuch Arbeit. Stuttgart, München, S. 23–37.

Beck, U. (2001): Modell Bürgerarbeit. In: Schöne neue Arbeitswelt, Frankfurt am Main/New York.

Bourdieu, P. (1991): Physischer, sozialer und angeeigneter physischer Raum. In: Wentz, M. (Hrsg.): Die Zukunft des Städtischen. Band 2, Frankfurt am Main/New York, S. 25–34.

Castells, M. (1991): Informatisierte Stadt und soziale Bewegung. In: Wentz, M. (Hrsg.): Die Zukunft des Städtischen. Band 2, Frankfurt am Main/New York, S.137–148.

Dumjovits, R. (2002): Der Ruf nach dem schlanken Staat im Spiegel von Effizienz und Gerechtigkeit. In: Raum 45/2002, S. 23–24.

Giddens, A. (1984): Die Konstitution der Gesellschaft. Frankfurt am Main.

Guéhnno, J. M. (1994): Das Ende der Demokratie. München und Zürich.

Hard, G. (1986): Der Raum – einmal systemtheoretisch gesehen. In: Geographica Helvetica 2/1986.

Heeg, S. (1996): Endogene Potentiale oder footloose capitalism? Einige Anmerkungen zur sozialen Regulation des Raums. In: Bruch, M. und Krebs, H.-P. (Hrsg.): Facetten nachfordistischer Regulation. Münster, S. 199–223.

Henckel, D. (1991): Technik, Geschwindigkeit und Raumentwicklung. In: Wentz, M. (Hrsg.): Die Zukunft des Städtischen. Band 2. Frankfurt am Main/New York, S. 151–157.

Läpple, D. (1991a): Essay über den Raum. Für ein gesellschaftswissenschaftliches Raumkonzept. In: Häußermann, H. et al. (1991): Stadt und Raum. Soziologische Analysen. Pfaffenweiler, S. 157-207.

Läpple, D. (1991b): Gesellschaftszentriertes Raumkonzept. In: Wentz, M. (Hrsg.): Die Zukunft des Städtischen. Band 2. Frankfurt am Main/New York, S. 35–46.

Löw, M. (2001): Raumsoziologie. Frankfurt am Main.

Massey, D. (1992): Politics and Space/Time. In: New Left Review, Vol. 196.

Meurer, B. (Hrsg.) (1994): Die Zukunft des Raums. Frankfurt am Main/New York.

Nahrada (1994). In: Raum 43/1994, Wien, S.18–20.

Rifkin, J. (2000): Access – Das Verschwinden des Eigentums. Frankfurt und New York.

Sassen, S. (2000): Die „Global City" – Einführung in ein Konzept und seine Geschichte. In: Seger, M. (Hrsg.): Mitteilungen der Österreichischen geografischen Gesellschaft, Wien, S.197.

Schütz, A.; Luckmann, T. (1990): Strukturen der Lebenswelt. Frankfurt am Main.

Strohmeier, G. (2000): Raumbild der Ortlosigkeit. In: Horn, I. P. (Hrsg.): Entgrenzung und Beschleunigung im Prozess der Globalisierung. Wien, S. 19–29.

Weichhart, P. (2000): Räume kann man nicht küssen. In: Schneidewind, P. (Hrsg): Planungsfallen. Planungsfälle. Raumplanung und die kognitiven Grundlagen des Planens. Wien, S. 37–47.

Weichhart, P. (1996): Die Region – Chimäre, Artefakt oder Strukturprinzip sozialer Systeme? In: Brunn, H. (Hrsg.): Region – wissenschaftliche Konzepte und politische Aufgaben. Baden-Baden, S. 25–43.

Werlen, B. (1995): Sozialgeographie alltäglicher Regionalisierungen. In: Erdkundliches Wissen, Band 1: Zur Ontologie von Gesellschaft und Raum. Stuttgart.

Teil II
Soziale Lagen, Lebensstile und Raum – empirische Ergebnisse

Martin Kronauer

Quartiere der Armen: Hilfe gegen soziale Ausgrenzung oder zusätzliche Benachteiligung?

Gliederung

1   Soziale Ausgrenzung und Wohnquartier
2   Hamburg: Stadt des neuen wirtschaftlichen Wachstums, Stadt der neuen Armut
2.1 St. Pauli und Mümmelmannsberg: Armut in unterschiedlichen Quartieren
3   Wahrnehmung von Ausgrenzungsbedrohung: Welchen Einfluss übt das Quartier aus?
4   Wahrnehmung der Quartiere: Gibt es typische Unterschiede?
5   Wer kann im Quartier zusätzliche finanzielle Ressourcen mobilisieren, wer nicht?
6   Schlussbemerkung
Literatur

1   Soziale Ausgrenzung und Wohnquartier

Wachsende Einkommensungleichheit, Arbeitslosigkeit und Armut gehen in deutschen Großstädten wieder mit zunehmender räumlicher Segregation einher. Nachdem die enge Wechselbeziehung von Arbeits- und Wohnungsmarkt in den ersten Jahrzehnten nach dem Zweiten Weltkrieg durch sozialstaatliche Intervention, insbesondere öffentliche Wohnungsversorgung, gelockert worden war, greifen beide nun wieder stärker ineinander.

Arbeitskräfte, die im Strukturwandel der Städte durch Deindustrialisierung und Rationalisierung ihren Platz in der „alten", industriellen Ökonomie verloren haben, finden häufig in der aufsteigenden Dienstleistungsökonomie keine Beschäftigung. Alter und Qualifikation werden dabei zu immer schärferen Ausschlusskriterien. Das breite Feld der Dienstleistungsarbeiten wiederum weist hohe und wachsende Unterschiede in den Verdienstmöglichkeiten auf. Unternehmensberater und Werbefachleute auf der einen Seite, Fahrradkuriere und Reinigungskräfte auf der anderen, um typische Beispiele städtischer Dienstleister zu nennen, trennen Einkommenswelten. Gleichzeitig entscheiden mit dem Rückzug des Bundes vom öffentlichen Wohnungsbau seit den Achtzigerjahren Einkommensunterschiede wieder unmittelbar darüber, wer sich welche Wohnqualität leisten kann (vgl. Häußermann 2000: 16). Gegenüber beiden Trends befinden sich die Städte in der Defensive. Sinkende Steuereinnahmen stehen wachsenden Ausgaben für Sozialhilfe gegenüber. Eigene finanzielle Mittel, um den Segregationseffekten am Wohnungsmarkt zu begegnen, fehlen. Räumliche Konzentrationen von Arbeitslosigkeit und Armut sind die Folge.

Stadtviertel mit einem hohen Anteil von Armen und Arbeitslosen sind in der Geschichte der deutschen Städte nichts Neues. Ungewöhnlich war vielmehr – in Deutschland ebenso wie in anderen europäischen Ländern – die Phase des stetigen Wirtschafts- und Beschäftigungswachstums nach dem Krieg, stimuliert von Binnennachfrage und abgesichert von wohlfahrtsstaatlichen Leistungen, in der Einkommensungleichhe Armut zurückgedrängt wurden und Arbeitslosigkeit nahezu verschwand; sie dauerte immerhin ein Vierteljahrhundert. Vor diesem Hintergrund allerdings bedeutet die Wiederkehr von räumlich konzentrierter Armut in der Tat einen historischen Einschnitt. Stellt sie doch die Fähigkeit hoch entwickelter Industriegesellschaften in Frage, allen ihren Bürgern einen dem erreichten Wohlstandsniveau angemessenen Lebensstandard zu ermöglichen und sie gleichberechtigt an den Lebenschancen in der Gesellschaft teilhaben zu lassen – eine Vorstellung von Wohlfahrt, die sich nach dem Zweiten Weltkrieg durchsetzte und seither in das moderne Verständnis von Demokratie eingegangen ist (vgl. Kaufmann 1997: 31 f.). Überdies können wir annehmen, dass sich auch die Erfahrungen mit Arbeitslosigkeit und Armut heute in Deutschland geändert haben. Sie werden von den Nachwirkungen jener historisch bislang einmaligen Phase der sozialstaatlich vermittelten gesellschaftlichen Wohlstandssteigerung und Einbindung geprägt sein.

Wie erleben und bewältigen Menschen, die am Arbeitsmarkt hohen Risiken ausgesetzt sind – langzeitarbeitslose Männer und alleinerziehende, Sozialhilfe beziehende Mütter – die Bedrohung durch soziale Ausgrenzung? Und welchen Einfluss auf ihre Wahrnehmung und Bewältigung von Ausgrenzungsbedrohung und Armut haben die Lebensbedingungen im Stadtviertel, in dem sie wohnen? Mit diesen Fragen setzten sich zwei Forschungsprojekte in Hamburg, durchgeführt am Soziologischen Forschungsinstitut Göttingen (SOFI), auseinander, über deren Befunde im Folgenden berichtet werden soll. Zunächst bedürfen allerdings die hier aufgeworfenen Fragen einer Erläuterung. Denn so, wie sie formuliert wurden, enthalten sie bereits zwei wichtige Implikationen.

Die erste Implikation besteht in der Annahme, dass langzeitarbeitslose Männer und alleinerziehende Mütter, die auf Sozialhilfe angewiesen sind, von sozialer Ausgrenzung bedroht sind. Der Begriff „soziale Ausgrenzung" („exclusion") fand in der zweiten Hälfte der Achtzigerjahre zunächst vor allem in der Politik und den Sozialwissenschaften Frankreichs große Resonanz und wurde von dort in den offiziellen Sprachgebrauch und die politischen Programme der Europäischen Union übernommen (vgl. Paugam 1996; Room 1998). Er lässt sich angemessen nur in dem oben angesprochenen Kontext von Wohlfahrt und gesellschaftlicher Teilhabe verstehen, die zu gesellschaftspolitischen Leitgedanken der Nachkriegszeit wurden. Obgleich in seiner Bedeutung noch immer umstritten, wird er inzwischen überall in Europa von Sozialwissenschaftlern verwendet, die in ihren Forschungen der neuen städtischen Armut nachgehen. Hier ist nicht der Ort, ausführlich auf den Begriff und die ihn betreffenden Auseinandersetzungen einzugehen (siehe dazu Kronauer 2002). Deshalb beschränke ich mich darauf, darzulegen, wie ich ihn im Folgenden verwende.

„Soziale Ausgrenzung" verweist auf das Zusammenwirken unterschiedlicher Modi der gesellschaftlichen Zugehörigkeit und Teilhabe. Darunter sind besonders bedeutsam der Zugang zu Erwerbsarbeit oder einer anderen, anerkannten Position in der gesellschaftlichen Arbeitsteilung (Ausbildung, Ruhestand nach Abschluss des Erwerbslebens, Kindererziehung etc.); die Einbindung in unterstützende soziale Netze über Familie, Freundschaften und Bekanntschaften; schließlich der Zugang zu politischer Einflussnahme, wohlfahrtsstaatlichen Sicherungen und Dienstleistungen, vermittelt über politische und soziale Rechte. Ausgrenzung bedeutet dann, in den verschiedenen hier angesprochenen

Dimensionen von Zugehörigkeit und Teilhabe ausgeschlossen zu werden: Marginalisierung am Arbeitsmarkt, bis hin zum gänzlichen Ausschluss von Erwerbsarbeit (ohne zugleich in eine gesellschaftlich akzeptierte Statusalternative ausweichen zu können); eine Schwächung der sozialen Einbindung bis hin zur Vereinzelung, oder aber eine Einschränkung der Sozialkontakte auf Menschen in gleicher benachteiligter Lage; Ausschluss von wohlfahrtsstaatlicher Unterstützung, oder aber eine stigmatisierende Behandlung durch staatliche Institutionen und eine Versorgung mit Leistungen, die den kulturell angemessenen Lebensstandard unterschreiten. Dieses Verständnis von sozialer Ausgrenzung geht davon aus, dass der Erwerbsarbeit in den hoch entwickelten kapitalistischen Gegenwartsgesellschaften direkt wie indirekt noch immer eine zentrale Rolle für die Verteilung von Einkommen und sozialer Anerkennung zukommt.

Langzeitarbeitslosigkeit erhöht das Risiko, in diesem Sinne sozial ausgegrenzt zu werden, erheblich. Dies gilt vor allem dann, wenn sie bereits zwei Jahre und länger andauert. In den 90er-Jahren fanden nur noch 15 % der länger als zwei Jahre Arbeitslosen in Deutschland wieder Erwerbsarbeit (Gilberg et al. 1999: 284). Langzeitarbeitslosigkeit betrifft zudem die anderen Ausgrenzungsdimensionen. Sie setzt persönliche Nahbeziehungen, auf die Menschen in Krisensituationen besonders angewiesen sind, großen Belastungen aus. Die Einkommenseinbußen bedeuten nicht nur beträchtliche Einschränkungen in der Lebensführung, sondern erschweren es auch, mit anderen mitzuhalten und sozialen Ansprüchen zu genügen. Arbeitslosen- und Sozialhilfe als wohlfahrtsstaatliche Unterstützung schließlich unterliegen der Bedürftigkeitsprüfung und diskriminierenden Kontrollen. Alleinerziehende Mütter wiederum passen nicht in das ideale (und vom deutschen Sozialstaat institutionell geförderte) Bild der vollständigen Kleinfamilie. Ihre Verpflichtungen zu Hause erschweren es ihnen, Erwerbsarbeit zu finden. Sofern sie Sozialhilfe erhalten, ist diese an die bereits genannten diskriminierenden Praktiken geknüpft. Wenn ich im Folgenden hinsichtlich dieser beiden Gruppen von einer Bedrohung durch soziale Ausgrenzung spreche, meine ich damit allerdings nicht nur bestimmte Merkmale ihrer sozialen Lage und sozialen Beziehungen. Ausgrenzung als ein besonderes soziales Ungleichheitsverhältnis muss, wenn die Kategorie denn angemessen sein soll, ihre Spuren auch im Bewusstsein der Betroffenen zeigen, in deren Selbstwahrnehmung und der Deutung ihrer Beziehungen zur Gesellschaft.[1]

Die zweite Implikation in den oben aufgeworfenen Ausgangsfragen besteht in der Annahme, dass das Wohnquartier in der Tat einen Einfluss auf die Wahrnehmung und Bewältigung von Ausgrenzungsbedrohung und Armut hat. Dafür spricht, dass Arme und Langzeitarbeitslose in besonderem Maße quartiersgebunden sind. Aus finanziellen Gründen sind sie weniger mobil und daher stärker auf Ressourcen in ihrer unmittelbaren Wohnumgebung angewiesen als Bessergestellte (vgl. Hamm 2000). Arbeitslose haben darüber hinaus häufig allein schon deshalb weniger Gründe, ihr Wohngebiet zu verlassen,

---

[1] Ein solches Bewusstsein von Ausgrenzungsbedrohung oder gar Ausgrenzung ist nicht gleichzusetzen mit einer eigenständigen „Kultur der Armut" oder „Kultur der Abhängigkeit", wie sie bisweilen im Zusammenhang mit der Diskussion um die Herausbildung einer „Underclass" in den USA angenommen werden. Ausgrenzungsbewusstsein meint hier die Wahrnehmung einer besonderen Form von Ungleichheit, die aus verwehrten Teilhabemöglichkeiten entsteht.

weil bei ihnen der tägliche Weg zur Arbeit entfällt. Soziale und räumliche Lage sind daher in diesen Fällen besonders eng verzahnt.

Soziale Kontakte in der Nachbarschaft können Arbeitsgelegenheiten auf dem formellen oder informellen Arbeitsmarkt vermitteln. Sie können aber auch, wenn sie sich zu sehr auf Leute in ähnlicher Lage konzentrieren, von Informationen ausschließen und Möglichkeiten der wechselseitigen materiellen Hilfe beschränken. Subkulturen der Armen, die aus räumlicher Nähe erwachsen, können helfen, die Lebenssituation zu ertragen, es aber auch erschweren, sie zu überwinden. Wohnungsqualität und Infrastruktur des Wohngebiets beeinflussen den Lebensstandard, die institutionellen Angebote vor Ort (Bildungseinrichtungen, Beratungsstellen, medizinische Versorgung) die Lebens- und Partizipationschancen (vgl. Kronauer 2002: 218). Angesichts der Vielfalt von Einflussmöglichkeiten besteht allerdings noch immer erhebliche Unklarheit darüber, wie Wohnquartiere und Armutslagen aufeinander einwirken. In der Stadtforschung gibt es dazu vor allem zwei Thesen.

Die erste behauptet einen „Konzentrationseffekt". Sie geht davon aus, dass, je höher die Armutsdichte in einem Viertel ist, desto größer auch die zusätzliche Benachteiligung sei, die daraus für die armen Bewohner erwächst. William Julius Wilson hat dieses Argument anhand empirischer Untersuchungen, die er in erster Linie in Chicago durchgeführt hat, am konsequentesten entwickelt (vgl. Wilson 1987 und 1996). Nach seiner Überzeugung bildet die sozialräumliche Isolation das entscheidende Bindeglied zwischen Arbeitsmarkt und Nachbarschaft. Wenn die Armen und Arbeitslosen weitgehend unter sich bleiben, werden Beziehungen abgeschnitten, die in Erwerbsarbeit führen könnten. Darüber hinaus stellt sich ein Sozialisationseffekt ein. Die Jugendlichen im „Getto" verlieren den Kontakt zu erwerbstätigen Erwachsenen, die sie durch ihr Vorbild auf ein Arbeitsleben vorbereiten. Die Benachteiligung am Arbeitsmarkt wird auf diese Weise durch die räumliche Konzentration der Benachteiligten weiter verstärkt. Die Formierung einer gesellschaftlich ausgegrenzten „Underclass" ist die Folge.

Zweifel an dieser These betreffen vor allem die Übertragbarkeit der amerikanischen Befunde auf europäische Verhältnisse. Die Armutsdichte ist hier in der Regel geringer, dementsprechend die soziale Diversität der Viertel größer.[2] Ebenfalls geringer ist der Grad der „rassischen" bzw. „ethnischen" Segregation. Darüber hinaus stammen die meisten amerikanischen Befunde aus einer Zeit, in der dort die Armutsquartiere systematisch von Staat und privaten Investoren boykottiert bzw. aufgegeben wurden, mit verheerenden Folgen für den Zustand des Wohnungsbestandes und die Versorgung mit öffentlichen und privaten Dienstleistungen. Sozialstaatliche Interventionen in den Wohnungsmarkt haben in Deutschland bislang amerikanische Ausmaße von Segregation und physischem Verfall in innerstädtischen Quartieren verhindert. Gleichwohl finden sich auch hier Hinweise darauf, dass die Armutsdichte in einer Nachbarschaft einen Einfluss auf die Dauer des Sozialhilfebezugs hat (vgl. Farwick 2001). Warum dies der Fall ist, wurde bislang allerdings noch nicht überzeugend geklärt.

Die zweite These stellt einen „Quartierstypeneffekt" fest. Demzufolge sind weniger die Zahl und der Anteil der Armen an einer bestimmten Quartiersbevölkerung für die

---

[2] Wilson und andere Autoren, die seine Thesen überprüfen, gehen von Armutsdichten von 40 % aus.

Lage der armen Bevölkerungsgruppen von Bedeutung als die funktionale Ausrichtung und die dadurch beeinflusste soziale Zusammensetzung des Quartiers. Viertel mit einer gemischten Nutzung (Wohnungen, Gewerbe, Dienstleistungen) und einer zentralen Lage eröffnen demnach Arbeitslosen und Armen mehr Möglichkeiten als monofunktional allein auf das Wohnen angelegte Großsiedlungen am Rand der Stadt. Sie bieten mehr formelle und informelle Arbeitsgelegenheiten, mehr unterstützende soziale Beziehungen und sie werden in der Regel weniger diskriminiert. Vor allem in der europäischen Diskussion über städtische Armut und Ausgrenzung ist diese Auffassung weit verbreitet.

Die These von der Bedeutung unterschiedlicher sozialer Quartiersmerkmale für die Erfahrung und Bewältigung von Armut und Ausgrenzung bildete auch den Ausgangspunkt der hier vorgestellten Untersuchungen in Hamburg. Die beiden Stadtviertel, die wir für die Untersuchung auswählten – St. Pauli und Mümmelmannsberg – entsprechen unterschiedlichen Quartierstypen im oben angegebenen Sinn: St. Pauli dem gemischt genutzten, innerstädtischen Wohn- und Arbeitsquartier, Mümmelmannsberg der als reines Wohngebiet genutzten Großsiedlung in Randlage. Um unsere Ausgangsfragen empirisch beantworten zu können, mussten wir sie allerdings weiter spezifizieren. Die folgenden vier Fragen leiteten unsere Untersuchung an:

1. Sehen sich Langzeitarbeitslose und Sozialhilfebezieher/innen als von sozialer Ausgrenzung bedroht?

Wir erwarteten, dass sich Menschen mit hohen Arbeitsmarktrisiken tatsächlich als von Ausgrenzung bedroht erleben – langzeitarbeitslose Männer stärker als alleinerziehende Frauen, die Sozialhilfe beziehen, da letztere zumindest eine gesellschaftlich anerkannte Aufgabe, die Kindererziehung, wahrnehmen.

2. Welchen Einfluss übt das Wohnquartier auf die Erfahrung von Ausgrenzungsbedrohung aus?

Hier nahmen wir an, dass das Quartier eine wichtige Rolle spielt, wobei wir davon ausgingen, dass das innerstädtische, gemischte Viertel eher vor Ausgrenzungserfahrung schützt, die Großsiedlung dagegen die Ausgrenzungserfahrung verstärkt.

3. Wie beurteilen Langzeitarbeitslose und Sozialhilfebezieher/innen das Quartier, in dem sie leben? Welche Gründe führen sie für ihre Urteile an?

Von den Auskünften über die Lebensqualität im Quartier und darüber, ob die Befragten lieber in einem anderen Viertel wohnen wollen, erwarteten wir wichtige Hinweise über die Ressourcen, die das Viertel zur Bewältigung der Armutslage bereitstellt oder die im Viertel fehlen – Hinweise also darauf, ob und warum das Quartier eher stabilisierend und unterstützend wirkt oder zusätzlich das Leben erschwert. Unserer „Quartierstypeneffekt"-Hypothese entsprechend vermuteten wir, dass das innerstädtische, gemischte Viertel deutlich besser im Urteil der Befragten abschneiden würde als die Großsiedlung.

4. Wer von den Quartiersbewohnern kann über staatliche Transferzahlungen hinaus finanzielle Mittel mobilisieren, wer nicht, und warum?

Mit dieser Frage zielten wir auf die Bewältigungsstrategien in einer wichtigen Dimension der Auseinandersetzung mit Armutslagen ab sowie auf die Möglichkeiten, die das

Wohngebiet dafür bietet. Wieder nahmen wir an, dass die Großsiedlung weniger Möglichkeiten als das gemischte Quartier zur Verfügung stellt.

Bevor ich auf die Befunde der Studien eingehe, seien kurz die Untersuchungsorte vorgestellt, in denen sie gewonnen wurden – Hamburg und die beiden ausgewählten Viertel.

2 Hamburg: Stadt des neuen wirtschaftlichen Wachstums, Stadt der neuen Armut

Deutlicher als jede andere deutsche Großstadt verkörpert Hamburg die beiden Seiten des gegenwärtigen sozial-ökonomischen Wandels. Die Stadt zählt zu den reichsten Europas. Die Norderweiterung der Europäischen Union und die Vereinigung Deutschlands haben sie als zentrale Drehscheibe des europäischen Handels gestärkt. Darüber hinaus war Hamburg seit den Achtzigerjahren in der Lage, seine Wirtschaft erfolgreich umzustrukturieren. Zwar spielt der Hafen als zweitgrößter Europas nach wie vor eine wirtschaftlich wichtige Rolle. Die auf ihn bezogene Industrie verlor jedoch stark an Bedeutung für die Beschäftigung. Dagegen expandierten die Bereiche Medien und Unternehmensdienstleistungen. Zudem zog die Stadt neue Hochtechnologieunternehmen an (Flugzeugbau, Biotech-Firmen). Kurz: Es gelang Hamburg, sich im internationalen Wettbewerb mit seinen neuen Industrien und der Stärke in zukunftsträchtigen Dienstleistungen gut zu positionieren (vgl. Gornig et al. 1999). In vieler Hinsicht bedeuteten die Neunzigerjahre für die Stadt eine Erfolgsgeschichte. Entgegen dem bundesdeutschen Trend wuchs die Beschäftigung im Ballungsraum Hamburg, und das Pro-Kopf-Einkommen liegt weit über dem westdeutschen Durchschnitt.

Gleichzeitig nahm aber auch die Zahl der Sozialhilfeempfänger zu. 1970 bezogen erst 17.650 Bewohner diese Form der Unterstützung, 1997 waren es 159.681. Noch schwerer wiegt allerdings die Tatsache, dass Hamburgs Sozialhilfedichte in der ersten Hälfte der Neunzigerjahre regelmäßig über der der meisten anderen großen deutschen Städte lag. Nur Bremen wies eine schlechtere Bilanz auf (Alisch, Dangschat 1998: 101). Auch die Arbeitslosenrate Hamburgs übertraf in den Neunzigerjahren den westdeutschen Durchschnitt. Besonders besorgniserregend dabei war der Anstieg des Anteils der Langzeitarbeitslosen in der zweiten Hälfte des Jahrzehnts (vgl. Dorsch et al. 2000: 53 f.). Hamburgs Wirtschaft weist damit alle Zeichen einer ungleichen Entwicklung auf. Läpple spricht von einer „Entkoppelung von Beschäftigungsentwicklung und Arbeitslosigkeit" in Hamburg (Läpple 2003: 196). Beschäftigungszuwächse in einigen Tätigkeitsbereichen (Büro- und Verwaltungstätigkeiten, Beratung/Information, Forschen/Entwickeln/ Entwerfen, Werben/Publizieren/Unterhalten, soziale Dienste) gehen einher mit Beschäftigungsrückgängen in anderen (Lager/Transport/Verkehr, industrielle und handwerkliche Produktionstätigkeiten), ohne dass sich die jeweiligen Effekte ausgleichen würden. Zudem nimmt die Nachfrage nach Arbeitsplätzen zu. In den Achtziger- und Neunzigerjahren stieg die Frauenerwerbsquote stetig an (Läpple 2003: 197 f.) Der expandierende Hamburger Dienstleistungssektor bietet gerade Frauen gute Möglichkeiten. Sie sind am Hamburger Arbeitsmarkt weniger stark als im Bundesdurchschnitt von Arbeitslosigkeit betroffen. Wie überall in Deutschland sind die Opfer der Arbeitslosigkeit in erster Linie an- und ungelernte Arbeiter und „ältere" Arbeitskräfte. Qualifikation wird zur immer schärferen Scheidelinie in der Chancenverteilung.

2.1 St. Pauli und Mümmelmannsberg: Armut in unterschiedlichen Quartieren

Die ungleiche sozial-ökonomische Entwicklung Hamburgs findet ihren räumlichen Niederschlag in einer stark ausgeprägten Ungleichheit in der Verteilung von Sozialhilfeempfängern in der Stadt (vgl. Alisch, Dangschat 1998: 147 f.). Die höchste Konzentration von Armen findet sich im zentralen Bezirk Hamburg Mitte, dem unsere beiden Untersuchungsquartiere angehören.

St. Pauli hat eine lange Tradition als Wohn- und Arbeitsviertel der „kleinen Leute". In seiner Geschichte lange Zeit vom Hafen geprägt, mit Handwerkern, Kneipen und kleinen Geschäften, Hafenarbeitern und Tagelöhnern, wirkte es als „Übergangszone" im Sinn der Chicagoer Schule und bot Überlebensnischen für alle Arten von Migranten, Randständigen und Armen der Stadt. Inzwischen hat der Hafen infolge von Containerschifffahrt und anderen Rationalisierungsmaßnahmen viele Arbeitsplätze eingebüßt, von denen Bewohner St. Paulis lebten. Aber noch immer bestimmt er das (touristische) „Image". Die Reeperbahn übt eine weltweite Anziehungskraft aus. Die Geschichte des Viertels begründet zudem ein eigentümliches lokales Selbstverständnis: eine Reputation für soziale Toleranz trotz gelegentlicher sozialer Konflikte und insbesondere lokalpolitischer Streitigkeiten. Wegen ihrer unterschiedlichen Nutzungsmöglichkeiten – kommerziellen wie residenziellen – und ihrer zentralen Lage inmitten einer reichen Stadt sehen sich Teile von St. Pauli einem erheblichen „Gentrifizierungsdruck" ausgesetzt.

Mit einer Sozialhilfeempfängerquote von 17 % bei 31.000 Einwohnern war St. Pauli 1998 gleichwohl das ärmste Viertel Hamburgs. Etwa 40 % der Bewohner sind Migranten, die meisten von ihnen türkischer Abstammung. Typisch urban ist das Viertel noch in einer weiteren Hinsicht. 72 % der Haushalte in St. Pauli wurden in den Neunzigerjahren von Alleinstehenden gebildet – in Hamburg insgesamt machte diese Haushaltsform 48 % aus. Eine Reihe öffentlicher und privater Institutionen kümmert sich um die Belange benachteiligter Gruppen. Das Viertel hat eine eigene Dienststelle des Sozialamts. Teile St. Paulis waren in ein städtisches Programm zur Armutsbekämpfung auf Nachbarschaftsebene einbezogen. Verschiedene Initiativen bieten Beratung und sonstige Dienstleistungen für Kinder und Jugendliche, türkische Mädchen und junge Frauen an. Straßensozialarbeiter wenden sich vor allem an durchziehende Punks.

Insgesamt bietet St. Pauli ein gutes Beispiel für ein innerstädtisches Quartier mit einem relativ hohen Anteil von armen Einwohnern und zugleich einer beträchtlichen sozialen und funktionalen Mischung. Es war immer schon ein Viertel, in dem diejenigen einen Platz hatten, denen es materiell nicht gut ging und die soziale Freiräume suchten. Aber es steht nun unter dem zweifachen Druck der städtischen Umstrukturierung: der „Invasion" der neuen Mittelklasse der Dienstleistungsökonomie und des Verlusts selbst von Gelegenheitsjobs für ungelernte Arbeitskräfte.

Mümmelmannsberg liegt am östlichen Rand des Bezirks Hamburg Mitte. Es wurde in den Siebzigerjahren als das seinerzeit größte einzelne Bauvorhaben des sozialen Wohnungsbaus in Hamburg errichtet. Heute leben 21.000 Einwohner in der Siedlung. Mümmelmannsberg war zu Beginn ein besonderes Prestigeobjekt der sozialdemokratischen Stadtregierung, ein Symbol des Fortschritts. Es sollte, wie viele ähnliche Projekte in anderen Städten auch, die innerstädtische Wohnungsnot lindern und Familien mit niederem und mittlerem Einkommen mit komfortablen und erschwinglichen Wohnungen am Stadtrand, in einer quasi suburbanen Umgebung, versorgen. Eine Reform-Gesamtschule wurde gebaut und ist bis heute eine zentrale Einrichtung des Viertels. Kindergarten, Einkaufs- und Gesundheitszentrum machten Mümmelmannsberg zu einem weitgehend autarken Wohngebiet, allerdings strikt getrennt von den Arbeitsplätzen seiner Bewohner. Zunächst war die Arbeit nur mit dem eigenen Auto über die angeschlossene Autobahn oder gegebenenfalls mit dem Bus zu erreichen. Erst seit 1990 verbindet eine U-Bahn-Linie das Quartier mit dem Stadtzentrum.

Die soziale Zusammensetzung des Viertels veränderte sich in den Achtzigerjahren. Leerstände nahmen zu und wurden von der Stadt mit der Zuweisung von Sozialhilfeempfängern verringert. Mittlerweile war auch das stadtplanerische Konzept der Großsiedlungen in die Schusslinie der Kritik geraten. Mümmelmannsberg wandelte sich in der öffentlichen Wahrnehmung vom städtebaulichen „Modell" zum „Problemquartier". Der erste offizielle Hamburger Armutsbericht zeichnete vom Stadtteil ein Bild des Elends und der Hoffnungslosigkeit (vgl. BAGS 1993). Im Anschluss an die deutsche Vereinigung stoppte allerdings ein Wohnungsmangel den Exodus der Mittelklasse und kehrte den Trend um. Dennoch liegen Arbeitslosigkeit und Armut weiterhin deutlich über dem Hamburger Durchschnitt. Etwa 15 % der Bewohner Mümmelmannsbergs bezogen Mitte der Neunzigerjahre Sozialhilfe. Migranten stellten 1997 27 % der Bevölkerung. Trotz beträchtlicher Investitionen der Stadt in die Verschönerung des Stadtteils, vor allem der Grünflächen, und in die Gesamtschule vor Ort und trotz des insgesamt guten äußeren Zustands der Gebäude hat sich am schlechten Ruf, den Mümmelmannsberg außerhalb des Bezirks hat, wenig geändert. Entgegen diesem Ruf gibt es zudem ein bemerkenswertes lokales Leben. Verschiedene Institutionen, finanziert von den Kirchen und der Stadt, organisieren überdies Angebote für Jugendliche und alleinerziehende Mütter. Wie St. Pauli hat auch Mümmelmannsberg eine eigene Dienststelle des Sozialamts. Klagen in unseren Interviews, insbesondere von Frauen, galten vor allem den unzureichenden Einkaufsmöglichkeiten im Quartier.

3   Wahrnehmung von Ausgrenzungsbedrohung: Welchen Einfluss übt das Quartier aus?

In zwei verschiedenen, aber inhaltlich eng aufeinander bezogenen Untersuchungen interviewten wir Ende der Neunzigerjahre insgesamt 150 langzeitarbeitslose Männer und Sozialhilfe beziehende Frauen (vor allem alleinerziehende) in den beiden Stadtvierteln.[3] Wir sprachen mit ihnen über ihre Berufsbiografien, ihre Erfahrungen mit Arbeit, Arbeitslosigkeit und Sozialhilfe, ihre finanzielle und materielle Lage und wie sie sich mit ihr auseinandersetzten, ihre sozialen Kontakte, ihren Umgang mit Zeit, ihre Sicht der Chancen am Arbeitsmarkt und ihr Verhalten am Arbeitsmarkt, ihre Wahrnehmung der Nachbarschaft und des Quartiers, ihre Gründe dafür, dass sie in dem Viertel wohnten, ihre Wünsche, weiter dort zu leben oder fortzuziehen, ihr Selbstbild und ihre Selbstverortung in der Gesellschaft.[4]

Wir wollten wissen, ob Menschen mit einem hohen Ausgrenzungsrisiko am Arbeitsmarkt sich auch als von sozialer Ausgrenzung bedroht erleben. Dazu hatten wir im Interviewverlauf vier Fragen gestellt, mit denen wir unterschiedliche Dimensionen von Ausgrenzungserfahrung ansprachen:

- Kommen Sie sich manchmal nutzlos vor? (Dimension: anerkannte Stellung in der gesellschaftlichen Arbeitsteilung.)
- Werden Sie manchmal schief angesehen? (Dimension: Stigmatisierung in persönlichen Nahbeziehungen.)
- Ist es schwierig für Sie, mit anderen mitzuhalten? (Dimension: soziale Folgen der finanziellen Lage.)
- Fühlen Sie sich als Arbeitslose(r) „außen vor"? (Dimension: Gefühl, nicht angemessen am Leben der Gesellschaft teilnehmen zu können.)

---

[3] Die erste Studie war von der Volkswagenstiftung finanziert worden und wurde in Zusammenarbeit mit Berthold Vogel und Oliver Callies am SOFI durchgeführt. 1997 und 1998 befragten wir insgesamt 97 Langzeitarbeitslose und Sozialhilfebezieher bzw. Sozialhilfebezieherinnen (60 % Männer, 90 % deutscher Abstammung). Etwa die Hälfte von ihnen gehörte der Altersgruppe zwischen 35 und 49 Jahren an, 15 % waren älter als 50 Jahre. Ebenfalls die Hälfte der Befragten hatte keine berufliche Ausbildung. 84 % waren länger als ein Jahr arbeitslos gemeldet, 88 % erhielten Sozialhilfe (vgl. Kronauer und Vogel 2003). Die zweite Studie fand im Rahmen des von der Europäischen Union geförderten Forschungsverbunds URBEX (Spatial Dimensions of Urban Social Exclusion and Integration) statt, in dem Forscher aus sechs Ländern Quartiere in elf europäischen Großstädten untersuchten. Neben einer Aufarbeitung statistischer Daten zu Hamburg und den Untersuchungsgebieten befragten wir im Jahr 2000 53 weitere Bewohner der beiden Quartiere – langzeitarbeitslose, deutsche Männer, alleinerziehende Frauen, die Sozialhilfe erhielten, und arbeitslose Migranten. Um die Vergleichbarkeit mit der ersten Studie zu gewährleisten, griffen wir eine Reihe von Fragen, die wir dort gestellt hatten, wieder auf. Stärker als in jener Studie konzentrierten wir uns aber auf die Ressourcen, die die Befragten jeweils vom Staat, dem (formellen und informellen) Arbeitsmarkt und von sozialen Nahbeziehungen mobilisieren konnten (vgl. Dorsch et al. 2000; Kronauer et al. 2001). Peter Noller, Rolf Keim und Berthold Vogel arbeiteten mit mir an dieser Untersuchung.

[4] Um die Antworten vergleichen zu können, bedienten wir uns eines dicht strukturierten Frageleitfadens, in dem die Frageformulierungen und die Reihenfolge vorgegeben waren, von den Interviewern aber zusätzliche Nachfragen gestellt werden sollten. Es handelte sich um offene Interviews. Antwortalternativen waren nicht vorgegeben.

Drei oder vier positive Antworten auf diese Fragen interpretierten wir als Anzeichen für ein umfassendes („starkes") Gefühl der sozialen Ausgrenzung oder Ausgrenzungsbedrohung, zwei positive Antworten als Gefühl einer „partiellen" Ausgrenzung oder Ausgrenzungsbedrohung, eine oder keine positive Antwort als keine oder allenfalls schwache wahrgenommene Bedrohung.

Unsere Erwartung, dass ein starkes objektives Risiko am Arbeitsmarkt mit dem Gefühl, von sozialer Ausgrenzung bedroht oder betroffen zu sein, einhergeht, bestätigte sich. Etwa drei Viertel der Befragten äußerten, gemessen an unseren Indikatoren, starke oder partielle Ausgrenzungserfahrungen. Was wir allerdings nicht erwartet hatten, war eine deutliche Differenz zwischen den Geschlechtern, die unserer hypothetischen Annahme widersprach. Während sich die Antwortmuster der Männer etwa gleichmäßig über die Kategorien „stark", „partiell" und „schwach/keine" hinweg verteilten, fielen 60 % der Antworten der Frauen in die Kategorie „starke" Ausgrenzungserfahrung, während nur 13 % keine solche Erfahrung angaben oder lediglich in einer Dimension.[5] Familiäre Unterstützung schwächte das Bedrohungsgefühl sowohl bei Männern wie Frauen etwas ab, verheiratet zu sein bedeutete jedoch keinen Schutz. Nicht allein zu leben half Männern gegen das Gefühl der Ausgrenzungsbedrohung, nicht jedoch Frauen. Auch Kinder zu haben bedeutete für sie wenig Hilfe gegen dieses Gefühl. Wie zu erwarten, bestand für Männer wie Frauen eine enge Verbindung zwischen der Dauer von Arbeitslosigkeit und Sozialhilfebezug sowie der eigenen Chancenbewertung am Arbeitsmarkt und der Stärke der Erfahrung von sozialer Ausgrenzung. Jedoch fühlten sich Frauen von Anfang an, auch bei kürzerer Dauer der Arbeitslosigkeit und des Sozialhilfebezugs, in umfassenderer Weise bedroht als Männer. Dass Kinder so wenig ein Gegengewicht gegen das Gefühl der Ausgrenzungsbedrohung bei den Alleinerziehenden darstellen, hat sicherlich einen wesentlichen Grund in den starken finanziellen Belastungen und der stigmatisierenden Behördenabhängigkeit, mit der die Frauen konfrontiert sind, wenn sie ihrer besonderen Verantwortung für die Kinder nachkommen wollen.

Welchen Einfluss übt das Quartier, in dem die Befragten jeweils wohnen, auf das Gefühl der Ausgrenzungsbedrohung aus? Um dies herauszufinden, verbanden wir unsere oben dargelegten Indikatoren mit der Antwort auf eine weitere Frage – auf die Frage nämlich, ob unsere Gesprächspartnerinnen und partner im Quartier wohnen bleiben wollten oder lieber wegziehen würden. Wir nahmen an, einen deutlichen Zusammenhang zwischen der jeweiligen Ausprägung des Gefühls sozialer Ausgrenzung und der Bewertung des Wohnquartiers vorzufinden.

Tatsächlich jedoch zeigte sich der erwartete Zusammenhang nur in einem der beiden Quartiere, St. Pauli, und auch dort nur für bestimmte Gruppen. Insgesamt jedoch fiel der Einfluss des Quartiers auf die Ausgrenzungserfahrung weit schwächer aus, als wir gedacht hatten.

Für Frauen aus St. Pauli, die sich in den meisten Ausgrenzungsdimensionen beeinträchtigt fühlten, bestätigte sich der negative Quartierseffekt. Sie äußerten auch den starken

---

[5] Die Angaben beziehen sich auf die erste Studie, ein ähnliches Bild ergab sich aber auch in der URBEX-Untersuchung.

Wunsch, das Viertel zu verlassen. Bei zwei anderen Kategorien von Befragten deutete sich ein umgekehrter Zusammenhang an. Sie erlebten und nutzten St. Pauli als eine Art schützender Umwelt. Während mit zunehmender Dauer der Arbeitslosigkeit in der Regel die Ausgrenzungserfahrungen umfassender wurden, fand sich in St. Pauli eine Gruppe langzeitarbeitsloser Männer, die nach einer Erwerbslosigkeit von mehr als fünf Jahren deutlich weniger über Ausgrenzungserfahrungen berichteten. Offenbar hatten sie es geschafft, sich mit ihrer Lage mehr oder weniger abzufinden. St. Pauli bot das soziale Umfeld, das ihnen dies ermöglichte. Die Tatsache, dass viele Arbeitslose und Arme im Viertel leben, schützte sie in einem gewissen Maß vor bedrohlichen sozialen, zur Selbstrechtfertigung zwingenden Konfrontationen. Zur zweiten Kategorie gehörte ein junger Mann, der sich der Alternativszene zurechnete. Die Distanz gegenüber der Mehrheitsgesellschaft war hier bewusste Haltung. Sie fand ihre Bestätigung im Kreis Gleichgesinnter, die in St. Pauli einigermaßen ungestört dem von ihnen gewählten Leben nachgehen konnten.

Für die meisten Männer unserer Befragung in St. Pauli aber bestand kein erkennbarer Zusammenhang zwischen ihrer Wahrnehmung des Quartiers und der Erfahrung von Ausgrenzung. Sie erlebten sich als mehr oder weniger von Ausgrenzung betroffen oder bedroht, obwohl sie – oder besser: unabhängig davon, dass sie – angaben, in St. Pauli leben und nicht wegziehen zu wollen. Noch schärfer trat die jeweilige Unabhängigkeit von Ausgrenzungs- und Quartierserfahrung in Mümmelmannsberg hervor. Unter den Männern, die hier den Wunsch äußerten, das Viertel zu verlassen, waren gerade diejenigen stark vertreten, die sich am wenigsten als von Ausgrenzung bedroht erlebten. Und auf der anderen Seite: Diejenigen, die umfassende Ausgrenzungserfahrungen äußerten, wollten in den meisten Fällen durchaus im Viertel wohnen bleiben. Das galt für Frauen wie Männer gleichermaßen.

Dies legt eine wichtige Schlussfolgerung nahe. Ausgrenzungs- und Quartierserfahrungen sind in einem erheblichen Maße voneinander „entkoppelt". Nur unter besonderen Umständen verstärken Erfahrungen mit den Lebensumständen im Quartier in der Tat das Gefühl, von Ausgrenzung bedroht zu sein, oder schwächen es ab. Beispiele hierfür zeigen sich in unserer Untersuchung allerdings nur in einem der beiden Stadtviertel und bei Minderheiten der Befragten. Bei der Mehrheit wird vor allem etwas anderes deutlich. Die Ausgrenzungserfahrungen, die wir mit unseren Fragen zu erfassen suchten, bilden sich weitgehend vor einem Erfahrungshorizont heraus, der über die Institutionen und Alltagsbeziehungen im Quartier hinausreicht. Sie beziehen sich u. a. auf die gesellschaftliche (und als solche individuell verinnerlichte) Bedeutung von Erwerbsarbeit, auf Ungleichheiten am Arbeitsmarkt, wohlfahrtsstaatliche Regelungen und Ämter und verallgemeinerte Maßstäbe des Lebensstandards. So wenig Arbeitslosigkeit und Armut „quartiersgemacht" sind, so beschränkt sind offenbar auch die Möglichkeiten unserer Befragten, der Bedrohung durch soziale Ausgrenzung vom Quartier aus etwas entgegenzusetzen.

Heißt dies, dass die Lebensbedingungen im Wohnviertel für die Bewältigung von Armut und Arbeitslosigkeit bedeutungslos sind? Keineswegs. Sie können die Lage auch jenseits der Ausgrenzungsfrage durchaus erleichtern oder aber noch niederdrückender machen. Darum wird es im Folgenden gehen.

4 Wahrnehmung der Quartiere: Gibt es typische Unterschiede?

Wieder nehme ich zum Ausgangspunkt die Antworten auf unsere Fragen, ob die Interviewten in ihrem Stadtteil wohnen bleiben wollten oder lieber wegzögen bzw. woanders wohnten. Sie stellen einen wichtigen Indikator dafür dar, ob die Lebensbedingungen im Quartier als unterstützend und hilfreich oder zusätzlich benachteiligend erlebt werden.

Der These vom „Quartierstypeneffekt" entsprechend wäre zu erwarten gewesen, dass St. Pauli deutlich besser im Urteil seiner armen Bewohner abschneiden würde als Mümmelmannsberg. Aber auch diese Erwartung wurde enttäuscht. Mit 60 % lag der Anteil der Befragten in Mümmelmannsberg, die in ihrem Stadtviertel wohnen bleiben wollten, nur wenig unter den zwei Dritteln, die dasselbe in St. Pauli äußerten.[6] Aufschlussreicher als die Nähe in der quantitativen Verteilung sind allerdings die deutlichen Unterschiede in den Gründen, die jeweils zu dem Ergebnis führten.

Für die Bewohner beider Quartiere ist selbstverständlich die Miethöhe ein wichtiger Grund dafür, dass sie in ihrem Viertel wohnen. In nahezu jeder anderen Hinsicht jedoch weichen die Kriterien, die für die Beurteilung des Wohngebiets herangezogen werden, voneinander ab. Soziale Merkmale spielen eine herausragende Rolle im Urteil über St. Pauli: gute nachbarschaftliche Kontakte, ein Verständnis für die Probleme armer Leute, das andernorts nicht anzutreffen wäre, eine geteilte lokale Identität („Wir-Gefühl"), soziale Vielfalt werden genannt, wenn das Urteil positiv ausfällt. Aber auch in der Kritik stehen soziale Aspekte im Vordergrund: die Drogen im Viertel, die Ausbreitung der Prostitution, der Alkoholismus, eine Umwelt, die nicht geeignet ist, in ihr Kinder großzuziehen. St. Pauli lässt einen nicht „kalt". Schilderungen des Lebens hier, positive wie negative, sind häufig emotionsgeladen.

Soziale Eigenschaften des Viertels werden dagegen überhaupt nicht genannt, wenn es darum geht, warum man in Mümmelmannsberg wohnen bleiben möchte. Stattdessen steht die Qualität der Wohnungen, der Infrastruktur, die Nähe zum Grünen im Mittelpunkt – Gesichtspunkte wiederum, die in St. Pauli keinerlei Rolle spielen. In sozialer Hinsicht ist es für viele Mümmelmannsberger wichtig, in der Nähe von Familienangehörigen zu wohnen – für (deutsche) St. Paulianer hat das so gut wie keine Bedeutung. Für sie sind stattdessen Freundeskreise sehr viel mehr von Belang.

Auf die Frage, ob der hohe Anteil von Arbeitslosen und Armen im Viertel auch als ein Vorteil angesichts der eigenen Lebenssituation angesehen werden kann, stimmt eine relevante Minderheit der Befragten von St. Pauli zu – jedoch niemand von Mümmelmannsberg. Dort tritt eine bemerkenswerte Geschlechterdifferenz in den Antworten auf. Während die Frauen weitgehend neutral auf die Frage reagieren, sehen die Männer in dem Faktum der hohen Arbeitslosigkeit und Armut vielmehr einen Nachteil und eine Quelle der Unsicherheit. Offenbar beziehen sich Frauen und Männer, trotz vergleichbarer

---
[6] Auch diese Angaben stammen aus der ersten Studie. Die Verteilung der Antworten im URBEX-Sample fiel ähnlich aus: Sechzehn Befragte in St. Pauli wollten bleiben, fünfzehn in Mümmelmannsberg. Fünf wollten St. Pauli gerne verlassen, sieben in Mümmelmannsberg. Jeweils fünf Personen betonten ihre Zwiespältigkeiten in dieser Frage.

Arbeitsmarktlage und finanzieller Situation, in unterschiedlicher Weise auf die Lebensbedingungen in Mümmelmannsberg. Darauf komme ich zurück. Insgesamt fallen die Urteile der Mümmelmannsberger über ihr Viertel sehr viel pragmatischer aus, weit weniger als in St. Pauli sind sie von Emotionen geprägt.

Wie lässt sich dieser Befund, die quantitativ ähnliche Verteilung positiver und negativer Urteile über die beiden Quartiere bei gleichzeitig weitreichenden Unterschieden in den Begründungen, erklären? Der erste und wichtigste Grund liegt in der unterschiedlichen Zusammensetzung der Armutspopulationen beider Viertel. Wie bereits erwähnt, weist St. Pauli einen weit überdurchschnittlichen Anteil von Ein-Personen-Haushalten auf. Meistens sind es Männer, die allein in diesen Haushalten leben. In Mümmelmannsberg und dem Stadtteil Billstedt, zu dem es gehört, wohnen dagegen sehr viel häufiger Familien. Unser Befragungssample reflektiert diese Unterschiede in der sozialen Zusammensetzung und der Verteilung der Haushaltsformen. Sie kommt nicht nur zufällig oder aufgrund der ökonomischen Gesetze des Wohnungsmarktes zustande. Vielmehr beruht sie zu einem erheblichen Teil auch auf Entscheidungen, die die Bewohner getroffen haben und noch immer treffen. Gefragt, warum sie in St. Pauli wohnen, nannten unsere Interviewpartner soziale Eigenschaften des Viertels als zweithäufigsten Grund nach der Miethöhe. In Mümmelmannsberg wurde die Nähe zur Familie als wichtigster Vorteil nach Mietkosten und Wohnungsqualität angeführt. Mehr Befragte in Mümmelmannsberg waren überdies dort aufgewachsen und wollten deshalb im Viertel wohnen bleiben.

Unterschiedliche Lebensphasen, Lebensgeschichten und Haushaltskonstellationen bedeuten unterschiedliche Bedürfnisse und Erwartungen an ein Wohngebiet. Mümmelmannsberg war seinerzeit für Familien mit Kindern gebaut worden. Die Wohnqualität stand dabei im Vordergrund, nicht die soziale Identität des Viertels und die Schaffung gemeinsamer, nachbarschaftlicher Bezugspunkte. Die strikte räumliche Trennung von Arbeitsstätte und Wohnung sollte dem Familienleben nach der Arbeit zugute kommen. Auf komfortable „Massenprivatheit" in einer standardisierten Umgebung zielte das städtebauliche Konzept der Großsiedlung ab. Ein solches physisches und soziales Arrangement ergibt noch immer einen Sinn für Frauen mit Kindern, selbst wenn sie alleine erziehen und arbeitslos sind. Dies trifft vor allem dann zu, wenn Familienangehörige in der Nähe wohnen und leicht erreichbar sind. Verwandtschaftliche Beziehungen sind für unsere Befragten in Mümmelmannsberg eine besonders wichtige soziale Ressource für alle möglichen Hilfeleistungen, weit wichtiger als Freunde. Entscheidende Voraussetzungen dafür, dass das Leben in der Großsiedlung positiv bewertet wird, sind allerdings ein guter Zustand von Gebäuden und Wohnungen sowie das Vorhandensein von leistungsfähigen Institutionen (insbesondere Schulen und medizinische Einrichtungen), auf die Mütter besonders angewiesen sind. All dies gilt mehr oder weniger für Mümmelmannsberg. Das Viertel war von der Stadt nie „aufgegeben" und dem Verfall preisgegeben worden. Die große Mehrheit unserer Befragten stellen Verbesserungen im Stadtteil fest und erwarten, dass es auch in Zukunft mit dem Viertel aufwärts gehen werde – im Gegensatz zu den sehr viel pessimistischeren Äußerungen vieler Befragter von St. Pauli, die ihr Viertel „herunterkommen" sehen und weitere Verschlechterungen befürchten. Sogar das Sozialamt in Mümmelmannsberg hat einen weit besseren Ruf unter seinen Klienten als das in St. Pauli.

Damit wird verständlich, warum in unserer ersten Studie drei Viertel der Frauen, die wir in Mümmelmannsberg interviewten, fast alle Mütter, angaben, im Viertel wohnen bleiben zu wollen. In der zweiten Studie fiel das Urteilsbild bei den Frauen etwas gemischter aus, das der Männer dagegen positiver. Aber auch dabei zeigt sich der starke Einfluss von Haushaltsform und familiärer Anbindung: Die Hälfte der langzeitarbeitslosen Männer aus dem Viertel, die wir in dieser Studie befragten, hatten Kinder und/oder lebten in einem gemeinsamen Haushalt mit der Partnerin.

St. Pauli dagegen ist kein Wohnumfeld, das von Familien geprägt wird oder ihnen zuträglich wäre. Die meisten (deutschen) Bewohner leben allein, Männer ebenso wie Frauen. Zudem ist es innerhalb des Spektrums seiner Armutsbevölkerung ein Viertel, das sehr viel stärker Männern entgegenkommt und entspricht als Frauen. In beiden Studien erklärte die große Mehrheit der Männer, dass sie in St. Pauli bleiben wollten, viele der Befragten identifizierten sich dabei ausgesprochen mit dem Viertel. Bei den Frauen dagegen gingen die Meinungen sehr viel stärker auseinander und sie äußerten sich insgesamt deutlich zwiespältiger. St. Pauli bietet vor allem solchen Menschen Überlebensnischen, die sich schon lange an den Rändern der „Arbeitsgesellschaft" bewegen – die immer wieder arbeitslos waren oder einen sozialen Abstieg hinter sich haben, der sich über längere Zeit hinweg erstreckte. Gelegentlich gewährt es allerdings auch Zuflucht vor kritischen Begegnungen mit alten Bekannten, wenn ein plötzlicher Absturz zu verkraften ist. Wenn man in St. Pauli Hilfe braucht, sind es Freunde, an die man sich wendet, weit mehr als Verwandte.

Unsere Befunde zwingen dazu, die Voraussetzungen der These vom „Quartierstypeneffekt" zu überdenken. Wenn wir Nachbarschaften oder Quartiere vergleichen, dann haben wir es nicht allein mit den Wirkungen unterschiedlicher Nutzungsweisen und physischer Strukturen auf eine bestimmte Bevölkerungsgruppe (in unserem Fall: Langzeitarbeitslose und Sozialhilfebezieherinnen) zu tun. Stattdessen vergleichen wir sowohl verschiedene Quartierstypen als auch verschiedene Populationen. Unterschiedliche Quartiere ziehen unterschiedliche Bevölkerungen an, und dies gilt in erheblichem Maße auch für die Armen. Viele von ihnen landen in einem bestimmten Viertel aus mehr oder weniger zufälligen Gründen – etwa weil anderswo gerade keine Wohnung zu dem Preis verfügbar war. Diese Effekte müssten sich aber auf längere Sicht ausgleichen und können deshalb die deutlichen Unterschiede, auf die wir gestoßen sind, nicht erklären. Andere arme Bewohner werden auf administrativem Weg in ein Viertel eingewiesen. Aber viele treffen auch eine Wahl, obgleich die Wahlmöglichkeiten aus finanziellen Gründen stark eingeschränkt sind. Unterschiedliche Stadtviertel kommen deshalb auch unterschiedlichen Bedürfnissen armer Bewohner entgegen.

Zu dieser Feststellung gibt es aber auch eine Kehrseite. Beide Quartiere machen es solchen Bewohnern zusätzlich schwer, die die spezifischen Ressourcen, die das Viertel jeweils bietet, nicht nutzen können oder deren Bedürfnisse auf kein „Angebot" im Viertel stoßen. Die Befragten, die lieber aus St. Pauli weggezogen wären, hatten in den meisten Fällen zwei Merkmale gemeinsam. Sie waren früher in (scheinbar) stabilen Arbeitsverhältnissen beschäfig gewesen und hatten dann einen scharfen biografischen Einschnitt erlebt, verbunden mit einem sozialen Abstieg. Und sie waren nicht freiwillig nach St. Pauli gezogen, sondern weil sie keine Alternative dazu sahen. Aus beiden Gründen konnten oder wollten sie nicht Teil eines der in St. Pauli ansässigen Milieus werden. Sie erleben sich als Außenseiter unter Außenseitern. Demzufolge spielen nicht allein Geschlecht und aktuelle Haushaltsform, sondern auch die Lebensgeschichte eine entscheidende Rolle, wenn es um die Beurteilung der Lebensbedingungen in St. Pauli geht.

In Mümmelmannsberg wiederum sind es, wie wir gesehen haben, vor allem Frauen und Männer mit Kindern und familiärer Einbindung, die die baulichen und infrastrukturellen Angebote der Großsiedlung schätzen können. Für alleinstehende, arbeitslose Männer dagegen, die zudem keine Verwandtschaft im Viertel haben, ist diese ganz auf räumliche Trennung und funktionale Ergänzung von Arbeit und Familie angelegte Welt völlig sinnlos und zusätzlich belastend. Kurz: Quartiere üben nicht nur keine einheitlichen Wirkungen auf ihre armen Bewohner aus. Sie erzeugen vielmehr häufig geradezu gegensätzliche Effekte. Dieselben Lebensbedingungen, die es einer Kategorie von Armen erleichtern können, mit ihrer Lage fertig zu werden, können unter Umständen eine andere zusätzlich belasten oder gar ihre Ausgrenzung verstärken.

5 Wer kann im Quartier zusätzliche finanzielle Ressourcen mobilisieren, wer nicht?

Im Prinzip gibt es drei Quellen, aus denen Arme finanzielle Mittel beziehen können: den Wohlfahrtsstaat oder private Wohlfahrtseinrichtungen; Verwandte oder Freunde; den Arbeitsmarkt über formelle oder informelle Beschäftigung. Staatliche Unterstützung hängt von Berechtigung ab, private Wohltätigkeit vom guten Willen anderer. Verwandte oder Freunde helfen in aller Regel auf der Grundlage von Wechselseitigkeit, in Erwartung einer Gegenleistung. Der formelle Arbeitsmarkt ist im Fall der durch Arbeitslosigkeit hervorgerufenen Verarmung eher das Problem als die Lösung, informelle Erwerbsarbeit setzt nachgefragte Qualifikationen, Bereitschaft zum Risiko, soziale Kontakte und möglicherweise Arbeitsmittel voraus.

Städtische Quartiere haben kaum Einfluss auf wohlfahrtsstaatliche Regelungen, die unmittelbar auf die finanzielle Lage der Bewohner Einfluss nehmen. Auch der formelle Arbeitsmarkt funktioniert weitgehend nach Regeln, die über die Quartiersgrenzen hinausreichen. Nichtstaatliche Wohlfahrtseinrichtungen (Suppenküchen etwa) dagegen sind häufig nachbarschaftsbezogen. Auch die sozialen Netze und die Zugänge zum informellen Arbeitsmarkt haben im Fall armer Bevölkerungsgruppen einen starken lokalen Bezug.

Vor allem in der URBEX-Studie gingen wir der Frage nach, welche finanziellen Ressourcen unsere Befragten zur Verbesserung ihrer Lage heranziehen können, ob es dabei Unterschiede gibt und ob sich in diesen Unterschieden ein Einfluss des Quartiers erkennen lässt. Die Reichweite der erhobenen Befunde war allerdings von vornherein durch die Zusammensetzung des Samples eingeschränkt. Wir hatten unsere Gesprächspartnerinnen und -partner für die URBEX-Studie allesamt im Sozialamt angesprochen und für das Interview gewonnen. Sie alle bezogen somit wohlfahrtsstaatliche finanzielle Leistungen. Offen war deshalb nur, wer ausschließlich auf diese Quelle angewiesen blieb und wer zusätzlich finanzielle Mittel vom Arbeitsmarkt und/oder über soziale Beziehungen mobilisieren konnte. Dabei interessierte uns nicht die Höhe der finanziellen Zusatzeinkommen, sondern allein die unterschiedlich ausgeprägte Fähigkeit, die verschiedenen Quellen zu nutzen, und was dies im Hinblick auf die Erfahrung und Bewältigung der Armutslage bedeutet. Unter diesem Gesichtspunkt sind vor allem die beiden am schärfsten kontrastierenden Gruppen bemerkenswert, die im Folgenden kurz vorgestellt werden sollen.

Wer hat, bekommt mehr – diese alte Erkenntnis gilt in einem bescheidenen Umfang selbst für arme Bevölkerungsgruppen. Wer in der Lage ist, neben der monetären Unterstützung vom Arbeits- und/oder Sozialamt auch noch am formellen oder informellen Arbeitsmarkt hinzuzuverdienen und zusätzlich auf finanzielle Hilfe von Freunden oder Verwandten zählen kann, erhält häufiger als andere überdies noch eine Reihe weiterer materieller Hilfen: Unterstützung in Naturalien von der Verwandtschaft, aber auch Sonderzuwendungen des Sozialamts. Die „Ressourcenkombinierer" sind in der Regel in umfangreiche Freundeskreise eingebunden und berichten über gute Beziehungen zu Nachbarn. Das Gefühl einer partiellen Ausgrenzung herrscht unter ihnen vor, nicht die starke Ausgrenzungserfahrung. Die Befragten dieser Kategorie sind in der Regel aber auch in der Lage, sich sehr bewusst mit den Risiken und Chancen am formellen Arbeitsmarkt auseinanderzusetzen. Die meisten von ihnen verfolgen dort gezielte Strategien und bewerten ihre Aussichten durchaus positiv. Sie sprechen konkret über Weiterbildungsmaßnahmen und zukünftige Arbeitsstellen, die sie ins Auge gefasst haben. Nur einer in unserem Sample hat jede Hoffnung auf einen Arbeitsplatz aufgegeben und bewirbt sich nicht einmal mehr. Kurz: Die „Ressourcenkombinierer" weisen nicht nur besondere Fertigkeiten auf, mit ihren schwierigen aktuellen Lebensumständen materiell und emotional umzugehen, sondern auch erfolgversprechende Aktivitäten am Arbeitsmarkt einzuschlagen, die aus diesen Lebensumständen herausführen können. Das Ausschöpfen zusätzlicher informeller Einkommensquellen ist bei ihnen somit kein Anzeichen für ein „Sich-Einrichten" in einer „Kultur der Armut", unter Ausnutzung des Sozialamts, sondern hält Wiedereinstiegsmöglichkeiten in Erwerbsarbeit offen, die andere Arbeitslose für sich schon nicht mehr wahrnehmen können.

Dies wird vor allem im Kontrast zur Gruppe der Befragten deutlich, die sich allein auf sozialstaatliche Leistungen und Wohltätigkeit verlassen müssen. Um ihre materielle Lage aufzubessern, sind sie in besonderem Maße auf Selbstversorgung durch Eigenarbeit (z. B. Herstellen oder Verändern von Kleidungsstücken für den eigenen Gebrauch) und Angebote von Wohlfahrtseinrichtungen (z. B. gebrauchte Kleidung) angewiesen. Die Angehörigen dieser Kategorie in unserem Sample haben in der Regel nur kleine Freundeskreise, etwa die Hälfte von ihnen lebt weitgehend sozial isoliert. Die meisten von ihnen sehen sich mit starken Gefühlen von Ausgrenzung oder Ausgrenzungsbedrohung konfrontiert. Auch die Möglichkeiten am Arbeitsmarkt erscheinen ihnen in einem weit düstereren Licht als den „Ressourcenkombinierern". Nur wenige bewahrten sich in dieser Hinsicht noch eine optimistische Zukunftserwartung. Auf die Frage, was sie am Arbeitsmarkt zu tun gedenken, kommt von den meisten nur noch die allgemeine, unspezifizierte Absichtserklärung, weiter Arbeit suchen zu wollen. Entscheidungen gibt es für sie am Arbeitsmarkt nicht mehr zu treffen.

Eine eindeutige Verteilung in den sozialen Merkmalen zwischen den Angehörigen beider kontrastierender Kategorien ist nicht zu erkennen. Langzeitarbeitslose deutsche Männer scheinen eher in der Lage zu sein, alle drei Einkommensquellen auszuschöpfen als alleinerziehende, Sozialhilfe beziehende Mütter und arbeitslose Migranten. Deutlich aber zeigt sich eine sozial-räumliche Verteilung. „Ressourcenkombinierer" trafen wir in unserem Sample doppelt so häufig in St. Pauli, allein vom Sozialstaat Abhängige doppelt so häufig in Mümmelmannsberg an. Unterschiedliche Zugangsmöglichkeiten zu informeller Erwerbsarbeit in beiden Vierteln geben dabei den Ausschlag. In diesem Punkt zumindest bestätigte sich die Erwartung, die wir mit der Hypothese vom „Quartierstypeneffekt" verbanden.

6   Schlussbemerkung

Die Ausgangsfrage dieses Beitrags war, was unterschiedliche Lebensbedingungen im Wohnquartier für Menschen bedeuten, die sich mit Armut, Langzeitarbeitslosigkeit und der Bedrohung durch soziale Ausgrenzung auseinandersetzen müssen. Weder die These vom „Konzentrationseffekt" noch die vom „Quartierstypeneffekt" war in der Lage, die komplexen Beziehungen zwischen Haushaltsformen, Biografien und Geschlecht auf der einen Seite und Wohnbedingungen und sozialen Beziehungen im Quartier auf der anderen, auf die wir in unserer Untersuchung gestoßen sind, angemessen zu erklären. Im Verlauf der Darstellung und Diskussion ergaben sich drei Schlussfolgerungen. Sie haben wichtige Implikationen für die politische Auseinandersetzung mit Armut in städtischen Wohngebieten.

Erstens: Quartiere, die sich im Hinblick auf ihre Geschichte, ihre funktionale Nutzung, ihre Infrastruktur und ihre Bausubstanz unterscheiden, ziehen auch unterschiedliche Armutspopulationen an und kommen unterschiedlichen Bedürfnissen armer Bewohner entgegen. Selbst Arme treffen häufig Entscheidungen hinsichtlich des Quartiers, in dem sie wohnen und wohnen wollen – auch wenn dies nur eine sehr eingeschränkte Entscheidung zwischen Wohngebieten mit erschwinglichem Wohnraum sein kann. Politische Intervention sollte anerkennen, dass es keinen speziellen „Quartierstyp" gibt, der den Bedürfnissen aller armen Bevölkerungsgruppen am ehesten gerecht werden kann. Aber sie kann auch die Tatsache, dass Bewohner Entscheidungen getroffen haben und weiter treffen, zum Ausgangspunkt für quartiersbezogene Unterstützung nehmen. Denn „Entscheidung" ist nur dann ein sinnvoller Begriff, wenn eine Wahl zwischen Quartieren besteht, die jeweils auf eigene Weise einen angemessenen Mindeststandard an Wohnungs- und Gebäudequalität, physischer Infrastruktur und institutioneller Versorgung (insbesondere Schulen) aufweisen und zugleich ein sicheres Wohnumfeld gewährleisten. Dies setzt private und öffentliche Investitionen sowie wohlfahrtsstaatliche Präsenz voraus. In unserem Fall konnten die Befragten die Lebensbedingungen in beiden Quartieren nur deshalb überwiegend positiv bewerten, weil es keine vom Staat „aufgegebenen" Viertel sind – wobei allerdings vor allem in St. Pauli bereits massive Klagen über den Zustand des Viertels geäußert wurden.

Zweitens: Lebensbedingungen in Quartieren mit einem hohen Anteil von Arbeitslosen und Armen wirken auf ihre Bewohner häufig zwiespältig. Merkmale des Quartiers, die bestimmte arme Bewohnergruppen als positiv und unterstützend erleben, können für andere das Leben weiter erschweren oder gar soziale Ausgrenzung verschärfen. Im Fall von Mümmelmannsberg kommt die auf Familien zugeschnittene physisch-soziale Anlage der Großsiedlung den arbeitslosen Frauen mit Kindern entgegen, bei den arbeitslosen Männern ohne Familienanschluss aber droht sie die Isolation zu verstärken. Vom „Milieuschutz", den St. Pauli armen Bewohnern bieten kann, fühlen sich wiederum diejenigen ausgeschlossen und dadurch zusätzlich belastet, die die lebensgeschichtlichen Voraussetzungen der Zugehörigkeit nicht teilen. Politische Intervention muss derartige Zwiespältigkeiten, gerade was die Folgen des eigenen Handelns betrifft, soweit wie möglich zur Kenntnis nehmen und berücksichtigen.

Drittens: Quartierserfahrung und Ausgrenzungserfahrung sind in einem erheblichen Maße voneinander unabhängig. Die Lebensbedingungen im Quartier können unter Umständen die Erfahrung von sozialer Ausgrenzung verschärfen, aber nur in seltenen Fällen kompensieren. Denn Armut und Langzeitarbeitslosigkeit, die wesentlichen Quellen von Ausgrenzungserfahrungen, haben ihre Ursachen außerhalb des Quartiers. Nur in einer quartiersübergreifenden Politik können sie deshalb auch angegangen werden.

Literatur

Alisch, M.; Dangschat, J. S. (1998): Armut und soziale Integration. Strategien sozialer Stadtentwicklung und lokaler Nachhaltigkeit. Opladen.

BAGS (Behörde für Arbeit, Gesundheit und Soziales) (1993): Armut in Hamburg. Hamburg.

BAGS (Behörde für Arbeit, Gesundheit und Soziales) (1997): Armut in Hamburg II. Beiträge zur Sozialberichterstattung. Hamburg.

Dorsch, P.; Häußermann, H.; Kapphan, A.; Keim, R.; Kronauer, M.; Schumann, C.; Siebert, I.; Vogel, B. (2000): The Spatial Dimensions of Urban Social Exclusion and Integration: A European Comparison. Comparative Statistical Analysis at National, Metropolitan, Local and Neighbourhood Level. Germany: Berlin and Hamburg. URBEX Nr. 4. Amsterdam (Amsterdam Study Centre for the Metropolitan Environment).

Farwick, A. (2001): Segregierte Armut in der Stadt. Opladen.

Gilberg, R.; Hess, D.; Schröder, H. (1999): Wiedereingliederung von Langzeitarbeitslosen. Chancen und Risiken im Erwerbsverlauf. In: Mitteilungen aus der Arbeitsmarkt- und Berufsforschung, 32. Jg., Nr. 3, S. 282–299.

Gornig, M.; Ring, P.; Staeglin, R. (1999): Strategische Dienstleistungen in Hamburg: Im Städtevergleich gut positioniert. DIW-Wochenbericht Nr. 4. Berlin (DIW).

Häußermann, H. (2000): Die Krise der „sozialen Stadt". In: Aus Politik und Zeitgeschichte, B 10–11/2000, 3. März, S. 13–21.

Hamm, B. (2000): Nachbarschaft. In: Häußermann, H. (Hrsg.): Großstadt. Soziologische Stichworte, Opladen, S. 173–182.

Kaufmann, F.-X. (1997): Herausforderungen des Sozialstaats. Frankfurt am Main.

Kronauer, M.; Noller, P.; Vogel, B. (2001): Spatial Dimensions of Urban Social Exclusion and Integration. The Case of Hamburg, Germany. URBEX Series, Nr. 14. Amsterdam (Amsterdam Study Centre for the Metropolitan Environment).

Kronauer, M. (2002): Exklusion. Die Gefährdung des Sozialen im hoch entwickelten Kapitalismus. Frankfurt am Main, New York.

Kronauer, M.; Vogel, B. (2003): Erfahrung und Bewältigung von sozialer Ausgrenzung in der Großstadt: Was sind Quartierseffekte, was Lageeffekte? In: Häußermann, H.; Kronauer, M.; Siebel, W. (Hrsg.): An den Rändern der Städte. Armut und Ausgrenzung, Frankfurt am Main.

Läpple, D. (2003): Hamburger Arbeitsmarkt im globalen Kontext. In: Hönekopp, E.; Jungnickel, R. (Hrsg.): Internationalisierung der Arbeitsmärkte. Beiträge zur Arbeitsmarkt- und Berufsforschung, Nürnberg (Institut für Arbeitsmarkt- und Berufsforschung).

Paugam, S. (1996): La constitution d'un paradigme. In: Paugam, S. (Hrsg.): L'exclusion, l'état des savoirs, Paris, S. 7–19.

Room, G. (1998): Armut und soziale Ausgrenzung: Die neue europäische Agenda für Politik und Forschung. In: Voges, W.; Kazepov, Y. (Hrsg.): Armut in Europa, Wiesbaden, S. 46–55.

Wilson, W. J. (1987): The Truly Disadvantaged. The Inner City, the Underclass, and Public Policy. Chicago, London.

Wilson, W. J. (1996): When Work Disappears. The Word of the New Urban Poor. New York.

Heiko Geiling

Probleme sozialer Integration, Identität und Machtverhältnisse in einer Großwohnsiedlung

Gliederung

1 Einleitung
2 Soziale Integration
2.1 Segregation und Konzentration in der Großwohnsiedlung
3 Soziale Identität
3.1 Umkehrung der Etablierten-Außenseiter-Beziehung
4 Raum und soziale Ungleichheit
4.1 Stadtteil als sozialer Raum
5 Konfliktlinien
Literatur

1 Einleitung

Zwei Erfahrungen beeinflussen den folgenden Beitrag zur Theorie und Methode der Analyse sozialer Strukturen und Beziehungen in einer städtischen Großwohnsiedlung. Es ist zunächst die Erfahrung unseres methodologischen Ansatzes der Analyse sozialer Milieus im gesellschaftlichen Strukturwandel, die sich im Begriff des *relationalen Paradigmas* (vgl. Vester et al. 2001) zusammenfassen lässt. Im Unterschied zur Soziologie sozialer Ungleichheit und zu Sozialstrukturanalysen im engeren Sinn, die primär an sozialen Standards von Individuen und Gruppen ausgerichtet sind, stehen im Mittelpunkt unseres Erkenntnisinteresses die sozialen Beziehungen und positionsbedingten Probleme von sozialen Gruppen. Aus dieser Milieuperspektive zielen wir auf die informellen, nicht immer sogleich sichtbaren, aber im Alltag und seinen Hierarchien wirksamen Kommunikations- und Interaktionsmuster der Menschen in ihren sozialräumlichen Bezügen. Entgegen linearen und nicht selten eindimensionalen Vorstellungen gesellschaftlicher Entwicklung verweist das relationale Paradigma auf unterschiedliche Entwicklungspfade alltagsweltlicher und politischer Verarbeitung gesellschaftlicher Strukturbrüche, wie sie uns in Gestalt vielschichtiger sozialer Segregations- und Konzentrationsprozesse im Städtischen begegnen.

Die zweite in diesen Beitrag einfließende Erfahrung basiert auf einer daran anschließenden Untersuchung eines jener Stadtteile, die in den 1960er- und 70er-Jahren als Großsiedlungen an den Rändern bundesdeutscher Städte errichtet wurden und nun als *Problemviertel* oder gar als *soziale Brennpunkte* öffentliches Interesse erregen. In unserem Fall handelt es sich um den hannoverschen Stadtteil Vahrenheide, der Ende der 1950er-Jahre für mehr als 20.000 Menschen geplant worden war, in kleinerem Maßstab für etwa 12.000 Einwohner mit überwiegend öffentlichen Wohnungsbaumitteln in den 1960er- und zu Beginn der 1970er-Jahre realisiert wurde und seit 1998, bezogen auf seinen östlichen Teil, als Sanierungsgebiet ausgewiesen ist (vgl. Geiling et al. 1999; 2001; 2002). Unsere

Untersuchung sollte den Akteuren der Sanierung Hinweise geben auf soziale Strukturdaten und auf das mehr oder minder gelingende Zusammenspiel von Bewohnerschaft, lokalen Initiativen, Vereinen, städtischen Einrichtungen und Gremien.

Die Komplexität sozialer Integrationsprobleme in der Stadt, so unsere These, lässt sich über die Analyse von Strukturen und Lebenswelten einzelner Stadtteile exemplarisch dann erfassen, wenn diese auf möglichst kleinräumiger Datenbasis in der Verknüpfung mit qualitativen Untersuchungsmethoden erfolgt. Der hier auch theoretisch skizzierte Ansatz reicht über vordergründige, überwiegend an den Merkmalen systemischer Integration orientierte Segregationsanalysen hinaus. Er richtet sich auf den Problemzusammenhang sozialer Integration in ihren sozialräumlichen Bezügen, in ihren Dimensionen alltagskultureller Identitäten und erfahrbarer lokaler Machtbeziehungen. Raum ist damit für uns eine Dimension der sozialen Praxis. In diesem Sinne ist Raum eine disponible und strategisch nutzbare Ressource ökonomischer, kultureller und politischer Interessen. Als sozial konstituiertes und somit historisches Produkt ist Raum in seiner Vergegenständlichung und Nutzung eine beeinflussbare und zugleich aber auch soziales Verhalten beeinflussende Dimension. Raum stellt sich dar als prekärer Kontext von strukturierten und strukturierenden Interessen und Bedürfnissen und verweist als Repräsentations- und Handlungsrahmen (vgl. Läpple 1991) auf Muster sozialer Praxis.

Nachfolgend wird zunächst skizziert, was soziale Integration in der Stadt heißen kann. Aus der exemplarischen Perspektive einer Großwohnsiedlung erhalten die damit verbundenen aktuellen Probleme eine spezifische Gestalt sozialer Segregation und Konzentration. Danach wird entlang von kleinräumigen Daten und Beobachtungen auf die Selbst- und Fremdwahrnehmung sozialer Milieus im Stadtteil eingegangen. Daraus ergeben sich Hinweise auf die für lokale soziale Integration bedeutsamen Muster und Probleme sozialer Identitätsbildung. Zuletzt werden über qualitativ erhobene Befunde nicht minder bedeutsame Strukturen stadtteilspezifischer Machtverhältnisse identifiziert und im Licht der zuvor aufgegriffenen Dimensionen sozialer Segregation und Identitätsbildung diskutiert.

2 Soziale Integration

Die Chancen der Individualisierung und der Freiheit zur bürgerlichen Selbstverwirklichung kennzeichnen im Idealfall Städte als sogenannte Integrationsmaschinen. Jedoch ist die bis heute gängige Vorstellung positiver städtischer sozialer Integration – zum Ausdruck gebracht als städtische Erfahrung und Qualität von Vielfalt, Toleranz, *„Stadtluft macht frei"* (Weber 1985: 742) – nicht der eigentliche Motor dieser Integrationsmaschine. Insbesondere Simmel (1903) hat darauf hingewiesen. Er verstand Stadt als Ausdruck gesamtgesellschaftlicher Strukturmerkmale. Die Stadt stellte sich für ihn als idealtypischer Ort kapitalistischer Geldwirtschaft dar, wo sich die sozialen Beziehungen der Menschen in Analogie zu denen von Marktteilnehmern rein sachlich und völlig entpersönlicht gestalten. In dieser Marktorientierung kommt die Stadt ohne ein über den realen Interessen schwebendes geistiges Zentrum oder moralisches Medium aus, welches für soziale Integration verantwortlich wäre. Stattdessen war städtische soziale Integration für Simmel nur in der Gestalt vorstellbar, dass unabhängige bürgerliche Individuen sich aufgrund wechselseitiger ökonomischer Interessen verständigen können. Analog zu dieser rein funktional und nicht mehr persönlich begründeten Integration werden die von Simmel zugleich für das städtische Verhalten als typisch angesehenen Formen der Distanz, Blasiertheit und Differenz als Selbstschutz bzw. als integraler Bestandteil des dem hektischen Marktgeschehen gleichgesetzten städtischen Zusammenlebens begriffen.

Diese auch als mutualistische Form des *Leben und leben lassen* vorstellbare typisch städtische Gestalt sozialer Integration funktioniert jedoch nur unter den Bedingungen gelungener *„systemischer Integration"* (Lockwood 1979), wenn also für die Menschen der gleichberechtigte Zugang zum Markt und zur Bürgerschaft gewährleistet ist. Soziale Integration in der Stadt bzw. die bürgerliche Selbstverwirklichung als Freiheit zur Differenz kann aus dieser wirtschaftsliberal inspirierten systemischen Perspektive nur dann gelingen, wenn das Individuum mit allen Möglichkeiten und Rechten in diesen sozialen und politischen Kontext städtischer Vergesellschaftung eingebunden ist. Allein unter diesen Bedingungen kann die großstädtische Gleichgültigkeit zur Tugend und die urbane Anonymität zur Freiheit werden (vgl. Häußermann 1995: 94). Mit dieser strukturanalytischen These städtischer Integration kann zwar nicht erklärt werden, warum dennoch persönlich gefärbte soziale Beziehungen und moralische Regelungen im Sinne von Durkheims (1988/1902) „organischer Solidarität" in der Stadt gelebt werden (siehe dazu hier Abschnitt 3), aber sie stellt Stadt abseits negativer oder positiver Idealisierungen in den gesamtgesellschaftlichen Kontext systemischer Einflüsse.

Nun ist die in den Phasen der prosperierenden Wirtschaft – wenn auch immer nur mit Einschränkungen – funktionierende Integrationsmaschine mit der strukturellen Massenarbeitslosigkeit seit Mitte der 1970er-Jahre ins Stocken geraten. Mittlerweile geben Berichte aus deutschen Städten (Bartelheimer 1997; Podszuweit, Schütte 1997; Häußermann, Kapphan 2000; Buitkamp 2001) Hinweise auf zunehmende Ausgrenzungserfahrungen, insbesondere bei Dauerarbeitslosen, Alleinerziehenden und Migranten. Ausgrenzung bezeichnet dabei die zunehmende Abkopplung vom Arbeitsmarkt, hohe Hürden zum gesellschaftlichen Institutionengefüge, Verfestigung sozialer Isolation und häufige Stigmatisierungserfahrungen. Sie stellt sich als *Problem sozialer Integration, Identität und Machtverhältnisse* dar. Ausgrenzungs- und Armutsphänomene finden sich in deutschen Großstädten nicht durchgängig, sondern erscheinen in spezifischen Segregationsmustern. Davon betroffen sind vor allem zentrumsnahe ehemalige Arbeiterstadtteile, schlichte Wohnsiedlungen aus der unmittelbaren Nachkriegszeit und periphere Großsiedlungen der 1960er- und 1970er-Jahre.

Die Außenwahrnehmung entsprechender Stadtteile und seiner Bewohnerschaften ist in der Regel orientiert an Vorgaben, die die *Mehrheitsgesellschaft* als Maßstab für gelungene soziale Integration in Anspruch nimmt und die im Sinne Simmels als Bedingungen systemischer Integration bezeichnet werden können. Die Arbeitslosen- und Sozialhilfeempfängerzahlen widersprechen diesem Anspruch gelungener sozialer Integration ebenso wie die relativ hohen Anteile von Nicht-Deutschen ohne bürgerlich-politische Rechte. Daran anknüpfende öffentliche Diskussionen schließen aus den vorliegenden Datenbefunden auf vermeintliche Unzulänglichkeiten der dortigen Menschen wie auch auf die als grundsätzlich defizitär wahrgenommenen und sich entsprechend negativ auf ihre Bewohnerschaften auswirkenden Stadtteile in ihrer Gesamtheit. In diesem Zusammenhang liegt es nahe, dass sich uns mit dieser öffentlichen Skandalisierung von Integrationsproblemen, die in Gestalt der Verwahrlosung und Anomie ins Spiel gebracht werden, die aus der Diskussion um die *Gettos* und die *„new underclass"* in den USA (Wilson 1993) bekannten Theoreme und Schlussfolgerungen aufdrängen, ohne dass wir die spezifischen Bedingungen in unseren Großwohnsiedlungen hinreichend wahrgenommen haben. Davor ist die Frage zu stellen, ob die in der Regel stigmatisierenden Außenwahrnehmungen solcher Stadtteile der Mehrdimensionalität von sozialen, ökonomischen und kulturellen Formen der Integration und Ausgrenzung überhaupt gerecht werden können. Denn selbst in dem hier diskutierten hannoverschen Stadtteil Vahrenheide sind zwei Drittel der Bewohner in der Lage, ihr Leben ohne staatliche Transferleistungen zu bewältigen. Sie repräsentieren unterschiedliche soziale Milieus, die über die diskriminierende Außenwahrnehmung ihres Stadtteils hinaus ihre jeweils eigenen Formen der Binnenwahrnehmung entwickeln und darüber das lebensweltliche Mit- und Gegeneinander strukturieren.

2.1 Segregation und Konzentration in der Großwohnsiedlung

Im Rahmen unseres Untersuchungsansatzes versuchen wir die mit den üblichen Segregationsanalysen – und ihren zu relativ großen Räumen aggregierten Datenbeständen – verbundenen Gefahren des ökologischen Fehlschlusses zu reduzieren, indem wir die Stadtteildaten auf kleinräumige Stadtteilquartiere herunterbrechen. Als Quartiere bezeichnen wir Wahlbezirke, von denen es in Hannover 1999 insgesamt 385 gab, mit jeweils durchschnittlich 1.200 Einwohnern. Die Wahlbezirke verfügen überwiegend über einheitliche bauliche Strukturen und räumliche Abgrenzungen. Allerdings ist die Zahl der jeweiligen Einwohner unterschiedlich, da die Zahlen der nicht Wahlberechtigten, also in der Regel die der Nicht-Deutschen, bei der Bezirkseinteilung keine Rolle spielen. Datengrundlagen lieferten uns die kommunalen Melderegister, die Sozialhilfestatistik, die Arbeitslosenstatistik und die Statistiken des Amts für Wohnungswesen. Allein der Stadtteil Vahrenheide gliedert sich in sieben Wahlbezirke, von denen an dieser Stelle drei entlang der oben skizzierten Daten vorgestellt werden sollen. Nicht nur wird damit die *Bandbreite der sozialen Lagemerkmale* in diesem Stadtteil angedeutet, auch erlaubt diese Perspektive, im Unterschied zu eindimensionalen Klassifizierungen, von vornherein einen differenzierten Zugang zu den lebensweltlichen Strukturbedingungen. Es handelt sich dabei um Quartiere mit am Stadtdurchschnitt gemessenen *relativ hohen, unterdurchschnittlichen* und *äußerst niedrigen Niveaus sozialer Standards* (siehe dazu Tab. 1).

Tab. 1: Sozialstrukturmerkmale in Stadt, Stadtteil und drei ausgewählten Stadtteilquartieren

	Stadt Hannover	Vahrenheide	Quartier 1201	Quartier 1206	Quartier 1204
Einwohner 12/2000 absolut	505.648	9.319	699	1.448	1.622
Einwohnerverluste seit 1988 in %	4,1	13,7	11,6	1,9	30,4
Bevölkerungsanteil 0-17 Jahre in %	15,3	21,5	12,6	23,6	**32,9**
Bevölkerungsanteil 18-59 Jahre in %	59,6	52,4	45,4	**54,6**	51,3
Bevölkerungsanteil 60 Jahre und älter in %	25,0	26,1	**42,1**	21,8	15,8
Anteil von Familien mit 3 und mehr Kindern an allen Familienhaushalten in %	10,8	18,5	7,0	15,6	**36,2**
Anteil der Alleinerziehenden an allen Familien in %	24,0	23,2	22,8	**25,0**	21,9
Anteil der Deutschen an der Gesamtbevölkerung in %	85,0	69,1	**96,3**	71,3	53,7
Anteil der Aussiedler an der deutschen Bevölkerung in %	3,9	11,4	1,5	9,4	**13,5**
Anteil der Nicht-Deutschen an der Bevölkerung in %	15,0	30,9	3,7	28,7	**46,3**
Sozialhilfequote der Gesamtbevölkerung in %	7,3	17,6	0,9	13,7	**30,9**
Sozialhilfequote der Deutschen in %	5,1	13,7	0,3	12,2	**25,6**
Sozialhilfequote der Nicht-Deutschen in %	20,0	26,3	15,4	17,5	**37,2**
Arbeitslosenquote (Erwerbsfähige im Alter 18-64) in %	10,1	18,6	5,0	18,5	**27,0**
Arbeitslosenquote der Deutschen in %	8,2	16,0	4,0	17,0	**25,7**
Arbeitslosenquote der Nicht-Deutschen in %	17,5	20,0	25,0	20,2	**25,2**
Anteil der Langzeitarbeitslosen (mindestens 12 Monate) an den Arbeitslosen in %	33,3	38,7	26,3	31,3	**45,3**
Anteil sozialversicherungspflichtig Beschäftigter an der Bevölkerung in %	33,0	24,8	**27,1**	24,7	20,9
Anteil der Wohnungen mit Belegrechten in %	20,6	64,0	0,0	64,5	**91,1**

Quelle: Statistikstelle der Landeshauptstadt Hannover (Datenbezug: 31.12.2000)

Die hier ausgewählten Quartiere befinden sich im Westen (1201), Nordosten (1206) und Südosten (1204) Vahrenheides und repräsentieren deutlich unterschiedene soziale Lagemerkmale. Das nicht im Sanierungsgebiet liegende Quartier 1201 stellt sich als *Reihenhaussiedlung* mit einigen wenigen Zeilenbauten dar. Es ist in den 1950/60er-Jahren erbaut worden, ebenso wie das überwiegend aus *Zeilenbauten* bestehende Quartier 1206 und Teile des Quartiers 1204, welches allerdings Anfang der 1970er-Jahre um 18-geschossige *Hochhauskomplexe* erweitert wurde. Sowohl die Alters- und Familienstrukturen als auch die Quote der Nicht-Deutschen, Sozialhilfebezieher und Arbeitslosen zeigen, gemessen an den Bedingungen systemischer Integration, ein außerordentliches West-Ost-Gefälle, das jeder einheitlichen Klassifizierung des Stadtteils widerspricht.

Am deutlichsten wird dies mit der Belegrechtsquote von 0 % in 1201 und 91,1 % in 1204 ausgedrückt. Bewohner mit geringen oder keinen Chancen auf dem freien Wohnungsmarkt sind von der städtischen Belegrechtspolitik in 1204 konzentriert. Dies betrifft Arbeitsmigranten ebenso wie unterschiedliche Flüchtlingsgruppen und Aussiedler, die in diesem Quartier mit 59,8 % den autochthonen Deutschen, die dazu noch zu 25 % sozialstaatliche Transferleistungen beziehen, als Mehrheit gegenübertreten. Verglichen mit den polarisierenden Merkmalen zwischen den Quartieren 1201 und 1204 zeigt das Quartier 1206 auf den Stadtteil bezogen durchschnittliche Werte, die – bis auf die relativ niedrige Sozialhilfequote der Nicht-Deutschen in diesem Quartier – nahezu doppelt so hoch ausfallen wie entsprechende Durchschnittswerte in der Stadt Hannover.

Die sich in dieser differenzierten Perspektive darstellende stadtteilspezifische soziale Segregation und Konzentration verweist darauf, dass es entgegen der einhelligen Außenwahrnehmung des Stadtteils vielfältige positionsbedingte Binnenwahrnehmungen gibt, die auch von den unterschiedlichen Quartiersbedingungen (Reihenhäuser, Zeilenbauten, Hochhauskomplex) mitgeprägt werden. Es ist anzunehmen, dass in Vahrenheide milieuspezifische Wahrnehmungen, Probleme und Bewältigungsmuster existieren, die in ihrer jeweiligen Strukturierung mehr über Integration und Ausgrenzung vermitteln können als stadtteilbezogene Durchschnittswerte von sozialen Lagemerkmalen. Alltagsweltliche Strukturen im Stadtteil wie auch die nachfolgend diskutierten Identitäts- und Machtprobleme konturieren sich zunächst über kleinräumige Datenbestände.

3 Soziale Identität

Gegen die Gedankenlosigkeit, mit der in den 1960er-Jahren viele städtische Großsiedlungen über Interessen und Bedürfnisse der Menschen hinweg gebaut wurden, setzte Mitscherlich (1965) seine *„Anstiftung zum Unfrieden"*. Er richtete die Aufmerksamkeit auf individual- und sozialpsychologische Dimensionen des sozialen Zusammenlebens in der Stadt, die trotz faszinierender Arbeitsteilung, erweiterter Konsumchancen, technologischer Fortschritte und gelingender systemischer Integration das Alltagsleben der Menschen belasteten. Seine kritische Auseinandersetzung mit Besitz an städtischem Boden, Bodenspekulationen, Konsumzwängen und Vernachlässigung von Kindern zielte auf die gesellschaftliche Anerkennung von Gelegenheiten und Räumen der Reflexion abseits der Hektik systemischer Zwänge. Nur auf äußere Reize zu reagieren, ständig neuen Verhaltenszumutungen ausgesetzt zu werden und mit dem rasenden Tempo systembedingter Flexibilisierungsanforderungen nur unbewusst umgehen zu können, widersprach nach Mitscherlich den *Voraussetzungen individueller Integration*, nämlich gegensätzliche Erfahrungen bewusst wahrnehmen, selbstbestimmt zulassen und darüber in relativer Autonomie reflektieren zu können.

Hier wird eine Dimension sozialer Integration thematisiert, die über die von Simmel in idealtypischer Weise gefasste Integrationsleistung der Stadt hinausweist. Denn Wettbewerb und Arbeitsteilung als zentrale Dimension systemischer Integration vermögen immer nur kurzlebige und äußerliche Verbindungen herzustellen. Ökonomische Tauschverhältnisse waren allein nie in der Lage, soziale Kohäsion zu begründen und Formen der alltagsweltlichen Vergemeinschaftung hervorzurufen. Dementsprechend hat Durkheim (1988 [1902]: 259 f.) seinen Begriff der *„organischen Solidarität"* verstanden: „Denn wenn das Interesse die Individuen auch einander näher bringt, so doch immer nur für Augenblicke; es kann zwischen ihnen nur ein äußeres Band knüpfen [...] Denn wo das Interesse allein regiert, ist jedes Ich, da nichts die einander gegenüberstehenden Egoismen bremst, mit jedem anderen auf Kriegsfuß." Er verweist stattdessen auf die kohäsiven Kräfte der über die Arbeitsteilung begründeten korporativ gefassten Berufsgruppen: „Sobald aber die Gruppe gebildet ist, entsteht in ihr ein moralisches Leben, das auf natürliche Weise den

Stempel der besonderen Bedingungen trägt, in denen es entstanden ist [...] und infolgedessen entsteht ein Korpus moralischer Regeln." (Ebd.: 55 f.).

Im Anschluss an Simmel hatte schon Park (1925) aus der Perspektive der amerikanischen Stadt Chicago darauf hingewiesen, dass kohäsive moralische und politische Regelungen des städtischen Gleichgewichts benötigt werden, um ökonomische Ungleichheiten, kulturelle Fremdheiten und damit verbundene Integrationsprobleme bewältigen zu können. So sind es auch noch gegenwärtig die in den sozialen und ethnischen Milieus entwickelten sozialen Beziehungen und kohäsiven Formen der *„Vergemeinschaftung"* (Weber 1985: 21), von denen aus die Menschen versuchen, den ökonomischen Verhaltenszumutungen zu begegnen. Erweisen diese sich als unzumutbar, wirken die anonymen Mechanismen systemischer Arbeitsteilung und Konkurrenz mehr oder minder ausgrenzend, geraten die kohäsiven Kräfte des Alltagslebens unter Druck, zerfallen und lassen sich kaum wieder rekonstituieren.

In Zeiten wirtschaftlichen Wachstums und Arbeitskräftemangels konnte Mitscherlichs Kritik an den neuen Großsiedlungen und an ihren soziale Isolierung verursachenden Maßverhältnissen und Strukturen noch verdrängt werden, weil zunächst die Wohnungsnot abgemildert werden konnte und die nachholende Modernisierung jede soziale Problemlage als kurzfristig reparabel erscheinen ließ. 35 Jahre später jedoch gewinnt Mitscherlichs Kritik neue Aktualität. Mehr denn je scheinen heute Reflexions- und Erfahrungsräume gebraucht zu werden, um über soziale und kulturelle Grenzen hinaus Vergemeinschaftungen als Bestandteil sozialer Integration zu ermöglichen. Die Umstrukturierungen auf dem Arbeitsmarkt und die sie begleitenden Migrationsprozesse haben mittlerweile zu einer Vervielfachung sozialer Ungleichheit und neuer Verhaltenszumutungen, nicht zuletzt im Kontext ethnisch-kultureller Heterogenität, geführt (vgl. Geißler 2002).

Dadurch geprägte Erfahrungen werden vor allem in den zuvor schon kritisierten Großsiedlungen gelebt, deren mangelnde Infrastrukturen sich bis heute kaum verbessert haben, deren Wahrnehmungsraum nach Maßgabe der üblichen Funktionstrennung reduziert ist auf eintönige Zeilenbebauung, kaum nutzbares Abstandsgrün und autogerechte Gestaltung, und deren Bausubstanz häufig stark sanierungsbedürftig geworden ist. Aus Mitteln des sozialen Wohnungsbaus finanziert, besteht der Großteil des dortigen Wohnungsbestandes aus Sozial- und Belegrechtswohnungen, über die die städtischen Wohnungsverwaltungen verfügen. In der Regel dienen diese Siedlungen als Entlastungsräume, die das übrige Stadtgebiet freihalten von sozial unterprivilegierten Gruppen, die – wie in Vahrenheide – auf Grund ihrer sozialen und kulturellen Heterogenität kaum in der Lage sind zu kohäsiven Anstrengungen.

3.1 Umkehrung der Etablierten-Außenseiter-Beziehung

Von den Erstbewohnern aus den 1960er-Jahren sind in Vahrenheide vor allem jene Gruppen zurückgeblieben, die als Teil der sogenannten *Wiederaufbau-Generation* mit für Arbeitermilieus typischen niedrigen bis durchschnittlichen Renten auf dem Wohnungsmarkt keine Alternative finden. Sie teilen sich den Lebensraum mit *weniger respektablen und sozial benachteiligten Einheimischen* und mit auf dem Wohnungs- und Arbeitsmarkt ohnehin benachteiligten *Migrantengruppen*, während die Kindergeneration der deutschen Erstbewohner häufig in sozial höher eingeschätzte Stadtteile abgewandert ist. Die individuellen

Erfahrungen mit sozialer Unsicherheit und mit der Ethnisierung sozialer Konflikte spitzen sich in diesen Quartieren und Stadtteilen immer dann zu, wenn die *Mehrheitsverhältnisse umkippen*, wenn sich die Etablierten-Außenseiter-Beziehungen umkehren.

Dazu gehören die Veränderungen der ohnehin in diesen Siedlungen schwach ausgeprägten lokalen Geschäftswelt, die Konfrontation sich in der Minderheit sehender älterer deutscher Bürger mit jungen Migrantenfamilien, die Auseinandersetzungen um die Gestaltung öffentlicher Räume und die daran anschließenden Rangeleien um lokale kulturelle Ressourcen in der Freizeit, Kinderbetreuung, Schule, Ausbildung und Religion. Da es in Deutschland aufgrund des restriktiven Staatsbürgerschaftsrechts kaum Chancen einer integrativen politischen Kultur gibt (vgl. Schulte 2000; Bukow, Yildiz 2002), werden die alltäglichen Konfliktlinien nicht selten auf der Ebene gegenseitiger Vorurteile und Ressentiments abgehandelt und fördern die Ausprägung strikter Identitätspolitiken (vgl. Heitmeyer, Anhut 2000).

Tab. 2: Anteile der Altersgruppen im Stadtteil Vahrenheide nach Deutschen, Aussiedlern und Nicht-Deutschen in %

Altersgruppen (absolut)	Stadtteil Vahrenheide		
	Deutsche	(darunter Aussiedler)	Nicht-Deutsche
0–2 Jahre (314)	59,2	(9,5)	40,8
3–6 Jahre (459)	53,2	(3,3)	46,8
7–17 Jahre (1.233)	61,6	(9,2)	38,4
18–21 Jahre (444)	62,4	(11,6)	37,6
22–26 Jahre (578)	43,9		56,1
27–44 Jahre (2.250)	61,7	(7,1)	38,3
4–59 Jahre (1.608)	73,0	(10,7)	27,0
60 Jahre und älter (2.433)	88,7	(5,1)	11,3

Quelle: Eigene Berechnungen anhand von Grundlagen der Statistikstelle der Stadt Hannover (Datenbezug: 31.12.2000)

Lesebeispiel: In der Altersgruppe 3–6 Jahre haben 53,2 % die deutsche Staatsangehörigkeit, einschließlich der Aussiedler, die an der gesamten Gruppe der Drei- bis Sechsjährigen einen Anteil von 3,3 % haben.

Die nach Deutschen, Aussiedlern und Nicht-Deutschen aufgeführten Anteile der Altersgruppen in Vahrenheide (Tab. 2) vermitteln einen Eindruck, wie es um das Verhältnis von Mehrheit und Minderheit bestellt ist. Während schon in Tab. 1 aufgezeigt wurde, dass im Stadtteil überdurchschnittlich viele Kinder und Jugendliche leben und unterdurchschnittlich viele Menschen im erwerbsfähigen Alter, wird nun zudem deutlich, dass in den jüngeren Generationen bis zum Alter von 26 Jahren die traditionellen Mehrheitsverhältnisse längst gewechselt haben. Werden die in der Alltagswahrnehmung von autochthonen Deutschen mit jungen Migranten häufig in einen Topf geworfenen jugendlichen Aussiedler gesondert berücksichtigt, wird die Umkehrung der Mehrheitsverhältnisse noch drastischer. Erst bei den Altersgruppen der Erwachsenen und insbesondere bei denen der über 60-Jährigen zeigen sich in Vahrenheide Verhältnisse, die sich dem städtischen Durchschnitt annähern und somit *gewohnten* Wahrnehmungsperspektiven und Erfahrungen entsprechen.

Für den Stadtteil in seiner Gesamtheit bedeutet dies, dass im Alltagsleben aufgrund des ungewöhnlich hohen Anteils von Kindern und Jugendlichen nicht nur altersspezifische Konfliktlinien anzunehmen sind, sondern darüber hinaus auch ethnische, da der Großteil der jungen Menschen von den älteren Einwohnern als Nicht-Deutsche wahrgenommen wird. Was aber Tab. 2 insbesondere deutlich macht, ist, dass es in diesem Stadtteil kein Zurück mehr geben wird zur *gewohnten* Wahrnehmungsperspektive älterer Deutscher entlang einer Sozialstruktur ähnlich der 1960er-Jahre. Die Zukunft des Stadtteils wird auch in den fortgeschritteneren Altersgruppen von Mehrheitsverhältnissen bestimmt sein, wie sie sich heute schon in den jüngeren Generationen darstellen. Im Prozess einer *sozialen Sanierung*, wie es derzeit in Vahrenheide versucht wird, ist diese Zukunft den Sanierungsakteuren nur schwer zu vermitteln, zumal die politisch aktive Bürgerschaft sich allein aus den Quartieren und den sozialen Milieus rekrutiert, deren lebensweltliche Wahrnehmung eher abseits sozialer Probleme und in Abgrenzung zur Alltagswelt der Nicht-Deutschen geprägt ist.

Tab. 3: Altersgruppenanteile von Deutschen, Aussiedlern und Nichtdeutschen nach ausgewählten Quartieren in %

Altersgruppen	Quartier 1201			Quartier 1206			Quartier 1204		
	Deutsche	(darunter Aussiedler)	Nicht-Deutsche	Deutsche	(darunter Aussiedler)	Nicht-Deutsche	Deutsche	(darunter Aussiedler)	Nicht-Deutsche
0–2 Jahre	100,0	(0,0)	0,0	50,0	(8,6)	50,0	62,8	(3,8)	37,2
3–6 Jahre	94,0	(0,0)	6,0	55,7	(2,3)	44,3	39,0	(0,0)	61,0
7–17 Jahre	84,6	(3,0)	15,4	69,9	(5,6)	30,1	40,4	(5,2)	59,6
18–21 Jahre	86,2	(0,0)	13,8	67,5	(12,5)	32,5	56,3	(9,4)	43,7
22–26 Jahre	95,5		4,5	53,0		47,0	34,9		65,1
27–44 Jahre	93,4	(2,2)	6,6	62,7	(4,3)	37,3	51,2	(6,5)	48,8
45–59 Jahre	96,4	(0,7)	3,6	80,1	(12,8)	19,9	60,2	(10,2)	39,8
60 Jahre und älter	98,6	(0,0)	1,4	90,5	(1,6)	9,5	78,6	(9,7)	21,4

Quelle: Eigene Berechnungen anhand von Grundlagen der Statistikstelle der Stadt Hannover (Datenbezug: 31.12.2000)

Lesebeispiel: Im Quartier 1206 besteht die Altersgruppe 3–6 Jahre zu 55,7 % aus Deutschen (einschließl. Aussiedler) und zu 44,3 % aus Nicht-Deutschen. Von allen Angehörigen dieser Altersgruppe im Quartier 1206 sind 2,3 % Aussiedler.

Wie die aktuellen Wahrnehmungen von Mehrheit und Minderheit sich innerhalb der nach sozialen und ethnischen Merkmalen segregierten Quartiere des Stadtteils (siehe Tab. 1) unterscheiden, zeigt die vorstehende Tab. 3. Deutlich wird, dass das bürgerliche Quartier 1201 in den einzelnen Altersgruppen mit weit unterdurchschnittlichen Anteilen von Nicht-Deutschen bewohnt wird. Dabei wird insbesondere in den älteren Altersgruppen kaum jemals eine Gelegenheit zu interkulturellen Kontakten innerhalb des Quartiers bestehen. Auffällig ist, und dies gilt auch für vergleichbare Stadtteile und Quartiere im übrigen Gebiet der Stadt Hannover (vgl. Buitkamp 2000: 81), dass die sich hier in einer absoluten Minderheiten-Position befindlichen Nicht-Deutschen häufiger von Arbeitslosigkeit betroffen sind als in Stadtteilen und Quartieren mit eigenen Netzwerken und Milieuzusammenhängen.

Im krassen Gegensatz zu Quartier 1201 mit seiner relativ überalterten Einwohnerschaft und insgesamt 26 Nicht-Deutschen steht das Hochhaus-Quartier 1204, wo 751 Nicht-Deutsche aus 34 Nationen (!) und 118 Aussiedler mit den übrigen 753 Deutschen zusammenleben. Erst in den Altersgruppen über 45 Jahre stellt sich hier das alte Verhältnis von Mehrheit und Minderheit wieder her. Allein die Vielfalt der Herkunftsnationen – nur 40,5 % der Nicht-Deutschen werden hier von Türken gestellt, im Unterschied zu 51,4 % in Quartier 1206 – verweist auf den hohen Anteil unterschiedlicher Migrantengruppen, die ebenso wie der überdurchschnittliche Anteil von Deutschen, die als Sozialhilfeempfänger (25,6 %) und Arbeitslose (25,2 %) registriert sind, kaum freiwillig in dieses zu 91 % mit Belegrechtswohnungen versehene Quartier gezogen sind. Darüber sind allerdings die 50 % der Bewohner von 1204, Deutsche und Nicht-Deutsche, nicht zu vergessen, die entweder zu den ursprünglichen Bewohnern zählen oder zu den systemisch integrierten Arbeitsmigranten. Von ihnen ist anzunehmen, dass sie im Unterschied zu den Flüchtlingsgruppen mit dem Quartier mehr oder minder freiwillig eine dauerhafte Perspektive verbinden.

Wird nun noch das Quartier 1206 in den Vergleich einbezogen, das in etwa den Durchschnitt der sozialen Lagemerkmale des gesamten Stadtteils repräsentiert, bestätigt sich hinsichtlich der Altersanteile von Deutschen und Nicht-Deutschen, wenn auch nicht in dem Ausmaß wie in Quartier 1204, das Bild von zunehmend nicht-deutschen Kindern und Jugendlichen und überdurchschnittlichen Anteilen von über 45-Jährigen Deutschen. Das Quartier 1206 mit seinem für den Stadtteil höchsten Bevölkerungsanteil im erwerbsfähigen Alter hat eine um die Hälfte niedrigere Quote bei Arbeitslosen und Sozialhilfebeziehern als das Quartier 1204, liegt aber mit diesen Quoten immer noch fast um die Hälfte über dem gesamthannoverschen Durchschnitt. Einzige Ausnahme ist die Sozialhilfequote bei Nicht-Deutschen, die mit 17,5 % unter der gesamtstädtischen Quote von 20,0 % liegt.

Während sich also mit Ausnahme des Quartiers 1201 die überdurchschnittlich niedrigen sozialen Standards der Einwohner Vahrenheides noch je nach Quartier spezifisch zuspitzen oder abschwächen, zeichnet sich für den gesamten Stadtteil eine *altersspezifisch-ethnische Polarisierung* ab zwischen mehrheitlich jungen Nicht-Deutschen und älteren, zumeist in das Rentenalter übergehenden Deutschen. Jede dieser beiden Seiten hat mit spezifischen Identitätsproblemen zu kämpfen, die deutlicher als die nicht immer sogleich sichtbaren Armutsprobleme im öffentlichen Raum ausgetragen werden und das alltägliche Zusammenleben bzw. die soziale Integration im Stadtteil behindern. Die auf Grund beengten Wohnraums ihrer relativ großen Familien und auf Grund mangelnder Freizeitangebote auf die öffentlichen Plätze und Straßen des Stadtteils drängenden Kinder und Jugendlichen sehen sich mit älteren Deutschen konfrontiert. Diese sehen sich außerstande, ihre oft übertriebenen Vorstellungen eines geregelten und ruhigen Alltagslebens gegenüber den Kindern und Jugendlichen geltend zu machen. Wie auch in Vahrenheide sehen sie sich aus den von ihnen beanspruchten Räumen von den „jungen Ausländern" verdrängt. Als ihre einzig verbliebenen Bastionen wirken Vereine und Institutionen, von den Sportvereinen bis hin zu den lokalen Parteizirkeln. Deren Satzungen und Hausordnungen wirken unbewusst als eine Art Schutzwall gegen die als Invasion wahrgenommenen jungen Leute. Trotz vielfacher Beteuerungen, für die Jugendlichen etwas tun zu wollen, gelingt deren Einbindung nur selten. Versuchen dennoch nicht-deutsche Jugendliche dort Fuß zu fassen, werden sie häufig durch verweisende Belehrungen, die nicht selten als Ausgrenzung wahrgenommen werden, verprellt. Die älteren Deutschen sind dann bald wieder unter sich und beklagen ihre Nachwuchsprobleme.

Hier prallen zwei Welten aufeinander. Häufig verfügen die jungen Nicht-Deutschen über nur mangelhafte Deutschkenntnisse und sind in öffentlicher Kommunikation und Selbstdarstellung von Unterlegenheitsgefühlen geprägt. Sie fühlen sich im Stadtteilleben mit ihren Interessen und Bedürfnissen nicht hinreichend bestätigt. Weder spiegeln sich ihre ästhetisch-kulturellen Vorstellungen und Ideen in eigenen Räumen oder Symbolen, noch verfügen sie, vergleichbar mit der Vereinskultur zumeist älterer Deutscher, über selbstbestimmte Einrichtungen und Institutionen. Überwiegend sehen sie sich in defizitärer Position. Dies reicht von alltäglichen Erfahrungen persönlicher Abwertung, z. B. durch die zur Ordnung rufenden etablierten Erwachsenen, bis hin zu fehlender Anerkennung in den Einrichtungen der Freizeit, Erziehung, Ausbildung und Erwerbsarbeit. Rückzüge in ethnisch und sprachlich homogene Gruppen, Sprachverweigerung und Abschottung gegenüber anderen Lebensentwürfen und kulturellen Mustern können die Folge sein. Dabei werden eigene Fähigkeiten und Potenziale unterschätzt und unmittelbar erlebte Verhaltensformen unreflektiert übernommen, so dass die Chancen für das notwendige Erlernen weiter reichender sozialer und kultureller Kompetenzen sich immer weiter reduzieren.

4 Raum und soziale Ungleichheit

Die bis zu diesem Punkt der Darstellung aufgearbeiteten Sozialstrukturmerkmale revidieren die pauschalisierende Außenwahrnehmung des gesamten Stadtteils Vahrenheide als *sozialen Brennpunkts*. Denn ohne die sozialen Problemlagen beschönigen zu wollen, differenziert sich mit der kleinräumigen Datenperspektive das vordergründige, auf Durchschnittswerten basierende Bild zu einer spezifischen Konfiguration sozialer Segregation und Konzentration. Daran anknüpfende Fragestellungen, wie die nach Problemen sozialer Identität bzw. danach, wie diese Segregation gelebt wird und wie sich darüber der Stadtteil als lebensweltlicher Raum strukturiert, erweiterten den Rahmen unserer Untersuchung in Richtung einer *sozialräumlichen Milieuanalyse*. Dazu gehörten intensive Begehungen der insgesamt sieben Quartiere des Stadtteils, um jeweils die Merkmale der Siedlungsstrukturen, Wohnqualitäten und Einrichtungen des Verkehrs, der Versorgung, der Freizeit, der Bildung usw. zu registrieren. Neben der Analyse alltagskultureller Dokumente aus Vereinen, Kirchen und weiteren Institutionen wurde parallel die Siedlungsgeschichte aufgearbeitet, um schließlich 52 protokollierte Expertengespräche mit etwa 80 Vertretern intermediärer, zwischen sozialer und systemischer Integrationsebene vermittelnder Einrichtungen zu führen, die von Kindertagesstätten, Schulen, sozialen Einrichtungen und Arztpraxen bis hin zu örtlichen Geschäften reichten. Gefragt wurde insbesondere nach Mustern des sozialen Zusammenhalts, nach Mentalitäten und Praktiken alltäglicher und politischer Konfliktbewältigung.

Erkenntnistheoretisch war für uns von Bedeutung, dass die sozialen Beziehungen in einem Stadtteil im Spannungsfeld von systemischer Integration und sozialer Identität über soziale Dimensionen der Herrschaft vermittelt werden. Die objektive und subjektive Ebenen der Sozialstruktur verbindende Klassenanalyse Bourdieus (1982) macht darauf aufmerksam. Sie erlaubt es, systematische Zusammenhänge zwischen objektiven sozialen Ungleichheiten und symbolischen Auseinandersetzungen um Lebensstile, Kulturen und intermediäre Institutionen herzustellen. Bourdieus Theorem des *„sozialen Raums"* öffnet insbesondere den Blick auf gesellschaftliche Strukturdimensionen des geografisch verstandenen Raums. Als zunächst rein abstraktes gesellschaftliches Raummodell gefasst, ist der *„soziale Raum"* von der ungleichen Verteilung gesellschaftlicher Chancen und Ressourcen sowie von den damit zusammenhängenden alltagskulturellen Orientierungen und Mentalitäten gekennzeichnet. In Bezug auf die geografischen bzw. physischen Räume betont Bourdieu deren immer schon soziale Konstruktion und Wahrnehmung. Er will damit sagen, dass die Aneignungs- und Nutzungsweise des physischen Raums einer Strategie folgt, die auch den abstrakten *„sozialen Raum"* prägt; nach einer Strategie, die den entsprechend der gesellschaftlichen Chancenverteilung zur Verfügung stehenden Machtressourcen folgt. Für Bourdieu gehen in diesem Sinne physischer und sozialer Raum als Dimensionen sozialer Praxis ineinander über: „Der soziale Raum ist somit zugleich in die Objektivität der räumlichen Strukturen eingeschrieben und in die subjektiven Strukturen, die zum Teil aus der Inkorporation dieser objektivierten Strukturen hervorgehen." (Bourdieu 1991: 28).

Physische reale Räume sind demnach von sozialen Ungleichheiten charakterisiert, die in spezifischen Siedlungs- und Infrastrukturen sowie damit verbundenen Bewertungen zum Ausdruck kommen. Sie beeinflussen als räumliche Objektivierung gesellschaftlicher Ungleichheit in Gestalt von privilegierten oder vernachlässigten realen Räumen die individuellen Orientierungen und Mentalitäten ihrer Nutzer. Die soziale Konstruktion und Reproduktion gesellschaftlicher Wirklichkeit wird demnach in mehr oder minder bewusster Symbolisierung und Verräumlichung zum Ausdruck gebracht. Physisch reale Räume, wie Stadtteile und Quartiere, sind immer schon bewertet und klassifiziert worden, weil sie Gegenstände gesellschaftlicher Auseinandersetzungen sind. So, wie die Besetzung der Räume mit sozialen Vor- und Nachteilen verbunden ist, repräsentieren ihre Nutzer privilegierte oder benachteiligte soziale Positionen. In diesem Sinne ist die räumliche Verteilung von spezifischen Bewohnergruppen und sozialen Milieus immer auch Ausdruck gesellschaftlicher Konflikte und Herrschaftsbeziehungen.

4.1 Stadtteil als sozialer Raum

Von der Frage ausgehend, wie über die sozialstrukturelle Differenzierung der sieben Quartiere des Stadtteils hinaus auf typische soziale Machtverhältnisse geschlossen werden kann, gingen wir dazu über, den Stadtteil in Anlehnung an Bourdieus abstrakten sozialen Raum zu rekonstruieren. Wir gingen davon aus, dass sich Beziehungen sozialer Nähe und Distanz im Zugang zu *den intermediären Einrichtungen und Institutionen des Stadtteils* (Abb. 1) konturieren. Es sind diese Orte der mittleren Vergesellschaftungsebenen, in denen sich die unterschiedlichen sozialen Milieus nicht nur repräsentiert und symbolisiert sehen, sondern über die sie sich auch mit anderen sozialen Milieus auseinandersetzen. Dementsprechend entschlossen wir uns, einen *stadtteiltypischen abstrakten sozialen Raum* (Abb. 2) zu erstellen, der mit seinen Zonen sozialer Nähen und Distanzen zugleich über soziale Machtkonstellationen im Stadtteil Auskunft geben kann.

Die Vertikale unseres Raumschemas positioniert die im Stadtteil vorfindbaren sozialen Lagen, während die Horizontale unterschiedliche Mentalitäten bzw. Ethiken der alltäglichen Lebensführung abbildet. Wir gingen davon aus, dass in den Stadtteileinrichtungen unterschiedliche Verhaltenserwartungen, Wertvorstellungen und Praktiken der Kommunikation gelebt werden. Dies beginnt mit Verhaltens- und Umgangsweisen, die aufgrund geringer materieller und sozialer Ressourcen der Beteiligten auf Unterstützung ausgerichtete Anlehnungsstrategien bzw. *Mentalitäten der Notwendigkeit* begründen, setzt sich mit nach allgemeiner Anerkennung und *Respektabilität* strebenden Orientierungen fort bis hin zu *Mentalitäten des Besonderen*, deren Praktiken und Anerkennungsstrategien soziale und kulturelle Kompetenzen der Hochkultur voraussetzen.

Jede der Einrichtungen des Stadtteils wurde gemeinsam von der Forschungsgruppe nach der Methode des *„aszendierenden Verfahrens"* (Geiger 1932: 17; vgl. auch Vester et al. 2001: 220) positioniert. Dabei handelt es sich um ein regelgeleitetes hermeneutisches Verfahren, in dem ausschließlich die beteiligte Forschungsgruppe auf ihr im Untersuchungsverlauf angehäuftes Wissen über den Stadtteil zurückgreift und konsensual entscheidet; so z. B. bei Fragen danach, welche sozialen Milieus ihre Kinder in welchen Tagesstätten betreuen lassen, oder wie die Vereine im Stadtteil sich nach Maßgabe der Kategorien der sozialen Lage und der Mentalitäten voneinander unterscheiden. Nach einer vorläufigen Einordnung der Einrichtungen erfolgte die endgültige Positionierung durch die Forschungsgruppe, nachdem die Einrichtungen Schritt für Schritt alle zueinander in Beziehung gebracht worden waren. Die sich aus dem zunächst zweidimensionalen Raumschema ergebenden Darstellungszwänge sowie auch die Problematik der unterschiedlichen Logiken der einzelnen Einrichtungen (z. B. ALDI, Schulen, Parteien) wurden im Interesse der auf eine Gesamtbetrachtung der sozialen Beziehungen im Stadtteil zielenden Abstraktion bewusst in Kauf genommen.

In Abbildung 2 sind Einrichtungen schraffiert gekennzeichnet, die überdurchschnittliche Anteile von Migranten zu ihren Nutzern zählen. Die grau unterlegten Felder verweisen darauf, welche Organisationen vergleichbare Zielsetzungen und Integrationsformen haben, wo alltagskulturelle Abgrenzungen verlaufen, welche sozialen Milieus eher sozial isoliert sind und welche Einrichtungen soziale Brückenfunktionen wahrnehmen. Die unterschiedlichen Rahmungen der Einrichtungen zeigen die Größe der in ihnen verkehrenden Personenkreise an. Der soziale Raum des Stadtteils Hannover-Vahrenheide präsentiert sich dabei als Muster von fünf Feldern:

Im *Feld der notwendigen Versorgung* (unten links) dominieren die sozialstaatlichen Einrichtungen und Initiativen für Kinder, Jugendliche und Senioren und dabei insbesondere für Nicht-Deutsche. Dazu gehören preisgünstige Geschäfte sowie auch Kioske, Bistros und Läden von Migranten. In diesem Feld bewegen sich zumeist Bewohnergruppen mit niedrigen und geringen sozialen Standards.

Im *Feld des pädagogischen Bestrebens* (unten rechts) bewegen sich ebenfalls Angehörige prekärer sozialer Lagen. Allerdings sind die dortigen Einrichtungen darauf ausgerichtet, berufliche Qualifizierungen zu vermitteln und nachzuholen sowie mit Hilfestellungen von professioneller und etablierter Seite eigene Interessen in respektablen Formen zu organisieren.

Abb. 1: Intermediäre bzw. kommunale, sozialstaatliche und bewohnergetragene lokale Einrichtungen in Hannover-Vahrenheide

---

Kommunale Einrichtungen

Sozialamt:
- Stelle für allgemeine Sozialhilfe
- Seniorenbegegnungsstätte, Seniorenbüro

Amt für Jugend und Familie:
- Jugend-, Familien- und Erziehungsberatung
- Jugendzentrum Camp
- Kinderspielpark Holzwiesen

Kommunaler Sozialdienst:
- Dienststelle Vahrenheide
- Gemeinwesenarbeit
- Jugendgerichtshilfe

Gesundheitsamt:
- Sozialpsychiatrische Beratungsstelle

Schulamt:
- Fridtjof-Nansen-Grundschule
- IGS Vahrenheide-Sahlkamp
- Herschelgymnasium

Kulturamt (mit Stadtteilinitiative):
- Kulturtreff Vahrenheide

Polizeidirektion Hannover:
- Polizeistation Vahrenheider Markt
- Kontaktbereichsbeamte

Einrichtungen der Gesellschaft für Bauen und Wohnen Hannover mbH (GBH)

GBH-Geschäftsstelle Vahrenheide
Betreute Altenwohnanlagen
GBH-Mieterservice
Mieterbeirat GBH

Einrichtungen des Deutschen Roten Kreuzes

DRK-Ortsverein Vahrenheide
Altenpflegeheim Dunantstraße

Einrichtungen der Arbeiterwohlfahrt

Emmy-Lanzke-Haus
Krabbelstube und Kita Emmy-Lanzke-Haus
Hort in der Fridtjof-Nansen-Schule
Spielmobil
Streetwork/Jugendkontaktladen
LIFT/Job-Börse

Einrichtungen der katholischen Kirche/Caritas

St. Franziskusgemeinde
Carl-Sonnenschein-Haus
Faschings-Club St. Franziskus

Einrichtungen der evangelischen Kirche/Diakonie

Titusgemeinde
Kita Titus I und II
Soziale Gruppeninitiative e.V.
- Jugendwerkstatt Vahrenheide
- Werkstatt-Treff
- Pro Beruf
- Montage-Bau
Treff deutsche und ausländische Frauen
Diakoniestation Vahrenheide-Sahlkamp

- -

Sozialpädagogische Einzelbetreuung der evangelischen Jugendhilfe des Stephansstifts
„Kids-Club" vom Jugendverband der evangelischen Freikirchen
Evangelische Baptisten-Brüdergemeinde
Evangelische Christengemeinde

Vereine/bewohnergetragene Initiativen

Bürgerinitiative Vahrenheide e.V.
Stadtteilinitiative Kulturtreff Vahrenheide e.V. – Kulturtreff (auch öffentlicher Träger)
Nachbarschaftsinitiative e.V.
- Krabbelstube Simsalabim
- Nachbarschaftstreff
- Seniorenklub Russischer Nachmittag
Grünpflege Vahrenheide e.V.
- Grünflächenprojekt
- Grüne Boten
- Pro Sauber
FLAIS e.V. Förderverein Leben und Arbeiten im Stadtteil Vahrenheide
- Tauschring/Fundgrube
- Bürger-Service
Wohnungsgenossenschaft Vahrenheide-Sahlkamp (VASA)
Mieterverein Klingenthal 6B
„Es tut sich was" MieterInnenverein Sahlkamphäuser 81 – 87 e.V. in Hannover
Alkoholkrankenselbsthilfegruppe „Gruppe 90"
Verein für Sozialmedizin Vahrenheide e.V.
Demokratischer Kulturverein e.V.
Schießsport Vahrenheide von 1967 e.V.
SV Kickers Vahrenheide e.V.
Sportverein Borussia e.V.
TUS Vahrenwald 08 e.V.
Eis- und Rollsportclub e.V.
Sportverein Wasserfreunde 98 e.V.
Kleingartenverein

Quelle: Eigener Entwurf

Soziale Integration in Großwohnsiedlungen

Abb. 2: Sozialer Raum des Stadtteils Hannover-Vahrenheide

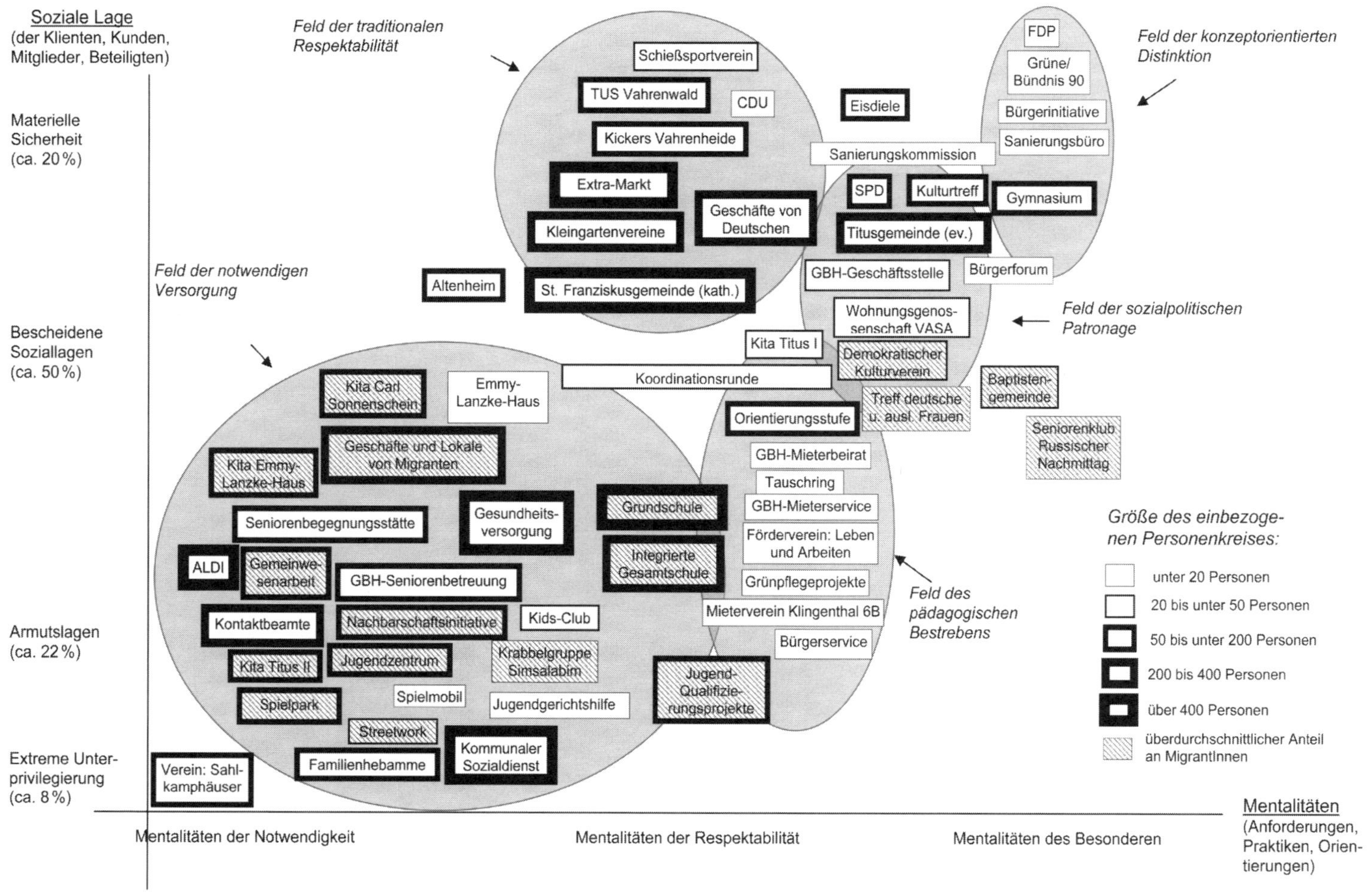

Quelle: Eigener Entwurf

105

Im *Feld der traditionalen Respektabilität* (oben links) dominieren die Traditionsvereine der zumeist älteren Deutschen aus Vahrenheide. Dazu gehören einige wenige Fachgeschäfte, die katholische Kirche und die CDU. Hier überwiegen die relativ wenigen Angehörigen des bürgerlichen Milieus und des traditionellen und kleinbürgerlichen Arbeitnehmermilieus, die den Stadtteil mit aufgebaut haben und sich heute in der Defensive wahrnehmen. Abgrenzungen werden deutlich zu den Migranten und zu den Kindern und Jugendlichen des Stadtteils, die sich in den unteren Feldern repräsentiert sehen.

Im (oberen mittleren) *Feld der sozialpolitischen Patronage* finden sich Einrichtungen und Organisationen, die im Stadtteil Hegemonie ausüben, weil sie die politischen Mehrheitsverhältnisse und die Agenda lokaler Diskussionen dominieren. Dazu gehören die SPD, die Wohnungsbaugesellschaft GBH, die Arbeiterwohlfahrt (AWO) sowie auch die evangelische Kirchengemeinde. In den alltäglichen sozialen Beziehungen stehen sie zur Bevölkerungsmehrheit in Vahrenheide in Distanz, gehören jedoch zu den Initiatoren und Unterstützern der Einrichtungen in den unteren Feldern.

Im (oberen rechten) *Feld der konzeptorientierten Distinktion* sind politische Gruppierungen wie FDP, Grüne, Einrichtungen der Bürgerbeteiligung und auch das Gymnasium versammelt. In ihnen bewegen sich nur kleine Gruppen der lokalen Einwohnerschaft, deren engagierte Personen über umfangreiche soziale Kompetenzen, sprachliches Geschick und Selbstbewusstsein verfügen. Noch deutlicher als die Einrichtungen des Feldes der sozialpolitischen Patronage sind ihre Alltagsbeziehungen von sozialer Distanz zu den übrigen Einwohnern geprägt, auch wenn sie bereit sind, sich für den Stadtteil, allerdings vornehmlich aus ihren eigenen moralischen und politischen Perspektiven heraus, einzusetzen.

In diesem Raumschema fallen Einrichtungen auf, die sich keinem der Felder eindeutig zuordnen lassen. Dies gilt beispielsweise für die Sahlkamphäuser *unten links*, in denen stark unterprivilegierte Deutsche leben, ebenso wie für die Baptisten in der *Mitte rechts*, die sich gegenüber der Stadtteilöffentlichkeit abschotten. Zwischen den Feldern vermittelnd sind Schulen, Qualifizierungsprojekte, Bürgerforum und Sanierungskommission platziert; so auch die Koordinierungsrunde, ein seit mehr als 20 Jahren bestehendes Gremium aus Mitarbeitern sozialer Einrichtungen. Es steht in relativer Spannung zu den hegemonialen Ansprüchen der Institutionen aus Politik und Verwaltung der oberen, insbesondere rechten Hälfte des sozialen Raums. Diese halten den sozialpädagogisch Beschäftigten nicht selten ineffektive und Vorschriften negierende Arbeit im Umgang mit den sozialen Problemgruppen vor, während jene umgekehrt eine politisch und verwaltungsintern induzierte mangelhafte Ressourcenausstattung beklagen.

5 Konfliktlinien

An die vorangegangenen Befunde und an das Schema des sozialen Raums anknüpfend offenbaren sich mit der Großwohnsiedlung Hannover-Vahrenheide typische Konfliktlinien. Das *Verhältnis zwischen Gesamtstadt und Stadtteil* ist davon geprägt, dass gesamtstädtische Probleme sozialer und ethnischer Integration von Politik und Verwaltung in vergleichbaren Großwohnsiedlungen konzentriert sind. Hier ist der Anteil von Wohnungen mit städtischen Belegrechten um ein Dreifaches höher als in der Gesamtstadt, und die Sozialhilfe- und Arbeitslosenquote der Bewohnerschaft ist doppelt so hoch. Die entsprechenden Quoten der Deutschen liegen im gesamtstädtischen Vergleich über denen der Nicht-Deutschen. Deren Anteil im Stadtteil beträgt mit 30 % das Doppelte des Stadtdurchschnitts. Auch liegt der Anteil von Kindern und Jugendlichen weit über dem in der übrigen Stadt, während der Anteil der sozialversicherungspflichtig Beschäftigten in Vahrenheide weit unter dem Stadtdurchschnitt angesiedelt ist.

Hier bestätigt sich, dass die unverhältnismäßige Ballung sozialer Problemlagen in Großwohnsiedlungen Ergebnis städtischer Entlastungsstrategien ist. Städtische Sanierungsversuche, über Privatisierung und familiengerechten Umbau von Wohnungen moderne soziale Milieus in den Stadtteil zu holen und gleichzeitig mit den Privatisierungserlösen Belegrechtswohnungen in anderen Stadtteilen aufzukaufen, zeigen angesichts der Stigmatisierung des Stadtteils Vahrenheide und angesichts des in der Stadt entspannten Wohnungsmarktes keine Erfolge.

Darüber hinaus ist die Großwohnsiedlung von erheblicher *Binnen-Segregation* gekennzeichnet. In der Abstufung von Reihenhaussiedlungen, Zeilenbauten und Hochhauskomplexen zeigen sich extreme soziale Ungleichheiten, die das Zusammenleben im Stadtteil ungleich schwieriger gestalten als es aus gesamtstädtischer Perspektive vorstellbar scheint. Auf der einen Seite befinden sich einige wenige gutsituierte, zumeist ältere Teile der Bewohnerschaft in relativ abgeschotteten Reihenhausquartieren, während in den Hochhauskomplexen sozial unterprivilegierte Gruppen auf engem Raum um notwendigste Lebensgrundlagen bemüht sind. Dazwischen bewegen sich in den Zeilenbauten auf Respektabilität bedachte ältere Angehörige der Wiederaufbaugeneration wie auch zunehmend systemisch integrierte Nicht-Deutsche.

Bewohner aus modernen sozialen Milieus der gesellschaftlichen Mitte, die zwischen den unterschiedlichen, nicht selten gegensätzlichen Ansprüchen auf Gebrauch der von Funktionstrennungen geprägten öffentlichen Räume und spärlichen Infrastruktur vermitteln könnten, sucht man im Stadtteil vergeblich. Deren Funktion versuchen sozialstaatliche Einrichtungen und Initiativen zu übernehmen, die allerdings nur bedingt in der Lage sind, sich im Interesse der öffentlich schwachen, sogenannten Problemgruppen gegen die Hegemonie der von den älteren Autochthonen beherrschten intermediären Institutionen durchzusetzen. Da es darüber hinaus Ressourcen lokaler Ökonomie im Stadtteil nie gegeben hat, reduzieren sich entsprechende Initiativen auf zeitlich befristete Beschäftigungsmaßnahmen in einfachen Dienstleistungsbereichen sowie auf Qualifizierungsprojekte, die auf Erwerbstätigkeit außerhalb des Stadtteils ausgerichtet sind.

Des weiteren birgt die Großwohnsiedlung einen erheblichen *Generationenkonflikt*, der sich im Verhältnis der beiden unteren Felder im Schema des sozialen Raums zum Feld der traditionalen Respektabilität andeutet. Kinder und Jugendliche repräsentieren die unteren sozialen Lagen im Stadtteil und erleben Formen der Vergemeinschaftung überwiegend in sozialstaatlich vermittelten Einrichtungen, die häufig überfüllt und für ihre Aufgaben schlecht ausgestattet sind. Allein die Schulen als milieuübergreifende, weil alle Kinder des Stadtteils erreichende Sozialisationsinstanzen eröffnen mit engagierter Arbeit und innovativen Erziehungskonzepten den jüngeren Generationen ein größeres Maß gesellschaftlicher Chancen. Die alte Mieterschaft aus dem Feld der traditionalen Respektabilität scheint hingegen mit den Mentalitäten der jungen Generationen überfordert zu sein.

Dementsprechend verstehen und gestalten sie ihre Einrichtungen eher als Rückzugsorte denn als auf den gesamten Stadtteil ausgerichtete Integrationsinstanzen.

Der Generationenkonflikt wird zudem durch Formen der *ethnischen Segregation* überlagert. 31 % Nicht-Deutsche aus mehr als 40 Nationen sowie 11 % deutsche Aussiedler konzentrieren sich in den jüngeren Alterskohorten, während die autochthone deutsche Bevölkerung überwiegend in den älteren Geburtsjahrgängen anzufinden ist. In den oberen Feldern des sozialen Raums finden sich kaum Personen mit Migrationshintergrund. Insbesondere den zunehmend soziale und materielle Sicherheit gewinnenden türkischen Milieus fehlen öffentliche Orte und Gelegenheiten zu gesellschaftlicher und kultureller Repräsentanz. Mit Blick auf das Geschlechterverhältnis zeigt sich, dass insbesondere nichtdeutsche Männer in den intermediären Einrichtungen des Stadtteils fehlen. Lediglich der von Türken getragene Demokratische Kulturverein hat im sozialen Raum Berührungspunkte mit dem oberen mittleren Feld, insbesondere nach Unterstützung durch die evangelische Kirche und einige Sanierungsakteure. Die katholische Kirche kann einen Teil der Aussiedlerbevölkerung integrieren, während die Baptistengemeinde und der russisch geprägte Seniorenklub an vergleichbaren Angeboten nicht interessiert sind.

Grundsätzlich auffällig ist das erhebliche *Machtgefälle* im Stadtteil. Die in den oberen Feldern des sozialen Raums repräsentierten älteren Deutschen dominieren mit ihren Repräsentanten die lokale kulturelle und politische Öffentlichkeit. Dazu gehören auch die Akteure der Stadtteilsanierung, die in den Einrichtungen und Gremien, wie Sanierungsbüro, Sanierungskommission und Bürgerforum, ihre Distanz zum alltagskulturellen Stadtteilgeschehen nicht reduzieren können, da sich nur ein äußerst geringer Teil der Bevölkerung aus den unteren Feldern des sozialen Raums für Beteiligungsangebote gewinnen lässt.

Dies betrifft auch die auf Bewohnerbeteiligung ausgerichteten Projekte „sozialer Sanierung" (vgl. Becker, Löhr 2000), die mit Problemen der Bereitschaft zum Engagement kämpfen. Angesichts der unterschiedlichen Interessen der äußerst heterogenen Bewohnerschaft werden diejenigen Aktiven, die nicht zu den Repräsentanten der deutschen Mehrheitsbewohner zählen, nicht selten auch noch als Vertreter von Partikularinteressen gehandelt. Dies passiert immer dann, wenn ihre Vorstellungen mit vermeintlich politischen und finanziellen Sachzwängen kollidieren, die häufig schon zuvor unter Ausschluss der in der Regel sprachlosen betroffenen Bewohnergruppen in unumstößliche Vorhaben und Planungen eingegangen sind.

Aber auch beteiligungsorientierte Maßnahmen, wie die Einrichtung und der Ausbau integrativer Schulformen, sozialstaatlicher Betreuungseinrichtungen und diverser baulicher und sozialer Sanierungsinitiativen, stoßen an Grenzen, wenn es darum geht, den nicht-deutschen Ethnien und Kulturen Selbstdarstellungs- und Entwicklungsmöglichkeiten zuzugestehen. Dies betrifft sowohl die Gestaltung und Symbolik des öffentlichen Raums als auch Hilfestellungen bei der autonomen Gestaltung kultureller Handlungsspielräume. Diese werden trotz veränderter Mehrheitsverhältnisse aus den traditionellen hegemonialen Strukturen heraus, also von der relativen Minderheit älterer autochthoner Deutscher, definiert. Wird berücksichtigt, dass z. B. im Stadtteil Vahrenheide nahezu ein Drittel der Bewohner über keinen politischen Bürgerstatus verfügt und 30 % der Deutschen auf sozialstaatliche Transferleistungen angewiesen sind, ist zudem vorstellbar, dass politische und gesellschaftliche Beteiligung in den Formen bürgerlicher Öffentlichkeit und Kompetenz hinter der Bewältigung alltäglicher Probleme zurückstehen müssen.

Vahrenheide gehört mittlerweile zu den Modellgebieten im Rahmen des Bund-Länder-Programms „Stadtteile mit besonderem Entwicklungsbedarf – die soziale Stadt". Zu hoffen ist, dass dieses Programm dazu beitragen kann, entsprechenden Großsiedlungen jene differenzierende Aufmerksamkeit zukommen zu lassen, die ihnen entlang von stigmatisierenden Öffentlichkeitsbildern häufig versagt bleibt. Erst dann werden sich realistische Möglichkeiten anbieten, den Problemen sozialer Integration, Identität und Machtverhältnisse effektiv entgegentreten zu können: nach Maßgabe der Hilfe zur Selbsthilfe, dabei den Betroffenen autonome Handlungsspielräume gewährend und Beteiligungsformen anbietend, die nicht allein auf die sozialen und kulturellen Kompetenzen deutscher Aktivbürger Rücksicht nehmen. Auf der politischen Ebene sind Maßnahmen eines gesamtstädtischen sozialen Lastenausgleichs zu entwickeln, zu dem insbesondere von vergleichbaren sozialen Problemen befreite Stadtteile beitragen könnten. Ob dies mehrheitsfähig werden wird, wird nicht zuletzt davon abhängig sein, wie sich eine sensibilierte Öffentlichkeit für sozial bedrohte Stadtteile strukturiert – integrativ oder ausgrenzend.

Literatur

Bartelheimer, P. (1997): Risiken für Frankfurt als soziale Stadt. Erster Frankfurter Sozialbericht, Frankfurt am Main.

Becker, H.; Löhr, R.-P. (2000): „Soziale Stadt". Ein Programm gegen die sozialräumliche Spaltung in den Städten. In: Aus Politik und Zeitgeschichte, B 10–11, 2000, S. 22–29.

Bourdieu, P. (1982): Die feinen Unterschiede. Zur Kritik der gesellschaftlichen Urteilskraft, Frankfurt am Main.

Bourdieu, P. (1991): Physischer, sozialer und angeeigneter physischer Raum. In: Wentz, M. (Hrsg.): Stadt-Räume. Frankfurt/M., New York, S. 25–34.

Bukow, W.-D.; Yildiz, E. (Hrsg.) (2002): Der Umgang mit der Stadtgesellschaft. Ist die multikulturelle Stadt gescheitert oder wird sie zu einem Erfolgsmodell? Opladen.

Buitkamp, M. (2001): Sozialräumliche Segregation in Hannover. Armutslagen und soziodemographische Strukturen in den Quartieren der Stadt. Hannover (agis texte 23).

Durkheim, E. (1988/1902): Über soziale Arbeitsteilung. Studie über die Organisation höherer Gesellschaften (1902). Frankfurt/M.

Geiger, T. (1932): Die soziale Schichtung des deutschen Volkes. Stuttgart.

Geiling, H.; Schwarzer, T. (1999): Abgrenzung und Zusammenhalt. Zur Analyse sozialer Milieus in Stadtteilen Hannovers. Hannover (agis texte 20).

Geiling, H.; Schwarzer, T.; Heinzelmann, C.; Bartnick, E. (2001): Stadtteilanalyse Hannover-Vahrenheide. Sozialräumliche Strukturen, Lebenswelten und Milieus. Hannover (agis texte 24).

Geiling, H.; Schwarzer, T.; Heinzelmann, C.; Bartnick E. (2002): Hannover – Vahrenheide-Ost. In: Deutsches Institut für Urbanistik (Hrsg.): Die soziale Stadt. Eine erste Bilanz des Bund-Länder-Programms „Stadtteile mit besonderem Entwicklungsbedarf – die soziale Stadt". Berlin, S. 152–167.

Geißler, R. (2002): Die Sozialstruktur Deutschlands. Die gesellschaftliche Entwicklung vor und nach der Vereinigung. Wiesbaden.

Häußermann, H. (1995): Die Stadt und die Stadtsoziologie. Urbane Lebensweise und die Integration des Fremden. In: Berliner Journal für Soziologie, 1995, Heft 1, S. 89–98.

Häußermann, H.; Kapphan, A. (2000): Berlin: von der geteilten zur gespaltenen Stadt? Sozialräumlicher Wandel seit 1990. Opladen.

Heitmeyer, W.; Anhut, R. (Hrsg.) (2000): Bedrohte Stadtgesellschaft. Soziale Desintegrationsprozesse und ethnisch-kulturelle Konfliktkonstellationen. Weinheim, München.

Läpple, D. (1991): Essay über den Raum. Für ein gesellschaftswissenschaftliches Raumkonzept. In: Häußermann, H. u. a. (Hrsg.): Soziologische Analysen. Pfaffenweiler, S. 157–207.

Lockwood, D. (1979[1964]): Soziale Integration und Systemintegration. In: Zapf, W. (Hrsg.): Theorien des sozialen Wandels. Königstein, S. 124–137.

Mitscherlich, A. (1965): Die Unwirtlichkeit unserer Städte. Anstiftung zum Unfrieden. Frankfurt am Main.

Park, R. (1925/1974): The Urban Community as a Spatial Pattern and a Moral Order. In: Publications of the American Sociological Association, Vol. 20, S. 1–14, 1925 (dt. leicht gekürzt unter dem Titel „Die Stadt als räumliche Struktur und als sittliche Ordnung". In: Atteslander, P.; Hamm, B. (Hrsg.): Materialien zur Siedlungssoziologie. Köln 1974, S. 90–100).

Podszuweit, U.; Schütte, W. (1997): Sozialatlas Hamburg 1997. Hamburg.

Schulte, A. (2000): Zwischen Anspruch und Wirklichkeit der Demokratie: Lebensverhältnisse von Migranten und staatliche Integrationspolitiken in der Bundesrepublik Deutschland. In: Schmals, K. M. (Hrsg.): Migration und Stadt. Entwicklungen, Defizite, Potentiale. Opladen, S. 33–84.

Simmel, G. (1903/1983): Brücke und Tor: Die Großstädte und das Geistesleben (1903). In: Schmals, K. M.: Stadt und Gesellschaft. Ein Arbeits- und Grundlagenwerk. München 1983, S. 237–246.

Vester, M.; von Oertzen, P.; Geiling, H.; Hermann, T.; Müller, D. (2001): Soziale Milieus im gesellschaftlichen Strukturwandel. Zwischen Integration und Ausgrenzung. Frankfurt am Main.

Weber, M. (1985 [1921]): Die nichtlegitime Herrschaft (Typologie der Städte). In: ders.: Wirtschaft und Gesellschaft. Tübingen, S. 727–814.

Wilson, W. J. (Hrsg.) (1993): The Ghetto Underclass. Social Science Perspectives. Newbury Park, CA.

Dieter Läpple, Gerd Walter

Stadtquartiere und gesellschaftliche Integrationsmuster

Gliederung

1 Einleitung
2 Gesellschaftliche Integration und Exklusion
2.1 Die Rolle von Stadtquartieren für Prozesse gesellschaftlicher Integration
2.2 Brücken – Stadt – Mauern
3 Fallstudien
3.1 Vorbemerkungen
3.2 Das Schanzenviertel – urban und funktionsgemischt
3.2.1 Das Amüsier- und Arbeiterviertel: ein Rückblick
3.2.2 Vom Problemviertel zum aufstrebenden Szenestadtteil
3.2.3 Die lokal verankerte Ökonomie des Viertels
3.2.4 Mögliche Gefährdungen – zwischen Yuppiesierung und Amüsierviertel
3.3 Steilshoop – die stigmatisierte Mustersiedlung im Grünen
3.3.1 Ökonomische Strukturen Steilshoops
3.3.2 Soziale Konflikte im öffentlichen Raum
3.3.3 Trotz Sanierung und „Nachbesserungen" erneut die Gefahr eines sozialen Verfalls
4 Schlussbemerkungen
Literatur

1 Einleitung

Städte haben – zumindest historisch – bei gesellschaftlichen Integrationsprozessen eine entscheidende Rolle gespielt. Die wesentlichen Institutionen und Medien moderner gesellschaftlicher Integration, so unter anderem Recht und Geld, die Güter- und Arbeitsmärkte, das politische Bürgerrecht, die Polarität und die Wechselbeziehung zwischen öffentlicher und privater Sphäre, Formen öffentlicher Fürsorge sowie die vielfältigen „Expertensysteme" (Giddens 1995), haben sich historisch in den Städten, der Wiege der Moderne, herausgebildet.

Welche Integrationsleistungen erbringen jedoch Städte heute, nachdem sie nicht mehr exklusive Orte der Moderne sind, da die Modernisierung längst ein flächendeckendes Phänomen ist und mit der Entstehung staatlich verfasster Gesellschaften die Nationalstaaten als die „neuen Machtbehälter" an die Stelle der Städte getreten sind (vgl. Giddens 1992: 252)? Die Antwort auf diese Frage ist in der gegenwärtigen Diskussion sehr umstritten. Noch fraglicher ist, welche Integrationsleistungen Stadtquartiere oder Stadtteile haben oder haben können. Die sozialwissenschaftliche Diskussion ist gegenwärtig zudem sehr viel stärker auf Fragen der sozialen Ausgrenzung und die Gefährdung der sozialen Einheit der Stadt fokussiert (vgl. dazu u. a. Heitmeyer 1998; Herkommer 1999; Kronauer 2002). Soziale Integration ist bisher – so Richard Sennett (2000: 431) – „kein gut durchdachtes Thema".

In der Nachkriegszeit schien das Verhältnis von Stadt und sozialer Integration noch unproblematisch zu sein, und das, obwohl Westdeutschland nach dem zweiten Weltkrieg mit rund zwölf Millionen Vertriebenen und Flüchtlingen konfrontiert wurde. Unter den Sonderbedingungen der deutschen Rekonstruktionsära vollzog sich die Integration dieser Menschen im Kontext des „goldenen Zeitalters" industriell-kapitalistischer Entwicklung mit seinem historisch einmaligen ökonomischen Wachstum ungewöhnlich schnell. Der Zustrom von Vertriebenen und Flüchtlingen war möglicherweise sogar eine wichtige Voraussetzung für diese beispiellose ökonomische Expansionsphase. Die ökonomische und soziale Integration dieser Menschen hat die westdeutsche Gesellschaft deutlich verändert: „Der Prozess der Eingliederung förderte die Verstädterung und vor allem die Konzentration der Bevölkerung auf bestimmte Ballungsgebiete" und machte aus Westdeutschland eine „mobile Gesellschaft" (Abelshauser 2004: 315). Das mit der ökonomischen Expansion der Nachkriegszeit verbundene ökonomische Wachstum hat über Jahrzehnte hinweg für die Mehrheit der Bevölkerung zu einer steigenden Kaufkraft und dadurch zu einer allgemeinen Aufstiegserwartung geführt, also der Vorstellung, dass es – unter der Voraussetzung der Teilhabe an Erwerbsarbeit – in Zukunft allen immer besser gehen würde. Zu den sozialstaatlichen Arrangements des deutschen Wohlfahrtsstaates gehörte zudem die implizite Garantie der Vollbeschäftigung, verbunden mit einem flankierenden Netz wohlfahrtsstaatlicher Einrichtungen.

Unter diesen Bedingungen bot die Stadt – trotz sich abzeichnender Krisen – das glaubwürdigste Versprechen auf eine Chance zur Teilhabe an Arbeit, Einkommen und sozialem, kulturellem und politischem Leben. Sie bot soziale und kulturelle Nischen, in denen das Fremd- und Anderssein eher geduldet wurde und ausgehalten werden konnte als in den überschaubaren und engen Gemeinwesen einer Kleinstadt oder ländlichen Siedlung. Typisch für die moderne Stadt war schon immer die spannungsvolle Gleichzeitigkeit von räumlicher Nähe und sozialer Distanz, von Segregation und Integration, von Vertrautheit und Anonymität, von der Freiheit von sozialer Kontrolle und der Möglichkeit zur Identifikation mit einem Ort, an dem man erkannt wird und andere wieder erkennt.

Mit diesem Urbanitätskonzept verbindet sich die Hoffnung auf eine „Kultur der Differenz": die Stadt als der mögliche Ort eines zivilisierten Nebeneinanders von sonst unterschiedlichen und sich nicht selten gegenseitig abstoßenden sozialen Gruppen. „Angesichts der faktisch zunehmenden ökonomischen Integration konnte die soziale Indifferenz zur Tugend werden. Gleichgültigkeit, Differenzierung von Lebensstilen und Individualisierung als Form der sozialen Integration einerseits, ökonomisches Wachstum, Arbeitsteilung und soziale Sicherung als Form der systemischen Integration andererseits – dies sind die zwei Seiten von Urbanität als Vergesellschaftungsform" (Häußermann 1998: 158).

In den vergangenen Jahren wurde jedoch die mögliche Integrationsleistung der Stadt zunehmend skeptisch beurteilt (vgl. u. a. Heitmeyer 1998). Ausschlaggebend dafür sind vor allem die vielfältigen sozialen und politischen Folgen eines tief greifenden wirtschaftlichen und gesellschaftlichen Wandels, den man zunächst als Transformation von einer Industrie- in eine Dienstleistungsgesellschaft charakterisieren kann. Durch die Wechselwirkung von wirtschaftlichem Strukturwandel, Globalisierung, Auflösung der tradierten wohlfahrtsstaatlichen Arrangements, Migrationsprozessen und demographischem Wandel hat sich die sozialökonomische und politische Situation in den Städten tief greifend gewandelt. Die Städte, die lange Zeit uneingeschränkt als Zentren ökonomischer Dynamik und erfolgreicher gesellschaftlicher Integration galten, sind heute einer schwerwiegenden Problemkumulation ausgesetzt. In den Stadtregionen stieg die Arbeitslosigkeit in den letzten beiden Jahrzehnten stark an bzw. verfestigte sich in der Form einer anhaltenden Massenarbeitslosigkeit auf einem hohen Niveau. Dabei steht dem massenhaften Anstieg der Arbeitslosigkeit seit 1980 in Westdeutschland erstaunlicherweise kein Rückgang, sondern ein – wenn auch geringer – Zuwachs an Arbeitsplätzen gegenüber. Trotz Globalisierung und neuer Technologien hat die Beschäftigung auf gesamtwirtschaftlicher und stadtregionaler Ebene nicht ab-, sondern – wenn auch nur geringfügig – zugenommen. Da die neu entstandenen Arbeitsplätze weniger von Arbeitslosen als von neu auf dem Arbeitsmarkt auftretenden, meist höher qualifizierten Arbeitssuchenden besetzt wurden, kam es in den Städten zu einer folgenschweren Entkopplung von Beschäftigungsentwicklung und Arbeitslosigkeit (vgl. Läpple 2003: 156 ff.). Diese Entkopplung von Beschäftigtenentwicklung und Arbeitslosigkeit ist vor allem durch Trends beim Arbeitskräfteangebot geprägt: Neben den geburtenstarken Jahrgängen, die in den 1980er-Jahren das erwerbsfähige Alter erreicht haben und damit das Erwerbspotenzial ansteigen ließen, führten vor allem die Zunahme der Frauenerwerbstätigkeit und Zuwanderungen zu einer Erhöhung des Arbeitskräfteangebots (vgl. Läpple 2003: 157).

Die Arbeitsmarktentwicklung führte nicht nur zu einer Verschärfung sozialer Ungleichheit und der Entstehung und Verfestigung struktureller Armut, sondern – nicht zuletzt durch die Entkopplung von Beschäftigungsentwicklung und Arbeitslosigkeit – zu einer dauerhaften Ausgrenzung sozialer Gruppen aus einer regelmäßigen Erwerbsarbeit und damit tendenziell auch aus der Teilhabe an dem sozialen, kulturellen und politischen Leben der Stadt.

Der städtische Arbeitsmarkt, der zentrales Element gesellschaftlicher Systemintegration war, erweist sich für einen Teil der Gesellschaft als ein Mechanismus der Desintegration. Zu den Problemen des Arbeitsmarktes kommen noch die Erosion der Familie, eines anderen Kernbereiches gesellschaftlicher Integration, sowie Wohnungsprobleme – vor allem als Resultat des Rückzugs der „öffentlichen Hand" aus der Wohnungsversorgung –, wodurch Ungleichheiten am Arbeitsmarkt und am Wohnungsmarkt wieder stärker ineinandergreifen (vgl. Kronauer 2004: 37). Staat und Kommunen können unter dem ökonomischen Druck leerer Kassen die sozialstaatliche Fürsorge nicht entsprechend der Problemlagen ausbauen, sondern fahren sie zurück, wodurch sich neben der zeitlichen Verdichtung eine sozialräumliche Kumulation der Probleme ergibt und – verstärkt über sozial selektive Migration – die Stadtquartiere zu den eigentlichen Problemfeldern werden.

Auf dieser stadträumlichen Ebene gibt es gegenwärtig nicht nur Arbeitslosenquoten von 18 Prozent, sondern von bisweilen 50 oder 60 Prozent und mehr. Ganze Stadtquartiere werden von der Dynamik des Erwerbslebens abgekoppelt. „Aus dem Strudel multipler und kumulativer Benachteiligung, der mit dem unfreiwilligen Wohnen in solchen Quartieren verbunden ist, gibt es nach einer gewissen Zeit kein Entkommen mehr" (Häußermann 2000: 21). Angesichts dieser Problemkonstellation stellt Hartmut Häußermann (1998: 160) die These auf: „Die sozialräumliche Struktur der Städte könnte selbst zu einer Ursache für soziale Ausgrenzung werden." Nach seiner Einschätzung gibt es überall in den Großstädten „Anzeichen dafür, dass die alte Integrationsmaschine nicht mehr funktioniert und dass darüber die Kultur der Indifferenz in Frage gestellt wird. Urbanität als Lebensweise scheint" – so Häußermann – „in eine tiefe Krise zu geraten" (Häußermann 1998: 170).

Diese Position zum Verhältnis von Stadt und gesellschaftlicher Integration veranlasst Thomas Krämer-Badoni (2002: 74) zu der Frage: „Sind es tatsächlich die Städte, die eine Integrationsleistung erbringen?" Und er hat auf diese Frage eine eindeutige Antwort: „1. Seit der Auflösung der Stadt als politische Einheit ist es der Nationalstaat mit seiner politisch ausformulierten und rechtlich sanktionierten Gesellschaftspolitik, der über die politischen Formen der Integration entscheidet. 2. Integration bezieht sich nicht auf eine soziale Einheit ‚Stadt', sondern auf die Mehrdimensionalität gesellschaftlichen Lebens. Integriert in eine Gesellschaft werden Menschen über ihre Teilhabe an den verschiedenen gesellschaftlichen Funktionssystemen, an Bildung, Wirtschaft, Familie, Recht und anderen. Es handelt sich um Funktionssysteme, an deren Gestaltung die ‚Stadt' einen allenfalls marginalen Anteil hat" (Krämer-Badoni 2002: 74).

Auf den ‚ersten Blick' haben beide Positionen etwas Plausibles. Es ist ja offensichtlich, dass die Formen der kumulativen Benachteiligung und die damit verbundenen Prozesse der sozialen Ausgrenzung vor allem räumlich konzentriert in bestimmten Stadtteilen auftreten. Andererseits ist auch nicht zu leugnen, dass die Stadt auf die verschiedenen Integrationsinstanzen, die Teilhabe vermitteln, relativ wenig Einfluss hat. Wie lässt sich dieser Gegensatz lösen?

Die Frage nach den Integrationsformen und Integrationsleistungen von Städten, insbesondere von Stadtteilen oder Stadtquartieren, wird im Zentrum unseres Beitrages stehen. Dabei wollen wir die Diskussion um die Integrationsleistung und das mögliche Integrationsversagen der Stadt um eine Dimension erweitern, die unseres Erachtens bislang zu kurz gekommen ist: um den Aspekt der endogenen Regenerationsfähigkeit von Stadtteilen und Quartieren bzw. ihre Anpassungsfähigkeit an neue soziale, ökonomische und kulturelle Prozesse und Herausforderungen (vgl. dazu Bahrdt 1974a: 179 ff.).

2 Gesellschaftliche Integration und Exklusion

Unter dem Eindruck der verfestigten Massenarbeitslosigkeit und der damit verbundenen sozialen Problemkumulationen hat sich im sozialwissenschaftlichen Diskurs über soziale Ungleichheit eine neue Perspektive durchgesetzt: Neben die traditionelle Figur eines „Oben und Unten", mit der soziale Ungleichheit immer charakterisiert wurde, tritt seit einiger Zeit die Trennungslinie von „Drinnen und Draußen"; neben die traditionellen Figuren von „Herr und Knecht" oder „Kapitalist und Lohnarbeiter" tritt die Figur der „Überflüssigen". „Das vertikale, um Erwerbsarbeit ... zentrierte Klassen- und Schichtungsbild sozialer Ungleichheit wird überlagert – allerdings nicht außer Kraft gesetzt – von einer Polarisierung zwischen ‚Innen' und ‚Außen'. Diese lässt ihrerseits abgestufte Positionen der Einbindung zu: Integration, Vulnerabilität, Exklusion" (Kronauer 1999: 61).

Integration oder Inklusion lässt sich als gesellschaftliche Einbindung und Teilhabe am gesellschaftlichen Leben und an den gesellschaftlichen Ressourcen umschreiben; Exklusion bildet den Gegenpol zur Integration und kennzeichnet Prozesse, durch die Personen oder Gruppen dauerhaft und unfreiwillig von dem Zugang zu gesellschaftlichen Ressourcen und der sozialen Teilhabe am gesellschaftlichen Leben ausgeschlossen werden.

Vulnerabilität steht für Gefährdungslagen, die einer Exklusion oder sozialen Ausgrenzung vorgelagert sind.

Eine Schlüsselrolle bei Prozessen der Integration oder Exklusion nimmt – wie wir bereits gesehen haben – der Arbeitsmarkt ein. Allerdings führt Arbeitslosigkeit nicht unmittelbar zur Exklusion. Erst wenn diese Form des Ausschlusses aus dem Funktionssystem der Erwerbsarbeit sich zeitlich verfestigt und mit andern Ausschlussprozessen kumuliert, hat es Sinn, von Exklusion zu sprechen. „Es gehört zu den Selbstverständlichkeiten in den Diskussionen um ‚Exklusion' und ‚Ausgrenzung', zu betonen, dass es sich dabei um ‚multi-dimensionale' Prozesse handelt," (vgl. Kronauer 2004: 44). Mehrdimensionalität und Prozesscharakter sind wesentliche Charakteristika von gesellschaftlicher Integration und Exklusion.

Entsprechend der funktionalen Differenzierung moderner Gesellschaften erfolgt Integration nicht in „die" Gesellschaft, sondern über sehr unterschiedliche Integrationsinstanzen und -medien in die verschiedenen Teilsysteme der Gesellschaft: in das Bildungssystem und die Sprachkultur, den Arbeitsmarkt und den Wohnungsmarkt, in das Gesundheitssystem, in familiäre und freundschaftliche Beziehungen, in das politische System etc.: „Die verschiedenen Integrationsinstanzen vermitteln also gesellschaftliche Einbindung und Teilhabe auf unterschiedliche Weisen (so wird die Erwerbsarbeit über Märkte zugeteilt, soziale Rechte sind dagegen an den Bürgerstatus gebunden), sie leisten jeweils eigenständige Beiträge zur Integration und sind zugleich aufeinander angewiesen. ... Keine der Integrationsweisen für sich allein gewährleistet Zugehörigkeit und Teilhabe, jede kommt mit ihrer eigenen ‚Logik' ins Spiel" (Kronauer 2004: 44). Gleichzeitig kennt die Moderne und insbesondere die moderne Stadt nur Formen „unvollständiger Integration" (Bahrdt 1974b: 63). Bahrdt verdeutlicht das Konzept der „unvollständigen Integration" an dem paradigmatischen Beispiel der Integration in den Markt: „Ein Markt ist kein geschlossenes System, in das alle Mitglieder vollständig integriert sind. Weder sind die Personen, die auf dem Markt mitspielen, vollständig in das Marktgeschehen einbezogen ... Noch auch ist ihr Verhalten auf dem Markt durch dessen Ordnung vollständig festgelegt" (Bahrdt 1974b: 63).[1] Im Gegensatz zu traditionalen Gesellschaften, wo wir mit Formen einer „vollständigen Integration" in ein geschlossenes System konfrontiert sind, unterliegt Integration in der modernen Gesellschaft keinem festen, vorgegebenen Schema, wodurch auch erst Individualisierungsprozesse möglich werden. Die „unvollständige" (oder in unserer Terminologie: „offene") Integration bildet nach Bahrdt (1974b: 63) zugleich „die negative Voraussetzung der Öffentlichkeit".

Die plurale und offene Integration in verschiedene Funktionsbereiche macht gesellschaftliche Integration auch relativ robust. Krisenerscheinungen oder ein mögliches Versagen von Personen in einzelnen Funktionsbereichen führen nicht zwangsläufig zum Scheitern der Integration in andere Funktionsbereiche. In der modernen Gesellschaft gibt es nicht das „Phänomen eines uno actu erfolgenden Kompaktausschlusses aus der Gesamtgesellschaft" (Stichweh 2005: 52), wie dies beispielsweise in Stammesgesellschaften möglich war.

---

[1] Der Grundgedanke, der dem Bahrdt'schen Konzept der *„unvollständigen Integration"* zugrunde liegt, erscheint uns außerordentlich wichtig. Gleichwohl verwenden wir im Folgenden für den gleichen Sachverhalt lieber die Formulierung *„offene Integration"*, um deutlich zu machen, dass damit kein „Mangel" im Sinne von nicht vollständig, sondern vor allem eine Möglichkeit im Sinne einer Offenheit für andere Optionen gemeint ist.

2.1 Die Rolle von Stadtquartieren für Prozesse gesellschaftlicher Integration

Integrationsprozesse in die verschiedenen gesellschaftlichen Funktionssysteme wie Bildung, Arbeitsmarkt, Familie, Politik, Recht, Kultur etc. haben jeweils doppelte Voraussetzungen: Es bedarf der Herausbildung und Bereitstellung entsprechender gesellschaftlicher Strukturen und Institutionen und es bedarf entsprechender Mentalitäten und subjektiver Fähigkeiten, um diese Integrationsstrukturen auch adäquat nutzen zu wollen und zu können. Mit anderen Worten, die Multiinklusion moderner Gesellschaften bedarf sehr komplexer struktureller und subjektiver Voraussetzungen. Und beide Aspekte, sowohl die strukturellen als auch die subjektiven Voraussetzungen, haben räumliche Implikationen.

Die räumliche Dimension der Integrationsstrukturen begründet Nassehi in sehr überzeugender Weise wie folgt: „Damit eine weitgehend gleichzeitige, also synchrone Inklusion in unterschiedliche Funktionssysteme möglich wird, bedarf es offensichtlich räumlicher Nähe bzw. räumlicher Wechselseitigkeit. Städte bieten dafür gewissermaßen die ökologische Bedingung" (Nassehi 2002: 223). Die strukturellen Inklusionsangebote müssen mit den vielfältigen Aktionsräumen der sehr unterschiedlichen alltäglichen Lebensführungen moderner Menschen korrespondieren. „Nicht zufällig ist denn auch die gesellschaftliche Modernisierung mit ihrer Umstellung von Inklusion in multifunktionale Einheiten der alten Welt (also beispielsweise in eine Stammesgemeinschaft oder in den Großhaushalt bzw. ‚Großoikos' eines Grundherrn – d. V.) zur synchronen Multiinklusion der Moderne mit massenhaften Bewegungen von Menschen in die Städte verbunden gewesen. Nur hier ließen sich jene Lebenslagen erzeugen, die die gesellschaftsstrukturell unkoordinierte Form der Multiinklusion zu Lebenslagen verdichten konnte" (Nassehi 2002: 236).

Mit der Frage nach dem Gelingen einer „synchronen Inklusion" von Menschen in unterschiedliche Funktionssysteme ist man mit einer doppelten Logik gesellschaftlicher Integration konfrontiert: Zum einen mit der Systemlogik der jeweiligen Funktionssysteme – am Beispiel des politischen Systems ist man damit verwiesen auf den Nationalstaat, oder am Beispiel des Marktes auf einen globalen, weltweiten Zusammenhang; zum anderen mit den Lebenslagen und Formen alltäglicher Lebensführung der Menschen, die eine sehr stark sozialräumliche Ausprägung haben. Es stellt sich also das Problem einer Vermittlung zwischen System- und Lebenswelten.

Einen sehr sinnvollen konzeptuellen Ansatz zur Thematisierung diese Problems bietet Giddens mit seiner Unterscheidung zwischen „Systemintegration" und „Sozialintegration" an. Diese Unterscheidung, die zunächst Lockwood (1964) in die Diskussion eingeführt hat, wird von Giddens in sehr produktiver Weise aufgegriffen. Sozialintegration meint demnach Integrationsprozesse auf der Ebene von face-to-face Interaktionen, also auf der Ebene alltäglicher Lebensführung. Systemintegration bezieht sich auf Verbindungen zwischen Akteuren oder Kollektiven über größere Raum-Zeit-Spannen (vgl. Giddens 1992: 80). Gesellschaftliche Integration ist auf ein gelungenes Zusammenwirken beider Formen angewiesen. Man könnte auch sagen, die Mechanismen der Systemintegration bedürfen der alltagsweltlichen Vermittlung durch die Sozialintegration. Der Stadtteil, als sozialräumlicher Kontext alltäglicher Lebensführung, hat dabei gewissermaßen die Rolle eines Scharniers zwischen beiden Integrationsformen.

Der Stadt bzw. dem Stadtteil kommt nicht nur eine wichtige Rolle bei der „strukturellen" Ermöglichung einer „synchronen Inklusion" zu, sondern auch bei der Herausbildung entsprechender subjektiver Fähigkeiten und einer entsprechenden Bereitschaft, die räumlich verfügbaren Integrationsstrukturen nutzen zu wollen und zu können bzw. sich in die dazu erforderlichen Verhaltensweisen einzufügen. Der Stadtteil übernimmt in diesem Kontext u. a. die Funktion eines gemeinsamen Lernraumes – insbesondere für implizites „soziales Wissen" und die Entwicklung von Vertrauensbeziehungen. Dies gilt vor allem für die Einübung des täglichen Umgangs mit Fremden in der Form einer „höflichen Nichtbeachtung" (vgl. Giddens 1996: 104). Nach Giddens stützt sich die „Vielfalt der Begegnungen, aus denen das tagtägliche Leben in der anonymen Umgebung moderner sozialer Tätigkeiten besteht" (ebd.), auf das Phänomen der „höflichen Nichtbeachtung".

Die elementare Situation dieser Umgangsform mit Fremden ist die Begegnung von zwei Menschen auf dem Bürgersteig einer Großstadt. Sie nähern sich und gehen aneinander vorbei, ein Vorgang, der sich täglich millionenfach abspielt. Gleichwohl ist dieser Vorgang voraussetzungsvoll und folgenreich zugleich: „Die höfliche Nichtbeachtung ist die grundlegendste Art der gesichtsabhängigen Bindungen, die unter Modernitätsbedingungen bei Begegnungen mit Fremden eine Rolle spielen. Dazu gehört nicht nur der Einsatz des Gesichts selbst, sondern auch der subtile Umgang mit der Haltung und Stellung des Körpers, um so auf Straßen, in öffentlichen Gebäuden ... oder sonstigen Veranstaltungen die Botschaft zu senden: ‚Du kannst mir vertrauen, ich habe keine feindseligen Absichten'" (ebd.: 105 f.). In diesem Sinne kann die gesichtsabhängige Umgangsform einer „höflichen Nichtbeachtung" als eine allgemeine Vorbedingung eines sozialen Vertrauens charakterisiert werden, das wiederum Voraussetzung für eine zivile Urbanität bzw. ein zivilisiertes Nebeneinander von unterschiedlichen oder von sich gegenseitig abstoßenden sozialen Gruppen ist.

2.2 Brücken – Stadt – Mauern

In ihrem Klassiker „Tod und Leben großer amerikanischer Städte" hat Jane Jacobs (1963) dargestellt, dass die Voraussetzungen für zivile Urbanität und soziales Vertrauen tief in den Strukturen des städtischen Alltags begründet sind.

Dicht bebaute und nutzungsgemischte Stadtteile – insbesondere die gründerzeitlichen Quartiere – bieten ihren Nutzern Möglichkeiten zu sehr unterschiedlichen Kontakten und Interaktionen. Die in diesen Stadtteilen typische Öffentlichkeit des Bürgersteigs, der Straßen, Plätze, Läden, Cafés oder Kneipen erlaubt es, gelegentliche und beiläufige, aber dennoch vertraute Kontakte aufzunehmen (Jacobs 1963: 51). Nutzungsgemischte Stadtteile erweitern die routinemäßigen Interaktionen der Bewohner und Gewerbetreibenden um zusätzliche Erfahrungen, die als Folge beiläufiger und „schwacher" Kontakte mit der Umgebung entstehen können.

Im Unterschied zu „schwachen" Verbindungen bilden Beziehungen z. B. zu Familienmitgliedern, zu Vertrauten und guten Freunden „starke Verbindungen". Auch zwischenbetriebliche Kooperations- und Verflechtungsnetze zu Partnern, Zulieferern oder Kunden sind „starke Verbindungen", weil sie auf gleichen oder komplementären Interessen beruhen. Sie halten aber nicht nur zusammen, sondern schließen das Beziehungsnetz tendenziell auch nach außen hin ab. Der Horizont des Wissens von Akteuren, die allein im Schnittpunkt von „starken Verbindungen" stehen, ist eingeschränkt auf die Neuigkeiten, die sie von ihren engeren Freunden oder Partnern erfahren (Wegener 1987: 278). Damit eingeschliffene Beziehungsmuster und Verbindungen nicht in ihrer Binnenperspektive befangen bleiben, brauchen sie „schwache Verbindungen", bzw. Brückenbeziehungen zu anderen Netzwerken. Die „Stärke der schwachen Verbindungen" (Granovetter 1973: 1364) besteht darin, den engen Horizont der Akteure auszuweiten, um die Quellen und den Fluss der Informationen und Ressourcen zu vergrößern. Es geht dabei z. B. um Informationen über Jobs oder die „richtigen" Kinderbetreuungsplätze, um Anregungen und Ideen für die Gründung eines Unternehmens, Informationen über geeignete Wohn- und Gewerberäume, mögliche Unterstützer, Partner und potenzielle Aufträge.

Gelegenheiten zum Knüpfen „schwacher Verbindungen" gibt es insbesondere in der Stadt, schließlich tritt die Stadt – im Unterschied zu einer dörflichen Gemeinschaft – ihren Bewohnern zuallererst als ein Ort von Fremden gegenüber. Unternehmen bietet die Stadt eine spezifische soziale Infrastruktur aus Institutionen wie Kammern und Verbänden; jeder Wirtschaftsbereich verfügt über eigene spezifische öffentliche Foren und Treffpunkte, vom Unternehmerstammtisch über die freiwillige Feuerwehr bis hin zum „Jour fixe", an dem sich die interessierten Akteure einer Branche oder einer sozialen Gruppe an einem bestimmten Ort versammeln; und nicht zuletzt bieten kompakte und nutzungsgemischte Stadtteile mit einem vitalen „Bürgersteigleben" (Jacobs 1963) ihren Nutzern die Möglichkeit zum Knüpfen vielfältiger „schwacher Verbindungen". Die Stadt wirkt wie ein riesiger „Zufallsgenerator" (Grabher 1994), der ein Reservoir an ungebundenen und nicht von vornherein instrumentalisierten Ressourcen bildet, die für eine Vielzahl noch unbestimmter Zwecke einsetzbar sind.

Die für die Stadt typische unvollständige oder offene Integration, die trotz Fremdheit und Distanz Kontakt und Kommunikation zustande kommen lässt und im Prinzip eine Pluralität von Entwicklungsoptionen bietet, verfügt damit über eine Vielzahl von Ansatzpunkten, die gegen Einschließungs- und Ausgrenzungseffekte aktiviert und mobilisiert werden können. So betrachtet liegt die Herausforderung einer „offenen Stadt" darin, sowohl Räume für lokale und sich selbst stützende Gemeinschaften zu schaffen als auch Verbindungen zwischen verschiedenen sozialen Gruppen und Ressourcen zu unterstützen. Es geht sowohl um explizite Kooperationen zwischen Akteuren, die sich durch wechselseitiges Vertrauen und ein gemeinsames Zugehörigkeitsgefühl zu einer Wertegemeinschaft ergeben, als auch darum, einen Pool an spezialisierten und komplementären Ressourcen zu unterstützen, auf den verschiedene Akteure gemeinsam zugreifen können: Camagni (2000) sieht darin die Möglichkeit zur impliziten Kooperation zwischen Akteuren in Form von „sozialisierten Produktionsmitteln" wie z. B. einem qualifizierten Arbeitsmarkt oder einer ausgeprägten Zulieferer- und Kooperationsstruktur.

Explizite Kooperationen auf der Grundlage wechselseitigen Vertrauens und gemeinsamer professioneller Werte und Orientierungen sind zwangsläufig selektiv und tendieren dazu, andere auszuschließen. Implizite Kooperationen dagegen zeichnen sich durch ihre

Offenheit aus. Der Ressourcenpool hat den Charakter einer öffentlichen Infrastruktur, auf die im Prinzip jeder zugreifen kann.

Unsere analytische Perspektive richtet sich folglich auf die Kräfte und Strukturen, die auf ein Aufbrechen der Exklusionsmechanismen hinwirken und die sozialen und ökonomischen Strukturen von Stadtteilen und Quartieren an externe und übergeordnete Entwicklungszusammenhänge anschließen können.

3 Fallstudien

3.1 Vorbemerkungen

Am Beispiel zweier sehr unterschiedlicher Stadtteile Hamburgs werden wir versuchen aufzuzeigen, dass es lokal sehr verschiedene Integrationsmuster und damit auch sehr unterschiedliche Wirkungszusammenhänge gibt, die mögliche Ausgrenzungsprozesse sowohl verstärken als auch abpuffern können. Es soll deutlich gemacht werden, dass spezifische Ausprägungen eines Stadtteils die Lebens- und Arbeitsbedingungen der Bewohner verbessern können, dass der Stadtteil aber auch einen negativen Einfluss für bestimmte Bewohner haben kann; d. h. dass er Ausgrenzungssituationen auch verschärfen und gesellschaftliche Entwicklungsprozesse blockieren kann. Das für die Stadt charakteristische „Mosaik aus kleinen Welten" (Park) bietet einerseits eine vertraute „Heimat" und damit Schutz vor der Gefahr des Absturzes in persönliche und soziale Katastrophen. Die „Binnenintegration" kann jedoch auch zum Problem werden, wenn ein Stadtteil stigmatisiert und ausgegrenzt wird oder sich selbst nach außen abschottet und neue Akteure und Ideen fernhält. Wer nur im Fokus von bereits bekannten und vertrauten Meinungen und Handlungsmustern steht, bekommt weniger oder kaum Anregungen von außen und hat damit auch weniger Chancen, anders zu handeln als in den gewohnten Mustern und Konventionen.[2] Diese Einschließungsmechanismen können zu lokalen Entwicklungsblockaden führen und ganze Stadtteile sozial und ökonomisch von der Entwicklungsdynamik der Stadt abkoppeln. Die Folge ist eine Vertiefung der sozialen Spaltung in der Stadt.

Diese Überlegungen sollen am Beispiel zweier diametral entgegengesetzter Typen von Stadträumen entfaltet werden: Am Typus des innenstadtnahen und funktionsgemischten Stadtteils und am Typus der Großsiedlung. Auf der Grundlage von empirischen Fallstudien zu den genannten Stadträumen wollen wir zeigen, dass die Stadt keine in sich homogene „städtische Gesellschaft" und soziale Einheit darstellt, der man eine genuine städtische Integrationskraft unterstellen könnte, dass es aber durchaus spezifische urbane Wirkungszusammenhänge gibt, die große Bedeutung für die Ausprägung gesellschaftlicher Integrationsprozesse haben und die auch im Rahmen von Strategien zur sozialen Stadtentwicklung aufgegriffen werden können.

Unser Beitrag stützt sich auf verschiedene Untersuchungen, die am Institut für Stadt- und Regionalökonomie und -soziologie der Technischen Universität in Hamburg-Harburg

---

[2] Dabei spielt es prinzipiell keine Rolle, ob die Abschließung die Folge von Zwang, Diskriminierung und Armut ist oder die Folge einer freiwilligen und selbst organisierten sozialen Absonderung.

(inzwischen HafenCity Universität) durchgeführt wurden.[3] In allen Untersuchungen standen – neben statistischen Auswertungen – qualitative Methoden der Analyse im Mittelpunkt. Gespräche mit Bewohnern und Gewerbetreibenden bis hin zu Bezirkspolitikern und „global players" bilden neben einer systematischen Raumwahrnehmung die empirische Basis unseres Beitrages. Welche sozialen und ökonomischen Beziehungen und Netzwerke nützen die verschiedenen Akteure? Auf welche unterstützenden institutionellen Angebote, Infrastrukturen und sozialstaatlichen Arrangements können sie zurückgreifen? Welche Ressourcen bietet ihnen das Stadtquartier zur Bewältigung ihrer Alltagsprobleme?

Für diesen Beitrag konzentrieren wir uns auf die Darstellung der Untersuchungsergebnisse für einen citynahen, gründerzeitlich geprägten Stadtteil, das Hamburger Schanzenviertel, sowie für eine Hamburger Großsiedlung der 70er-Jahre, Steilshoop.

3.2 Das Schanzenviertel – urban und funktionsgemischt

Das Schanzenviertel ist ein funktionsgemischtes, dicht bebaut und bewohntes innenstadtnahes Gründerzeitviertel, in dem sich in den letzten zwei Jahrzehnten tiefgreifende soziale, ökonomische, demografische und auch städtebauliche Wandlungsprozesse vollzogen haben. Rund ein Drittel der Bewohner des Stadtteils hat keine deutsche Staatsangehörigkeit (Hamburg 15,3 %). Der Anteil der unteren Einkommensbezieher ist im Vergleich zum Durchschnittseinkommen Hamburgs auffallend hoch. So bezogen 2003 11,4 % der Einwohner Leistungen aus der Sozialhilfe, während der Hamburger Durchschnitt bei 7 % lag, und 10,1 % der erwerbsfähigen Bewohnerschaft waren arbeitslos (Hamburg 7,3 %).[4] Nach den sozialstatistischen Indikatoren wie Einkommensniveau, Arbeitslosigkeit und Migrantenanteil müsste man das Schanzenviertel zu den benachteiligten Quartieren rechnen, die vielfach auch als „soziale Brennpunkte" qualifiziert werden.

3.2.1 Das Amüsier- und Arbeiterviertel: Ein Rückblick

Die gewerbliche Struktur des Viertels zeigt immer noch deutliche Spuren der Industriegeschichte Hamburgs: Von zentraler Bedeutung für die Entwicklung des Schanzenviertels war und ist der ehemalige Schlachthof und heutige Fleischgroßmarkt. Während der Industrialisierung Hamburgs siedelten sich in seinem Umfeld mehrere größere Fabriken aus der Lebensmittelindustrie und anderen Branchen an. Auch kleinere und mittelständische Handwerksbetriebe, verschiedene Läden, Kneipen und Restaurants, die sich

---

[3] Dabei handelt es sich

- zum einen um ein Gutachten für die Stadtentwicklungsbehörde Hamburg über die Beschäftigungswirkungen wohnungsnaher Betriebe (Läpple D., Walter, G. 2000: Arbeiten im Stadtteil – Beschäftigungswirkungen wohnungsnaher Betriebe, hrsg. von der Stadtentwicklungsbehörde Hamburg).

- zum andern um ein Gutachten über „die soziale Verträglichkeit der Messeerweiterung Hamburg (Breckner, I., Walter, G., Witthöft, G. (2000): Gutachten für die Stadtentwicklungsbehörde Hamburg zur „sozialen Verträglichkeit der Messeerweiterung Hamburg", unveröffentlichte Druckschrift).

[4] Die Daten beziehen sich auf den Stadtteil St. Pauli und entstammen der im Internet zugänglichen Version der „Stadtteil-Profile" (2004a): http://fhh1.hamburg.de/fhh/behoerden/behoerde_fuer_inneres-/statistisches_landesamt/profile/stpauli.htm. Das Schanzenviertel ist ein Quartier innerhalb des Stadtteils. Aktuelle kleinräumlichere Daten über die soziale Struktur sind in Hamburg nicht erhältlich.

mit ihren Angeboten z. T. auf den Schlachthof bezogen, haben sich in den Werkstätten der Hinterhöfe und in den Erdgeschosszonen der gründerzeitlichen Blockrandbebauung niedergelassen. Ihnen verdankt das Viertel seine bis heute erhaltene gewerblich-handwerkliche Atmosphäre. Etwa zeitgleich entwickelte sich das Schanzenviertel zu einem wichtigen Amüsierviertel der Stadt, dessen Hauptattraktionen bis zum Zweiten Weltkrieg die als Zirkusbau erstellte Schilleroper und vor allem das „Concerthaus Flora", das erste Varietétheater Deutschlands, waren.

3.2.2 Vom Problemviertel zum aufstrebenden Szenestadtteil

Die wirtschaftliche Entwicklung des Viertels der vergangenen zwanzig Jahre war in exemplarischer Weise durch die Prozesse und Folgen der Deindustrialisierung und Tertiärisierung geprägt. Neben den großen und mittleren Betrieben am Schlachthof und in seinem Umfeld haben auch viele der alteingesessenen Handwerker und Einzelhandelsläden wie Drogerien, Fleischer und andere Fachhändler ihren Standort im Schanzenviertel aufgegeben. An ihre Stelle zogen Bäckereiketten, türkische Gemüseläden, Imbisse verschiedenster Nationen, Import-Export-Geschäfte sowie Restpostenläden und Discounter in den Stadtteil.

Als Folge dieses tiefgreifenden Strukturwandels der Stadtteilökonomie und der sinkenden Kaufkraft der Bevölkerung drohte das Stadtquartier zu „kippen". In der öffentlichen Wahrnehmung galt das Schanzenviertel jedoch erst seit Mitte der 1990er-Jahre als „Problemgebiet", als sich die sozialen Verhältnisse des Viertels durch den zunehmenden Drogenhandel zugespitzt hatten. Erst durch Drogenhandel und -konsum und die damit verbundene Kriminalität ist das Quartier zum städtischen Konfliktraum geworden: „Hasch, Koks und Anmache" (Der Spiegel 26/1997) bzw. „Drogenterror" (Hamburger Morgenpost 19.04.1997) brachten dem Stadtteil die Bezeichnung „Endstation Sehnsucht" (Hamburger Rundschau 29.02.1996) ein – um ein paar Headlines der Presse zu zitieren.

Inzwischen ist die Drogenproblematik in den Hintergrund getreten. Das Schanzenviertel wird heute – insbesondere in der Wahrnehmung der jüngeren Bewohner – ein attraktiver Ort zum Wohnen wie zum Arbeiten. Die brachgefallenen Hüllen der alten Kulturindustrie, der Fabriken und Hinterhofwerkstätten erwiesen sich als überaus anpassungsfähig an neue Nachfragen. Wohnhäuser, Ladenzonen und leere Fabriken des Viertels wurden vielfach zu Experimentierräumen für neue genossenschaftliche Wohnformen und alternative wirtschaftliche Aktivitäten. Es entstanden Naturkostläden, Selbsthilfeprojekte, genossenschaftlich geführte Betriebe, betreute Spielplätze, Szenebars, Cafés, Restaurants sowie eine stadtteilorientierte soziale und kulturelle Infrastruktur. In den 1990er-Jahren wurde der Stadtteil von der „New Economy" und der Werbung entdeckt. Mit dem Zuzug oder der Gründung der Agenturen und Studios von Grafik- und Webdesignern, Softwareentwicklern, Fotografen, Werbefachleuten und Multimedia-Spezialisten wurde der Stadtteil zu einem Zentrum der „Kreativen".

Im Unterschied zu den Betrieben des Handwerks und Handels beurteilten die unternehmensorientierten Dienstleister aus der Medienbranche und der Werbung in der von uns durchgeführten Unternehmensbefragung die Zukunft des Stadtteils weitgehend positiv (vgl. Läpple, Walter 2000: 28 ff.). Derselbe Stadtteil erschien beispielsweise einem Einzelhändler „als unsicheres Chaotenviertel" und einem unternehmensorientierten

Dienstleister als „multikulturelles und urbanes Viertel, ein bisschen vergleichbar mit Soho in London" (Läpple, Walter 2000: 30–31).

Als Resultat der tradierten Funktionsmischung und der behutsamen Stadterneuerungsprozesse gibt es heute im Schanzenviertel ein vielfältiges Angebot an gewerblich nutzbaren Flächen, vom Ladenlokal bis zum Loft, von der Werkstatt bis zur Büroetage. Es gibt mehrere Zentren, die Gründern aus unternehmensnahen Dienstleistungen, den Medien und der Kultur- und Musikbranche geeignete Räume und Infrastrukturen für den Schritt in die Selbstständigkeit bieten, mehrere Gewerbehöfe sowie Einkaufsstraßen von überregionaler Bedeutung. Das Angebot an Läden und neu eröffneten Kneipen und Restaurants zieht zu unterschiedlichen Tages- und Nachtzeiten verschiedene Ströme von Menschen aus anderen Teilen der Stadt und aus dem Umland in den Stadtteil.

Eine besondere Anziehungskraft scheint das Viertel für Jüngere auch als Ort zum Wohnen zu haben. Die 25- bis 40-Jährigen stellen 43 % der Wohnbevölkerung, während im Durchschnitt Hamburgs lediglich rund 26 % dieser Altergruppe angehören.[5] Das Schanzenviertel ist also ein ausgesprochen „junges" Viertel, in dem sich offensichtlich trotz seines sozialen Konfliktstoffes eine sehr rege und zahlungskräftige Nachfrage nach Wohnraum artikuliert:

„Wenn ich im Schanzenviertel eine Wohnung annonciere oder ich gebe es an einen Makler, dann melden sich 50 Leute. 30 kucken sich das an, 10 wollen das haben. Die Leute, die das haben wollen, sind alles Leute die Geld haben, die kommen meistens aus der Werbung, IT-Branche, usw. Architekten, Grafikdesigner und was weiß ich". (Immobilienbesitzer im Schanzenviertel).[6]

Die ungebrochene Attraktivität des Viertels u. a. für Studenten, aber auch für arrivierte soziale Gruppen, die jenseits der Normalität eines bürgerlichen Alltags neue Lebens- und Arbeitsformen suchen, zeigt sich auch in seinem statistischen Bild. Im Schanzenviertel sind lediglich 37 % der Bewohner verheiratet und 52 % sind ledig. Fast 60 % der Bewohner leben in Ein- und Zweipersonenhaushalten.[7] Im Hinblick auf die schulischen und beruflichen Bildungen zeigt das Schanzenviertel ein sehr heterogenes Bild. Typisch für das Schanzenviertel ist das „Sowohl-als-auch": Es gibt dort sowohl sehr viel gering oder schlecht qualifizierte Arbeitnehmer, als auch viele gut ausgebildete und akademisch qualifizierte Bewohner. Es gibt sowohl relativ viele Selbstständige und Freiberufler als auch viele Un- und Angelernte.

Die für das Schanzenviertel typische Mischung aus Wohn- und Gewerberaum, aus Zuwanderern und Studenten, einkommensschwachen und -starken Gruppen sowie traditionellem Gewerbe, Handwerk und Einzelhandel einerseits und modernen Dienst-

---

[5] Die Angaben beziehen sich auf das Gutachten zur „sozialen Verträglichkeit der Messeerweiterung Hamburg".

[6] Das Zitat stammt aus einem Interview, das im Rahmen des Gutachtens über die „Soziale Verträglichkeit der Messeerweiterung Hamburg" geführt wurde.

[7] Die statistischen Angaben basieren auf der Untersuchung: Läpple, W., Walter, G. (2000): Arbeiten im Stadtteil – Beschäftigungswirkungen wohnungsnaher Betriebe, Gutachten im Auftrag der Stadtentwicklungsbehörde.

leistungen andererseits ist nicht das bruchlose „Erbe" der gründerzeitlichen Stadtstrukturen. Die Entwicklung dieser sozialen und ökonomischen Diversität ist eng mit einer sozialen Bewegung gegen eine einseitige Ausrichtung der Stadterneuerung verbunden, die auf die Erneuerung der physischen Substanz der Stadt nach den Städtebauleitbildern der 1960er- und 1970er-Jahre drängte.

Durch Hausbesetzungen und das Reklamieren von Mitspracherechten bei der Sanierung konnten tatsächlich mehrere große Abriss- und Umnutzungsprojekte der Stadtplanung verhindert und die gründerzeitlichen Strukturen des Quartiers weitgehend erhalten werden. Sich einzumischen und Belange von Bewohnern und Gewerbetreibenden „von unten" zu formulieren und in Sanierungsbeiräten, Runden Tischen und Stadtteilinitiativen einzubringen, gehört bis heute zu den „urbanen Tugenden" im Schanzenviertel. Die teilweise heftig geführten öffentlichen Auseinandersetzungen um stadtplanerische Konzepte und alternative Nutzungsideen haben eine soziale, ökonomische und räumliche Infrastruktur geschaffen, in der sich verschiedene soziale und gewerbliche Milieus, vielfältigste informelle Beziehungen und eine große Offenheit gegenüber anderen sozialen Gruppen entfalten konnten.

Heute spielt sich auf den Straßen des Schanzenviertels in geradezu idealtypischer Weise das urbane „Bürgersteigleben" ab, das Jane Jacobs beschrieben hat. Die vielfältigen Waren- und Dienstleistungsangebote des Viertels – vom Fleischer und Bäcker über Friseure, Mieterberatung und Copyshops bis zur Kneipe oder dem durchgehend geöffneten Imbiss – sind einerseits wichtige Bestandteile einer Versorgungsstruktur, die lange Wege überflüssig macht. Diese urbane Versorgungsstruktur ist sowohl für die weniger mobilen Bevölkerungsgruppen von hoher Bedeutung als auch für die hoch mobilen Professionals, deren Lebensorganisation durch eine „Verflüssigung" der funktionalen, räumlichen und zeitlichen Grenzen zwischen Arbeitswelt und Lebenswelt geprägt ist (vgl. Läpple 2005a). Andererseits bilden die Läden, Restaurants, Kneipen und Dienstleistungsbetriebe auch Orte der Kommunikation. Beim Bäcker, Friseur oder im Coffeeshop trifft man sich, erfährt Neues aus den professionellen Milieus oder kann sich über die jüngsten Vorfälle in der (Stadt-)Politik echauffieren.

Auch Bettler und Obdachlose gehören zum Straßenleben. Gerade deren tägliche Präsenz wird zwar nicht selten als Zumutung erlebt, aber zugleich scheinen solche Begegnungen auch den Nährboden für die Aufrechterhaltung einer „höflichen Nichtbeachtung" (Giddens) und vielleicht sogar einer alltäglichen Toleranz zu bereiten, die sich u. a. dadurch zeigt, dass man hier „den Obdachlosen in die Augen (schaue), auch wenn man nicht jedem von ihnen etwas geben könne" (KulturSpiegel 6/2005: 13).

3.2.3 Die lokal verankerte Ökonomie des Viertels

Zu den lokal verankerten Betrieben[8] zählen wir Kleinbetriebe des produzierenden und reparierenden Handwerks, Läden und Werkstätten des inhabergeführten Einzelhandels, Betriebe der Gastronomie sowie soziale und gesundheitliche Dienstleistungen und unternehmensbezogene Dienste. Das Spektrum reicht also vom traditionellen Handwerk bis zur „New Economy". Lokal integriert sind die Betriebe z. B. über ihre Kunden, die sie von ihrem Standort aus mit dem PKW schnell erreichen können oder über Betriebe, mit denen sie partnerschaftlich zusammenarbeiten. In Quartieren wie dem Schanzenviertel finden sie ein passendes Angebot gewerblicher Räume: die Räume sind parzellengroß in Hinterhöfen oder in die Erdgeschosszonen von Geschäftsstraßen integriert, sie lassen sich mieten und erfordern selten so große Investitionen, dass der Betrieb auf einen spezifischen Entwicklungspfad festgelegt wird. Die Räume bleiben in der Regel inkrementell anpassbar an das Auf und Ab der betrieblichen Entwicklung – ein wichtiger Vorteil besonders für Betriebe, die stark kundenorientiert arbeiten und deren Nachfrage besonders wählerisch ist und diskontinuierlich verläuft.

Funktionsgemischte Stadtteile wie das Schanzenviertel und die gründerzeitlichen Quartiere in der westlichen inneren Stadt Hamburgs haben für die lokal verankerte Ökonomie noch einen anderen Vorteil: Hier gibt es eine große Vielfalt an Kunden, Arbeitskräften und anderen Diensten, die für die eigene Existenzsicherung in Anspruch genommen werden müssen. Z. B. könnten ohne die Laufkundschaft aus Erwerbstätigen, Kneipen- und Cafébesuchern, die aus vielen Teilen der Stadt und dem Umland in das Schanzenviertel kommen, der Einzelhandel und die Gastronomie kaum überleben. Auch die Häufung verschiedener Betriebe, Handwerker und Dienstleistungen, Institutionen und Infrastrukturen unterstützt die einzelbetriebliche Entwicklung. Sie steht wie ein „öffentliches Gut" zur Verfügung, das für die Betriebe zwar kostenlos, aber nicht umsonst ist: Handwerker finden dort leicht Partnerbetriebe, mit denen sie zusammen Aufträge abwickeln. Mediendienstleister z. B. finden hier die geeigneten Szenerien, um ihresgleichen zu sehen und selbst gesehen zu werden. Daraus entstehen wiederum Kontaktbörsen für Informationen über potenzielle Beschäftigungs- und Kooperationsmöglichkeiten sowie für die Anbahnung von anderen geschäftlichen Beziehungen.

Heute zeigt die Ladenstruktur im Viertel eine deutliche Verschiebung und Polarisierung im Angebot: Für die vielen einkommensschwachen Gruppen aus dem Umfeld des Viertels und St. Paulis gibt es eine auffallende Präsenz an Discountern, Restposten- und Schnäppchenmärkten. Für die anderen Kunden, die als Arbeitende oder als Amüsierwillige in die

---

[8] Wir sprechen bewusst von „lokal verankerten Betrieben" und nicht von „lokaler Ökonomie", weil wir zwar davon ausgehen, dass die Betriebe ihre Standorte im Stadtteil haben, jedoch nicht einzig und allein von den lokalen Austauschverhältnissen leben können. Es handelt sich dabei nicht um einen von der globalen Ökonomie unabhängigen Wirtschaftskreislauf. Die Stadtteil- und Quartiersbetriebe werden trotz ihrer lokalen Orientierung und Einbettung in ihrer Entwicklung in vielfältiger Weise von überregionalen und selbst globalen Bezügen beeinflusst. Diese reichen von der „globalen Warenwelt" des Einzelhandels über die transnationalen Bezüge der Migrantenökonomie bis hin zur virtuellen Vernetzung von Kleinbetrieben im World Wide Web. Die überregionalen und internationalen Zusammenhänge ändern jedoch nichts an der Dominanz ihrer lokalen Einbettung. Das Konzept der lokal verankerten Ökonomie betont das Spannungsverhältnis zwischen lokalen Einbettungsformen und translokalen Wirkungszusammenhängen, mit denen nicht nur Gefahren, sondern auch Chancen verbunden sind (vgl. Läpple 2005b: 28).

Viertel kommen, gibt es ein davon abweichendes Angebot, das den distinktiven Konsummustern und Lebensstilen einer kaufkräftigen und trendbewussten Konsumentengruppe eher entspricht. Das Schanzenviertel ist inzwischen eine Hochburg für Nachtschwärmer und kaum ein anderes Viertel kann eine vergleichbare Dichte von Restaurants so vieler unterschiedlicher Kulturen vorweisen.

3.2.4 Mögliche Gefährdungen – zwischen Yuppiesierung und Amüsierviertel

Die neuen Dienstleistungsmilieus haben die gewerblichen Strukturen des Viertels in gewisser Weise polarisiert: Sie bringen zwar neue Kaufkraft in das Viertel, zugleich aber stimulieren sie auch eine andere Nachfrage, an die sich nicht alle Bereiche des traditionell im Viertel ansässigen Handels anpassen können. Die alten inhabergeführten Läden weichen daher peu à peu, um Boutiquen, Kneipen und Restaurants Platz zu machen, die ihre Angebote und Sortimente auf die Bedürfnisse der Besserverdienenden und der „nachtaktiven" Kneipenbesucher ausgerichtet haben. Während die Kunden und Besucher der Modeläden und Szenekneipen sich nicht an dem Image des Viertels und den Konflikten um die Drogenszene stören, leidet die traditionelle Geschäftswelt des Quartiers darunter. Sie musste z. T. erhebliche Umsatzeinbußen hinnehmen und nicht wenige alteingesessene Läden wurden geschlossen.

Die „New Economy" und die damit verbundenen unternehmensorientierten Dienstleister haben nicht nur neue Bewohner, Unternehmen, Kunden, Kaufkraft und Investitionen in das Schanzenviertel gebracht, sondern auch eine Entwicklung angestoßen, die ansässige Gewerbezweige und Bewohner als Bedrohung empfinden, weil die Mieten für Gewerbe- und Wohnräume sowie die allgemeinen Lebenshaltungskosten gestiegen sind. Die Krise der „new economy" hat allerdings wesentlich zu einer Entspannung der Situation beigetragen. Die Professionals der Neuen Medien treten inzwischen nicht nur bescheidener auf, sondern sie sind auch notgedrungen preisbewusster geworden. Lange Zeit drohte der „Standort Schanze" vor allem durch den Drogenkonsum und -handel an Attraktivität zu verlieren. Inzwischen scheint die Drogenproblematik allerdings nicht mehr ganz so bedrohend zu sein. Sehr viel störender empfinden viele Bewohner heute die täglichen Zumutungen durch die wachsende Amüsier- und Erlebniskultur im Quartier. Vor allem Bewohner aus dem bürgerlichen Milieu wollen sich diesen Zumutungen nicht länger aussetzen und ziehen weg. Dadurch verliert das Quartier Nachfrage, gerade in den Bereichen der alltäglichen Versorgung, wodurch viele der Geschäfte in eine schwierige ökonomische Situation geraten.

3.3 Steilshoop – die stigmatisierte Mustersiedlung im Grünen

Steilshoop ist eine Großsiedlung, die in den 1970er-Jahren auf dem Gebiet von Hunderten von Kleingärten entstand. Prägend für die Sozialstruktur des Stadtteils ist vor allem der außergewöhnlich hohe Anteil an Sozialwohnungen in der Höhe von 70,6 % (Hamburger Durchschnitt 16,4 % und Schanzenviertel 16,2 %).[9] Fast die Hälfte der Wohnungen

---

[9] Die Daten zur Sozialstruktur des Stadtteils Steilshoop entstammen der im Internet zugänglichen Version der „Stadtteil-Profile" (2004b): http://fhh1.hamburg.de/fhh/behoerden/behoerde_fuer_inneres-/statistisches_landesamt/profile/steilshoop.htm.

gehören kommunalen und gemeinnützigen Wohnungsbaugesellschaften, 30 % befinden sich im Besitz verschiedener Genossenschaften (vgl. Harms, Schubert 1989: 315). Die Sozialstruktur der Bewohner und Bewohnerinnen ist aufgrund der Belegungspolitik und der Förderbedingungen das Resultat eines amtlichen Selektionsprozesses.

Bei dieser Großsiedlung handelt es sich um einen baulichen und sozialen Zusammenhang, dessen Abschließung nahezu perfekt ist: Sie vermittelt sich durch den baulichen Zusammenhang der Siedlung, der sich aus dem städtischen Umfeld deutlich sichtbar gegenüber den benachbarten Vierteln abhebt. Sie vermittelt sich in den ökonomischen Strukturen der Siedlung, die ausschließlich auf den Siedlungszusammenhang bezogen sind und fast keine Nutzungen aufweisen, die einen Austausch mit den umgebenden Stadtteilen oder dem Rest der Stadt pflegen. Und sie vermittelt sich vor allem in der sozialen Struktur der Siedlung, die sich durch den amtlichen Selektionsprozess der Sozialwohnungen relativ homogen innerhalb der vorgezeichneten Einkommensgrenzen bewegt.

Abb. 1: Steilshoop

Steilshoop wurde in der Zeit zwischen 1969 und 1975 geplant und errichtet. Das städtebauliche Konzept ist von einer Abwendung von den strengen und orthogonal formierten Zeilen des 1960er-Jahre-Städtebaus geprägt. Ein Team aus international renommierten Architekten[10] versuchte stattdessen durch eine weiträumige, nahezu geschlossene Blockrandbebauung „Urbanität durch Dichte" zu erzeugen.

Steilshoop ist zudem vom städtebaulichen Leitbild der Funktionstrennung geprägt. Zwar hatte die Planung die zeitlich parallele Entwicklung eines Gewerbegebietes in der angrenzenden Nachbarschaft vorgesehen, aber die strenge Zonierung in Wohn- und Gewerbegebiet verstärkt nur den dominierenden Eindruck einer funktionalen Ordnung, die darauf ausgerichtet ist, die Mischung und Reibung zweckfremder Nutzungen zu verhindern.

Diese Ordnung setzt sich auch innerhalb der Siedlung fort. Die Frei- und Grünflächen befinden sich ausnahmslos in den halb-privaten Blockinnenbereichen, Straßen dienen ausschließlich Verkehrszwecken, davon getrennt durchziehen Fußwege die Baublöcke. Geschäfte und Dienstleistungen befinden sich separat in einem zentral gelegenen, nach außen hin geschlossen und abgeschirmt wirkenden Einkaufszentrum. Weil ein geplanter Schnellbahnanschluss bis heute nicht gebaut wurde, ist die Siedlung nur über das Busnetz an den öffentlichen Personennahverkehr angeschlossen. Um von Steilshoop in die Hamburger City zu kommen, benötigt man mit öffentlichen Verkehrsmitteln zwischen 28 und 37 Minuten reine Fahrzeit.

Wie in vielen anderen Großsiedlungen ist diese Zonierung jedoch zum Problem geworden. Weil alle Räume – von der „Funktionsküche" bis zum Einkaufszentrum – genau bestimmten und klar definierten Zwecken gewidmet sind, gibt es nur wenig Gelegenheiten, zu denen sich verschiedene Menschen mit jeweils unterschiedlichen Absichten, Zwecken und Zielen „zufällig" und zwanglos zusammenfinden können. In der Folge davon existieren in Steilshoop fast nur Nutzungsräume, in denen sich jeweils spezifische, dem Zweck entsprechende Handlungsmuster entwickeln können und geduldet werden. Ansonsten aber ist der öffentliche Raum in Steilshoop kein Ort des ziellosen Spazierengehens und schon gar kein Ort zum Verweilen. Da sich niemand ohne Ziel und Zweck im öffentlichen Straßenraum aufhält, werden diejenigen, die diese Regel brechen, mit Argwohn und Misstrauen betrachtet oder aber der Regelverstoß wird umgehend durch die Beseitigung der Nischen behoben – so wurden beispielsweise Bänke entfernt, die zu Treffpunkten für ausgiebigen Alkoholkonsum geworden waren.

3.3.1 Ökonomische Strukturen Steilshoops

Den damaligen Leitbildern des Städtebaus entsprechend ist die Trennung der Funktionen Wohnen und Arbeiten in Steilshoop am markantesten ausgeprägt. Die Siedlung selbst ist nahezu ausschließlich der Wohnfunktion gewidmet und in ihren Straßen und Wegen finden die Bewohner mit Ausnahme des Einkaufszentrums in der Mitte der Siedlung keinen einzigen Ort, der ein zwangloses Verweilen erlauben würde, wie beispielsweise ein Café, ein Lebensmittelgeschäft, ein Imbiss. Das Einkaufszentrum ist dagegen zuallererst

---

[10] U. a. Candilis, Josic, Woods (Berlin/Paris) und John Suhr (Hamburg).

ein Ort des Konsums und der Erledigung anderer Besorgungen. Wer das Zentrum nicht zum Konsumieren betritt und sich nur darin aufhält, um Zeit zu verbringen – allein oder mit anderen – zieht den Argwohn und das Misstrauen der Sicherheitskräfte auf sich und muss damit rechnen, aus dem Zentrum verwiesen zu werden.

Das Einkaufszentrum ist nahezu durchgängig mit Filialbetrieben belegt; es gibt kaum inhabergeführte Betriebe. Zwar arbeiten in den Ladengeschäften und Filialen der Siedlung vor allem Leute aus Steilshoop – und diese lokalen Arbeitsplätze sind nicht hoch genug einzuschätzen –, doch für die strategische Führung der Läden spielt die lokale Einbindung keine Rolle. Filialen werden mit dem Ziel gegründet, die lokale Kaufkraft der Siedlung abzuschöpfen. Wenn übergeordnete Gründe die Schließung der Filiale rational erscheinen lassen, wird sie geschlossen. Aus der Sicht der Führung bestehen deswegen auch keine anderen Bindungen an die Siedlung als die spezifischen Kaufkraftpotenziale.

Lediglich in der Ringstraße, die um das Einkaufszentrum herumführt, haben sich auf einem kleinen Abschnitt in den ausgebauten Erdgeschosszonen der Wohnblocks einige Betriebe niedergelassen, die von ihren Inhabern selbst geführt werden. Die meisten von ihnen fühlen sich jedoch in ihrer Existenz durch die schwierigen Bedingungen des sozialen Umfeldes bedroht: dem Vandalismus in Form von Zerstörungen und Graffiti und dem stetig schwächer werdenden lokalen Absatzmarkt aufgrund der sinkenden Kaufkraft.

Sowohl die Filialen des Einkaufszentrums als auch die inhabergeführten Betriebe am Rande des Zentrums leben ausschließlich von der Kundschaft aus der Siedlung. Es gibt keine Attraktion, die über die Siedlung hinaus Kunden anziehen könnte. Einkommens- und Kaufkraftverluste innerhalb der Siedlung können daher auch nicht von außen ausgeglichen werden. Soziale Erosionsprozesse betreffen unter diesen Umständen den gesamten Einzelhandel. Außerdem ist die Nachfrage aufgrund der homogenen sozialen Struktur kaum differenziert. Weder im Preis, noch im Stil oder Geschmack der Waren lassen sich verschiedene Konsummuster ablesen. Es gibt offensichtlich für eine kundenorientierte Segmentierung des Angebotes keine Möglichkeit, auf deren Grundlage sich bessere Entwicklungsperspektiven für den Handel und das Handwerk eröffnen ließen.

Ein ganz anderes Segment ökonomischer Aktivitäten befindet sich in dem Gewerbegebiet, das durch eine Hauptverkehrsader von der Siedlung getrennt liegt. Auch dieser Bereich ist kein öffentlicher Ort, der zu etwas anderem als zum Arbeiten in Anspruch genommen werden kann. Der Rhythmus dieses Gebietes wird vom Beginn und Ende der Arbeitszeiten strukturiert. Davor und danach sind die Straßen leer.

Für die Betriebe bietet der Standort jedoch einige Vorteile. So konnte man hier nach den eigenen Vorstellungen und Bedürfnissen bauen, man hat einen guten Verkehrsanschluss und liegt im Vergleich zu anderen Gewerbegebieten noch relativ nah an zentralen Bereichen der Stadt. Für den Großteil der im Gewerbegebiet ansässigen Betriebe spielt der Stadtteil als Absatzmarkt jedoch keine Rolle. Einige Handwerksbetriebe, die sich im Zuge des Siedlungsbaus in den 1970er-Jahren niedergelassen haben und von der großen Nachfrage nach Bau- und Ausbauleistungen profitieren konnten, mussten schnell neue Absatzmärkte finden, weil der Stadtteil alleine keine dauerhafte betriebliche Entwicklung zuließ.

Ein Großteil der heute ansässigen Betriebe kam aus den innenstadtnahen gründerzeitlichen Stadtteilen in das Gewerbegebiet. Die Verlagerungen wurden in der Regel notwendig, weil die beengten Räume am alten Standort keine Erweiterung mehr zuließen. Die Betriebe befinden sich in Wachstumsphasen oder sie haben sich auf einem relativ hohen Niveau konsolidiert. Bei ihnen handelt es sich zum großen Teil um mittelständische Unternehmen, die im Vergleich zu den Filialen des Einkaufszentrums über sehr viel mehr Mitarbeiter verfügen. Abgesehen von dem unsicheren sozialen Raum und den vielen Einbrüchen und Diebstählen, sind die Betriebe mit dem Standort zufrieden.

3.3.2 Soziale Konflikte im öffentlichen Raum

Vergleicht man Steilshoop und das Schanzenviertel nach den gängigen sozialstatistischen Indikatoren von Armut und Benachteiligung, ergeben sich keine großen Unterschiede. In beiden Stadtteilen sind die durchschnittlichen Einkommen gering.[11] Der Anteil an Sozialhilfeempfängern war in Steilshoop 2003 mit 11,7 % nahezu gleich groß wie im Schanzenviertel. Der Anteil der Arbeitslosen lag 2004 mit 8,7 % über dem städtischen Durchschnitt von 7,35 %, aber deutlich unter dem des Schanzenviertels mit 10,1 %. Von den 16.500 Einwohnern Steilshoops waren im Jahr 2004 3.400, also 17,7 % Ausländerinnen und Ausländer. Der Anteil der nichtdeutschen Bevölkerung ist somit deutlich niedriger als im Schanzenviertel, aber etwas höher als im Hamburger Durchschnitt (16 %).

Anders als im Schanzenviertel entsteht in Steilshoop aus dem Nebeneinander unterschiedlicher Kulturen und Lebensweisen aber kaum eine produktive Reibung. Hier führen kulturelle und ethnische Differenzen zu Abgrenzungen und einem Rückzug in die eigenen vier Wände. Eine gegenseitige Gewöhnung und Akzeptanz fällt hier offenbar schwer. Wer mit seinem Alltag von den vorherrschenden Konventionen abweicht, kann in der Siedlung nicht selbstverständlich mit Gleichgültigkeit oder Anteil nehmender Toleranz der anderen rechnen. Wie unversöhnlich sich zuweilen die Positionen gegenüberstehen, wird in dem folgenden Ausschnitt aus einem Gespräch mit einem Einzelhändler deutlich.

„Es ziehen immer mehr Deutsche weg. Das ist wirklich schade, dass das hier nicht besser gemischt wird! Es wohnen bald mehr Türken als Deutsche hier. Und die Türken passen sich einfach nicht an. Die haben einfach andere Vorstellungen vom Zusammenleben. Die Kinder sind laut, das ist auch nervig! Eine Kundin erzählte uns vor kurzem, dass die Türkenkinder in der Wohnung über ihr abends um 22 Uhr noch Fußball spielen. Sie ist dann dort vorstellig geworden, und dann hat sie der türkische Mieter bedroht. Auch die Wohnungsbaugesellschaft hat ihr keine Rückendeckung gegeben. Jetzt zieht sie aus!"[12]

---

[11] Angaben über das Einkommen in den Stadtteilen werden in den „Stadtteil-Profilen" des Statistischen Landesamtes Hamburg veröffentlicht, sie beziehen sich jedoch ausschließlich auf das Jahr 1995. Kurz vor der Welle neuer Medien- und IT-Dienstleistungen lag das durchschnittliche Einkommen der Bewohner St. Paulis sogar unter dem von Steilshoop (http://www.hamburg.de/Behoerden/StaLa/profile/steilshoopa.htm).

[12] Das Zitat stammt aus der Untersuchung über die „Beschäftigungswirkungen wohnungsnaher Betriebe" (Läpple, Walter 2000: 87).

Dass voneinander abweichende Lebensstile so sehr ins Gewicht fallen, hängt nicht zuletzt auch mit dem sozialen Raum der Siedlung zusammen. Das Problem Steilshoops lässt sich wie folgt charakterisieren: Die sozialräumliche Organisation der Siedlung engt die Bewohner weitgehend auf einerseits ausgewählte und ausschließende private Beziehungen in Cliquen, Freundes- und Bekanntenkreisen oder in der Verwandtschaft ein oder führt andererseits zu sozialer Abgeschiedenheit. Gerade damit aber werden die gegenseitigen Abgrenzungen der sozialen Gruppen vertieft und die Chancen sinken, dass vereinzelte Kollektive, Familien oder Individuen in einen sozialen Zusammenhang gebracht werden. Erforderlich für die Entwicklung von „weak ties" wären niedrig-schwellige Alternativen zur privaten Gemeinschaft bzw. der sozialen Isolation.

Ein Beispiel aus der Siedlung mag dies verdeutlichen: Die im großzügigen Blockinneren im Stil von Parks angelegten grünen Hofbereiche bieten insbesondere Eltern und Kindern viele Gelegenheiten für engere Gemeinsamkeit mit der Nachbarschaft: Spielplätze, Grillmöglichkeiten und eine Möblierung, die das Beisammensein nahelegt. Aber es gibt keine Läden dort, keine Unternehmen oder Infrastruktur irgendwelcher Art. Wenn die Eltern ihre Kinder in den Hof bringen, um dort mit anderen Eltern oder Kindern Kontakt zu bekommen, müssen sie – wenn sie den weiten Rückweg in die eigene Wohnung scheuen – in die Wohnungen ihrer Bekannten gehen, um sich beispielsweise im Winter aufzuwärmen oder ihre Kinder sauber zu machen. Es ergibt sich auf diese Weise im Kreise der Bekannten ein geselliges Leben. Aber bereits die Nachbarn aus dem angrenzenden Baublock passen nicht mehr in diese private Geselligkeit. Die Höfe werden als ein erweiterter Privatbereich wahrgenommen, der anderen eine Grenze vermittelt: Sie sind hier nicht erwünscht.

Gäbe es eine Ansammlung von öffentlichen Treffpunkten, wie beispielsweise Imbisse, Gaststätten oder Läden, dann könnten die Zusammenkünfte ganz anlassbezogen und unverfänglich auf einer öffentlichen Basis stattfinden und jeder könnte sich am Ort aufhalten, egal ob er zu dem einen oder anderen engeren Zirkel von Nachbarn oder Freunden dazugehört.

Die Abgrenzung von den anderen Bewohnern der Siedlung und der Rückzug in die „eigenen vier Wände" sind Phänomene, die Steilshoop seit seiner Gründung begleiten. Diese Anonymität ist auch ein Grund dafür, dass die sozial mobilen Bewohner die Siedlung verlassen und damit die weniger Mobilen, die auf die Unterstützung der Wohnungsämter bei der Zuweisung von Wohnraum angewiesen sind, zurücklassen. Entwicklungsoptionen in der Siedlung, die von den Bewohnern selbst entworfen und getragen werden, bleiben die Ausnahme. Seit der Gründung der Siedlung arbeiten deswegen Sozialarbeiter, Beschäftigungsträger und andere Akteure aus der gemeinwesenorientierten Arbeit daran, dass die sozialen Verhältnisse der Siedlung für die Bewohner erträglich bleiben. Die Siedlung ist damit auf einen beständigen Ressourcentransfer von außen angewiesen. Ohne diesen Transfer hätten auch die wenigen selbst organisierten Initiativen von Bewohnern, Lehrern, Erziehern und anderen Akteuren aus der Gemeinwesenarbeit kaum eine Chance gehabt.

3.3.3 Trotz Sanierung und „Nachbesserungen" erneut die Gefahr eines sozialen Verfalls

Das Bild Steilshoops in der Öffentlichkeit Hamburgs war lange Zeit stark vom Image des „sozialen Brennpunktes" geprägt. Dazu trugen Vandalismus und Verschmutzung oder Verwahrlosung von Wohnungen und Treppenhäusern sowie eine steigende Kinder- und Jugendkriminalität bei, die auch zum Wegzug vieler Mieter geführt hat. Deswegen wurde die Siedlung bereits Anfang der 1980er-Jahre zum Sanierungsgebiet erklärt und umfangreiche „Nachbesserungsmaßnahmen" durchgeführt. Diese wurden sowohl auf die Gebäude und das Wohnumfeld als auch auf die soziale Infrastruktur des Viertels konzentriert. In diesem Zusammenhang wurden in Steilshoop zumeist über ABM-Stellen und Sachmittel subventionierte Versorgungseinrichtungen entwickelt, die jeweils auf die besonderen Probleme spezifischer „Problemgruppen" zugeschnitten sind: Jugendhilfeeinrichtungen für Kinder und Jugendliche, Altenbetreuungen für die ältere Generation, Beschäftigungsträger für arbeitslose Jugendliche und ältere Arbeitnehmer, Weiterbildungseinrichtungen für die Aus- und Weiterbildung.

Die Infrastruktur wurde unter großem Engagement von Sozialarbeitern, der in der Siedlung ansässigen Gesamtschule und ihren Lehrern, Erziehern und anderen Experten für die soziale und kulturelle Arbeit vorangetrieben und schließlich konnten auch Impulse zur Selbsthilfe an die Bewohner und die jeweils besonderen „Problemgruppen" unter ihnen weitergegeben werden. So wurde beispielsweise ein Kulturverein ins Leben gerufen, der regelmäßig Theateraufführungen organisiert. Ein für die Siedlung besonders wichtiges Projekt ist ein Café, das gegenüber dem Einkaufszentrum im Erdgeschoss eines Wohnungsbaus eingerichtet wurde und ebenfalls über ABM-Stellen und von zahlreichen ehrenamtlich tätigen Mitarbeitern betrieben wird. Das Café ist vor allem der Zusammenarbeit mit der Wohnungsbaugesellschaft und insbesondere der Initiative und dem Durchsetzungsvermögen einiger in der Sanierungsplanung engagierter Bewohner zu verdanken, die sich selbst als „Anwälte" des Gemeinwesens verstehen.

Inzwischen droht dem Café durch die Umstellung der Fördermaßnahmen das Aus. In den letzten Monaten ist Steilshoop mit einer ganzen Reihe von städtischen Sparmaßnahmen konfrontiert, die die soziale Infrastruktur des Stadtteils in hohem Maße bedrohen. So soll die einzige weiterführende Schule des Stadtteils, die Integrierte Gesamtschule, geschlossen werden. Ebenfalls von Schließung bedroht sind das Hallenbad in der Fabriciusstraße und die Bücherhalle des Stadtteils, die auf eine „Familienbibliothek" reduziert werden soll (vgl. Hamburger Abendblatt vom 04.02.2005 und TAZ vom 14.06.2005). Der Elternrat der Integrierten Gesamtschule Steilshoops sieht durch die Sparpolitik des Senats „den Stadtteil vom sozialen Verfall bedroht".[13] In seiner Presseerklärung warnt der Elternrat die Politik: „Verarmung, eingeschränkte Bildungs- und Freizeitmöglichkeiten, eine vom Verfall bedrohte Umwelt: Steilshoop läuft Gefahr, wieder ein sozialer Brennpunkt zu werden."

Durch die drohende Auflösung der tradierten sozialstaatlichen Arrangements wird dieser Stadtteil besonders stark getroffen. Selbsthilfeaktivitäten und die Gründung sozialer

---

[13] Siehe Presseerklärung des Elternrates der integrierten Gesamtschule Steilshoop: http://www.gs-steilshoop.de/elternrat.htm.

Netzwerke waren in der Vergangenheit meist auf Ressourcen und Hilfeleistungen aus professionellen und übergeordneten Entwicklungszusammenhängen angewiesen, die jetzt schrittweise zurückgeführt werden. Selbst organisierte Netzwerke basieren auf „sozialem Kapital", d. h. auf einem dauerhaften Engagement von Gruppen von Bewohnern, die über Durchsetzungsvermögen und Verbindungen verfügen. Dieses „soziale Kapital" ist in Steilshoop im Vergleich zum Schanzenviertel jedoch relativ gering ausgeprägt.

Zwar engagieren sich in Steilshoop viele Lehrer, Erzieher und Beschäftigungsträger für das Gemeinwesen. Ihre Ressourcen sind aber institutionalisiert: In den Strukturen von Schulen, Beschäftigungsagenturen, Alten- oder Jugendeinrichtungen. Im Rahmen ihrer professionellen Funktionen stehen ihnen Arbeitsplätze, gewisse Sachmittel und Arbeitskontexte zur Verfügung, wenn auch in immer geringerem Umfang. Wenn diese extern bereitgestellten Ressourcen jedoch durch staatliche und kommunale Sparmaßnahmen stark eingeschränkt werden oder wegfallen, werden die Möglichkeiten sozialer Integration in dem Stadtteil erheblich geschwächt. Das Leben im Stadtteil droht damit zu einer zunehmenden Beschränkung der Lebenschancen seiner Bewohner zu werden.

4 Schlussbemerkungen

In der Einleitung zu diesem Beitrag haben wir darauf hingewiesen, dass sich die sozialen Probleme der Städte im Stadtraum in unterschiedlicher Weise manifestieren. So führt die sozialräumliche Konzentration und Kumulation der Erscheinungsformen einer persistenten Massenarbeitslosigkeit mit anderen Formen sozialer Benachteiligung dazu, dass Stadtquartiere zu den eigentlichen Problemfeldern werden. Wie bereits ausgeführt, sind die von uns vorgestellten Quartiere zumindest auf statistischer Ebene von der Arbeitslosigkeit und den damit verbundenen Problemen ähnlich stark betroffen. Beide Quartiere gelten in der öffentlichen Wahrnehmung als „Problemstadtteile". Allerdings zeigt ein genauerer Blick, dass die übergeordneten Problemkonstellationen (krisenhafte wirtschaftliche Entwicklung, Arbeitslosigkeit, Armut) auf der lokalen Ebene des Stadtteils unterschiedliche Auswirkungen und Folgen haben. Die innerstädtischen Quartiere (vom Typ Schanzenviertel) eröffnen beispielsweise sehr viel größere Möglichkeiten für die Entwicklung sozialer Netzwerke, für Beschäftigungsmöglichkeiten vor Ort, für kollektive Lernprozesse sowie unterschiedliche „Überlebensstrategien". Großsiedlungen dagegen können allein schon aufgrund ihrer strikten Funktionstrennung kaum Beschäftigungsmöglichkeiten vor Ort anbieten. Die vorherrschende Lebensweise ist eher privatistisch und auf Familienbeziehungen ausgerichtet. Da die Großsiedlungen allerdings immer noch über einen hohen Anteil an Sozialwohnungen verfügen, bieten sie den von Arbeitslosigkeit betroffenen Familien bisher noch eine weit sicherere Wohnperspektive als die innerstädtischen Quartiere, wo die Wohnungsversorgung allein über den Markt vermittelt ist.

Interessant ist die Konfrontation unserer unterschiedlichen Beurteilung der beiden Stadtquartierstypen mit den Forschungsergebnissen von Martin Kronauer und Berthold Vogel, die im Rahmen eines Forschungsprojektes versucht haben, in Bewohnerbefragungen zu klären, wie innerstädtisches Quartier und wie Großsiedlungen von ihren jeweiligen Bewohnern, die von Arbeitslosigkeit betroffen sind, bewertet werden (s. dazu den Beitrag von Martin Kronauer in diesem Band). Kronauer und Vogel kommen in ihrer Untersuchung zu dem folgenden Ergebnis: „Die Arbeitslosen unserer Befragung in Mümmelmannsberg (einer Hamburger Großsiedlung – d. V.) und St. Pauli sind überraschend einig, wenn es um die Bewertung ihres jeweiligen Wohnquartiers geht. Die deutliche Mehrheit in beiden Stadtvierteln äußert sich überwiegend positiv, wenn sie in den Interviews auf ihr Wohnfeld angesprochen werden" (Kronauer; Vogel 2001: 51).

Die beiden Forscher kommentieren dieses Ergebnis wie folgt: „Unsere Vermutung, dass die periphere Siedlung Mümmelmannsberg als ‚monofunktionales Quartier' deutlich schlechter abschneiden würde als das innenstadtnahe und ‚multifunktionale' Altbauquartier St. Pauli, bestätigte sich nicht" (Kronauer; Vogel 2001: 51). Sie machen jedoch deutlich, dass hinter dieser ähnlichen Bewertung sehr unterschiedliche Beurteilungskriterien stehen, die wiederum das Resultat sehr unterschiedlicher Lebensbedingungen sind. Mit anderen Worten, in den unterschiedlichen Quartierstypen leben unterschiedliche Bevölkerungspopulationen mit sehr unterschiedlichen Lebenslagen und Bedürfnissen. Durch die spezifische Ausprägung der Quartiere wurden im Laufe der Zeit Menschen mit bestimmten Lebenslagen und Lebensstilen angezogen bzw. abgestoßen, wodurch sich wiederum die sozial selektive Ausprägung der Quartiere verstärkt hat. Wie wir am Beispiel von Steilshoop gezeigt haben, werden diese sozialräumlichen Selektionsprozesse zusätzlich durch institutionelle Arrangements wie die amtliche Zuweisung von Sozialwohnungen verstärkt.

Quartiere unterscheiden sich nicht nur in ihren funktionalen Strukturen, ihren baulich-architektonischen Merkmalen, ihrer Geschichte sowie ihrer sozialen Zusammensetzung, sondern Stadtquartiere sind auch Ausdruck unterschiedlicher Integrationsmuster oder Integrationsmodi. In unseren Ausführungen zur gesellschaftlichen Integration haben wir bereits aufgezeigt, dass es in modernen Gesellschaften keine Integration in „die" Gesellschaft gibt, sondern dass gesellschaftliche Einbindung und Teilhabe über die Integration in die verschiedenen Teilsysteme der Gesellschaft vermittelt werden, also beispielsweise die gleichzeitige Integration in den Arbeitsmarkt, den Wohnungsmarkt, in sozialstaatliche Arrangements, familiäre Beziehungen und/oder soziale Netze. Das Gelingen einer derartigen gleichzeitigen oder simultanen Multiinklusion erfordert eine komplexe Vermittlung zwischen strukturellen Inklusionsangeboten und den jeweiligen subjektiven Erfordernissen nach Teilhabe und Einbindung. Das heißt: Die strukturellen Angebote systemischer Integration müssen mit den jeweils unterschiedlichen Formen alltäglicher Lebensführung sowie den subjektiven Fähigkeiten der Menschen in Übereinstimmung gebracht werden. Oder mit der Begrifflichkeit von Giddens: Die strukturellen Funktionsweisen der Systemintegration (in die verschiedenen Teilsysteme der Gesellschaft) bedürfen der alltagsweltlichen Vermittlung durch die Sozialintegration (auf der Ebene von face-to-face-Interaktionen).

Für die Lösung dieses Integrationsproblems haben sich vor allem zwei paradigmatische Modelle herausgebildet, die wiederum mit unseren beiden Quartierstypen korrespondieren. Zunächst zum ersten Integrationsmodus, dem fordistisch-wohlfahrtsstaatlichen Integrationsmodell. Im fordistischen Entwicklungsmodell dominiert die Strategie der Standardisierung und Normierung. Der Standardisierung der Produktionsprozesse entspricht die Standardisierung der gesellschaftlichen Zeitorganisation und der Arbeitsarrangements. Standardisierung und Normierung der Arbeit verdichten sich im sogenannten „Normalarbeitsverhältnis". Sein wesentliches Merkmal ist eine unbefristete Vollzeitbeschäftigung, die arbeits- und sozialrechtlich abgesichert ist. Das Normalarbeitsverhältnis impliziert eine klare Trennung von Erwerbs- und Reproduktionsarbeit, woraus wiederum eine klare Rollenverteilung zwischen den Geschlechtern resultiert. Es weist den Männern die „Ernährerrolle", also die materielle Versorgung der Ehefrau und Kinder zu, den Frauen hingegen die „Hausfrauenrolle", die allenfalls eine Zuverdienerrolle zulässt. Durch entsprechende sozialstaatliche Arrangements, kulturelle Normen und Leitbilder wird das Regime der Massenproduktion verknüpft mit dem Modell eines standardisierten Lebens- und Konsummodells. Die diesem Integrationsmodus idealtypisch entsprechenden Wohnformen sind zum einen das Eigenheim im suburbanen Raum und zum anderen die Wohnung in der Großsiedlung des sozialen Wohnungsbaus am Rande der Stadt. Die Raumstruktur ist durch eine klare funktionale und räumliche Trennung der Arbeitswelt von der Lebenswelt geprägt, was wiederum seinen Ausdruck in der Entmischung städtischer Funktionen durch eine stadträumliche Zonierung findet. Das Problem der „gleichzeitigen Multiinklusion" wird im Rahmen dieses fordistischen Integrationsmodus durch eine Standardisierung und Normierung der Arbeitswelt und eine durch sozialstaatliche Arrangements abgesicherte Lebens- und Konsumweise gelöst, die räumlich in eine weitgehend standardisierte Wohn- und Siedlungsstruktur eingebunden ist.

Durch diese wohlfahrtsstaatlich-fordistischen Inklusionsarrangements mit ihren spezifischen Formen der Standardisierung und Normierung wird die besondere Qualität der Stadt mehr oder weniger entwertet. Die auf räumlicher Dichte basierenden Inklusionsangebote der Stadt werden auf standardisierte und zonierte Arbeits- und Lebensräume jenseits der sozialen und kulturellen Zumutungen der tradierten Stadt verlagert.

Die Großsiedlung Steilshoop ist Ausdruck und Resultat eines derartigen fordistisch-wohlfahrtsstaatlichen Integrationsmodells. Sie wurde Ende der 1960er-Jahre in Zeiten der Vollbeschäftigung gebaut, zur raschen Versorgung der Bevölkerung mit preisgünstigem Wohnraum. In diesem Sinn ist das Siedlungsbauprojekt durchaus erfolgreich gewesen, denn es gelang tatsächlich, den Wohnungsmarkt in den unteren Preissegmenten zu entlasten und ein breites Angebot an Wohnraum für Beschäftigte in den Großverwaltungen und der fordistischen Industrie zur Verfügung zu stellen. Mit der zyklenübergreifenden Weltwirtschaftskrise der 1970er- und 1980er-Jahre geriet auch das fordistisch-wohlfahrtsstaatliche Integrationsmodell in die Krise. In den folgenden Jahrzehnten war es Prozessen der Deregulierung, Flexibilisierung und Neuformierung unterworfen. Im Rahmen dieses Strukturwandels setzte sich nicht nur eine Erosion des Normalarbeitsverhältnisses durch, sondern es „verflüssigten" sich zunehmend auch die funktionalen, räumlichen und zeitlichen Grenzen zwischen Arbeits- und Lebenswelt. Zunehmend zeigte sich jedoch, dass die – unter fordistischen Entwicklungsbedingungen – funktionale Leistungsfähigkeit des monofunktionalen Stadtquartiers in krassem Widerspruch steht zu den Anpassungserfordernissen der neuen ökonomischen und sozialen Situation.

Die strikte Trennung von Arbeitswelt und Lebenswelt wurde nicht nur zu einem funktionalen, sondern auch zu einem mentalen Problem. Das Stadtquartier bietet kaum Arbeitsgelegenheiten und es gibt auch „kaum Gelegenheiten, wo Arbeitslose und diejenigen, die morgens zu Arbeit fahren und abends zu ihren Familien zurückkehren, im Viertel in Kontakt treten könnten. Umso schärfer treten damit auch die Unterschiede in der Lebensweise von Arbeitslosen und Erwerbstätigen hervor" (Kronauer 2004: 52).

Es gibt, wie dargestellt, kaum Brückenbeziehungen: weder innerhalb der Siedlung, in der sich die kulturell homogenen Milieus in ihre privaten Räume zurückziehen, wodurch es auch kaum zufällige soziale Begegnungen zwischen unterschiedlichen sozialen Milieus gibt, noch gibt es in Steilshoop entwickelte soziale Brücken nach außerhalb – nach Steilshoop „verirrt" sich so schnell niemand, sofern er oder sie nicht von Amts wegen in die Siedlung „hineinverlegt" wurde. Dadurch betreten auch selten andere Akteure den Raum. Das heißt, auf der Ebene des gelebten Alltags im Stadtteil finden sich nur wenige Anstöße für neue Aktivitäten oder Entwicklungen. Vielmehr sind derartige Impulse auf die regulativen Integrationsbemühungen von außen beschränkt: Sozialarbeit, Sozialhilfe und Arbeitsamt. Sie bilden mehr oder weniger die einzigen Brückenbeziehungen nach „draußen". Damit die sozialen Verhältnisse der Siedlung für die Bewohner erträglich bleiben, ist das Quartier auf einen beständigen sozialstaatlich finanzierten Ressourcentransfer von außen angewiesen. Dadurch wird allerdings auch die sich abzeichnende Erosion der tradierten sozialstaatlichen Arrangements für den Stadtteil zu einer besonders starken Bedrohung.

Das Gegenmodell zum dem fordistisch-wohlfahrtsstaatlichen Integrationsmodell bildet das urbane, postfordistische Integrationsmodell, für das das Schanzenviertel beispielhaft steht. Mit ihrer hochspezialisierten Arbeitsteilung und ihrer sozialen und kulturellen Heterogenität waren Städte schon immer privilegierte Orte für komplexe gesellschaftliche Integrationsprozesse. In städtischen Räumen verdichten sich ausdifferenzierte gesellschaftliche Strukturen und sehr unterschiedliche Alltagsroutinen an einem Ort. In diesem Sinne charakterisiert Nassehi Städte als räumlich dichte Form verschiedener Inklusionsangebote, -möglichkeiten und -zwänge, die eine „ökologische Bedingung dafür zu sein (scheint), dass die moderne Gesellschaft auf eine strikte Koordination von Inklusionsangeboten verzichten kann" (Nassehi 2002: 224). Man könnte auch sagen, dass die besondere Integrationskraft der Städte das Resultat eines räumlich konzentrierten „Überschusses" an Inklusionsangeboten ist, dem wiederum eine räumlich konzentrierte Nachfrage nach immer stärker ausdifferenzierten Formen gesellschaftlicher Teilhabe gegenübersteht.

Die mit der Krise des Fordismus verbundenen Wandlungsprozesse führen u. a. zu neuen Arbeitsformen und neuen Formen der Alltagsorganisation, die durch eine enge Verflechtung von beruflichem, sozialem und persönlichem Leben charakterisiert sind. Dies führt dazu, dass sich die räumliche und zeitliche Trennung der Sphären der Arbeit, des Wohnens und der Freizeit auflöst. Dadurch gewinnt die Stadt nicht nur als Arbeitsort, sondern auch als Wohnort und Lebensraum wesentlich an Attraktivität, wodurch auch Formen des urbanen Integrationsmodells mit seinen räumlich verdichteten Inklusionsangeboten wieder deutlich aufgewertet werden.

Die funktionsgemischten innerstädtischen Quartiere bieten nicht nur ein breites Angebot an Beschäftigungsmöglichkeiten, sondern auch vielfältigste Dienstleistungen vor Ort: Einkaufsmöglichkeiten, Betreuungsangebote für Kleinkinder, Schulen für unterschiedliche Begabungen, eine differenzierte Gesundheitsversorgung und vielfältige soziale und kulturelle Netzwerke (vgl. Läpple 2005). Die offensichtliche Attraktivität des Schanzenviertels für verschiedene gesellschaftliche Gruppen und Betriebe – für die Professionals und Betriebe der neuen Kultur- und Wissensökonomie ebenso wie für Verlierer des Strukturwandels – ist Ausdruck der Neubewertung der Stadt mit ihren vielfältigen Inklusionsangeboten und Inklusionsmodi. Zwar sieht sich das Schanzenviertel auf der sozialstatistischen Ebene mit ähnlichen Problemen konfrontiert wie Steilshoop – Arbeitslosigkeit und Integration von ethnischen Minderheiten –, aber auf der alltagspraktischen Ebene ergeben sich im

Schanzenviertel andere Möglichkeiten, um diese neuen sozialen Herausforderungen zu bewältigen. Die unzähligen flüchtigen Begegnungen in den Straßen, Geschäften, Imbissbuden und Restaurants ermöglichen bereits auf der untersten Ebene einen soziokulturellen Austausch. Auch wenn sich die Welten letztendlich nicht wirklich mischen, so stehen sie sich wenigstens nicht feindlich gegenüber, denn immerhin ist durch die täglichen Begegnungen eine Basis für die wechselseitige Akzeptanz geschaffen.

Doch auch die Anbindung an Stadträume jenseits der Quartiersgrenzen ist im Hinblick auf die integrative Leistungsfähigkeit des Schanzenviertels von immenser Bedeutung. Täglich strömen Hunderte von Eppendorf, Othmarschen, Ottensen, aber auch aus Harburg, Wilhelmsburg und Bramfeld ins Schanzenviertel. Sie kommen, um hier zu arbeiten oder um sich hier zu amüsieren. Dadurch betreten auch immer wieder neue soziale Akteure das Feld, die hier einen Teil ihres Alltags bestreiten. Sie bringen Anregungen und Optionen, sie schaffen neue soziale und ökonomische Räume und dadurch letztendlich auch wieder neue Optionen der Brückenbildung. Aus der Vielfalt an sozialen Akteuren und Praktiken ergeben sich auch vielfältige Optionen und Handlungsstrategien.

Kronauer und Vogel haben in ihren Untersuchungen deutlich gemacht, dass Stadtquartiere einen ambivalenten Charakter haben: Sie können sowohl Ressourcen bereitstellen, um soziale Probleme und die damit verbundenen Ausgrenzungsbedrohungen zu bewältigen; sie können aber auch den ohnehin gegebenen Benachteiligungen noch weitere Benachteiligungen hinzufügen. Entsprechend resümiert Martin Kronauer (2004: 56), „dass es keinen einzelnen Quartierstyp gibt, der den Bedürfnissen armer Bevölkerungsgruppen besonders entgegenkommt. Innerstädtische Quartiere und Großsiedlungen wirken in der Regel unterstützend und ausgrenzend zugleich – bisweilen für ein und dieselbe Person, häufig für unterschiedliche Bewohner und Bewohnergruppen".

Diesem Resümee können wir zustimmen. Mit unserer – in mancher Hinsicht bewusst zugespitzten – Konfrontation der von uns untersuchten Stadtquartiere sollte jedoch deutlich gemacht werden, dass es große Differenzen zwischen Stadtquartieren im Hinblick auf deren Fähigkeit zu einer endogenen Regeneration gibt, durch die Bewohnern und Gewerbetreibenden wieder neue Handlungshorizonte erschlossen werden können. In der Regel vollziehen sich jedoch der Wandel und die lokalökonomischen Anpassungsprozesse – zumindest teilweise – über einen Austausch von Unternehmen und Bewohnern. Inwieweit die ansässige Bevölkerung und die Unternehmen im Bestand den Wandel für ihre eigene Erwerbsbiografie bzw. Unternehmensentwicklung nutzen, können wir mit unserer Untersuchung nicht beantworten.

Die Frage der Regenerationsfähigkeit hängt wiederum stark mit dem jeweiligen dominanten gesellschaftlichen Integrationsmodus des Stadtquartiers zusammen. Die bereits vor über 30 Jahren von Hans Paul Bahrdt (1974a: 179–185) in Anknüpfung an Jane Jacobs aufgeworfene Frage nach der Selbstregeneration von Stadtquartieren ist unseres Erachtens eine entscheidende Frage zukünftiger Stadtentwicklung, die allerdings – ebenso wie die Frage der Integrationsleistungen von Städten und Stadtquartieren – noch einer genaueren theoretischen und empirischen Durchdringung bedarf.[14]

---

[14] Vgl. dazu das Verbundprojekt EVALO – Eröffnung von Anpassungsfähigkeit für lebendige Orte – im Rahmen des Forschungsprogramms „Bauen und Wohnen im 21. Jahrhundert" des Bundesministeriums für Bildung und Forschung. Siehe dazu u. a. Steffen, Baumann, Betz 2004.

Literatur

Abelshauser, W. (2004): Deutsche Wirtschaftsgeschichte seit 1945. München.

Bahrdt, H. P. (1974a): Die Zusammensetzung der Quartiersbevölkerung. In: Herlyn, U. (Hrsg.): Stadt- und Sozialstruktur. Arbeiten zur sozialen Segregation, Ghettobildung und Stadtplanung. München: Nymphenburger Verlagsanstalt, S. 172–186.

Bahrdt, H. P. (1974b): Die moderne Großstadt. Soziologische Überlegungen zum Städtebau. Hamburg.

Breckner, I.; Walter, G.; Witthöft, G. (2000): Gutachten zur „sozialen Verträglichkeit der Messeerweiterung Hamburg", Gutachten im Auftrag der Stadtentwicklungsbehörde Hamburg, unveröffentlichte Druckschrift.

Camagni, R. (2000): Das urbane Milieu – Voraussetzung für Innovation und wirtschaftlichen Erfolg. In: Matejovski , D. (Hrsg.): Metropolen. Laboratorien der Moderne. Frankfurt am Main.

Giddens, A. (1992): Die Konstitution der Gesellschaft. Frankfurt am Main/New York.

Giddens, A. (1995): Konsequenzen der Moderne. Frankfurt am Main.

Grabher, G. (1994): Lob der Verschwendung. Redundanz in der Regionalentwicklung: Ein sozioökonomisches Plädoyer. Berlin.

Granovetter, M. (1973): The strength of weak ties. In: American Journal of Sociology 78, H. 6.

Harms, H.; Schubert, D. (1989): Wohnen in Hamburg – Ein Stadtführer. Hamburg.

Häußermann, H. (1998): Zuwanderung und die Zukunft der Stadt. In: Heitmeyer, W.; Dollase, R.; Backes, O. (Hrsg.): Die Krise der Städte. Frankfurt am Main, S. 145–175.

Häußermann, H. (2000): Die Krise der „sozialen Stadt". In: Politik und Zeitgeschichte, B 10–11/2000.

Heitmeyer, W. (1998): Versagt die „Integrationsmaschine" Stadt? In: Heitmeyer, W.; Dollase, R.; Backes, O. (Hrsg.): Die Krise der Städte. Frankfurt am Main, S. 443–467.

Herkommer, S. (Hrsg.) (1999): Soziale Ausgrenzungen. Gesichter des neuen Kapitalismus. Hamburg.

Jacobs, J. (1963): Tod und Leben großer amerikanischer Städte. Wiesbaden.

Krämer-Badoni, T. (2002): Urbanität, Migration und gesellschaftliche Integration. In: Löw, M. (Hrsg.): Differenzierungen des Städtischen. Opladen, S. 69–86.

Kronauer, M. (2002): Exklusion. Die Gefährdungen des Sozialen im hochentwickelten Kapitalismus. Frankfurt am Main/New York: Campus Verlag.

Kronauer, M. (2004): Sozialökonomische und sozialräumliche Ausgrenzung in der Stadt. In: Hanesch, W.; Krüger-Conrad, K. (Hrsg.): Lokale Beschäftigung und Ökonomie. Herausforderung für die ‚Soziale Stadt'. Wiesbaden: VS Verlag, S. 37–57.

Kronauer, M.; Vogel B. (2002): Erfahrungen und Bewältigung von sozialer Ausgrenzung in der Großstadt: Was sind Quartierseffekte, was Lageeffekte? In: SOFI-Mitteilungen Nr. 29/2001, 45–58.

Kulturspiegel (2005): Generation Milchkaffee, 6/2005, S. 10–13.

Lang, B. (2000): Was macht eine Stadt sozial? Perspektiven für die soziale Stadt im 21. Jahrhundert. In: Die Alte Stadt H. 1/2000.

Läpple, D. (1991): Essay über den Raum. In: Häußermann, H. u. a. (Hrsg.): Stadt und Raum. Soziologische Analysen. Pfaffenweiler, S. 157–207.

Läpple, D. (2003): Hamburger Arbeitsmarkt im globalen Kontext. In: Hönekopp, E.; Jungnickel, R.; Straubhaar, T. (Hrsg.): Internationalisierung der Arbeitsmärkte, Beiträge zur Arbeitsmarkt- und Berufsforschung 282, Nürnberg, S. 147–181.

Läpple, D. (2005a): Phönix aus der Asche: Die Neuerfindung der Stadt. In: Berking, H.; Löw, M. (Hrsg.): Die Wirklichkeit der Städte. „Soziale Welt" – Sonderband 16, Baden-Baden: Nomos Verlag 2005, S. 397–413.

Läpple, D. (2005b): Lokale Ökonomie. In: Akademie für Raumforschung und Landesplanung (Hrsg.): Handwörterbuch der Raumordnung. Hannover 2005, S. 616–619.

Läpple, D.; Walter, G. (2000): Arbeiten im Stadtteil – Beschäftigungswirkungen wohnungsnaher Betriebe, Gutachten im Auftrag der Stadtentwicklungsbehörde Hamburg.

Nassehi, A. (2002): Dichte Räume. Städte als Synchronisations- und Inklusionsmaschinen. In: Löw, M. (Hrsg.): Differenzierungen des Städtischen. Opladen: Leske + Budrich, S. 211–232.

Sennett, R. (2000): Arbeit und soziale Inklusion. In: Kocka, J.; Offe, C. (Hrsg.): Geschichte und Zukunft der Arbeit. Frankfurt/New York: Campus Verlag.

Stadtteilprofile (2004a):
http://fhh1.hamburg.de/fhh/behoerden/behoerde_fuer_inneres/statistisches_ladesamt/profile-/stpauli.htm.

Stadtteilprofile (2004b):
http://fhh1.hamburg.de/fhh/behoerden/behoerde_fuer_inneres/statistisches_ladesamt/profile-/steilshoop.htm.

Steffen, G.; Baumann, D.; Betz, F. (2004): Integration und Nutzungsvielfalt im Stadtquartier. Stuttgart/Berlin.

Stichweh, R. (2005): Inklusion/Exklusion, funktionale Differenzierung und die Theorie der Weltgesellschaft. In: Ders. (Hrsg.): Inklusion und Exklusion. Studien zur Gesellschaftstheorie. Bielefeld: transcript Verlag, S. 45–63.

Wegener, B. (1987): Vom Nutzen entfernter Bekannter. In: Kölner Zeitschrift für Soziologie und Sozialpsychologie, Jg. 39, Köln.

Susanne Eder Sandtner, Rita Schneider-Sliwa

Neue Gesellschaftsformen und ihre residenziellen Verteilungsmuster am Beispiel von Basel-Stadt

Gliederung

1 Ziele der Studie – Dokumentation neuer urbaner Raumstrukturen
2 Theoretischer Hintergrund – sozial- und raumwissenschaftliche Thesen zum sozial-räumlichen Bezug neuer Gesellschaftsstrukturen
3 Hypothesen
4 Methodisches Vorgehen
5 Kurzcharakteristik des Untersuchungsgebiets
6 Ergebnisse
6.1 Kurzcharakteristik der Lebensformengruppen
6.2 Sozialräumliche Verteilung der Lebensformengruppen
6.2.1 Sozialräumliche Segregation
6.2.2 Dissimilarität zwischen den Lebensformengruppen
6.3 Synthese der Ergebnisse – Überprüfung der Postulate der raumwissenschaftlichen Theorien
6.4 Ausblick
Literatur

Im Zentrum des Beitrags steht die Frage, wie sich die neuen Gesellschaftsstrukturen in Form neuer residenzieller Wohnstandortmuster im urbanen Raum abbilden. Es stellt sich heraus, dass für das Wohnstandortverhalten der Haushalte neben den Bedingungen des Wohnungsmarktes sowohl die Zugehörigkeit zu einer bestimmten sozialen Lage als auch die Zugehörigkeit zu einer bestimmten gesellschaftlichen Modernisierungsstufe von entscheidender Bedeutung ist.

Der theoretisch postulierte Zusammenhang zwischen Sozial- und Raumstrukturen bestätigt sich für die Unterteilung der Stadtgesellschaft nach Schichten: Die Bevölkerungsgruppen am oberen und unteren Ende der sozialen Leiter weisen die größten Unterschiede in ihrer Wohnstandortverteilung auf. Die in neuerer Zeit wieder zunehmende soziale Polarisierung spiegelt sich also im Raum in Form von deutlich voneinander getrennten und unterschiedlich im Raum verteilten Wohnstandorten der gegensätzlichen sozialen Lagen wider.

Sozial homogene Viertelstrukturen sind am ehesten für die Ober- und nur bedingt für die Unterschicht festzustellen. Für letztere sind neben den sozial einheitlich strukturierten Arbeiter- und Industriequartieren auch sozial homogene Blockstrukturen in benachteiligten Wohnlagen verschiedener Quartiere typisch. Die Mittelschicht wohnt sehr gleichmäßig über das gesamte Stadtgebiet verteilt. Der Vergleich der unterschiedlichen Lebensformen der drei sozialen Lagen zeigt zudem, dass für alle Schichten die größten soziokulturellen Unterschiede der Modernisierungsstufen (postmodern vs. traditionell) die jeweils größten Wohnstandortunterschiede mit sich bringen.

Die Bildung von neuartigen residenziellen Strukturmustern, wie sie eher als inselartig-heterogene und weniger flächenhafte Anordnungen der Wohnstandorte in den raumtheoretischen Abhandlungen beschrieben werden (vgl. Castells 1994; Krätke 1996; Marcuse 1995), hängen nicht ausschließlich mit der gesellschaftlichen Modernisierung zusammen. Denn daneben spielen auch Faktoren des Wohnungsmarktes und der Wohnungspolitik eine entscheidende Rolle: Während die postmoderne Oberschicht relativ frei von finanziellen Zwängen ihre individuellen Wohnortwünsche in verschiedenen luxussanierten Baublöcken in unterschiedlichen Wohnquartieren befriedigen kann, steht der traditionellen Unterschicht (meist ärmere Familienhaushalte) Wohnraum außerhalb der Arbeiter- und Industriequartiere allenfalls in bestimmten ungünstig gelegenen Baublöcken zur Verfügung.

1 Ziele der Studie – Dokumentation neuer urbaner Raumstrukturen

Die heutige Gesellschaft setzt sich nicht mehr ausschließlich aus nach Einkommen geschichteten industriegesellschaftlichen Gruppen zusammen, sondern hat sich in eine Vielzahl von Lebensstil- oder Milieugruppen aufgesplittert. In der aktuellen Sozialstrukturanalyse geht man eher von gleichzeitig wirksamen Ungleichheitsmustern der Klassen und Schichten sowie von kulturellen Segmentierungen aus. In der Sozialwissenschaft wird dieser Strukturwandel seit den 70er-Jahren thematisiert und auf weltweit veränderte ökonomisch-kulturelle Rahmenbedingungen im Übergang vom Industriezeitalter zur postindustriellen Ära zurückgeführt (siehe Kap. 2). Die vorliegende sozialgeographische Studie beleuchtet am Beispiel von Basel-Stadt, wie sich neue Gesellschaftsstrukturen, sog. „Lebensformengruppen", als neue residenzielle Wohnstandortmuster im urbanen Raum abbilden. Diese sind sowohl „horizontal" nach individuellen Einstellungen oder Verhaltensmustern differenziert als auch gleichzeitig „vertikal" nach ihrer Zugehörigkeit zu den drei Gesellschaftsschichten (Ober-, Mittel- und Unterschicht) untergliedert.

Nach dem Paradigma der „doppelten Raumbedeutung" (Raum als Produkt und Bedingung menschlichen Handelns: vgl. Park et al. 1925; Bourdieu 1991; Lefèbvre 1991) spiegeln sich gesellschaftliche Prozesse im Raum wider und gleichzeitig werden sie aber auch durch diesen beeinflusst. Übertragen auf die vorliegende Fragestellung bedeutet dies, dass die gesellschaftliche Heterogenisierung auch immer unterschiedlichere Präferenzen des Wohnstandortverhaltens der städtischen Bevölkerung mit sich bringt, was sich in neuen residenziellen Mustern im Stadtraum äußern dürfte. Gleichzeitig – so die These – wird diese neuartige Verteilung der Wohnbevölkerung auch durch die vorhandenen physisch-materiellen Stadtstrukturen mitbestimmt.

- In dieser Arbeit werden zunächst neue Lebensformengruppen quantitativ-induktiv durch Selektionsanalysen aus dem Datenpool der amtlichen Statistik (Schweizerische Volkszählung) für eine gesamte Stadt (Basel) ermittelt. Die Selektionskriterien ergeben sich aus vergleichenden Analysen sozialwissenschaftlicher Lebensstil- und Milieustudien.

- Die sozialräumliche (Ungleich-)Verteilung dieser neuen Gesellschaftsgruppen wird anschließend kartografisch dargestellt, mathematisch berechnet (Segregations- und Dissimilaritätsindex) und vergleichend analysiert.

2 Theoretischer Hintergrund – sozial- und raumwissenschaftliche Thesen zum sozial-räumlichen Bezug neuer Gesellschaftsstrukturen

Relevante sozialwissenschaftliche Thesen

Die neuere Sozialforschung geht davon aus, dass sich die heutige Gesellschaft nicht mehr ausschließlich aus unterschiedlichen, nach Einkommen und Berufsprestige unterschiedenen Gesellschaftsklassen oder -schichten (Arbeiter, Unternehmer, Beamte oder Unter-, Mittel- und Oberschicht) zusammensetzt. Diese haben sich seit den 1970er-Jahren – der Zeit des wirtschaftlichen und gesellschaftlichen Strukturwandels vom Fordismus zum Postfordismus und zur Postmoderne – in eine Vielzahl von Lebensstil- oder Milieugruppen aufgespalten (vgl. Dangschat 1994; Herlyn 1996; Hradil 1987). Auslöser für diese Prozesse waren vor allem die allgemeine Erhöhung des Ausbildungsniveaus und des materiellen Wohlstands sowie die Auflösung fordistischer Berufsstrukturen und Arbeitsprozesse in der Nachkriegszeit, wodurch sich die Möglichkeit und die Kompetenz zur individuellen Wahlfreiheit bezüglich der eigenen Lebensgestaltung auf fast alle Gesellschaftsschichten ausweiteten. Das Individuum kann nun – vorgeprägt durch seine sozioökonomische Lage als Basis der materiellen Existenz – eher einen Lebensstil wählen (in den mittleren und oberen sozialen Lagen) oder bleibt in einem bestimmten sozialen Milieu haften (in den unteren und untersten sozialen Lagen). Charakteristisch für die neuen Sozialgruppen ist, dass individuelle Werthaltungen und Verhaltensmuster zusätzlich zur sozialen Schichtzugehörigkeit zu mitbestimmenden, manchmal zu den dominanten Faktoren werden.

Soziologische Lebensstilstudien identifizieren die neuen Gesellschaftsgruppen aufgrund umfangreicher Befragungen von Stichproben der Bevölkerung zu persönlichen Einstellungen, Werthaltungen, Neigungen und Verhalten in unterschiedlichen Bereichen wie Freizeit, Unterhaltung, politisches Wahlverhalten. Abhängig von der Forschungsperspektive – Wählerprognosen, Marktforschung, Analysen zur neuen sozialen Ungleichheit – ergeben sich dabei unterschiedliche Lebensstilgruppierungen (vgl. beispielsweise die Autoren Blasius 1994; Borchers & Tempel 1998; Gluchowsky 1987; Müller 1992; Schulze 1992; Spellerberg 1996). Übereinstimmendes Ergebnis aller Untersuchungen ist jedoch, dass die soziale Lage weiterhin die Grundlage der Gesellschaftsgliederung darstellt, auf deren Basis sich die Gruppen nach Lebensstilen ausdifferenzieren.

Relevante raumwissenschaftliche Thesen

Dem handlungstheoretischen Ansatz von Werlen (1995, 1997) zufolge sind gesellschaftliche und sozialräumliche Phänomene und Prozesse das Ergebnis von raumrelevanten Handlungen bzw. Ausdruck individueller Entscheidungen. Eine Erweiterung dieser Annahme stellt die humanökologische These dar, dass der Raum eine doppelte Bedeutung einerseits als Produkt der sozialen Welt und andererseits als deren prägende physisch-räumliche Basis hat.[1] Gesamtgesellschaftliche Veränderungen stehen demnach in einer wechselseitigen Beziehung zum Stadtraum.

---

[1] Park et al. (1925: 4): „But this structure [of the city] has its basis ... in human nature, of which it is an expression. On the other hand, this vast organization ... imposes itself upon them [its inhabitants] as a crude external fact, and forms them, in turn, in accordance with the design and interests which it incorporates" (vgl. auch Bourdieu 1991; Lefèbvre 1991).

Tatsächlich hat mit den gesellschaftlichen Veränderungen der letzten Jahrzehnte das Wohnstandortverhalten der städtischen Bevölkerung einen Wandel erfahren: Bei einer für große Bevölkerungsteile erhöhten Wahlfreiheit auf dem Wohnungsmarkt bestimmen heute je nach individuellem Lebenszyklus und sozialem Status neben ökonomischen vor allem ästhetische und kulturelle Kriterien die Wohnstandortwahl (vgl. Helbrecht 1997). Für bestimmte Sozialgruppen ist heute nicht mehr die sozial einheitliche Struktur und das Prestige eines gesamten Stadtviertels wichtig, sondern die Qualität des unmittelbaren physisch-materiellen Wohnumfelds. Räumliche Folge der gesellschaftlichen Heterogenisierung in eine Vielzahl von sozioökonomischen Subgruppen ist die Auflösung der klassischen, sozial relativ homogenen Viertelstrukturen der Industriegesellschaft in eine kleinräumige Fragmentierung der Wohnbevölkerung in ein „Mosaik inselhaft verteilter sozialer Welten", wie sie schon von Wirth (1938) im Kontext „ethnischer Dörfer" aufgezeigt wurde. Helbrecht (1997: 11) erkennt in den neuen residenziellen Stadtstrukturen in Angloamerika die „Auflösung der Lehrbuch-Geometrien der Zonen und Sektoren" und die Entstehung eines kleinteiligen Mosaiks sozialer Inseln, die durch eine neue räumliche Nähe gegensätzlicher Sozialstrukturen gekennzeichnet sind.

Die zweite Bedeutung von Raum als Rahmenbedingung für soziale Prozesse manifestiert sich im Zusammenhang zwischen der Konstellation physisch-räumlicher Strukturmuster und der räumlichen Organisation der sozialen Welt. Für die vorliegende Fragestellung ist vor allem die unterschiedliche Wohnqualität der Stadträume als Bestimmungsfaktor für die räumliche Verteilung der Wohnbevölkerung zu sehen. Das bedeutet, dass die Entscheidung für oder gegen einen bestimmten Wohnstandort nicht rein sozial motiviert ist (beispielsweise der Wegzug einheimischer Gruppen bei hohem Ausländeranteil), sondern mit beeinflusst durch die jeweilige physisch-materielle Wohnstandortqualität.

3 Hypothesen

Der Studie liegen folgende Hypothesen zugrunde:

1. Der Trend zur sozialen und räumlichen Heterogenisierung bzw. Aufsplitterung ist nicht nur qualitativ-deduktiv (und damit notwendigerweise auf kleine Untersuchungseinheiten beschränkt), sondern auch quantitativ-induktiv auf der Basis relevanter Daten der amtlichen Statistik mit stadtweitem Raumbezug nachweisbar.

2. Ähnlichkeiten im Wohnstandortverhalten manifestieren sich nicht mehr klassen- oder schichtspezifisch, sondern beziehen sich auf den schichtübergreifenden Lebensformentyp.

    2.a Das Wohnstandortverhalten von Gesellschaftsgruppen der gleichen Modernisierungsstufe (z. B. der Gruppe der „Postmodernen") ähnelt sich, auch wenn man unterschiedliche soziale Lagen miteinander vergleicht.

    2.b Sozialgruppen, die soziokulturell am weitesten voneinander entfernt sind, wohnen am wenigsten wahrscheinlich in gleichen Stadtteilen, d. h. ihre Segregationswerte sind am höchsten (man spricht hier von sozialräumlicher Polarisierung).

3. Je „modernisierter" eine Gesellschaftsgruppe ist, desto eher sind für sie „neue", d. h. heterogen-inselartige residenzielle Raummuster festzustellen (d. h. relativ niedrige

Segregationswerte auf Quartier- und hohe Segregationswerte auf Baublockebene). Eher großflächige „traditionell-quartiersorientierte" residenzielle Segregationsmuster (d. h. relativ hohe Segregationswerte auf Quartierebene) sind dagegen für soziale Milieus traditioneller Modernisierungsstufen anzunehmen.

4 Methodisches Vorgehen

Ermittlung der neuen Sozialgruppen

Ziel der Untersuchungen ist nicht die Nachbildung von sozialwissenschaftlichen Lebensstilgruppen in Basel mit Daten der amtlichen Statistik, sondern die stadtweite Dokumentation des Wohnstandortverhaltens der neuen Gesellschaftsgruppen als Sekundäranalyse der Schweizer Volkszählungsdaten (für 1990). Daher kommt das in der Lebensstilforschung übliche Klassierungsverfahren der Clusteranalyse in der vorliegenden Studie aufgrund der andersartigen Fragestellung und Datengrundlage nicht infrage. In Anlehnung an sozialwissenschaftliche Lebensstilansätze wird daher ein Konzept der Gesellschaftsgliederung entworfen, das auf den Merkmalen des verfügbaren Datensatzes basiert. Ähnlich der durch bestimmte Verhaltens- und Wertekriterien beschriebenen Lebensstilgruppen der sozialwissenschaftlichen Literatur können so mit Variablen ähnlicher Aussagekraft aus dem Datenpool der Amtlichen Statistik (Bundesamt für Statistik 1993) bestimmte Sozialgruppen ermittelt werden.[2] Diese werden hier „Lebensformengruppen" genannt, um sie begrifflich eindeutig von den sozialwissenschaftlichen Lebensstiltypen abzugrenzen. Der Schweizer Zensus stellt eine umfassende, flächendeckende und regelmäßige (alle zehn Jahre) statistische Primärerhebung der Schweizer Bevölkerung (Personen und Haushalte) sowie der Gebäude und Wohnungen des Landes dar. Die Daten werden als Vollerhebung auf Personenbasis mittels Personenfragebogen erfasst. Der Zensus bezieht sich auf Angaben zu Alter, Geschlecht, Zivilstand, Heimat, Wohnort, Wohnort vor fünf Jahren, Stellung im Haushalt, Konfession, Sprache, Erwerbssituation, Ausbildung, Arbeitsweg.

Aufgrund des hier verwendeten Gesellschaftskonzepts (für eine überblickartige Darstellung siehe Abb. 1) differenzieren sich zehn Lebensformengruppen nach individuellen Einstellungen oder Verhaltensmustern auf der Grundlage ihrer Zugehörigkeit zu Gesellschaftsschichten (Ober-, Mittel- und Unterschicht) aus. Sie lassen sich bezüglich ihres „gesellschaftlichen Transformations- oder Modernisierungsgrades" kategorisieren in

- *traditionell* (Menschen, die in familiären Bindungen verankert sind und für die bestimmte soziokulturelle Normen Bedeutung haben, verbunden mit einer traditionellen Rollenaufteilung der Ehepartner),
- *modern* (Menschen, die in irgendeinem Punkt vom traditionellen oder postmodernen Schema abweichen; sie kombinieren durch ihre Lebensweise traditionelle und (post-)moderne Wertvorstellungen) und

---

[2] Dieser Schritt ist selbstverständlich auch von Pragmatismus geprägt, denn obwohl man sich insbesondere für den postmodernen Typ Merkmale der Wertvorstellungen wünschen würde, soll mit diesem Beitrag deutlich gemacht werden, dass es möglich ist, auch mit den klassischen Merkmalen der amtlichen Statistik zu hilfreichen Aussagen zu den neuen Formen ungleicher Verteilung der Wohnstandorte im Raum zu kommen.

- *postmodern* (Menschen, die sich von familiären und/oder soziokulturellen Verankerungen wie Ehe und Zugehörigkeit zu einer Konfession losgelöst haben und nach einer Selbstverwirklichung im Beruf streben, verbunden mit einer starken Frauenrolle).

Abb. 1: Zusammensetzung der zehn Lebensformengruppen aus dem Grad der gesellschaftlichen Transformation und der sozialen Lage

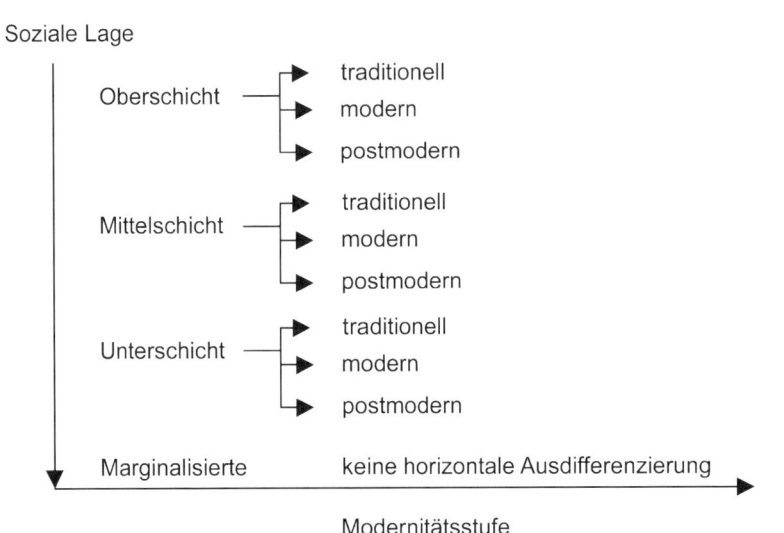

```
Soziale Lage
    │
    │           Oberschicht ──┬──▶ traditionell
    │                         ├──▶ modern
    │                         └──▶ postmodern
    │
    │           Mittelschicht ──┬──▶ traditionell
    │                           ├──▶ modern
    │                           └──▶ postmodern
    │
    │           Unterschicht ──┬──▶ traditionell
    │                          ├──▶ modern
    │                          └──▶ postmodern
    │
    │           Marginalisierte    keine horizontale Ausdifferenzierung
    ▼───────────────────────────────────────────────────────────────▶
                            Modernitätsstufe
```

Kleinste statistische Untersuchungseinheit ist der Haushalt, da davon ausgegangen wird, dass sich die hier verwendeten sozialen Milieus innerhalb einer Familie nicht mehr ausdifferenzieren. Die meisten in die Untersuchung einfließenden sozioökonomischen Merkmale beziehen sich auf die Referenzperson des Haushaltes. Diese wurde durch das Bundesamt für Statistik nach den Kriterien Alter (Person ab 20 Jahren vor Person unter 20 Jahren bzw. höheres Alter vor niedrigerem Alter), Erwerbstätigkeit (vollerwerbstätige vor teilerwerbstätiger vor erwerbsloser Person vor Rentner vor Person in Ausbildung vor übrigen Personen), berufliche Stellung (Person in leitender beruflicher Stellung vor selbständig Erwerbstätigem/r vor mittlerem Kader vor Angestelltem/r oder Arbeiter/in vor mitarbeitendem Familienmitglied vor Lehrling/Lehrtochter), Geschlecht (männliche vor weiblicher Person) definiert (Bundesamt für Statistik 1993: XXXVII). Zum Teil fließen auch Merkmale der Zusatzperson (Partner oder Partnerin der Referenzperson) in die Abfragen ein.

Die Tabelle 1 dokumentiert, aufgrund welcher Merkmalskombinationen die drei gesellschaftlichen Modernisierungsstufen durch selektives Abfragen mit der Statistiksoftware SPSS für Windows entstanden sind. Neben der Reihenfolge der abgefragten Selektionskriterien (die Tabelle 1 liest sich zeilenweise jeweils von links nach rechts) lässt sich auch eine Zuordnung der herausgefilterten Haushalte zu einer gesellschaftlichen Modernisierungsgruppe ablesen. Das erste Selektionskriterium ist der Zivilstand (ledig, verheiratet, geschieden), es folgen die Merkmale Haushaltstyp, Erwerbstätigkeit der Referenzperson und in bestimmten Fällen wird die Erwerbstätigkeit der Zusatzperson ergänzt.

Tab. 1: Selektionskriterien für den Grad der gesellschaftlichen Transformation

Grad der gesellschaftlichen Transformation:		postmodern (3)	modern (20)	traditionell (4)
Zivilstand der Referenzp. (RP)	Haushaltstyp	Erwerbstätigkeit (RP)	Erwerbstätigkeit der Zusatzperson (ZP)	Konfession (RP)
• ledig oder geschieden oder • (noch) verheiratet	• Einpersonenhaushalt	• vollerwerbstätig		• ja • nein
		• teilerwerbstätig oder sonstige		
	• Einzelperson mit Eltern(teil) oder Nichtfamilienhaushalt mit Verwandten			
	• Nichtfamilienhaushalt Nicht-Verwandter (WG)	• vollerwerbstätig		• ja • nein
		• teilerwerbstätig oder sonstige		
	• Konsensualpaar (=*unverheiratet zusammenlebendes Paar*) ohne Kind(er)	• vollerwerbstätig	• ZP erwerbstätig (Voll- oder Teilzeit)	• ja • nein
			• ZP nicht erwerbstätig (erwerbslos auf Stellensuche, in Ausbildung oder Rentner, Hausarbeit im eigenen Haushalt od. sonstige Nichterwerbsperson)	
		• teilerwerbstätig oder sonstige		
	• Elternteil mit Kind			
	• Konsensualpaar mit Kind(ern)			
	• Ehepaar mit Kind(ern) oder • Ehepaar ohne Kind(er)	• vollerwerbstätig	• ZP erwerbstätig (Voll- oder Teilzeit), erwerbslos und auf Stellensuche, in Ausb., Rentner	
			• ZP Hausarbeit im eig. Haushalt oder sonst. Nichterwerbsperson	• ja • nein
		• teilerwerbstätig		
		• erwerbslos und auf Stellensuche, in Ausbildung, Rentner	• ZP erwerbstätig (Voll- oder Teilzeit), erwerbslos und auf Stellens., in Ausbildung, Rentner	
			• ZP Hausarbeit im eigenen Haushalt oder sonst. Nichterwerbsperson	• ja • nein
		• Hausarbeit im eig. Haushalt, sonstige Nichterwerbsperson		
• verwitwet	• Einpersonenhaushalt oder • Einzelperson mit Eltern(teil) oder • Nichtfamilienhaushalt mit Verwandten	• vollerwerbstätig		• ja • nein
		• teilerwerbstätig		
		• erwerbslos und auf Stellensuche, Rentner		• ja • nein
		• Hausarbeit im eig. Haushalt, sonstige Nichterwerbsperson		

Die modernen Teilgruppen setzen sich aus 20 „Merkmalstypen" zusammen (z. B. Referenzperson ist ledig, geschieden oder [noch] verheiratet, Einpersonenhaushalt, vollerwerbstätig, irgendeiner Konfession angehörig), die postmodernen aus drei (z. B. Referenzperson ist ledig, geschieden oder [noch] verheiratet, ein Einpersonenhaushalt, vollerwerbstätig und zudem konfessionslos) und die traditionellen aus vier Teilgruppen

(z. B. Ehepaar mit oder ohne Kinder, vollerwerbstätige Referenzperson, Zusatzperson erledigt Hausarbeit im eigenen Haushalt oder ist eine „sonstige Nichterwerbsperson", Angehörige irgendeiner Konfession).

Die Zugehörigkeit zu einer sozialen Schicht wird über Merkmale des Ausbildungsniveaus in Kombination mit der „sozio-professionellen Kategorie" bestimmt. Mit dieser Variablen bezeichnet das Bundesamt für Statistik der Schweiz eine synthetische Größe, in welche die Indikatoren „formale Bildung und Organisationskompetenz" (Management, Selbstständige, Arbeitnehmer) als entscheidende Variable für soziales Prestige sowie „Typ der Aktivität" und „Typ des Arbeitgebers" (öffentlicher oder privater Sektor) einfließen. Der Indikator beruht auf theoretischen Ansätzen der Soziologie zu aktuellen Gesellschaftsstrukturen (Bundesamt für Statistik 1995: 61). Er entspricht den empirischen Befunden von Hradil (1999: 418 f.) für Westdeutschland, laut denen Berufsstellung und Bildungsstand zwei wichtige Einflussgrößen für die senkrechte Schichteinteilung der sozialen Milieus sind.

Die *Oberschicht* setzt sich aus den Berufskategorien oberstes Management, freie Berufe, akademische Berufe und oberes Kader zusammen. Die *Mittelschicht* wird aus den Kategorien andere Selbstständige, intermediäre Berufe, qualifizierte manuelle und nicht-manuelle Berufe, in Ausbildung stehende zukünftige Akademiker, Hausarbeit im eigenen Haushalt, Rentner, nicht zuteilbare Erwerbstätige, übrige Nichterwerbspersonen, Erwerbslose gebildet (die letzten sechs Kategorien sind mit einem mittleren Ausbildungsniveau gekoppelt). Die *Unterschicht* besteht aus den Kategorien ungelernte Arbeiter und Angestellte, in Ausbildung stehende zukünftige Nicht-Akademiker, Hausarbeit im eigenen Haushalt, Rentner, nicht zuteilbare Erwerbstätige, übrige Nichterwerbspersonen sowie Erwerbslose (die letzten sechs Kategorien sind an die Bedingungen keine oder andere Ausbildung gebunden). Die Gruppe der *„Marginalisierten"* setzt sich sehr heterogen aus Haushalten mit Referenzpersonen ohne eigenes Einkommen oder Rente zusammen. Sie wird nicht in Lebensformengruppen unterteilt, da für diese Personen die freie Wahl eines Lebensstils aus finanziellen Gründen zu stark eingeschränkt ist.

Um die Verteilungsmuster der gefundenen Lebensformengruppen im Stadtraum darzustellen und analysieren zu können, wird für jede der zehn Gruppen eine Karte (siehe Karten 1 bis 3) mit dem Geographischen Informationssystem ArcView® mit den jeweiligen Anteilen dieser Gruppe in einem Baublock (von Straßen umgebener Raumabschnitt) angefertigt. Dies ist möglich, da den Haushalten jeweils eine Baublockkennziffer zugeordnet ist. Die Baublöcke werden nach Quantilen klassiert, wodurch Gruppen mit gleich großem Inhalt entstehen. Baublöcke mit weniger als fünf Haushalten werden aus allen Analysen ausgeschlossen, da sehr kleine Untersuchungseinheiten die Gefahr bergen, statistische Ausreißer oder Zufallskonstellationen darzustellen, die das Gesamtergebnis stark verzerren könnten.

Berechnung der sozialräumlichen Segregation

Die räumliche Ungleichverteilung der Wohnbevölkerung wird nach dem Segregationsindex IS berechnet (vgl. Eder 2001: 236). Dieser Segregationsindex misst die Ungleichverteilung von einer Bevölkerungsgruppe im Vergleich zu allen anderen Gruppen bezogen auf eine bestimmte Raumeinheit (hier Baublock oder Stadtquartier). Er kann einen Wert zwischen

1 und 100 annehmen. Je höher der Indexwert ist, desto größer ist die relative Ungleichverteilung im Raum (IS = 0: die betrachtete Gruppe ist in allen räumlichen Einheiten entsprechend ihres Anteils in der Gesamtstadt vertreten; IS = 100: die betrachtete Gruppe ist gegenüber allen anderen Gruppen maximal ungleich verteilt, d. h. sie konzentriert sich in jedem Stadtgebiet, in dem sie vorkommt, zu 100 %).

Einschränkungen: Die Homogenität von Baublöcken als Untersuchungseinheit ist nicht garantiert, da unterschiedliche Wohnsituationen von Straßenseiten oder Hinterhoflagen nicht berücksichtigt werden. Der Segregationsindex ist „nur" ein Maß für die Ungleichverteilung bezogen auf eine bestimmte Raumeinheit, er lässt keine Aussagen über die Lage der einzelnen sozialen Gruppen im Stadtgebiet zu. Für konkret raumbezogene Aussagen wird dieses räumlich abstrahierte Ergebnis durch eine Verortung der räumlichen Konzentrationen der Wohnstandorte im Stadtraum ergänzt. Die kartographische Darstellung der anteilsmäßigen Verteilung (quantile Klassierung) der einzelnen Merkmalsgruppen erfolgt mittels des Geoinformationssystems ArcView®.

Vergleich der räumlichen Ungleichverteilung zweier Milieugruppen durch den Dissimilaritätsindex

Mit dem Dissimilaritätsindex kann mathematisch überprüft werden, ob zwei verschiedene Bevölkerungsgruppen (z. B. zwei Gruppen gleichen Transformationsgrades und unterschiedlicher sozialer Lage oder zwei Gruppen gleicher sozialer Lage und unterschiedlicher Modernisierungsstufe) sich in ihrer räumlichen Verteilung im Stadtgebiet ähneln oder unterscheiden. Dabei bedeutet das Ergebnis DI = 0 erneut die totale Gleichverteilung und DI = 100 die maximale Ungleichverteilung der untersuchten Einheiten im Raum.

5 Kurzcharakteristik des Untersuchungsgebiets

Der Stadtkanton Basel-Stadt setzt sich aus 19 Quartieren und 2 Landgemeinden (Riehen und Bettingen) zusammen (siehe Abb. 2). Man unterscheidet das rechtsrheinische Kleinbasel mit traditionell geringerwertigem Wohnumfeld und das linksrheinische Großbasel. Mit Ausnahme der Landgemeinden sowie der beliebten Wohnlagen direkt am Rheinufer, der Basler „Riviera", müssen die Bewohner des Unteren Kleinbasel (Matthäus, Altstadt Kleinbasel, Clara, Rosental, Klybeck und Kleinhüningen) mit stärkerer Verkehrsbelastung und dichterer Bebauungsstruktur leben. Basels Wohnviertel lassen sich zudem in traditionelle Arbeiter- bzw. Industriequartiere mit dichter Blockrandbebauung, hohem Anteil an Kleinwohnungen und teilweise hoher Luftbelastung durch Verkehr und Industrie im Norden der Stadt (St. Johann, Iselin, Unteres Kleinbasel) sowie die Quartiere Gundeldingen und das durch zwei Hauptverkehrsachsen durchschnittene Quartier Breite unterscheiden. Ferner gibt es traditionelle Mittelstandsviertel mit Reihenhäusern mit kleinen Gärten und großzügiger, solider Blockrandbebauung. Im Kleinbasel sind dies Hirzbrunnen und das gehobenere Wettsteinquartier, im Großbasel gehören das ruhige Gotthelf mit Alleen und Gärten zu dieser Kategorie. Im Großbasel gibt es die gehobenen Wohnviertel Bachletten (Stadtvillen, Mehrfamilienhäuser und Reiheneinfamilienhäuser mit Gärten), Bruderholz (Einfamilienhäuser mit Gärten, Hanglagen), St. Alban (mit großen Villen und hohem Grünflächenanteil; allerdings im östlichen Teil durchschnitten durch die Autobahn-Osttangente), Teile der Altstadt Großbasel (sanierte Altstadtlagen). Die beiden Quartiere Vorstädte (hohe

Nutzungsvielfalt) und Am Ring (höhere Bebauungsdichte, teilweise kleine Reihenhäuser mit Gärtchen) sind charakterisiert durch interne Heterogenität: ungünstige Wohnlagen an verkehrsreichen Straßen und gesuchte Wohnlagen an Nebenstrassen mit Gärten und grünen Hinterhöfen.

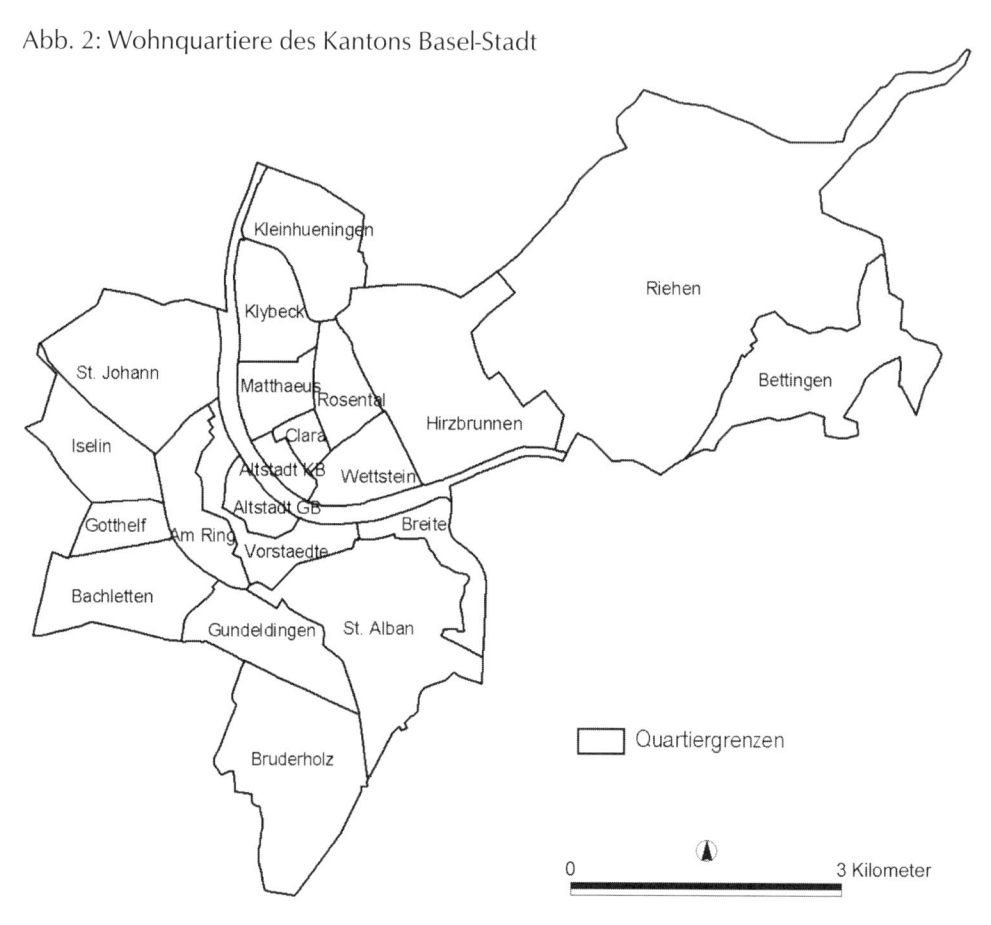

Abb. 2: Wohnquartiere des Kantons Basel-Stadt

6 Ergebnisse

6.1 Kurzcharakteristik der Lebensformengruppen

Die zehn Lebensformengruppen, in die die Haushalte Basel-Stadt eingeteilt wurden, setzten sich wie folgt zusammen (siehe Abb. 3): Die Oberschicht ist nach der Gruppe der „Marginalisierten" (3 %) mit 10 % die zweitkleinste der sozialen Lagen. Zur Unterschicht zählen 29 % der Basler Haushalte und die Mittelschicht stellt mit 58 % die größte sozioökonomische Einheit dar. Innerhalb dieser Gruppen weist die postmoderne Modernisierungsstufe jeweils die kleinsten Prozentanteile auf, für die traditionellen Teilgruppen der Ober- und Mittelschicht sind ähnlich geringe Anteile charakteristisch, die traditionelle Unterschicht ist dagegen doppelt so groß wie deren postmoderne Teilgruppe.

Die überwiegende Mehrheit der Haushalte jeder Sozialschicht gehört der modernen Lebensformengruppe an.

Die einzelnen Modernisierungsstufen setzen sich aus folgenden Haushaltstypen (vgl. Tab. 1) zusammen:

- Die *postmoderne Teilgruppe* besteht mehrheitlich (76 %) aus vollerwerbstätigen Einpersonenhaushalten ohne Konfession. Vollerwerbstätige Nichtfamilienhaushalte Nicht-Verwandter sind mit einem Anteil von 13 % vertreten, unverheiratete Paare („Konsensualpaare") ohne Kinder mit 11 %.

- Die größte Teilgruppe der *modernen Transformationsstufe* sind Ehepaare mit und ohne Kind(er) mit (ehemals) erwerbstätiger, erwerbsloser oder in Ausbildung stehender Zusatzperson, 23 % mit vollerwerbstätiger bzw. 13 % mit arbeitsuchender Referenzperson. Größere Anteile haben zudem teilerwerbstätige Einpersonenhaushalte (18 %) und vollerwerbstätige Einpersonenhaushalte, die einer Konfession angehören (15 %). 7 % der modernen Haushalte sind Alleinerziehende. Anteile mit 3 % haben verwitwete Einpersonenhaushalte in Ausbildung, Rente oder auf Stellensuche. Mit je 2 % sind teilerwerbstätige Nichtfamilienhaushalte Nicht-Verwandter und vollerwerbstätige Nichtfamilienhaushalte Nicht-Verwandter mit Konfession vertreten.

Abb. 3: Zusammensetzung der Haushalte von Basel-Stadt aus den zehn Lebensformengruppen (1990)

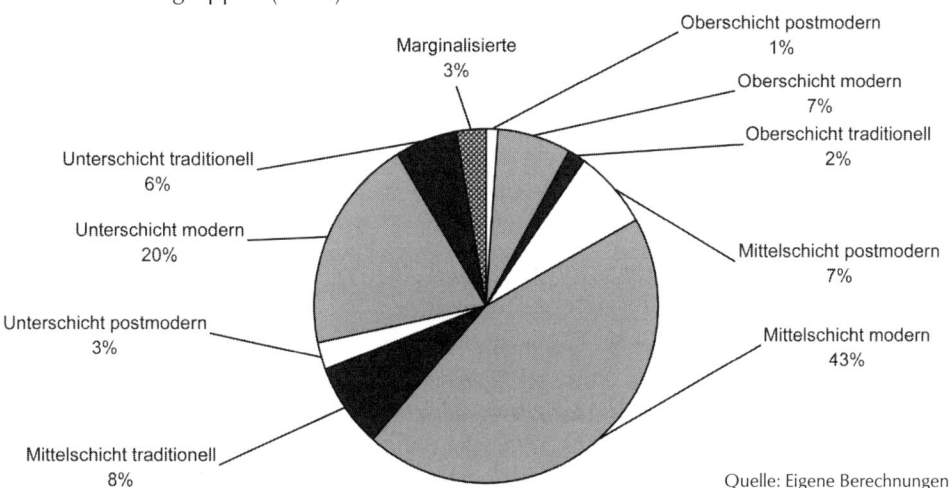

- Marginalisierte 3%
- Oberschicht postmodern 1%
- Oberschicht modern 7%
- Oberschicht traditionell 2%
- Mittelschicht postmodern 7%
- Mittelschicht modern 43%
- Mittelschicht traditionell 8%
- Unterschicht postmodern 3%
- Unterschicht modern 20%
- Unterschicht traditionell 6%

Quelle: Eigene Berechnungen

- Die *traditionelle Sektion* setzt sich mehrheitlich (51 %) aus verwitweten Einpersonenhaushalten mit Konfession zusammen, die im Rentenstatus oder erwerbslos sind. Nächst größere Teilgruppe (mit 42 %) sind Ehepaare mit und ohne Kind(er) mit vollerwerbstätiger Referenzperson und im Haushalt tätiger Zusatzperson. 6 % der Traditionellen sind Ehepaare mit und ohne Kind(er) mit erwerbsloser, in Ausbildung oder im Rentenstatus stehender Referenzperson und im Haushalt tätiger Zusatzperson, die einer Konfession angehören. Verwitwete, vollerwerbstätige Einpersonenhaushalte mit Konfession stellen mit 2 % die kleinste Teilgruppe dar.

Tab. 2: Zusammensetzung der sozialen Lagen und Lebensformengruppen nach Alter, Geschlecht, Nationalität und Umzugsverhalten, nach Referenzpersonen

	Anteil	Durchschnittsalter (RP) in Jahren	Geschlechtsproportion (RP) ♂	Geschlechtsproportion (RP) ♀	Nationalität – größte Gruppen (RP) [MNE = Mittel- und Nordeuropa, SE = Südeuropa, SOE= Südosteuropa/Türkei]	Anteil der Immobilen (gleicher Wohnort und Adresse wie vor fünf Jahren)
Oberschicht	10 %	44.6	85 %	15 %	83 % CH, 11 % MNE	56 %
Mittelschicht	58 %	49.6	66 %	34 %	85 % CH, 5 % MNE, 5 % SOE	63 %
Unterschicht	29 %	55.5	52 %	48 %	69 % CH, 16 % SE, 10 % SOE	69 %
Marginalisierte	3 %	49.3	58 %	42 %	71 % CH, 10 % SE, 11 % SOE, 5 % MNE	62 %
Postmoderne OS	1 %	40.8	73 %	27 %	74 % CH, 17 % MNE	40 %
Moderne OS	7 %	44.6	84 %	16 %	84 % CH, 10 % MNE	56 %
Traditionelle OS	2 %	47.2	99 %	1 %	88 % CH, 7 % MNE,	65 %
Postmoderne MS	7 %	38.7	66 %	34 %	79 % CH, 8 % MNE, 8 % SE	46 %
Moderne MS	43 %	49.5	66 %	34 %	85 % CH, 5 % MNE, 5 % SE	63 %
Traditionelle MS	8 %	60.0	66 %	34 %	91 % CH, 3 % MNE, 3 % SE	79 %
Postmoderne US	3 %	38.6	75 %	25 %	48 % CH, 33 % SE, 12 % SOE	50 %
Moderne US	20 %	53.1	57 %	43 %	66 % CH, 18 % SE, 12 % SOE	67 %
Traditionelle US	6 %	70.8	26 %	74 %	86 % CH, 8 % SOE, 4 % SE	83 %

Quelle: Eigene Berechnungen

Im Folgenden werden nur die interessantesten Punkte aus Tabelle 2 überblickartig dargestellt:

- *Alter der Referenzpersonen (RP)*: Hier zeigt sich, dass die Unterschicht (aufgrund des größten Rentneranteils) das höchste Durchschnittsalter aufweist, die Oberschicht das niedrigste. Innerhalb der jeweiligen Sozialschichten verzeichnet die traditionelle Teilgruppe immer das höchste Durchschnittsalter (hohe Anteile von Verwitweten sowie die mit der Familiengründung verbundene „Traditionalisierung"), gefolgt von den modernen und postmodernen Teilgruppen. Auffällig ist, dass bei der Unterschicht der Unterschied zwischen dem Durchschnittsalter der traditionellen und der postmodernen Teilgruppe gut 32 Jahre ausmacht. Mit aufsteigender Sozialschicht verringert sich diese Differenz, bis sie für die Oberschicht nur noch gut sechs Jahre beträgt. Dies hängt damit zusammen, dass die Anteile an Rentnern und Auszubildenden mit steigendem Sozialprestige abnehmen. Offensichtlich besteht ein Zusammenhang zwischen Modernitätsstufe, Schichtzugehörigkeit und Alter.

- *Geschlecht der RP*: Die Unterschicht weist u. a. auch wegen des hohen Witwenanteils den höchsten Frauenanteil der Referenzpersonen auf. Den zweitgrößten Frauenanteil verzeichnet die Gruppe der „Marginalisierten", unter denen zusätzlich zu den Witwen auch ein hoher Anteil an alleinerziehenden Müttern zu finden ist. Der hohe Männeranteil in der Oberschicht ist darauf zurückzuführen, dass diese Position nur durch gehobene sozio-professionelle Kategorien erreichbar ist, welche wiederum vor allem durch Männer belegt werden.

Der für das Durchschnittsalter erkannte Zusammenhang zwischen sozialer Lage und Modernitätsstufe kann für die Geschlechterzusammensetzung nicht festgestellt werden. Während bei der Mittelschicht die Geschlechterzusammensetzung der Referenzpersonen mit 66 % Männer und 34 % Frauen für alle Modernitätsstufen übereinstimmt, weist bei der Oberschicht die traditionelle Teilgruppe mit 99 % die höchsten und die postmoderne mit 73 % die niedrigsten Männeranteile auf. Das Geschlechterverhältnis der postmodernen und traditionellen Teilgruppen der Unterschicht ist genau umgekehrt: Höchste Männerquoten der postmodernen Teilgruppe (75 %) mit hohen Anteilen an alleinstehenden jungen Männern stehen hier höchsten Frauenquoten der traditionellen Modernitätsstufe (74 %) mit hohen Anteilen an alleinstehenden Witwen im Rentenalter gegenüber. Die Verteilung der Geschlechter wird also eher durch die Schicht als durch den Modernisierungsgrad determiniert.

- *Nationalität der RP*: Die Mehrheit aller sozialen Lagen setzt sich aus Schweizern zusammen, allerdings nehmen deren Anteile mit niedriger werdender sozialer Lage ab, während die Anteile an Süd- und Südosteuropäern zunehmen. Bei der Gruppe der „Marginalisierten" fällt auf, dass sie sich sehr heterogen aus vielen Nationalitätengruppen – relativ vielen Schweizern und Mittel- und Nordeuropäern, aber auch hohen Anteilen an Süd- und Südosteuropäern – zusammensetzt. Dies hängt damit zusammen, dass diese in sich sehr inhomogene Sozialgruppe zum Teil aus sozial degradierten Schweizern und Mitteleuropäern besteht und zum Teil aus Nationalitätengruppen, denen aufgrund soziokultureller Einschränkungen der Zugang zu höheren Sozialschichten versperrt ist.

  Der Anteil an Schweizern nimmt für alle sozialen Lagen von der traditionellen zur modernen und postmodernen Modernitätsstufe ab. Das heißt, die Schweizer sind stärker religiös gebunden bzw. leben eher nach traditionellen Wertvorstellungen als die übrigen Mittel- und Nordeuropäer.

  Die höchsten Anteile an Südeuropäern verzeichnen die postmoderne (33 %) und moderne Unterschicht (18 %), gefolgt von der postmodernen (8 %) und modernen Mittelschicht (5 %). Dies ist mit den hohen Anteilen an unverheirateten Arbeitnehmern dieser Migranten der ersten Einwanderungswelle in die Schweiz und dem daraus resultierenden anderen Altersaufbau zu erklären. Die Gruppe der Südost- und Osteuropäer als Hauptmigranten der derzeitigen Einwanderungswelle verzeichnet höhere Anteile nur bei der Unterschicht und den „Marginalisierten". Die Nationalität bestimmt also nur die Zugehörigkeit zu einer Sozialschicht, nicht die Zugehörigkeit zu einer Modernisierungsstufe.

- *Umzugsfreudigkeit*: Am wenigsten mobil sind die traditionellen Teilgruppen, was hier insbesondere auf einen Alterseffekt zurückzuführen ist. Innerhalb dieser Modernitätsstufe nehmen die Anteile an Haushalten, die in den letzten fünf Jahren nicht umgezogen sind, von der Ober- über die Mittel- zur Unterschicht zu. Mit abnehmendem sozioökonomischen Kapital verringern sich die Möglichkeiten der räumlichen Mobilität. Diese ist also neben der Lebensform auch eine Frage der Schichtzugehörigkeit.

6.2 Sozialräumliche Verteilung der Lebensformengruppen

6.2.1 Sozialräumliche Segregation

Die Analysen zur Wohnstandortverteilung der zehn Lebensformengruppen stützen sich zunächst neben der kartografischen Darstellung der residenziellen Strukturmuster auf Segregationsberechnungen.

Abb. 4: Segregationsindizes der zehn Lebensformengruppen, Quartier- und Blockebene

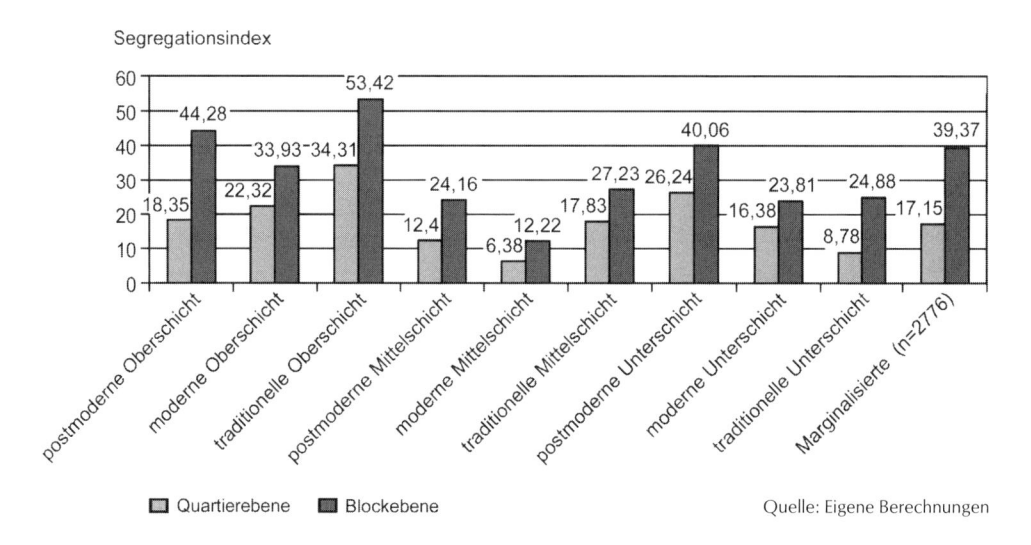

Lebensformengruppe	Quartierebene	Blockebene
postmoderne Oberschicht	18,35	44,28
moderne Oberschicht	22,32	33,93
traditionelle Oberschicht	34,31	53,42
postmoderne Mittelschicht	12,4	24,16
moderne Mittelschicht	6,38	12,22
traditionelle Mittelschicht	17,83	27,23
postmoderne Unterschicht	26,24	40,06
moderne Unterschicht	16,38	23,81
traditionelle Unterschicht	8,78	24,88
Marginalisierte (n=2776)	17,15	39,37

Quelle: Eigene Berechnungen

Die empirischen Ergebnisse verdeutlichen, dass die einzelnen Modernisierungsstufen unterschiedlich hohe Segregationswerte erreichen (siehe Abb. 4).

- *Sozial heterogene Viertelstrukturen.* Die zahlenmäßig größte Gruppe der modernen Mittelschicht ist insgesamt am gleichmäßigsten über das Stadtgebiet verteilt; sowohl auf Quartier- als auch auf Blockebene zeichnet sie sich durch soziale Heterogenität aus. Das hat zwei Gründe: Erstens handelt es sich hier um eine soziale Gruppe, die nach traditionellen und modernen Formen sozialer Ungleichheit im Zentrum der Gesellschaft positioniert ist und daher die kleinsten sozialen Abstände zu den Rändern hat (dieses zeigt sich in allen Segregationsstudien). Zweitens ist diese Gruppe auch die größte Teilgruppe, die daher auch ihre Wohnstandorte gleichmäßiger über die Stadt verteilt hat. Kleine Gruppen – insbesondere Zuwanderungsgruppen – konzentrieren sich hingegen eher an einem oder mehreren Orten. Auch die postmoderne Lebensformengruppe der mittleren Sozialschicht hat relativ geringe Segregationswerte. Soziale Mischung ist zudem auf Quartiersebene für die Wohnstandorte der traditionellen Unterschicht typisch.

Die „Marginalisierten" wohnen zwar auf relativ viele Stadtviertel, dort aber auf wenige Baublöcke verteilt. Derselbe Trend ist auch für die traditionelle Unterschicht und die postmoderne Oberschicht festzustellen (siehe Abb. 5). Diese drei Gruppen wohnen also in tendenziell heterogen strukturierten Stadtvierteln, innerhalb dieser aber in sozial eher einheitlichen Baublöcken. Für die postmoderne Oberschicht steht offensichtlich geeigneter Wohnraum, beispielsweise luxuriöse Wohnungen in vielen Stadtvierteln, aber dort nur in bestimmten Baublöcken zur Verfügung. Die traditionelle Unterschicht ist auch deshalb in vielen Stadtvierteln vertreten, da viele Verwitwete teilweise noch in den „familienfreundlichen" Quartieren wohnen.

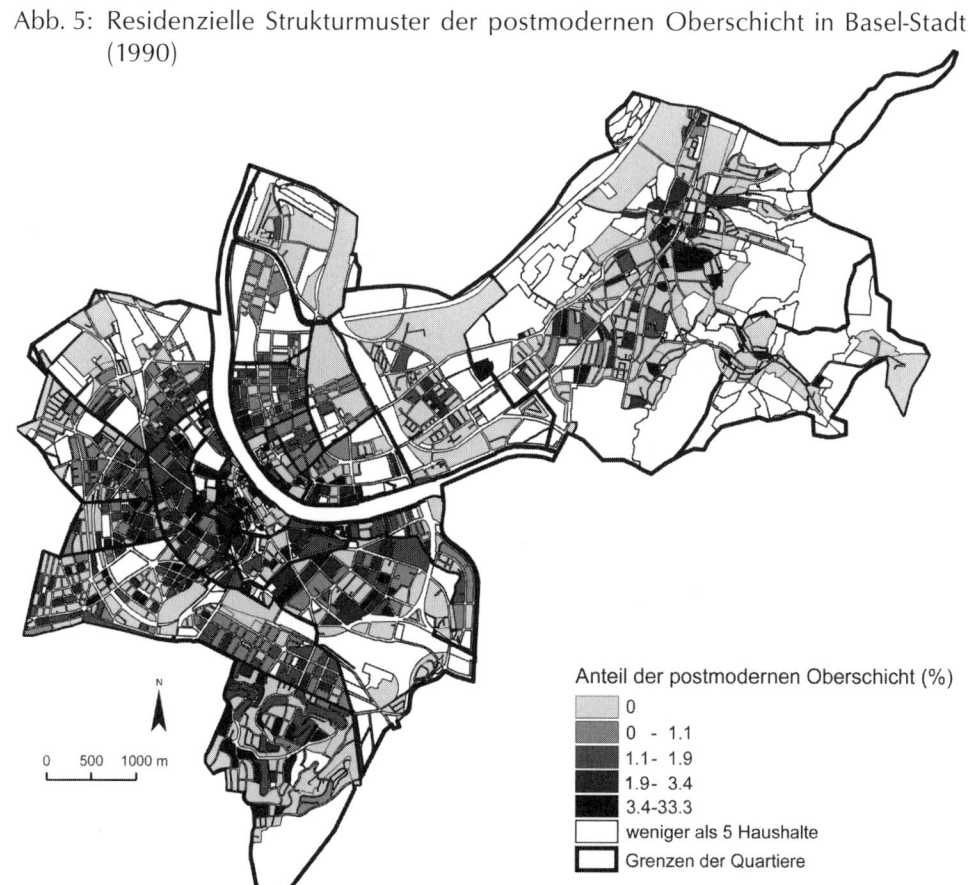

Abb. 5: Residenzielle Strukturmuster der postmodernen Oberschicht in Basel-Stadt (1990)

Quelle: Statistisches Amt Basel-Stadt, eigene Darstellung

- *Sozial homogene Viertelstrukturen.* Eine soziale Homogenität ist dagegen auf Quartier- und Baublockebene eher für die moderne Oberschicht, die postmoderne Unterschicht und, am stärksten ausgeprägt, für die traditionelle Oberschicht zu beobachten (siehe Abb. 6). Ganz offensichtlich steht für diese Gruppen ein geeigneter Wohnraum nur in bestimmten Quartieren zur Verfügung. So ist beispielsweise die postmoderne Unterschicht aufgrund knapper finanzieller Mittel auf preisgünstige Klein- und Kleinstwohnungen des unteren Wohnungsmarktsegments beschränkt.

Ein Vergleich der beiden „Enden der sozialen Leiter" zeigt auf beiden Maßstabsniveaus einen spiegelbildlichen Trend: Während bei der Oberschicht die traditionelle Teilgruppe die höchsten Segregationswerte aufweist, ist diese Tendenz (bei jeweils ähnlichen Segregationswerten) bei der Unterschicht für die postmoderne Untergruppe festzustellen. Beide Bevölkerungsteilgruppen wohnen in ihren jeweiligen – sozial eher homogen strukturierten – „traditionellen" Quartieren, d. h. in gehobeneren Wohnvierteln respektive in Arbeiter- und Industriequartieren.

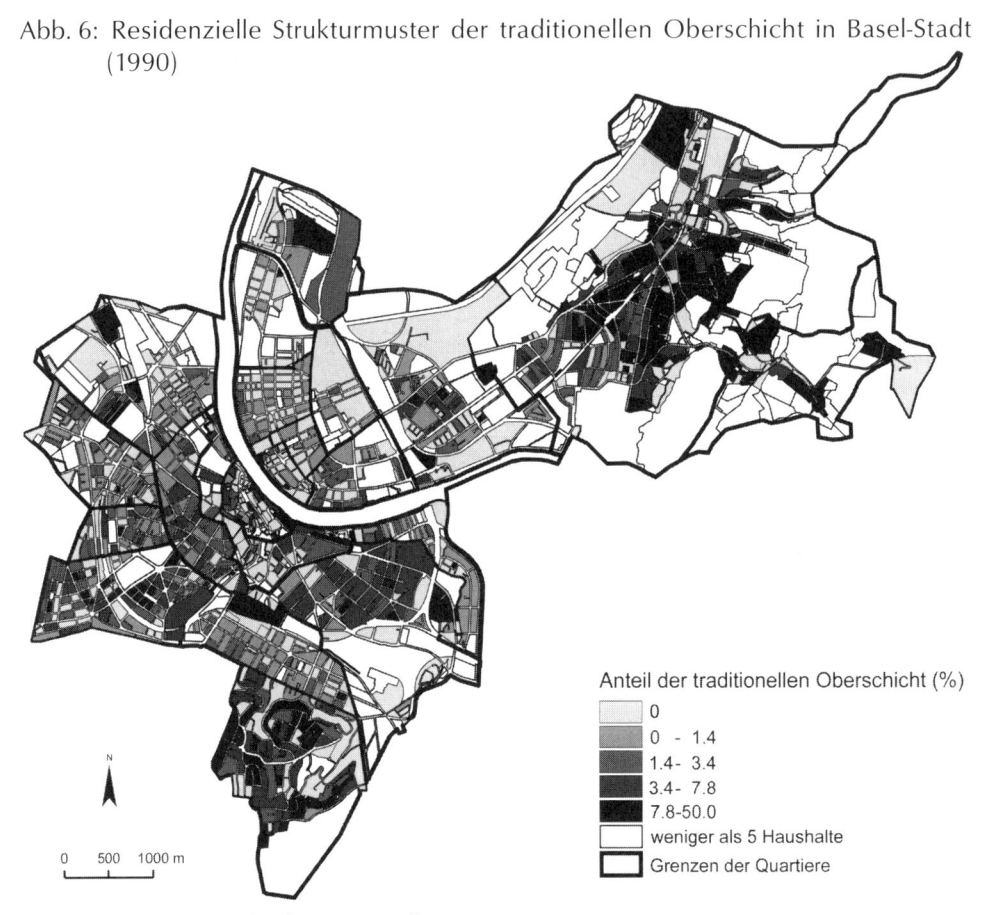

Abb. 6: Residenzielle Strukturmuster der traditionellen Oberschicht in Basel-Stadt (1990)

Anteil der traditionellen Oberschicht (%)
- 0
- 0 - 1.4
- 1.4 - 3.4
- 3.4 - 7.8
- 7.8 - 50.0
- weniger als 5 Haushalte
- Grenzen der Quartiere

Quelle: Statistisches Amt Basel-Stadt, eigene Darstellung

Die beschriebenen Unterschiede zwischen den Gruppen sind jedoch stark abhängig von der Maßstabsebene der Betrachtung; hohe Segregationswerte auf Blockebene müssen nicht unbedingt hohe Segregationswerte auf der Quartiersebene mit sich bringen. Es gibt offensichtlich Lebensformengruppen, deren Wohnstandortwahl entscheidend durch den Quartierscharakter beeinflusst wird (das gilt vor allem für die traditionelle Ober- und die postmoderne Unterschicht), für andere ist die Wohnqualität des einzelnen Baublocks resp. der Gebäude wichtiger (vor allem für die postmoderne Oberschicht und die traditionelle Unterschicht).

6.2.2 Dissimilarität zwischen den Lebensformengruppen

Vergleicht man die Dissimilaritätswerte zwischen den verschiedenen Modernisierungsstufen der gleichen sozialen Lage (Tabelle 3), so zeigt sich, dass die postmodernen und traditionellen Teilgruppen jeweils am unterschiedlichsten im Stadtraum verteilt wohnen.

Tab. 3: Dissimilaritätsindizes zwischen verschiedenen Modernisierungsstufen gleicher sozialer Lage, Quartiersebene.

Oberschicht			Mittelschicht			Unterschicht		
Postmodern–modern	modern–tradionell	postmodern–traditionell	postmodern–modern	modern–tradionell	postmodern–modern–traditionell	postmodern–modern	modern–tradionell	postmodern–traditionell
17,48	18,10	35,37	13,86	13,81	26,98	15,48	13,44	28,62

Bezieht man den Vergleich zwischen den sozialen Lagen mit ein (siehe Tab. 4), so stellt man fest, dass die Dissimilaritätswerte für alle Modernisierungsstufen an beiden Enden der sozialen Leiter (Vergleichspaar Oberschicht vs. Unterschicht) mit Abstand am höchsten sind.

Tab. 4: Dissimilaritätsindizes zwischen gleichen Modernisierungsstufen verschiedener sozialer Lage, Quartiersebene.

Oberschicht – Mittelschicht			Mittelschicht – Unterschicht			Unterschicht – Oberschicht		
postmodern	modern	traditionell	postmodern	modern	traditionell	postmodern	modern	traditionell
19,22	18,46	24,85	18,52	16,15	15,80	33,68	33,30	40,36

Im Vergleich zu den „Marginalisierten" (siehe Tab. 5) verzeichnen alle drei Modernisierungsstufen der Oberschicht die höchsten Dissimilaritätswerte von allen sozialen Lagen.

Tab. 5: Dissimilaritätsindizes zwischen „Marginalisierten" und den Lebensformengruppen von Ober-, Mittel- und Unterschicht, Quartiersebene.

Marginalisierte –								
Unterschicht			Mittelschicht			Oberschicht		
postmodern	modern	traditionell	postmodern	modern	traditionell	postmodern	modern	traditionell
20,10	15,81	19,63	12,11	18,88	29,60	24,12	30,49	45,93

- *Differierende Wohnortverteilung.* Die Ergebnisse der Dissimilaritätsberechnungen zeigen, dass große Diskrepanzen bezüglich der soziokulturellen Stellung zweier Bevölkerungsgruppen auch große Unterschiede in ihrer räumlichen Verteilung im Stadtraum nach sich ziehen. So weisen innerhalb aller sozialen Lagen die beiden soziokulturell entferntesten Modernisierungsgrade, die traditionellen und postmodernen Untergruppen, die größten Wohnortunterschiede auf. Gleichzeitig zeigen sich diese Unterschiede auch zwischen den traditionellen Schichten, denn die jeweils gleichen Modernisierungsstufen von Ober- und Unterschicht verzeichnen die größten Unterschiede in ihren residenziellen Verteilungsmustern.

Zudem sind die traditionellen Lebensformengruppen verschiedener Sozialschichten im Vergleich zu den beiden anderen Modernisierungsstufen am unterschiedlichsten im Stadtraum verteilt. Jede der drei traditionellen Teilgruppen konzentriert sich offenbar in ihrer Wohnortverteilung auf ihre jeweiligen „traditionellen" Stadtquartiere.

Interessant ist, dass – allerdings bei generell niedrigen Dissimilaritätswerten aller Modernisierungsstufen des Vergleichspaares „Marginalisierte"-Unterschicht – für die postmoderne Unterschicht die größten Wohnortunterschiede zu den „Marginalisierten" festzustellen sind. Dies kann damit begründet werden, dass die soziodemografische Zusammensetzung dieser beiden Lebensformengruppen am stärksten differiert. Während sich die postmoderne Unterschicht aus eher jungen, vorwiegend männlichen und ethnisch sehr gemischten Haushalten zusammensetzt, bestehen die „Marginalisierten" aus Haushalten der mittleren Altersgruppe

- *Ähnliche Wohnortverteilung.* Ähnlichkeiten bezüglich des Wohnstandortverhaltens zeigen sich für einander soziokulturell näher stehende soziale Lagen und Modernisierungsstufen. Generell errechnen sich für die Vergleichspaare postmodern vs. modern und modern vs. traditionell der drei Lagen relativ geringe Dissimilaritätswerte. Die Befunde zeigen zudem, dass eine ähnlich gering differierende Wohnstandortverteilung für die modernen und postmodernen Untergruppen aller sozialen Lagen festzustellen ist. Bei dem Vergleichspaar „Marginalisierte" vs. Unterschicht ist dagegen die moderne Unterschicht am unterschiedlichsten zu den „Marginalisierten" im Stadtraum verteilt.

6.3 Synthese der Ergebnisse – Überprüfung der Postulate der raumwissenschaftlichen Theorien

Die Ergebnisse der Untersuchungen zeigen, dass für das Wohnstandortverhalten nach wie vor die soziale Lage von entscheidender Bedeutung ist. Gleichwohl wird dieses traditionelle Muster in Basel von einem Segregationsmuster nach dem gesellschaftlichen Transformationsgrad überlagert, denn die nach Modernisierungsstufen ähnlichen Teilgruppen haben offensichtlich ähnliche Wohnortpräferenzen für sich realisieren können.

Hypothese 2a besagt, dass heute die Zugehörigkeit zu einem bestimmten gesellschaftlichen Modernisierungstyp mehr als die Schichtzugehörigkeit das Wohnstandortverhalten prägt. Dies lässt sich aufgrund der vorliegenden Untersuchungsergebnisse so nicht bestätigen; vielmehr scheint es in den unterschiedlichen sozialen Lagen zu unterschiedlichen Modernisierungsdynamiken gekommen zu sein, die sich in unterschiedlichen Segregationsintensitäten niederschlagen: Je nach Schichtzugehörigkeit differieren die Segregationswerte der vergleichbaren Modernisierungsstufen stark. Die Segregationswerte der Oberschicht liegen für alle Modernisierungsstufen über den Werten der Mittel- und Unterschicht (Ausnahme postmoderne Unterschicht mit den insgesamt zweithöchsten Werten auf Quartiers- und dritthöchsten Werten auf Blockebene). Während die postmoderne und moderne Ober- und Mittelschicht im Vergleich zur jeweiligen traditionellen Modernisierungsstufe relativ gleichmäßig im Stadtraum verteilt wohnt, zeigt sich bei der Unterschicht ein umgekehrter Trend: Aus dieser Schicht ist die traditionelle Untergruppe am homogensten im Stadtgebiet verbreitet, während die postmoderne Unterschicht relativ hoch segregiert ist.

Auch die Dissimilaritätswerte für die Vergleichspaare derselben Modernisierungstypen verschiedener sozialer Lagen zeigen, dass die modernen und postmodernen Lebensformen der Vergleichspaare Oberschicht vs. Mittelschicht und Unterschicht vs. Oberschicht die jeweils geringsten und die traditionellen Untergruppen die größten Wohnortunterschiede aufweisen. Die hohen Dissimilaritätswerte der traditionellen Untergruppen können damit erklärt werden, dass familiengerechte Wohnstandorte für die jeweiligen traditionellen Teilgruppen in unterschiedlichen Preisklassen in unterschiedlichen Quartieren zu finden sind.

Für das Vergleichspaar Mittelschicht vs. Unterschicht ist ein anderer Trend kennzeichnend: Die traditionellen Teilgruppen sind hier am ähnlichsten und die modernen Untergruppen am unterschiedlichsten im Stadtraum verteilt. Dies hängt ebenfalls mit dem verfügbaren Wohnraumangebot zusammen. Die traditionelle Mittel- und Unterschicht finden offenbar geeigneten Wohnraum in ähnlichen Quartieren vor.

Der in *Hypothese 2b* unterstellte Zusammenhang zwischen sozialer und räumlicher Entfernung (Polarisierung) bestätigt sich zunächst für die Unterteilung der Stadtgesellschaft nach Schichten: Die sozialen Lagen am oberen und unteren Ende der sozialen Leiter weisen die größten Unterschiede in ihrer Wohnstandortverteilung auf. Am ehesten bildet die Oberschicht homogene Viertelstrukturen aus, während dies für die Unterschicht nur bedingt zutrifft. Für sie sind neben den sozial einheitlich strukturierten Arbeiter- und Industriequartieren auch sozial homogene Blockstrukturen in benachteiligten Wohnlagen verschiedener Quartiere typisch. Die Mittelschicht wohnt eher gleichmäßig über das Stadtgebiet verteilt. Der Vergleich der unterschiedlichen Lebensformentypen je Lage zeigt zudem, dass für alle sozialen Schichten die größte soziokulturelle Entfernung der Modernisierungsstufen (postmodern vs. traditionell) die jeweils größten Wohnstandortunterschiede mit sich bringt.

Laut *Hypothese 3* lassen sich neuartige Raummuster am ehesten für moderne und verstärkt für postmoderne Lebensformentypen feststellen. Dies kann mit den Ergebnissen der vorliegenden Untersuchungen nur bedingt bestätigt werden: Sozialräumliche Wohnortmuster, die entweder nach homogenen Vierteln strukturiert oder in ein kleinteiliges Mosaik sozialer Welten zerlegt sind, können nicht übereinstimmend für die postmodernen Teilgruppen der verschiedenen sozialen Lagen festgestellt werden. Die postmoderne Oberschicht ist am eindeutigsten in inselartigen Wohnstandorten (einzelne, verstreut liegende Baublöcke mit hohen Anteilen dieser sozialen Gruppe) über das Stadtgebiet verteilt. Aber auch für die traditionelle Unterschicht und in geringem Maße die „Marginalisierten" lassen sich diese Raummuster erkennen.

Für dieses Phänomen müssen jedoch unterschiedliche Erklärungsansätze herangezogen werden: Während die postmoderne Oberschicht frei von finanziellen Zwängen ihre individuellen Wohnortwünsche in verschiedenen luxussanierten Baublöcken in den unterschiedlichsten Wohnquartieren, überwiegend innenstadtnah, befriedigen kann und damit Gentrifikationsprozesse auslöst, steht der traditionellen Unterschicht (meist ärmere Familienhaushalte) Wohnraum auch außerhalb der Arbeiter- und Industriequartiere in bestimmten ungünstig gelegenen Baublöcken zur Verfügung. Die paradox anmutende Erkenntnis, dass es unter den „Marginalisierten" noch einige gibt, die in ihren ehemaligen

„besseren" Wohnstandorten verblieben sind, obwohl sie mittlerweile von Arbeitslosigkeit betroffen wurden, liegt vor allem daran, dass sie sich diese Situation offensichtlich noch leisten können. Für die postmoderne und moderne Mittelschicht sind ebenfalls leichte Trends zu sozialräumlichen Mosaikstrukturen festzustellen. Diese beiden Gruppen können offensichtlich – ähnlich wie die postmoderne Oberschicht – ihre Wohnortwünsche in günstiger gelegenen oder ausgestatteten Wohnblöcken in verschiedenen Stadtvierteln befriedigen.

Wie mit der empirischen Arbeit gezeigt werden konnte, ist die sozialräumliche Segregation im Untersuchungsraum Basel – ebenso wie auch andernorts – nicht nur eine Funktion des unterschiedlichen ökonomischen und soziokulturellen Status von Bevölkerungsgruppen, sondern eben auch eine Folge der jeweiligen ausgrenzenden und unterstützenden Bedingungen des Wohnungsmarktes bzw. der Wohnungspolitik. Diese Erkenntnis ist für die politisch-planerische Debatte in Basel insofern neu, als man bislang von einer höchst integrierten und eben von Segregation kaum gekennzeichneten Stadtgesellschaft ausgegangen ist. Erst die Tatsache, dass sich auch in der als „reich" angesehenen Schweiz zunehmend städtische Orte herausbilden, an denen Menschen mit niedrigen und unsicheren Einkommen in eher schlechten Wohnlagen leben,[3] hat offensichtlich gemacht, dass sich die städtischen Gesellschaften auszudifferenzieren begonnen haben. Mit diesem Zusammenhang zwischen Sozialstruktur und Wohnstandort ist auch der in den theoretischen Überlegungen (Kap. 2) angesprochene Einfluss von physisch-materiellen Raumstrukturen auf die räumliche Organisation der sozialen Welt verifiziert.

6.4 Ausblick

Eine Raumplanungspolitik, die sich in erster Linie an einer Steigerung der Attraktivität von Wohnquartieren für einkommensstarke Bevölkerungsgruppen (gute Steuerzahler) orientiert, um diese an den städtischen Wohnort zu binden, unterstützt eine Verfestigung oder Verstärkung sozialräumlicher Unterschiede im urbanen Raum. Diese Tatsache kann nicht länger übersehen werden und die verantwortliche Verwaltung und Kommunalpolitik sollte sich diesem Interessenkonflikt stellen, anstatt die Zusammenhänge länger zu negieren und damit billigend in Kauf zu nehmen. Die von den Aufwertungsprozessen ausgelöste Verdrängung „unerwünschter Bevölkerungsgruppen" verursacht sozialräumliche Folgen, die ihrerseits nur schwer in den Griff zu bekommen sind.

Eine angemessene soziale Mischung kann dagegen dadurch unterstützt werden, dass geeigneter und bezahlbarer Wohnraum gerade in den Stadtquartieren verfügbar gemacht wird, die besonders stark von Segregation betroffen sind (in Basel sind dies vor allem die traditionellen Oberschicht- und – etwas weniger ausgeprägt – die Arbeiter- und Industrieviertel).

Die vorliegende Arbeit zeigt auch, welche der „sozial bessergestellten" Lebensformengruppen sich einer „sozialräumlichen Durchmischung" nicht entziehen: Vor allem die postmoderne Oberschicht und die postmoderne und moderne Mittelschicht –

---

[3] Für genauere Untersuchungen zum Zusammenhang zwischen residenziellen Segregationsmustern und der Wohnumfeldqualität vgl. Eder (2004).

Sozialgruppen also, die man in den durch Arme, Ausländer, Alte und Arbeitslose („A-Stadt") belasteten Städten halten will. Um dieses Ziel der Stadtentwicklungsplanung zu erreichen, sollte man neben den bisher gebauten respektive modernisierten Luxuswohnungen für Alleinstehende oder Doppelverdienende ohne Kinder (DINKS) der Oberschicht vermehrt auch Wohnungen für mittelständische Familienhaushalte in verschiedenen Stadtquartieren zur Verfügung stellen.

Greifen der Staat respektive die Kommunen also mit regulierenden Wohnbauprogrammen in die gesellschaftlichen und sozialräumlichen Ausdifferenzierungsprozesse ein, könnten beispielsweise Familienhaushalte mit unterschiedlichem Einkommen in unmittelbarer Nachbarschaft wohnen. Auf diese Weise hätte die Realisierung des erwünschten räumlichen Nebeneinanders verschiedener Sozialgruppen größere Erfolgschancen. Maßnahmen mit dieser Zielsetzung sind in Basel-Stadt im Rahmen des „Aktionsprogramms Stadtentwicklung" mit der Zusammenlegung von Kleinwohnungen zu hochwertigen Familienwohnungen beispielsweise im Matthäusquartier bereits punktuell eingeleitet worden.

Literatur

Blasius, J. (1994): Empirische Lebensstilforschung. In: Dangschat, J. S.; Blasius, J. (Hrsg.): Lebensstile in den Städten. Konzepte und Methoden. Opladen: 237–254.

Borchers, S.; Tempel, G. (1998): Freizeitstile in einer Großstadt – eine empirische Untersuchung. In: Universität Bremen (Hrsg.): Arbeitspapiere 31, Bremen.

Bourdieu, P. (1991): Physischer, sozialer und angeeigneter Raum. In: Wentz, M. (Hrsg.): Stadträume. Frankfurt am Main, New York: 25–34.

Bundesamt für Statistik (1993): Eidgenössische Volkszählung 1990. Haushalte und Familien. Neuchâtel: Bundesamt für Statistik.

Bundesamt für Statistik (1995): Eidgenössische Volkszählung 1990. Sozialstruktur der Schweiz. Sozioprofessionelle Kategorien. Neuchâtel: Bundesamt für Statistik.

Castells, M. (1994): European Cities, the Informational Society, and the Global Economy. In: New Left Review 204: 18–32.

Dangschat J. S. (1994): Multikulturelle Stadt und soziale Polarisierung. In: Schwartz, U. (Hrsg.): Risiko Stadt? Perspektiven der Urbanität. Hamburg: 177–190.

Eder, S. (2001): Städtische Sozialstrukturen und residentielle Segregationsmuster am Beispiel Basel-Stadt. In: Geographica Helvetica, H. 56/4: 234–248.

Eder, S. (2004): Neuartige residentielle Stadtstrukturmuster vor dem Hintergrund postmoderner Gesellschaftsentwicklungen. Dissertation. Basel. Im Druck

Friedrichs, J. (1977): Stadtanalyse. Soziale und räumliche Organisation der Gesellschaft. Reinbek.

Gluchowsky, P. (1987): Lebensstile und Wandel der Wählerschaft in der Bundesrepublik Deutschland. In: Aus Politik und Zeitgeschichte, H. 12: 18–32.

Helbrecht, I. (1997): Stadt und Lebensstil. Von der Sozialraumanalyse zur Kulturraumanalyse? In: Die Erde, H. 128: 3–16.

Herlyn, U.; Harth, A. (1996): Soziale Differenzierung und soziale Segregation. In: Strubelt, W. u. a. (Hrsg.): Städte und Regionen. Berichte zum sozialen und politischen Wandel in Ostdeutschland. Opladen: 257–287.

Hradil, S. (1987): Sozialstrukturanalyse einer fortgeschrittenen Gesellschaft. Von Klassen und Schichten zu Lagen und Milieus. Opladen.

Hradil, S. (1999): Soziale Ungleichheit in Deutschland. Opladen.

Krätke, S. (1996): Stadt, Raum, Ökonomie. Einführung in aktuelle Problemfelder der Stadtökonomie und Wirtschaftsgeographie. Basel et al.

Lefèbvre, H. (1991): The Production of Space. Oxford: The University of Oxford Press.

Lichtenberger, E. (1998): Stadtgeographie. Teubner Studienbücher Geographie 1. Stuttgart.

Marcuse, P. (1995): Not Chaos, but Walls: Postmodernism and the Partitioned City. In: Watson, S.; Gibson, K. (Hrsg.): Postmodern Cities and Spaces. Cambridge, Ma.: 243–253.

Müller, H.-P. (1992): Sozialstruktur und Lebensstile. In: Hradil, S. (Hrsg.): Zwischen Bewusstsein und Sein. Die Vermittlung „objektiver" und „subjektiver" Lebensweisen. Opladen: 57–66.

Park, R.; Burgess, E.; McKenzie, R. (1925): The City. Chicago. The University of Chicago Press.

Schulze, G. (1992): Die Erlebnisgesellschaft. Kultursoziologie der Gegenwart. Frankfurt am Main, New York.

Spellerberg, A. (1996): Soziale Differenzierung durch Lebensstile. Eine empirische Untersuchung zur Lebensqualität in West- und Ostdeutschland. Berlin.

Werlen, B. (1995): Sozialgeographie alltäglicher Regionalisierungen. Zur Ontologie von Gesellschaft und Raum. Band 1. Erdkundliches Wissen 116, Stuttgart.

Werlen, B. (1997): Sozialgeographie alltäglicher Regionalisierungen. Globalisierung, Region und Regionalisierung. Band 2. Erdkundliches Wissen 119, Stuttgart.

Wirth, L. (1938): Urbanism as a Way of Life. In: The American Journal of Sociology, H. 44: 1–24.

Hartmut Häußermann

Segregation – Partizipation – Gentrifikation.
Zur Bedeutung von kulturellem Kapital in der Stadterneuerung[1]

Gliederung

1 Stadterneuerung im Transformationsprozess
2 Eine spezifische „soziale Mischung"
3 Von Szene zu Szene
4 Das neue Sanierungsregime
5 Was ist neu an der Stadterneuerung?
6 Personengebundene Ressourcen
7 Umzugsbewegungen
8 Veränderungen im Bezirk Prenzlauer Berg
9 Erklärungen
10 Perspektiven: nach dem Ende der öffentlichen Förderung
Literatur

Die Periode starker staatlicher Regulation – in Deutschland seit den 1920ern bis in die 1970er-Jahre des 20. Jahrhunderts – war von dem Bemühen um eine keynesianische Steuerung der Wirtschaftsentwicklung und von einer zunehmenden Beteiligung der Lohnabhängigen am Wirtschaftsergebnis geprägt. Diese Periode wird heute als eine Epoche des ‚Fordismus' bezeichnet. Die Realeinkommen stiegen in der Bundesrepublik Deutschland bis zum Ende der 80er-Jahre kontinuierlich an. Die ‚Staatsquote' wurde erhöht, und die Sozialleistungen wurden verbessert. Zur Förderung der wirtschaftlichen Entwicklung verwendete der Staat einen Großteil seines Budgets für den Ausbau und die Modernisierung der Infrastruktur, wobei die Stadterneuerung eine bedeutsame Rolle spielte. Der wachsende Wohlstand war begleitet von einem steigenden Verlangen nach ‚Demokratisierung' politischer Entscheidungsprozesse – besonders spektakulär und von vielen Bürgerinitiativen gefordert war die Mitbestimmung über Ziele und Verfahren der Stadterneuerung. Die zentrale Rolle, die der Staat im fordistischen Steuerungsmodell einnahm, spiegelte sich in der Organisation der Stadterneuerung – und daher richtete sich das Partizipationsbegehren vor allem gegen den Staat bzw. gegen die von ihm beauftragten Sanierungsträger (vgl. Häußermann, Holm, Zunzer 2002: 14 ff.).

In der postfordistischen Phase reduziert sich die Bedeutung des Staates als Zentrum der Organisation der Stadtentwicklung, Entscheidungen werden dezentralisiert und an nichtstaatliche Akteure delegiert. Gleichzeitig nimmt der staatliche Anteil an den finanziellen

---
[1] Eine frühere Fassung dieses Beitrages wurde in der Zeitschrift „Die alte Stadt" (31. Jg., Heft 1) veröffentlicht.

Aufwendungen für die Stadterneuerung ab. Dies hat Konsequenzen für die Erreichung der Ziele der Stadterneuerung und für die Möglichkeiten der Bürgerbeteiligung. Da der Schwerpunkt der Stadterneuerung seit der Wiedervereinigung eindeutig in die neuen Bundesländer verlagert wurde, sind bei der Betrachtung der „postfordistischen" Praxis allerdings auch einige Besonderheiten zu beachten, die spezifisch beim Anpassungsprozess der vormals staatssozialistisch gesteuerten Städte auftreten. Im Folgenden sollen die Veränderungen in der Organisation der Stadterneuerung in „postfordistischen" Zeiten am Beispiel Berlin-Prenzlauer Berg dargestellt werden.

1 Stadterneuerung im Transformationsprozess

Im Prozess der Stadterneuerung in den neuen Bundesländern überlagern sich verschiedene Entwicklungen, deren Effekte schwierig auseinanderzuhalten sind.

1. Man hatte es dort in der Regel mit Altbaugebieten zu tun (vgl. Schumann, Marcuse 1991), die sich im Jahr 1990 in einem Zustand des großflächigen Verfalls befanden, wie es ihn in den Städten im Westen Deutschlands nur selten gegeben hatte, als dort in den 60er-Jahren die große Welle der Stadtsanierung einsetzte.

2. Auch ohne stadtpolitischen Eingriff setzte in den ostdeutschen Altbaugebieten nach der Vereinigung eine große Veränderungsdynamik ein: Die Haushalte hatten – nach Einkommen unterschiedlich – nach 40 Jahren staatlicher Wohnungszuweisung nun die freie Wahl über ihren Wohnstandort, und sie machten davon auch frühzeitig Gebrauch – zumal das Angebot an Neubauwohnungen rasch wuchs.

3. Die Altbaubestände hatten in der Wohnungspolitik der DDR eine geringe Wertschätzung genossen. Bis zu den 80er-Jahren bestand die SED-Politik darin, diese Bestände vollkommen abzureißen und durch einen neuen ‚sozialistischen' Wohnungsbau zu ersetzen. Die Restitution von Privateigentum im Immobilienbereich (vgl. Dieser 1996; Reimann 2000), d.h. die Rückgabe von verstaatlichten Immobilienbeständen an die früheren Besitzer, führte in vielen Fällen zu konfliktreichen Auseinandersetzungen mit den Mietern, die bis zur Vereinigung nur eine sehr niedrige Miete bezahlt hatten und unkündbar waren.

4. Gleichzeitig differenzierten sich wegen des tief greifenden sozioökonomischen Wandels, der mit der politischen Transformation einherging, die sozialen Lagen der Bewohner stärker aus: Bewohner, die unter den neuen Bedingungen beruflich fest Fuß fassten, erlangten bisher nicht gekannte Entscheidungsmöglichkeiten über ihre eigenen Lebensumstände, während für andere aufgrund von Arbeitsplatzverlust und beruflicher Dequalifizierung ein Leben mit niedrigem Einkommen in einer Umwelt begann, die in zunehmendem Maße nach der Kaufkraft strukturiert wurde (vgl. Häußermann, Kapphan 2000).

5. Schließlich entstand mit dem „Systemwechsel", der mit der Wiedervereinigung verbunden war, auch ein Machtkampf, der von einem Kulturkonflikt überlagert war. Mit der Ausweitung sämtlicher rechtlicher Regelungen aus den alten auf die neuen Bundesländer waren für alle Verfahren plötzlich „Wessis" die Experten. Mit der Restitution von Privateigentum erlangten frühere Eigentümer, die aus der DDR nach Westdeutschland geflo-

hen waren, wieder die Verfügungsgewalt über ihre Immobilien. Wurden Mietshäuser verkauft, waren in der Regel Immobiliengesellschaften oder Eigentümergemeinschaften aus den alten Bundesländern die Käufer, die durch lukrative Steuervergünstigungen als Investoren angelockt worden waren. Mit den neuen Eigentümern wurden auch andere Vorstellungen über „zeitgemäßen" Ausstattungsstandard und über die Ästhetik von Wohnungen und Gebäuden importiert. Zwar wurden die rasch einsetzenden Prozesse von Instandsetzung und Modernisierung von der überwiegenden Mehrheit der Bewohner begrüßt, aber die damit verbundenen Mieterhöhungen standen natürlich von Beginn an unter Kritik (vgl. Holm 2004). Da auf Mentalitäten und Gewohnheiten im Zuge des einsetzenden Investitionsbooms wenig Rücksicht genommen wurde, drückten Begriffe wie „Kolonisierung", „Anschluss" oder „westlicher Imperialismus" eine offene oder untergründige Entfremdung gegenüber dem schnellen Wandel aus (vgl. Häußermann 2000; Rehberg 2000).

Nahezu alles, was vor 1989 bis zur Erstarrung stabil gewesen war, geriet in Bewegung (vgl. Häußermann 1996). Wie sich dies in einem innerstädtischen Altbaugebiet in Ostberlin auswirkte und welche Folgen dies für die soziale Zusammensetzung der Wohnbevölkerung hatte, ist Gegenstand der folgenden Darstellung. Das besondere Interesse dieses Beitrags richtet sich auf die neuen Formen der politischen Steuerung der Stadterneuerung, die sich insbesondere hinsichtlich der Trägerschaft von den bekannten Sanierungsprozessen in den alten Bundesländern unterschied. Leitende Fragestellung dabei ist, inwieweit es gelang, die doppelte Zielsetzung zu verwirklichen: einerseits einen Prozess der baulichen Erneuerung anzustoßen und gleichzeitig die soziale Zusammensetzung der Quartiersbevölkerung zu erhalten. Der folgenden Analyse liegen Fallstudien zugrunde, die im Berliner Bezirk Prenzlauer Berg[2] in einem Sanierungsgebiet durchgeführt wurden.[3]

2 Eine spezifische „soziale Mischung"

Hinsichtlich des Erhalts der „sozialen Zusammensetzung" der Wohnbevölkerung war die Stadterneuerung im Bezirk Prenzlauer Berg vor eine neue Aufgabe gestellt: Anders als in den Sanierungsgebieten in den alten Bundesländern gehörten die Bewohner sehr unterschiedlichen sozialen Schichten und verschiedenen kulturellen Milieus an. Während in den „klassischen" (westdeutschen) Sanierungsgebieten überwiegend eine benachteiligte Schicht wohnte (Arme, Alte, Ausländer), war die Sozialstruktur in den Sanierungsgebieten des Bezirks Prenzlauer Berg heterogen. Das war ein Ergebnis der spezifischen Geschichte des Bezirks schon zu DDR-Zeiten, aber auch der damaligen administrativen Zuteilung von Wohnungen.

Bis 1990 waren in den Häusern nur die notwendigsten Instandhaltungen und nur in wenigen Ausnahmen Modernisierungsinvestitionen vorgenommen worden. Die meisten

---

[2] Seit dem Jahr 2001 ist der Bezirk Prenzlauer Berg durch eine Gebietsreform in Berlin Teil eines Großbezirks geworden, der aus der Zusammenlegung der Bezirke Pankow, Weißensee und Prenzlauer Berg entstanden ist. Der Name für diesen neuen Bezirk lautet heute Pankow. Wir sprechen hier weiterhin vom „Bezirk Prenzlauer Berg", weil dies die korrekte Bezeichnung zum Zeitpunkt der empirischen Untersuchung war.

[3] Dieser Beitrag fußt auf dem Bericht über das von der Deutschen Forschungsgemeinschaft (DFG) geförderte Projekt, an dem Andrej Holm und Daniela Zunzer mitgearbeitet haben und der unter dem Titel „Stadterneuerung in der Berliner Republik" veröffentlicht worden ist (vgl. Häußermann, Holm, Zunzer 2002).

Wohnungen hatten zum Zeitpunkt der Vereinigung noch Einzelofenheizung, kein Bad und häufig nur eine Toilette im Treppenhaus für mehrere Mietparteien gemeinsam. Viele Bewohnerinnen und Bewohner hatten mit den geringen Mitteln, die ihnen in der zentral gelenkten Planwirtschaft der DDR zur Verfügung standen, versucht, die Wohnqualität zu erhöhen, indem sie Gasöfen einbauten, die durch die Außenwand entlüftet wurden. Auch wurden irgendwo in der Wohnung Badewannen oder in der Küche Duschkabinen aufgestellt, jedoch waren solche Ausstattungsgegenstände nur einer Minderheit zugänglich.

Aufgrund dieser Situation war es zur DDR-Zeit wenig erstrebenswert, in einem Altbau zu wohnen. Die Möglichkeit angeboten zu bekommen, in eine Neubauwohnung in eine der großen Plattenbausiedlungen am Stadtrand umzuziehen, galt als erstrebenswertes Privileg. Vor allem junge Familien mit Kindern kamen bevorzugt in diesen Genuss. Da jedoch bis zum Ende der DDR die Nachfrage das Angebot bei weitem überstieg, mussten viele, die eigentlich lieber umgezogen wären, in den Altbaugebieten wohnen bleiben. „Unfreiwillige" Bewohner/innen gab es aber auch noch aus anderen Gründen: Wer z.B. einen Ausreiseantrag gestellt hatte, konnte sich jeden Gedanken an eine Neubauwohnung aus dem Kopf schlagen. Auch alten Leuten und so genannten Asozialen („Assis"), z.B. „Arbeitsverweigerern" oder Alkoholkranken, wurde die Möglichkeit eines Umzugs dauerhaft verweigert. Damit wurden ‚soziale Probleme' von den Neubaugebieten ferngehalten (vgl. Hannemann 1996).

Andererseits aber entwickelte sich in den Altbaugebieten auch ein spezifisches Milieu aus solchen Bewohnerinnen und Bewohnern, die das Wohnen in einem Plattenbau ablehnten und/oder die eine oppositionelle Haltung zum SED-System eingenommen hatten, oder die aufgrund künstlerischer Neigungen oder sonstiger Unangepasstheit das Leben in einem Gebiet vorzogen, in dem politische Nonkonformität nicht so stark sanktioniert wurde. Da die Altbaugebiete auf Abbruch standen, entwickelten sich Teile von Prenzlauer Berg im sozialräumlichen System der Stadt zu Nischen, in denen neben alternativen Milieus auch „Normalfamilien", alte Leute, Künstler, Lebenskünstler und Ausgegrenzte lebten (Kil 1992; 1996).

Da etwa 20 % der Altbauwohnungen leer standen, weil sie für unbewohnbar erklärt worden waren, konnten Wohnungen auch ohne Zuweisung durch die Kommunale Wohnungsverwaltung bezogen werden. Man stellte einfach seine Sachen in eine solche Wohnung, stellte die Bewohnbarkeit notdürftig her und meldete sich nach einiger Zeit bei der Kommunalen Wohnungsverwaltung an (vgl. Felsmann, Gröschner 1999).

Für politische Dissidenten/innen oder kulturelle Abweichler aus der DDR-Provinz wurde der Bezirk Prenzlauer Berg ein Ort, den man bewusst ansteuerte, wenn man dem „genormten Alltag" der DDR entgehen wollte. Es gab Dichterlesungen und Liederabende in Privatwohnungen, auch Kneipen dienten als Treffpunkte der lokalen „Szene".

3 Von Szene zu Szene

Nach dem Fall der Mauer traten aus diesem heterogenen Milieu zahlreiche politische und kulturelle Aktivitäten ans Licht der Öffentlichkeit. Prenzlauer Berg wurde damit zu einem Zentrum der kulturellen Befreiung und politischen Öffnung, woraus sich rasch eine bunte und provokative Öffentlichkeit entwickelte. In vielen leer stehenden Ladenlokalen wurden provisorische Cafés und Kneipen eröffnet, in ungenutzten Gewerberäumen etablierten sich Clubs, in denen Literaten, Liedermacher und Musikgruppen nun öffentlich auftreten konnten. Ungenutzte Räume weckten die Phantasie der von der politischen Öffnung animierten Bewohner/innen, anarchische Kunstinszenierungen in Hinterhöfen zogen überlokale Aufmerksamkeit auf sich.

Dieses Milieu wandelte sich in den zehn Jahren nach der Vereinigung zweimal. Gleich nach dem Fall der Mauer setzte eine Umzugsmobilität innerhalb der Stadt von Ost nach West und von West nach Ost ein: Bewohner/innen, die schon länger einen Ausreiseantrag gestellt hatten und im Bezirk Prenzlauer Berg gleichsam auf gepackten Koffern wohnten, nutzten sofort die Chance, auszureisen. In umgekehrter Richtung zogen zahlreiche Studierende wegen der extrem niedrigen Wohnungsmieten in leer stehende Altbauwohnungen, aber auch Angehörige von linksradikalen Gruppen und Hausbesetzern aus Westberlin nahmen die Chance wahr, Wohnungen und Häuser zu beziehen, für die sich in der Übergangszeit niemand interessierte.

Das neue politische Milieu machte insbesondere durch Veranstaltungen zur Walpurgisnacht und Demonstrationen am 1. Mai auf sich aufmerksam. In den Jahren 1996 und 1997 wurde das Quartier um den Kollwitzplatz im Anschluss an solche Demos zum Schauplatz von Auseinandersetzungen zwischen gewaltbereiten Demonstranten und der Polizei, die jeweils in regelrechten Straßenschlachten mit erheblichen Zerstörungen im Quartier kulminierten. Der „Kampf gegen Luxusmodernisierung und Vertreibung" wurde dabei regelmäßig als Legitimation für diesen „Widerstand" bemüht.

Nach der Wende wurde mit der Restitution von Privateigentum bei Immobilien auch der Wandel der Eigentümerstruktur eingeleitet (vgl. Glock, Häußermann, Keller 2001). Ab 1993/94, als in größerer Zahl private Eigentümer wieder das Verfügungsrecht über ihre Gebäude hatten, begann eine Welle von Instandsetzungs- und Modernisierungsinvestitionen, die rasch deutlich sichtbare Ergebnisse in restaurierten Fassaden und neuen Möglichkeiten für privates Gewerbe zeitigten. Um den Kollwitzplatz entwickelte sich eine überregional bekannt gewordene Gaststätten- und Kneipenszene. Angereizt durch die großzügigen Steuerersparnisse, die das Gesetz zur Förderung von Investitionen in den neuen Bundesländern bot, wurden von den Privateigentümern Modernisierungsinvestitionen vorgenommen, die zu erheblichen Mietsteigerungen führten.

Im Jahr 1994 erließ die Bezirksverwaltung zunächst im Gebiet Kollwitzplatz eine Sanierungssatzung, mit der die Erneuerungsinvestitionen koordiniert und auch kontrolliert werden sollten. Das zentrumsnah gelegene Gebiet hatte aufgrund seiner überregionalen Bekanntheit und seiner vollständig erhaltenen Gründerzeitstruktur rasch auch die Nachfrage von finanzkräftigeren Haushalten aus den westlichen Bezirken von Berlin und aus den alten Bundesländern angezogen. Im Bezirk Prenzlauer Berg findet sich das größte zusammenhängende Gründerzeitgebiet in Berlin, das zudem von den Bombardements der Alliierten im Zweiten Weltkrieg weitgehend verschont geblieben ist. Breite Straßen, in die an verschiedenen Stellen schon bei der Bebauung um die Wende vom 19. zum 20. Jahrhundert Stadtplätze eingefügt worden waren, und eine geschlossene Bebauung haben dem Gebiet einen urbanen Charakter verliehen, der in der Folgezeit durch neue Investitionen und neue gewerbliche Aktivitäten eine neue Vitalität erlangen sollte.

Mit der baulichen Erneuerung setzte auch eine höhere Mobilität ein. Viele Mieterinnen und Mieter verließen aus eigener Entscheidung das Gebiet oder wurden durch den Modernisierungsprozess verdrängt, die alte Subkultur verlor immer mehr ihre Träger. Durch den Zuzug von Studierenden und finanziell Etablierten aus Westberlin und aus den westlichen Bundesländern begann sich ein neues Milieu zu entwickeln, das von vielen bereits früher ansässigen Bewohnern/innen als Entfremdung oder sogar Enteignung empfunden wurde. Die Bewohner/innen, die sich in der DDR wie die Eigentümer/innen ihrer Wohnungen fühlen konnten und die in der Subkultur auch Gefühle politischer Autonomie entwickelt hatten, mussten nun zusehen, wie sich nach und nach ein neues Verfügungsregime und eine neue, stark kommerziell geprägte Infrastruktur etablierten.

Mit fortschreitender Entscheidung über die Restitutionsanträge verschwanden die unkontrollierten und für spontane Nutzungen zugänglichen Nischen immer mehr. Durch die Mietgesetzgebung der Bundesregierung stiegen die Mieten auch in solchen Wohnungen, in denen keine neuen Investitionen vorgenommen worden waren, sodass die Räume für ‚wilde' Nutzungen und selbstbestimmte Projekte weitgehend mittelloser Aktivistinnen und Aktivisten zusehends enger wurden. In der Gegend um den Kollwitzplatz hat sich im Laufe der Zeit eine neue Gewerbestruktur etabliert, zu der neben Restaurants verschiedenen Niveaus auch Espresso- und Sushi-Bars, Musik-Kneipen, Einzelhandel für einen distinguierten Geschmack sowie Weinhandlungen und Trödelläden gehören. Da bereits zu DDR-Zeiten der gewerbliche Mittelstand ausgetrocknet und die kleinteilige Einzelhandelsstruktur zerstört worden war, bedeutet diese Entwicklung zwar nicht die Zerstörung einer lokalen Tradition, sie setzte jedoch deutliche Zeichen einer neuen Entwicklung. In den modernisierten Altbauten hat sich eine Gastronomie etabliert, die allein aufgrund ihres quantitativen Angebots auf eine überregionale Nachfrage angewiesen ist.

Anziehend wirkte der Bezirk vor allem auf Träger solcher Lebensstile, die „bürgerliche" Bezirke wie Wilmersdorf oder Zehlendorf meiden, die etablierten modernisierten Altbaubestände von Charlottenburg und Schöneberg umgehen und eine Affinität zu den sozial immer noch heterogenen und von den Transformationsprozessen geschüttelten Quartieren im Ostteil haben. So hat sich in weiten Teilen des Bezirks Prenzlauer Berg inzwischen eine Mischung aus Ost und West ergeben, eine durchschnittlich sehr junge Bevölkerung mit vielen Kindern – und immer noch gibt es Orte, in denen unkonventionelle Kulturprojekte Raum finden.

Handelt es sich bei diesem Wandel um den inzwischen vielfach beschriebenen Prozess der *Gentrifikation*, der gekennzeichnet ist durch die Vertreibung bzw. Verdrängung einer einkommensschwachen Schicht durch den Zuzug neuer Bewohner mit höherem Einkommen? (Blasius, Dangschat 1990; Friedrichs, Kecskes 1996; Friedrichs 2000) Hat hier der wieder eingesetzte Kapitalismus mit dem gnadenlosen Wirken ökonomischer Mechanismen eine spezifisch ostdeutsche Kiezkultur zerstört? Wie hat die Politik reagiert, welchen Schutz konnte sie den Bewohnern/innen bieten? Wie hat sich die „soziale Zusammensetzung" verändert?

Die politische Steuerung stand nach der Wende vor einer fast unlösbar erscheinenden Aufgabe: Sie musste dafür sorgen, dass die Altbauten vor dem Verfall bewahrt, möglichst nach historischen Vorbildern rekonstruiert und die Wohnverhältnisse auf ein modernes

Niveau angehoben wurden – und sollte gleichzeitig dafür sorgen, dass Bewohner/innen nicht vertrieben oder verdrängt wurden, dass also die Gebietsbevölkerung vor den negativen Konsequenzen einer ökonomisch aufwendigen Erneuerung in Schutz genommen wird. Ob und wie dies gelang, soll im Folgenden diskutiert werden.

4 Das neue Sanierungsregime

Die Stadterneuerungspolitik hatte in den alten Bundesländern mit dem Städtebauförderungsgesetz von 1971 einen gesetzlichen Rahmen erhalten. Die Praxis der Stadterneuerung hat sich seit dieser Zeit allerdings erheblich gewandelt. War sie zunächst vor allem eine zentralistisch organisierte und staatlich finanzierte Veranstaltung zur rigorosen Durchsetzung einer Modernisierung der Stadtstruktur (Flächensanierung), so machte sie bereits seit Mitte der 70er-Jahre einen Wandel zu einer eher behutsam vorgehenden, stärker dezentral organisierten Strategie durch, die allerdings immer noch vorwiegend aus den öffentlichen Haushalten finanziert wurde (vgl. Bohne, Zint 1989). Da Eingriffe in die Altbaugebiete stets von mehr oder weniger heftigen Konflikten zwischen den Strategen der Erneuerung und den Bewohnern begleitet waren, wurde mit verschiedenen Formen der „Betroffenenbeteiligung" bzw. „Bürgermitbestimmung" experimentiert, die nicht nur helfen sollten, die Folgen der Erneuerung sozialverträglich zu gestalten, sondern auch erhebliche Mitbestimmungsmöglichkeiten beinhalteten (vgl. Hetzer 2000).

Nach der Vereinigung war die Stadterneuerungspolitik in den ostdeutschen Städten mit einer neuen Situation konfrontiert: Der Umfang des erneuerungsbedürftigen Altbaubestandes war sehr groß und der Zustand der Häuser und Wohnungen verlangte rasches Handeln. Gleichzeitig aber war der Staat durch den ökonomischen Strukturwandel und durch die Kosten der Vereinigung in eine Finanznot geraten, die eine Fortsetzung der „alten", vor allem staatlich finanzierten Stadterneuerungspolitik unmöglich erscheinen ließ. So mussten sich alle beteiligten Akteure von Anfang an darauf einstellen, dass neue Finanzierungsquellen erschlossen werden mussten. Wie im gesamten Wohnungsbau in den neuen Bundesländern wurden deshalb auch für die Altbaumodernisierung steuerliche Anreize für private Investitionen geschaffen. Damit war ein Wandel auch in der Organisations- und Entscheidungsstruktur beim Sanierungsprozess notwendig.

Die Veränderungen markieren einen Wandel von einem fordistischen zu einem postfordistischen Regime. Das „alte" Stadterneuerungsregime kann aus folgenden Gründen „fordistisch" genannt werden: Der Staat verfolgte ein Modernisierungsziel, mit dem „rückständige Viertel" einerseits funktional in den Prozess einer dynamisch wachsenden Stadt einbezogen werden sollten, andererseits sollten dadurch die Bewohner keine gravierenden Nachteile erfahren, sondern durch eine Reihe von begleitenden Maßnahmen auf diesem Modernisierungspfad begleitet werden. Bürgerbeteiligungsverfahren und Sozialplanung waren dafür die Instrumente. Der Staat trat als zentraler Akteur mit wohlfahrtsstaatlicher Absicht auf, und er war auch der zentrale Partner für die Lösung der auftretenden Konflikte (vgl. Bodenschatz, Heise, Korfmacher 1983). Im postfordistischen Regime ändert sich die Rolle des Staates. Er verabschiedet sich von der Funktion des zentralen Akteurs, der für Planung, Durchführung, Finanzierung und Konfliktregelung gesorgt hatte, und zieht sich auf die Rolle eines Anregers, Moderators und Kontrolleurs zurück. Die privaten Eigentümer werden zu den zentralen Akteuren, bei denen die Entscheidung über das Ob, Wann und Wie der baulichen Erneuerung liegt, und die sich auch mit den Bewohnerinnen und Bewohnern über diese Fragen auseinandersetzen müssen.

Das Instrumentarium, das die öffentliche Verwaltung einsetzt, besteht überwiegend aus rechtlichen Regelungen, mit denen das Investitionsverhalten der privaten Eigentümer im Sinne der Sanierungsziele beeinflusst werden soll. Private Investitionen zur Verbesserung der Wohnverhältnisse in Mietshäusern werden vorgenommen, wenn sie eine Rendite versprechen. Da das notwendige Investitionsvolumen als sehr hoch, die Zahlungsfähigkeit der Bewohner aber als ziemlich niedrig eingeschätzt wurde, wurden, um die Investitionstätigkeit rasch in Gang zu bringen, bereits 1990 im Gesetz zur Förderung von Investitionen in den neuen Bundesländern sehr weitgehende Abschreibungsmöglichkeiten eingeführt, durch die Verluste bei Vermietung und Verpachtung mit anderen Einnahmen gegengerechnet werden konnten. Damit wurden Reduktionen bei der Einkommensteuer in erheblichem Umfang möglich – natürlich nur bei Personen, die auch hohe Steuerzahlungen hätten leisten müssen.

Diese Regelung hatte einen weitreichenden Eigentümerwechsel in den ostdeutschen Altbaugebieten zur Folge. Nahezu alle Altbauten hatten bis 1990 unter staatlicher Verwaltung gestanden. Diejenigen Gebäude, die sich rechtlich noch in der Hand von privaten Eigentümern befanden, wurden rasch an diese zurückgegeben. Im Übrigen konnten – zurückreichend bis zum 10. Januar 1933 – die früheren Eigentümer einen Antrag auf „Restitution" ihres Eigentums stellen, wenn dieses ohne formelles Enteignungsverfahren in „Volkseigentum" überführt worden war bzw. wenn sie unter Zwang unter Wert hatten verkaufen müssen. Dies war bei jüdischen Eigentümern in der NS-Zeit die Regel und bei „Republikflüchtlingen" zur DDR-Zeit ebenfalls oft der Fall. Die früheren Eigentümer boten ihr wiedergewonnenes Hauseigentum dann in der Regel zum Verkauf an, wobei sie bis zur Mitte der 90er-Jahre erhebliche Preise erzielten, weil die Aufkäufer/innen auf erhebliche Wertzuwächse spekulierten. Da Investitionen durch das Fördergebietsgesetz großzügig über Steuerersparnisse subventioniert wurden, sammelten Developer bzw. gewerbliche Investoren Kapitalanteile von solchen Geldgebern ein, die aufgrund ihres hohen Einkommens auch von der Steuerbefreiung besonders profitieren konnten; solche wohnten überwiegend im westlichen Teil Deutschlands. Die neuen Privateigentümer in den ostdeutschen Altbaugebieten kamen also überwiegend aus dem Westen – und sie waren an hohen Investitionen interessiert, weil dann ihr Steuervorteil umso höher ausfiel.

Das Sanierungsrecht, das ursprünglich für Quartiere entworfen worden war, in denen die Hauseigentümer keine Investitionen mehr vorgenommen und die Häuser hatten verfallen lassen, wandelte sich unter diesen Bedingungen zu einem Kontrollinstrument, mit dem die steuerlich angereizten Investitionen an die sozialen Ziele der kommunalen Stadterneuerungspolitik angepasst werden sollten. Intendiert wurde sozusagen ein „sozial domestizierter Investitionsboom".

5 Was ist neu an der Stadterneuerung?

Das Ziel, die bauliche Erneuerung und den Erhalt der Zusammensetzung der Gebietsbevölkerung mit weniger öffentlichen Mitteln in einem größeren erneuerungsbedürftigen Bestand gleichzeitig und gleichrangig erreichen zu wollen, ist eine Gratwanderung zwischen erwünschter baulicher Aufwertung und unerwünschter Verdrängung der Bevölkerung. Dabei muss man zudem den unterschiedlichen Anforderungen und Vorstellungen einer heterogenen Bevölkerung gerecht werden, die nicht nur unterschiedliche Ansprüche, Bedürfnisse und Vorstellungen hinsichtlich Ausstattung und Standard der Wohnung hat bzw. haben kann, sondern auch über unterschiedliche Ressourcen finanzieller, sozialer und kultureller Art verfügt. Ökonomisch Schwächeren soll ein Verbleiben ermöglicht werden, aber gleichzeitig soll das Gebiet auch für die im Gebiet wohnenden ökonomisch stärkeren Bewohner, die höhere Erwartungen an die Ausstattung der Wohnungen hegen, attraktiv werden, um deren Wegzüge zu verhindern. Denn „soziale Mischung" gilt bei der Stadtplanung als erstrebenswerte Eigenschaft von Altbaugebieten.

In den Berliner Sanierungsgebieten wurde dies mit einem Politik-Mix zu erreichen versucht. Nebeneinander wurden verschiedene Programme und rechtliche Instrumente eingesetzt:

1. Das Programm *„Soziale Stadterneuerung"* bestand aus dem Angebot seitens des Senats, durch finanzielle Zuschüsse die Finanzierungskosten für die Eigentümer so weit zu senken, dass diese ihre Investition durch eine vergleichsweise niedrige Miete refinanzieren konnten. Ein Drittel der Kosten wurden vom Land als Zuschuss gedeckt, für ein weiteres Drittel zinsverbilligte Kredite gewährt, und das letzte Drittel musste von den Eigentümern über den Kreditmarkt oder aus Eigenkapitalmitteln finanziert werden. Im Gegenzug verlangte die Staatsseite eine Festschreibung der Miethöhe und ein Belegungsrecht für die Mietwohnungen für die Dauer der Laufzeit der Kredite (ca. 25 bis 30 Jahre). In den Häusern wurde durch eine von der Sanierungsverwaltung beauftragte „Mieterberatung" ein Sozialplan aufgestellt, die Mieter hatten ein Mitbestimmungsrecht über Art und Umfang der Modernisierung, und ihnen wurden „Umsetzwohnungen" für die Zeit der Bauarbeiten zur Verfügung gestellt. Sie hatten nach Abschluss der Arbeiten das Recht, entweder in der „Umsetzwohnung" zu bleiben oder in ihre frühere, nunmehr modernisierte Wohnung zurückzukehren. Für die Mieter war es, wenn die Eigentümer die Aufnahme in das Programm „Soziale Stadterneuerung" stellten, wie ein ‚Lottogewinn': Sie hatten großen Einfluss auf die Veränderungen, sie wurden umfangreich beraten und betreut. Sie erlebten die Vorteile (Bleiberecht, Mitbestimmung, Mietenfestlegung), die in den 70er- und 80er-Jahren im Rahmen der „fordistischen" Stadterneuerung von den Oppositionsbewegungen in westdeutschen Städten erkämpft worden waren. Die meisten Eigentümer zögerten jedoch, einen solchen Kontrakt mit dem Staat einzugehen, weil sie für die Dauer von etwa drei Jahrzehnten ihren Einfluss auf die Belegung und auf die Mieten weitgehend verloren. Aber weder die Bewohner/innen noch die städtische Verwaltung konnte die Eigentümer zwingen, diesen Schritt zu gehen.

2. Das Programm *„Stadtweite Maßnahmen"* war ein allgemeines Programm zur Förderung von Modernisierungsinvestitionen in der gesamten Stadt. Es beinhaltete standardisierte

Zuschüsse für Einzelmaßnahmen der Modernisierung. Aus der Beanspruchung solcher Mittel ergaben sich keine weiteren Verpflichtungen für die Eigentümer. Diese Förderung konnte von Eigentümern in Anspruch genommen werden, die nur eine moderate Modernisierung vornehmen wollten. Instandsetzungs- und Modernisierungsmaßnahmen, die ohne Inanspruchnahme von Fördermitteln aus den zuvor genannten Programmen finanziert wurden, werden als „freie Finanzierung" oder „Privatmodernisierung" bezeichnet. Sie nahmen aber in jedem Fall die Vorteile des im Folgenden beschriebenen dritten Instruments in Anspruch.

3. Das *„Fördergebietsgesetz"* war von der Bundesregierung für das gesamte „Beitrittsgebiet", also für die neuen Bundesländer inklusive Berlin-Ost geschaffen worden. Es ermöglichte eine steuerliche Abschreibung der gesamten Modernisierungsinvestitionen innerhalb von 10 Jahren. Dieser steuerliche Anreiz war an keinerlei Bedingungen geknüpft, sondern stellte einen Rechtsanspruch dar – also weder zeitlich noch räumlich waren solche Investitionen von der Stadtpolitik zu steuern. Dieser Anreiz wird besonders wirksam, wenn von Personen mit einem besonders hohen zu versteuernden Einkommen möglichst umfangreiche Investitionen vorgenommen werden – er regte also Investitionen an, die vor allem von der Absicht getragen waren, hohe Steuerzahlungen zu reduzieren.

4. Nach dem *Städtebauförderungsgesetz* sind sämtliche baulichen Maßnahmen in Sanierungsgebieten genehmigungspflichtig. Damit waren die Eigentümer in einem bestimmten Ausmaß gezwungen, ihre Investitionen mit der öffentlichen Verwaltung abzustimmen. Die Genehmigungen wurden von der Verwaltung davon abhängig gemacht, ob die Mieter den geplanten Maßnahmen durch ihre Unterschrift ihre Zustimmung gegeben hatten.

5. Die Stadtverwaltung machte nach der *Festlegung der Sanierungsgebiete* von der rechtlichen Möglichkeit Gebrauch, Obergrenzen für die Miete nach der Modernisierung zu bestimmen. Die Einhaltung der Mietobergrenzen wurde zur Voraussetzung für die Baugenehmigung gemacht (vgl. Tietzsch 1996; Geffers 1999).

6. In Sanierungsgebieten ist der Preis für Immobilienverkäufe genehmigungspflichtig. Dadurch sollte verhindert werden, dass Preise bezahlt werden, die nicht innerhalb des angezielten Niveaus der Mieten hätten refinanziert werden können.

Eine sozial angepasste Sanierung sollte also durch drei Interventionen sichergestellt werden:

a) durch das Angebot öffentlicher Subventionen im Austausch gegen Mietfixierung und Belegungsrecht

b) durch die Festlegung von Mietobergrenzen, um die finanzielle Belastung der Mieter nach der Modernisierung zu begrenzen und

c) dadurch, dass die Genehmigung von baulichen Maßnahmen von schriftlichen Vereinbarungen zwischen Mietern und Eigentümern abhängig gemacht wurde, in denen Art und Umfang der baulichen Maßnahmen sowie die spätere Miethöhe festgelegt wurden.

Auf der Grundlage der durch staatliche Anreize geschaffenen Investitionsbereitschaft schien es zwar denkbar, soziale Sanierungsziele auch ohne oder mit einem nur geringen Angebot öffentlicher Fördermittel über Mietobergrenzen und die Durchführung von Sozialplanverfahren durchzusetzen. Als ein Teilverzicht auf die Umlage von Modernisierungsmaßnahmen stellen die Mietobergrenzen eine Art Teilhabe der Mieter an der Sonderabschreibung dar. Von der Eigentümerseite wurde ihre Rechtmäßigkeit immer angezweifelt. Ob sie zukünftig noch als Instrument zur Steuerung von Investitionen eingesetzt werden kann, ist inzwischen zweifelhaft geworden, denn im Jahr 2002 hatte die Klage eines Eigentümers gegen die Mietobergrenzen beim Verwaltungsgericht Erfolg. Der Bezirk hat dagegen Einspruch eingelegt, sodass das Urteil noch nicht rechtskräftig ist.

Der Wandel im Steuerungsmodus der Stadterneuerung von einer vor allem staatlich induzierten und gelenkten Strategie zu einer moderierenden, die Marktprozesse ausnutzenden Steuerung hatte eine Dezentrierung des Staates in diesem Prozess zur Folge. Der Staat investiert selbst nur noch in geringem Umfang und überlässt die Durchführung der Stadterneuerung weitgehend privaten Investoren. Anstelle eines zentral gelenkten, hierarchisch gesteuerten Modells wird ein Verhandlungssystem etabliert, das die Rahmenbedingungen für Entscheidungen von Eigentümern und Bewohnern setzt. Den Eigentümern werden Anreize zur Investition in Form von Steuernachlässen bzw. öffentlicher Förderung geboten. Nur bei umfangreicher direkter Bezuschussung müssen die privaten Eigentümer Verpflichtungen und Bindungen eingehen, die dem Ziel einer sozialverträglichen Erneuerung dienen, die indirekte Förderung dagegen ist mit keinerlei sozialen Verpflichtungen verbunden. Den Mietern werden durch das Genehmigungsverfahren Rechte zugesprochen, die sich aus der Zustimmung zu den Modernisierungsplänen des Eigentümers und damit auch zur Miethöhe nach Modernisierung ergeben – dadurch werden sie im Aushandlungsprozess „strategiefähig". Zwischen Eigentümern und Mietern werden die konkreten Entscheidungen über die Modernisierung ausgehandelt. Diese müssen von staatlicher Seite genehmigt werden, wobei auf die Einhaltung der sozialen Ziele der Stadterneuerung geachtet wird.

Durch dieses Verhandlungssystem sind die kleinteiligen Entscheidungen zwischen Eigentümern und Mietern ins Zentrum des Erneuerungsprozesses gerückt (vgl. auch Selle 1996): In jedem Haus, ja in jeder Wohnung wird neu darüber entschieden, welches Erneuerungsniveau entsteht und ob sich die Mietpreise so entwickeln, dass die soziale Zusammensetzung der Wohnbevölkerung erhalten werden kann. Während Zielformulierung und Durchführung der Stadterneuerung früher vollständig in der Kompetenz der staatlichen Steuerung lag (top-down), beschränkt sich die staatliche Rolle heute auf die Formulierung der Ziele, das Ergebnis entsteht dagegen durch eine Vielzahl von Einzelentscheidungen in einem dezentralen Aushandlungsprozess (bottom-up). „Sanierung" besteht durch dieses Verfahren überwiegend in einer Modernisierung von Wohnungen, denn für das „Gebiet", also für den öffentlichen Raum und die öffentliche Infrastruktur sind die privaten Eigentümer nicht zuständig. Dies ist Aufgabe des Sanierungsbeauftragten, der die öffentlichen Investitionen und die „Ordnungsmaßnahmen" vorschlägt und koordiniert.

Neu ist die Ausweitung des in den umfassend geförderten Häusern vorgeschriebenen Sozialplanverfahrens auf die frei finanzierte Modernisierung. Im Unterschied zu den

Förderhäusern im Programm „Soziale Stadterneuerung", wobei die Mieterberatung eine betreuende Funktion gegenüber den Mietern bis zum Abschluss der Baumaßnahmen einnimmt, geht es bei der frei finanzierten Modernisierung darum, im Rahmen einer sozialplanerischen Begleitung Einvernehmen zwischen Eigentümern und Mietern herzustellen. Die Beratungsangebote der Mieterberatung müssen von den Bewohnern in eine eigene Handlungsstrategie umgeleitet werden.

Abb. 1: Modell der „alten" Stadterneuerung

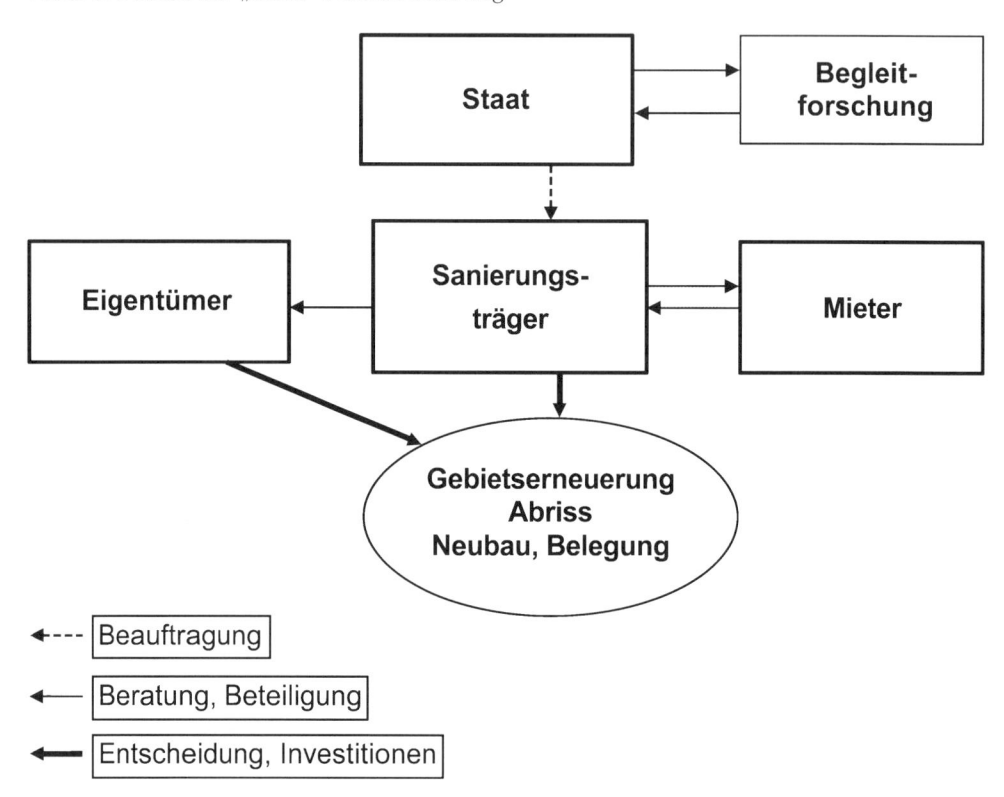

```
                    ┌──────────┐       ┌──────────────┐
                    │  Staat   │──────▶│  Begleit-    │
                    │          │◀──────│  forschung   │
                    └──────────┘       └──────────────┘
                          │
                          ▼
┌──────────────┐    ┌──────────────┐        ┌──────────┐
│  Eigentümer  │◀──▶│ Sanierungs-  │◀──────▶│  Mieter  │
│              │    │   träger     │        │          │
└──────────────┘    └──────────────┘        └──────────┘
        │                  │
        │                  ▼
        │        ╭───────────────────╮
        └──────▶ │  Gebietserneuerung│
                 │      Abriss       │
                 │  Neubau, Belegung │
                 ╰───────────────────╯
```

◀--- Beauftragung

◀─── Beratung, Beteiligung

◀━━━ Entscheidung, Investitionen

In dieser Organisation nimmt der Staat bzw. die Stadt eine zentrale Stelle ein: Er beauftragt einen Sanierungsträger und stattet ihn mit den rechtlichen Kompetenzen und finanziellen Mitteln aus, um die Stadterneuerung durchzuführen. Dieser führt die Verhandlungen mit den Betroffenen, also mit den Privateigentümern von Boden und Gebäuden sowie mit den Bewohnern. Private Grundstücke werden aufgekauft oder enteignet, um die Sanierung „in einem Zug" realisieren zu können. Nach Abschluss des Verfahrens können die erneuerten oder ersetzten Gebäude wieder an private Eigentümer verkauft werden. Die Bewohner werden als Betroffen informiert, gehört und – je nach ihrer politischen Durchsetzungsmacht – in unterschiedlichem Umfang beteiligt. Planung, Organisation der Bauarbeiten und die Umsetzung von Bewohnern und Betrieben sowie der Beteiligungsverfahren liegen sämtlich in der Hand des Sanierungsträgers.

Quelle: Eigener Entwurf

Abb. 2: Modell der „neuen" Stadterneuerung

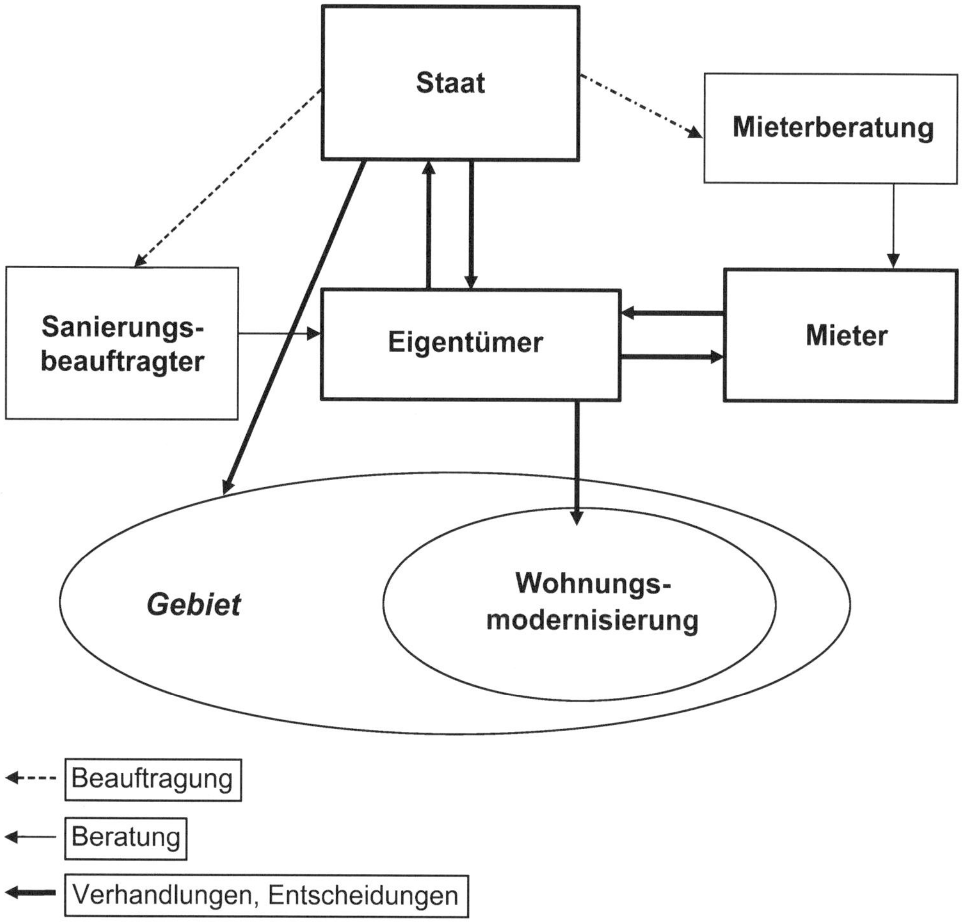

```
                    ┌──────────┐
                    │  Staat   │·······┐
                    └──────────┘       ▼
          ┌──────┐              ┌──────────────┐
          │      │              │Mieterberatung│
          ▼      │              └──────────────┘
┌──────────────┐ │ ┌──────────┐         │
│ Sanierungs-  │→│ │Eigentümer│◄────────┘
│ beauftragter │ │ └──────────┘   ┌──────┐
└──────────────┘ │      │    ◄───►│Mieter│
                 ▼      ▼         └──────┘
              ⬭ Gebiet  ⬭ Wohnungs-
                          modernisierung
```

◄--- Beauftragung

◄—— Beratung

◄━━ Verhandlungen, Entscheidungen

Im Modell der neuen Erneuerungsstrategie sind die Eigentümer in das Zentrum des Prozesses gerückt, sie haben weitgehend die Rolle des Sanierungsträgers übernommen. Die Rolle des vom Staat eingesetzten „Sanierungsbeauftragten" ist auf die Beratung der Eigentümer, auf die Organisation (und Beeinflussung) von Abstimmungsprozessen zwischen der städtischen Verwaltung und den verschiedenen Akteuren sowie auf die – angesichts der geringen dafür zur Verfügung stehenden Mittel allerdings marginalen – Erneuerung der öffentlichen Infrastruktur beschränkt. Der Sanierungsbeauftragte plant, begleitet und überwacht die Erneuerung in den Häusern, die mit umfangreichen öffentlichen Mitteln saniert werden. Die Mieterberatung übernimmt in diesen Häusern die Beratung der Mieter, die Vermittlung zwischen Eigentümern und Mietern sowie die Organisation der Umsetzung von Bewohnern, falls dies wegen umfangreicher Bauarbeiten notwendig wird. Das Ergebnis kommt im Wesentlichen durch direkte Verhandlungen zwischen Mietern und Eigentümern zustande, deren Ergebnis von der öffentlichen Verwaltung genehmigt werden muss. Die Einhaltung dieser Vereinbarungen bleibt allerdings der Wachsamkeit und der Durchsetzungskraft der Mieter überlassen, denn nach Erteilung der Genehmigung wandern die rechtlichen Fragen aus dem Bereich des öffentlichen Rechts in den Bereich des Zivilrechts und werden eine private Angelegenheit, die zwischen Eigentümern und Mietern geregelt werden muss.

Quelle: Eigener Entwurf

6 Personengebunde Ressourcen

Neben den in der Durchführung und Organisation begründeten Faktoren (Modernisierungsintensität, Verhältnis zwischen Verwaltung und Eigentümern, Organisation der Mieter usw.) sind es vor allem individuelle Ressourcen, die den Erfolg von Bewohnern im Erneuerungsprozess beeinflussen. Nicht nur die Verfügbarkeit von Geld entscheidet über Auszug und Verbleib oder über Zufriedenheit und Frust. Insbesondere Bewohner mit sozialen und kulturellen Ressourcen haben gute Möglichkeiten, ihre Interessen durchzusetzen. Es existiert ein deutlicher Zusammenhang zwischen Bildung, sozialer Kompetenz und Erfolg im Modernisierungsprozess. Vor allem Studierende und Hochschulabsolventen waren besser in der Lage, die Verhandlungssituation als eine solche zu erkennen und Forderungen zu formulieren, während gerade ältere Haushalte und Arbeiterfamilien sich der Situation weitgehend wehrlos ausgeliefert sahen.

Neben dem Erkennen eines Handlungsspielraums waren vor allem die Verhandlungsfähigkeiten der Mieter im direkten Kontakt mit den Eigentümern ausschlaggebend für das Ergebnis. Während sich einige Mieter voll und ganz auf die Mustervereinbarungen der Mieterberatung verließen, versuchten andere in mehreren Verhandlungsrunden eigene Vorstellungen durchzusetzen. Insbesondere die Drohung einer Zustimmungsverweigerung, aber auch die eigenständige Zuarbeit mit Vorschlägen für bauliche Maßnahmen erwiesen sich dabei als Vorteil. Voraussetzung für den Erfolg waren neben einer allgemeinen Kommunikationsfähigkeit auch fachliche Fertigkeiten. Zum Teil wurden dazu Anwälte und Architekten aus dem Bekanntenkreis konsultiert. Dazu gehörte auch die Fähigkeit, bestehende Beratungs- und Unterstützungsangebote zu erkennen und zu nutzen. Die Verfügbarkeit der Netzwerke erweist sich also als wichtige Ressource für die Durchsetzung eigener Interessen.

Beispielhaft sei hier die Einschätzung der Mieterberatung durch zwei Haushalte im gleichen Haus zitiert: Eine Arbeiterfamilie, er Elektriker und sie arbeitslose Verkäuferin auf der einen, und auf der anderen Seite ein berufstätiger Sozialpädagoge und eine kurz vor dem Studienabschluss stehende Germanistin. Beide Haushalte wohnten in übereinander liegenden, gleich geschnittenen Wohnungen. Beide waren formal in denselben Ablauf des Modernisierungsprozesses eingebunden. Doch die Zufriedenheit mit dem Ergebnis könnte nicht unterschiedlicher sein: In der Wohnung der Arbeiterfamilie sind Kunststofffenster eingebaut, die sich im Oberlicht nicht öffnen lassen. Der Esstisch steht jetzt in der Wohnstube, da durch die „zeitgemäße Einbauküche" in der Küche nicht mehr genügend Platz ist; im Bad weisen die Fliesen Schäden auf – „ich glaub, die haben da ganz billiges Zeug genommen". Die Mietsteigerung auf die Mietobergrenze wird als merklicher finanzieller Einschnitt bewertet. Insgesamt sind die beiden sehr unzufrieden, „sobald sich was Billigeres findet, ziehen wir aus". Ganz anders eine Etage höher: die frisch abgeschliffenen Dielen „passen gut zu den erhaltenen Holzfenstern", die Küche wurde um die bisherige Speisekammer erweitert, sodass jetzt mehr Platz für einen Esstisch vorhanden ist. Die Fliesen im Bad haben sich die Mieter selbst ausgesucht. Eine Mietsteigerung hatte es nicht gegeben. „Der Eigentümer hat es noch nicht geschafft, eine ordentliche Schlussabrechnung zu fertigen. Ohne die kann er auch die Miete nicht erhöhen. Und wenn, gilt ja erst mal die Mietobergrenze – für fünf Jahre". Gesamturteil über die Erneuerungsmaßnahme: „Doch, wir sind sehr zufrieden".

Wie man an diesem Beispiel zeigen kann, sind die Chancen der Durchsetzung von eigenen Interessen in der Stadterneuerung recht ungleich verteilt. Die Individualisierung der Beteiligung bei der Wohnungsmodernisierung führt zu einem hoch selektiven Prozess.

7 Umzugsbewegungen

Die Bevölkerungsveränderungen bewegten sich zwischen den beiden Polen ‚Verdrängung' auf der einen Seite und ‚freie Entscheidung zum Wegzug' auf der anderen Seite. Zwischen diesen beiden Polen liegt ein Bereich, in dem beide Dimensionen bei den Wegzugsentscheidungen eine Rolle spielen. Dabei können folgende Abstufungen unterschieden werden:

- Umzugszwang durch direkte Verdrängung
- Umzugswunsch, ausgelöst durch die Modernisierung
- Umzug wegen Entfremdung durch die Veränderungsdynamik des Gebietes
- „Vergoldete Verdrängung" (Wegzug bei Abstandszahlung)
- freiwillige Wegzüge

Jene Bewohner, die bereits mit der ersten Ankündigung einer bevorstehenden Modernisierung wegziehen, erscheinen als freiwillige Kapitulierer. Diese Bewohner wogen zwischen anderweitigen Angeboten des Wohnungsmarktes und dem Stress einer bevorstehenden Modernisierung ab. Weitere Gründe waren mangelndes Vertrauen in die vorhandenen Schutzinstrumente bzw. mangelnde Kenntnis derselben. Das Ausmaß der Aufwertung der Gebiete wird oft als stärker wahrgenommen, als es objektiv der Fall war. Veränderungen des Gebietscharakters und der vertrauten Nachbarschaft, gemischt mit Vorbehalten gegenüber den neuen Bewohnern, die als Fremde wahrgenommen werden, spielten bei vielen Altbewohnern eine wichtige Rolle für die Entscheidung, aus dem Gebiet fortzuziehen (vgl. Dörries 1998).

Als nicht „verdrängt" sind außerdem jene zu bezeichnen, die hohe Kompensationszahlungen für den Verzicht auf ihr Wohnrecht aushandelten. Dabei kann es sich durchaus um ansehnliche Summen handeln, denn die Gewinne, die Eigentümer beim Verkauf einer leerstehenden Wohnung erzielen konnten, waren sehr hoch.

Als tatsächlich ‚verdrängt' sind jene Bewohner zu bezeichnen, die mit der verhandlungsorientierten Organisation der Stadterneuerung nicht zurechtkommen, weil sie ihre Verhandlungschancen nicht wahrnehmen (können) und auch die bezirklichen Beratungsangebote nicht als Hilfe herbeiziehen (können). Das sind jene, denen die beratende und moderierende Arbeit der Mieterberatung wenig nützt, weil sie deren Ratschläge nicht in eigenes Handeln umsetzen können und die einer weitergehenden Unterstützung durch Dritte bedürfen. Wer seine Rechte nicht nachhaltig vertreten kann, muss später wegen einer für ihn zu hohen Miete das Feld räumen.

Bei einer verhandlungsorientierten Stadterneuerung wird für die Entscheidung über den Verbleib soziales und kulturelles Kapital bisweilen wichtiger als ökonomisches Kapital. Soziale Kompetenzen, die Kenntnis der eigenen Rechte und das Wissen um Beratungs- und

Unterstützungsangebote werden zunehmend entscheidend. Für Bewohner, denen dieses Kapital fehlt, wird die behutsame Erneuerung zur Sackgasse – die sozialen Ziele werden dann nicht erreicht. Ein Ausweg könnte in einer anwaltschaftlichen Interessenvertretung von Mietern bestehen, welche das Fehlen sozialen und kulturellen Kapitals kompensiert und den Betroffenen hilft, sich im verrechtlichten Aushandlungssystem durchzusetzen. Im Grunde ist das neue Sanierungsregime eine Inszenierung von Juristen für Juristen.

8   Veränderungen im Bezirk Prenzlauer Berg

Die Grundfrage jeder sozialräumlich orientierten Forschung, „Wer wohnt wo?", lässt sich mit einer Analyse des Wohnungsangebots (wo gibt es welche Wohnungen?), der auf die Bevölkerungsstruktur bezogenen Verteilung von Ressourcen (wer kann wo wohnen?) und durch Veränderung von Wohnpräferenzen (wer will wo wohnen?) beantworten. Darüber hinaus können aber auch sekundäre Dimensionen von Quartieren herangezogen werden. Beispielsweise können die Gewerbestruktur oder ein bestimmtes Gebietsimage Aufschlüsse über mögliche Raumkonflikte geben (vgl. Dangschat 2000).

a) Wohnungsbestände

Wohnungen mit wenigen Zimmern und großzügigen Wohnflächen sind im Altbaubestand häufig vertreten. Vor allem für die „Neuen Haushaltstypen" (vgl. Häußermann, Siebel 1996), aber auch für diejenigen, die zunehmend häufiger und länger zu Hause arbeiten, gelten die flexibel nutzbaren und teilweise repräsentativen Gründerzeitbauten gerade in ihrer dichten innerstädtischen Umgebung als einer der bevorzugten Wohnorte. Zustand, Haustechnik und Ausstattung entsprachen in der ersten Hälfte der 90er-Jahre zwar noch nicht modernen Wohnansprüchen, aber gerade diese Merkmale sind durch bauliche Aufwertungsmaßnahmen veränderbar.

Die Wohnhäuser der Gründerzeitviertel sind überwiegend im Besitz privater Eigentümer. Etwa die Hälfte aller Grundstücke wurde verkauft, der spekulative Bodenpreis war Anfang der 1990er-Jahre sehr hoch und sank im Verlauf der letzten Jahre wieder. Diese Ausgangslage ließ in den Gründerzeitvierteln einen großen Veränderungsdruck erwarten. Die ältesten Gebäude mit dem höchsten Erneuerungsbedarf weisen attraktive Wohnungsschnitte auf. Trotz der beschlossenen Begrenzung durch die Mietobergrenzen bestimmen die Umlagemöglichkeiten von Modernisierungskosten den Mietpreis der Wohnungen der Bestandsmieter. Bei Neuvermietungen haben sich für das Segment der modernisierten Altbauwohnungen mittlerweile Marktpreise durchgesetzt, die über dem Berliner Durchschnitt für vergleichbare Wohnqualität liegen. Der Durchführungsstand der Stadterneuerung liegt inzwischen bei mehr als der Hälfte des Bestandes. Innerhalb von nicht einmal 10 Jahren ist etwa jede zweite Wohnung modernisiert worden.

b) Soziale Zusammensetzung

Die Veränderungen der Bewohnerzusammensetzung im Bezirk Prenzlauer Berg gingen mit einem negativen Wanderungssaldo nach 1993 einher. Die Zahl der Einwohner ist seitdem von etwa 146.000 auf etwa 130.000 (im Jahre 2000) zurückgegangen. Damit haben sich Trends der Bevölkerungsentwicklung aus den 70er- und 80er-Jahren fortgesetzt. Begleitet war der Bevölkerungsverlust von einer wachsenden Mobilität. Rechnerisch gesehen ist pro Jahr etwa jeder vierte Bewohner an Fort- und Zuzügen beteiligt. Die Mobilitätsraten sind etwa drei- bis viermal so hoch wie zu DDR-Zeiten.

In der Zeit von 1991 bis 2000 nahm die Zahl der neuen Haushaltstypen zu: Der Anteil der Ein-Personen-Haushalte stieg von gut einem Drittel auf deutlich über die Hälfte aller Haushalte. Die Verringerung der Haushaltsgrößen ist bei einem weitgehend stabilen Wohnungsschlüssel verbunden mit einem Anstieg im Wohnflächenverbrauch pro Einwohner. Rein rechnerisch wohnt etwa die Hälfte aller Singles in Wohnungen mit mehr als einem Raum. Die Verringerung der Zahl der großen Haushalte (vier und mehr Personen) von 15 % auf 5 % kann neben der allgemeinen Verringerung der Zahl der großen Haushalte als eine Anpassung an den Bestand interpretiert werden.

Ausgehend von einer altersmäßig relativ heterogenen Bevölkerung hat sich die Bewohnerschaft des Bezirkes deutlich verjüngt. Der Anteil der 25- bis 45-Jährigen ist in den 90er-Jahren von etwa einem Drittel auf über die Hälfte angestiegen. In der ersten Hälfte der 90er-Jahre hat insbesondere die Zahl der 25- bis 30-Jährigen deutlich zugenommen, ist aber seit 1997 leicht zurückgegangen. Die 30- bis 45-Jährigen konnten hingegen ab 1995 überdurchschnittliche Zuwächse verzeichnen.

Der hohe Anteil von Studierenden ist der Hinweis darauf, dass im Bezirk ein bildungsstruktureller Statussprung stattgefunden hat. Trotz sinkender Einwohnerzahlen hat sich die absolute Zahl der Bewohner erhöht, die einen Schulabschluss mit Hochschulreife (Abitur) erworben haben. Während alle anderen Schulabschlüsse inzwischen unter den Werten von 1991 liegen, gaben 1999 doppelt so viele Personen das Abitur als höchsten Schulabschluss an. Mit dieser Entwicklung nimmt der Bezirk Prenzlauer Berg eine Sonderstellung in Berlin ein. Sowohl im Ost- als auch im Westteil der Stadt nahm die durchschnittliche Anzahl von Personen mit Abitur lediglich um etwa ein Drittel zu.

Eine ähnliche Tendenz zeigt sich in der Zahl von Personen mit Hochschulabschlüssen. Während alle anderen Berufsausbildungsabschlüsse in ihrer Zahl stagnieren oder rückläufig sind, hat sich die Anzahl von Personen mit Hochschulabschlüssen im Gebiet seit 1991 mehr als verdoppelt. Jeder vierte Erwachsene des Bezirks hatte im Jahr 2000 studiert. In der deutlichen Zunahme des Anteils von Personen mit Hochschulabschluss unterscheidet sich der Bezirk Prenzlauer Berg von der Entwicklung in allen anderen Bezirken Berlins. Prenzlauer Berg besitzt also eine hohe Attraktivität für Zuziehende mit hohem Bildungsgrad. Darüber hinaus sehen Studierende nach Abschluss ihres Studiums den Bezirk nicht mehr nur als Zwischenstation ihrer Wohn- und Berufskarriere an, sondern ein Teil von ihnen richtet sich dauerhaft ein.

Die Verteilung der Einkommen im Bezirk zeigt eine polarisierte Struktur, bleibt jedoch in ihrer Gesamtheit unter dem Ostberliner Durchschnitt. Die größten Einkommensunterschiede bestehen zwischen den bereits sanierten und weiterhin unsanierten Häusern. Die Bewohner der bereits modernisierten Häuser – unabhängig, ob neu hinzugezogen oder Altmieter – haben höhere Einkommen als die durchschnittliche Bevölkerung der Sanierungsgebiete. Die neue Sozialstruktur zeigt sich also vor allem in den sanierten Häusern. Die Anteile der Mieter, die nach der Modernisierung neu in das Haus gezogen sind, liegen in unseren untersuchten Fallbeispielen bei ca. 65 %. Abzüglich der

Leerstandsquoten in unsanierten Beständen ist im Zuge der Modernisierung also etwa die Hälfte der Bewohnerschaft ausgezogen. Die Mobilität in den Modernisierungsbeständen war etwa vier Mal so hoch wie im Bezirksdurchschnitt.

Ein städtebaulicher Eingriff wie Sanierung hat eine Veränderung der Wohnverhältnisse und der Wohnumgebung zum Ziel. Durch diesen Eingriff sehen sich viele Haushalte vor einer Frage, die sie ohne diesen Eingriff vielleicht nie gestellt hätten: Welche Alternativen zu den gegenwärtigen Wohnbedingungen gibt es? Will ich auf jeden Fall im Quartier bleiben? Dadurch werden Denk- und Entscheidungsprozesse angestoßen, die zu einer zwar unfreiwillig begonnenen, aber im Ergebnis dann doch nicht unwillkommenen Veränderung führen können.

Die Individualität jeder Mobilitätsentscheidung und jedes einzelnen Modernisierungsvorgangs sowie die zahlreichen Faktoren, die Verlauf und Ergebnisse der Modernisierung bestimmen, schlagen sich in einem kleinräumig differenzierten Ergebnis nieder. Weder findet eine flächendeckende Verdrängung und Aufwertung noch ein umfassender Erhalt der Bevölkerungsstruktur statt. Mit den herkömmlichen Gentrifikations-Theorien, die den sozialen Wandel durch die privatwirtschaftlich betriebene Aufwertung der Bausubstanz mit nachfolgenden Mietpreissteigerungen begründen (vgl. Smith, Williams 1989), lassen sich diese Entwicklungen nicht erklären.

9   Erklärungen

Mit der Verhandlungsorientierung in der Stadterneuerungsstrategie hat der Staat Steuerungspotenziale abgegeben. Eine Realisierung der ambitionierten Ziele der Stadterneuerung, besonders des sozialen Ziels (Erhalt der Zusammensetzung der Gebietsbevölkerung), war unter den gegebenen Voraussetzungen nur durch die indirekte Förderung über die Sonderabschreibungen überhaupt denkbar. In der Konsequenz heißt das zum einen, dass das Erneuerungsverfahren auf anlageorientierte, von staatlich beeinflussten Investitionsbedingungen aktivierte Eigentümertypen ausgerichtet war. Der finanzielle Spielraum, den Eigentümer unter diesen Konditionen hatten, ermöglichte es ihnen, die bezirklichen Auflagen, wie etwa das Einhalten von Mietobergrenzen, zu realisieren. Die Deckungslücke zwischen der Mietobergrenze und der Kostenmiete konnte durch die Steuerersparnisse ausgeglichen werden.

Wenn man die Stadterneuerung in ihrem Erfolg nach der Erfüllung der selbst gesteckten Ziele bewertet, war sie im Hinblick auf das Erreichen des baulichen Zieles sehr erfolgreich, im Hinblick auf das soziale Ziel jedoch weniger. Allerdings muss man bei der Frage nach dem Gelingen der „Quadratur des Kreises" auch in Erwägung ziehen, dass die Ziele möglicherweise kaum erreichbar waren.

Die Analyse des Sanierungs- und Modernisierungsprozesses zeigte, dass die Mieter tatsächlich zunehmend zu einem Verhalten als Unternehmer ihrer eigenen Lebensbedingungen gezwungen werden. In diesem Prozess ist – weil die Sanierungsverwaltung durch die Genehmigungspflicht den Mietern eine Verhandlungsmacht gegeben hat – nicht das ökonomische Kapital entscheidend, sondern das kulturelle und soziale Kapital, über das die Mieter verfügen. Der Staat zog sich aus dem Erneuerungsprozess nicht vollkommen zurück, sondern bot durch seine rechtliche Intervention den Mietern Schutz vor ökonomischem Druck. Die Realisierung dieses Schutzes ist aber dem Verhalten und dem Verhandlungsgeschick der Mieter überlassen.

Die „alte" fordistische Sanierung hatte in der Regel dazu geführt, dass nach der Sanierung nur noch ein geringer Anteil der früheren Mieter im Gebiet wohnte, dass aber die neuen Bewohner doch wieder der gleichen Schicht angehörten. Im neuen Sanierungsregime werden die Personen potenziell besser geschützt, aber aufgrund der Selektivität der individuellen Verhandlungen werden die sozial und kulturell weniger kompetenten Bewohner verdrängt. Man kann sagen, dass die alte Sanierung zwar eine Verdrängung der Personen bewirkt hat, aber die soziale Zusammensetzung der Quartiersbevölkerung doch geschützt hat. Demgegenüber führt das neue Sanierungsregime zu einem Schutz der Personen, aber zu einer Verdrängung der unteren und sprachlich inkompetenteren sozialen Schicht.

10 Perspektiven: nach dem Ende der öffentlichen Förderung

Nach dem Regierungswechsel in Berlin im Jahre 2001 von einer CDU/SPD- zu einer SPD/PDS-Koalition wurde das Ausmaß der Haushaltskrise offenbar. Seither wurden die öffentlichen Ausgaben drastisch reduziert. Das Programm „Soziale Stadterneuerung" wurde gestrichen, außerdem steht kein Geld mehr für Modernisierung in Selbsthilfe zur Verfügung. Für die Zukunft muss von einer Stadterneuerung ohne öffentliche Förderung ausgegangen werden. Der Berliner Stadtentwicklungssenator hat bereits seit längerem die Parole ausgegeben: „Öffentliche Förderung nur noch für öffentliches Eigentum". Dafür scheinen auch bescheidene Mittel als ausreichend zu gelten. In der zukünftigen Praxis heißt dies, dass es keine Sozialbindungen von modernisiertem Wohnraum mehr geben wird, womit auch das Umsetzungsmanagement, das auf der Verfügbarkeit von solchen Wohnungen beruhte, hinfällig wird. Ebenso überflüssig werden hausbezogene Mieterberatung und Sozialplanverfahren. Zwar könnte die Bindung der Baugenehmigungen an die Modernisierungsvereinbarungen zwischen Eigentümern und Mietern aufrechterhalten bleiben, weil diese ja kein Geld kostet, aber die Mieter würden dabei nicht mehr durch rechtliche Beratung unterstützt.

Ein wahrscheinlicher Effekt des Endes der öffentlichen Förderung besteht in einer steigenden Zahl von Umwandlungen modernisierungsbedürftiger Mietwohnungen in Eigentumswohnungen. Diese bewirkten bereits in der Vergangenheit die stärksten Verdrängungseffekte. Zwar bleibt die Verfügung über soziales und kulturelles Kapital nach wie vor ein entscheidendes Kriterium für die Wahrung von Mieterinteressen, aber die Bedeutung des ökonomischen Kapitals wird unter solchen Umständen wieder stark zunehmen. Stadterneuerung wird zu einer „akzeptierten Gentrifikation", wenn den Marktprozessen freie Bahn gelassen werden muss, um die bauliche Erneuerung überhaupt in Gang zu halten. Die Strategie der Mietobergrenzen, die durch das erwähnte Gerichtsurteil bereits grundsätzlich in Frage gestellt ist, kann angesichts fehlender öffentlicher Zuschüsse ohnehin nicht mehr lange durchgehalten werden.

Die Festlegung von Mietobergrenzen hatte ein Feld geschaffen, innerhalb dessen Verhandlungen zwischen Investoren und Vermietern geführt werden konnten und mussten. Die Einigungspflicht hatte die Mieter zu strategiefähigen Partnern gemacht, weil sie ihnen eine Verhandlungsmacht gab. Ohne diese gilt zwar immer noch das normale Miet-

und Modernisierungsrecht, das die Duldungspflichten der Mieter regelt, ihnen darüber hinaus aber keinen Verhandlungsspielraum gibt. Die Eigentümer haben dann das Recht, einen „ortsüblichen" zeitgemäßen Standard zu realisieren, dessen Definition letztlich in Gerichtsverhandlungen festgelegt wird. Die Stadterneuerungspolitik hat dann als „Politik" abgedankt, denn wie noch ein öffentliches Interesse durchgesetzt werden soll, ist nicht mehr erkennbar.

Da die Absicherung der Sozialverträglichkeit auf „Zuckerbrot" (attraktive Steuerverzichte) und „Peitsche" (Mietobergrenzen, Modernisierungsgenehmigung) basierte, ist sie seit dem Auslaufen der besonderen Abschreibungsmöglichkeiten kaum noch zu erreichen. Die diffizile Balance zwischen baulicher Erneuerung und Erhaltung der Bevölkerungszusammensetzung gerät deutlich aus dem Gleichgewicht. Der Staat ist weiterhin auf private Investitionen für die bauliche Erneuerung angewiesen, aber er hat faktisch keine Instrumente mehr, den Erhalt der Bevölkerungszusammensetzung auch nur anzuzielen.

Die postfordistische Stadterneuerung zeichnet sich also durch einen weitgehenden Verlust staatlicher Steuerungsmöglichkeiten und durch eine Individualisierung von „Betroffenheiten" aus. Die Vertretung von Mieterinteressen wird in private Verhandlungen bzw. ins Rechtssystem verlagert und damit der politischen Sphäre entzogen. War für die fordistische Stadterneuerung staatliche Unterstützung beim Interessenausgleich zwischen Bewohnern und Investoren selbstverständlich, so ist dieser nunmehr von den individuellen Fähigkeiten betroffener Mieter abhängig. Eine kollektive Vertretung ihrer Interessen gibt es nicht mehr.

Literatur

Blasius, J.; Dangschat, J. S. (Hrsg.) (1990): Gentrification: Die Aufwertung innenstadtnaher Wohngebiete. Frankfurt am Main und New York.

Bodenschatz, H.; Heise, V.; Korfmacher, J. (1983): Schluss mit der Zerstörung? Stadterneuerung und städtische Opposition in West-Berlin, Amsterdam und London. Gießen.

Bohne, R.; Zint, E. (1989): Praxis der Stadterneuerung heute. In: Arbeitsgruppe Stadterneuerung (Hrsg.): Stadterneuerung in Berlin-West: Perspektiven einer Bestandsentwicklung. Berlin.

Dangschat, J. S. (2000): Segregation. In: Häußermann, H. (Hrsg.): Großstadt. Soziologische Stichworte. Opladen, S. 209–221.

Dieser, H. (1996): Restitution. Wie funktioniert sie und was bewirkt sie? In: Häußermann, H.; Neef, R. (Hrsg.): Stadtentwicklung in Ostdeutschland. Opladen, S. 192–138.

Dörries, C. (1998): Gentrification als kulturelles Phänomen. Der Zusammenhang von Innenstadtwandel und Lebensstil. Unveröffentlichte Diplomarbeit im Fach Sozialwissenschaften an der Humboldt-Universität zu Berlin. Berlin.

Felsmann, B.; Gröschner, A. (Hrsg.) (1999): Durchgangszimmer Prenzlauer Berg. Eine Berliner Künstlersozialgeschichte in Selbstauskünften. Berlin.

Friedrichs, J. (2000): Gentrification. In: Häußermann, H. (Hrsg.): Großstadt. Soziologische Stichworte. Opladen, S. 57–66.

Friedrichs, J.; Kecskes, R. (Hrsg.) (1996): Gentrification. Theorie und Forschungsergebnisse. Opladen.

Geffers, D. (1999): Die Mietobergrenzenregelung in der Verwaltungspraxis – ein Erfahrungsbericht aus Lichtenberg. In: ASUM – Arbeitsgruppe für Sozialplanung und Mieterberatung (Hrsg.): Längerfristige Bindung von Mietobergrenzen. Dokumentation der Fachtagung am 19. Mai 1999 im Bezirksamt Friedrichshain von Berlin. Berlin.

Glock, B.; Häußermann, H.; Keller, C. (2001): Die sozialen Konsequenzen der Restitution von Grundeigentum in Deutschland und Polen. In: Berliner Journal für Soziologie, 11. Jg., Heft 4, S. 533–550.

Haeder, A.; Wüst, U. (1994): Prenzlauer Berg. Besichtigung einer Legende. Berlin.

Hannemann, C. (1996): Die Platte. Industrialisierter Wohnungsbau in der DDR. Wiesbaden.

Häußermann, H. (1996): Von der Stadt im Sozialismus zur Stadt im Kapitalismus. In: Häußermann, H.; Neef, R. (Hrsg.): Stadtentwicklung in Ostdeutschland. Opladen, S. 5–48.

Häußermann, H. (2000): Institutionentransfer, soziale Konflikte und einheitliche Theorie. Die Interpretation gesellschaftlichen Wandels am Beispiel der Stadterneuerung im Bezirk Prenzlauer Berg. In: Hinrichs, K.; Kitschelt, H.; Wiesenthal, H. (Hrsg.): Kontingenz und Krise: Institutionenpolitik in kapitalistischen und postsozialistischen Gesellschaften. Frankfurt am Main und New York.

Häußermann, H.; Holm, A.; Zunzer, D. (2002): Stadterneuerung in der Berliner Republik. Modernisierung in Berlin-Prenzlauer Berg.

Häußermann, H.; Kapphan, A. (2000): Berlin: Von der geteilten zur gespaltenen Stadt. Opladen.

Häußermann, H.; Siebel, W. (1996): Soziologie des Wohnens. Weinheim.

Hetzer, S. (2000): Beteiligung an der Stadterneuerung im Wandel. Diplomarbeit am Institut für Sozialwissenschaften an der Humboldt-Universität zu Berlin.

Holm, A. (2004): Restrukturierung des Raumes und gesellschaftliche Macht im Sanierungsgebiet. Phil. Diss., Humboldt-Universität zu Berlin (Phil. Fak. III).

Kil, W. (1992): Prenzlauer Berg – Aufstieg und Fall einer Nische. In: Helms, H. G. (Hrsg.): Die Stadt als Gabentisch. Beobachtungen der aktuellen Städtebaupolitik. Leipzig.

Kil, W. (1996): Transitstation Hoffnung. Ein Stadtteil für Einsteiger, Aufsteiger, Aussteiger. In: Franke, E. (Hrsg.): Prenzlauer Berg. Ein Bezirk zwischen Legende und Alltag. Berlin.

Rehberg, K.-S. (2000): „Großexperiment" und Erfahrungsschock. Zu einer Forschungsinitiative über das Zusammenwachsen der Deutschen. In: Esser, H. (Hrsg.): Der Wandel nach der Wende. Wiesbaden, S. 11–18.

Reimann, B. (2000): Städtische Wohnquartiere: Der Einfluss der Eigentümerstruktur. Eine Fallstudie aus Berlin Prenzlauer Berg. Opladen.

Schumann, W.; Marcuse, P. (1991): Wohnungsprobleme und widersprüchliche Wohnungspolitiken. In: Marcuse, P.; Staufenbiel, F. (Hrsg.): Wohnen und Stadtpolitik im Umbruch. Berlin.

Selle, K. (Hrsg.) (1996): Planung und Kommunikation. Gestaltung von Planungsprozessen in Quartier, Stadt und Landschaft. Wiesbaden.

Smith, N.; Williams, P. (Hrsg.) (1989): Gentrification of the City. Boston.

Stein, U. (1990): Die Erhaltungssatzung als Mittel zum Erhalt der Sozialstruktur. In: Blasius, J.; Dangschat, J. S. (Hrsg.): Gentrification. Die Aufwertung innenstadtnaher Wohnviertel. Frankfurt/New York, S. 154–174.

Tietzsch, R. (1996): Stadtsanierung ohne Verdrängung? Der Schutz der Gebietsbevölkerung in Sanierungsgebieten. Berlin.

Annette Spellerberg

Lebensstile im sozialräumlichen Kontext: Wohnlagen und Wunschlagen

Gliederung

1 Einleitung
2 Datenbasis und Methode
3 Ergebnisse: Lebensstilspezifische Raumnutzung
3.1 Lebensstiltypologie
3.2 Lebensstile im städtischen und ländlichen Kontext
3.3 Erklärungskraft von Lebensstilen, Schicht und Haushaltsform für den Wohnstandort
3.4 Wohnlage versus Wunschlage
4 Zusammenfassung
Literatur

1 Einleitung

Informationen zur Siedlungsstruktur der Bevölkerung beruhen in der Regel auf Daten, die die amtliche Statistik bereitstellt, d.h. dass sie nach Haushaltsgröße, Alter, Familienstand, Berufsstatus und Einkommensklasse differenziert wird. In klassischen stadtökologischen Analysen, die auf die Chicagoer Schule zurückgehen, werden Städte in Zonen, Cluster oder Sektoren unterteilt und je nach sozialer Schicht, Ethnie und Haushaltsform der Bewohner charakterisiert – in Kombination mit bestimmten baulichen bzw. landschaftlichen Merkmalen (Park, Burgess, Mckenzie 1925; Friedrichs 1988). Angesichts der Differenzierung der Haushalts- und Familienkonstellationen sowie der Pluralisierung der Lebensstile erscheint für eine differenzierte Einschätzung des Wohnens jedoch eine Reflexion über und Erweiterung der sozialstrukturellen Kategorien angebracht. Folgende Entwicklungen lassen sich festhalten:

Die Familie erfährt nach wie vor hohe Wertschätzung, quer durch alle Altersgruppen, aber trotzdem werden Familien seltener, sie bilden nur noch ein Drittel aller Haushalte. Ein größerer Bevölkerungsanteil – auch der Verheirateten – bleibt kinderlos; es besteht eine größere Wahlfreiheit bei den persönlichen Lebensformen; und das Altern der Bevölkerung führt zu einem Anstieg der Einpersonenhaushalte. Alleinlebende, nichteheliche Lebensgemeinschaften, Alleinerziehende, das empty nest, Verwitwete usw. stellen mittlerweile die Mehrzahl der Haushalte – und die Anzahl der Wechsel von Haushaltsformen im Lebensverlauf steigt.

Die Ausbreitung von „neuen Haushaltstypen" und vor allem von kleinen Haushalten geht nicht generell mit steigendem Bedarf nach kleinen Wohnungen einher. Mittlerweile lebt im Durchschnitt jede Person auf knapp 40 qm Wohnfläche und die sogenannte Grundausstattung (Innen-WC, Bad, Heizung) ist nahezu flächendeckend vorhanden. Es sind dabei auf dem Wohnungsmarkt widersprüchliche Tendenzen zu beobachten. Auf der einen Seite haben sich mit den verbesserten Wohnbedingungen die Bedürfnisse erweitert, z. B. im Hinblick auf Balkone und Freiflächen, die Umweltqualität und das soziale Umfeld. Auch die Ansprüche an die Infrastruktureinrichtungen und Dienstleistungen im Wohnumfeld haben sich mit den Haushaltsformen ausdifferenziert. Auf der anderen Seite fehlen bezahlbare Wohnungen für bestimmte Bevölkerungsgruppen, d. h. Familien, Arme, Auszubildende und Ausländer.

Allgemeine Wohlstandssteigerungen und der Wertewandel führten weiterhin zu einer Pluralisierung von Lebensstilen, wobei Pluralisierung bedeutet, dass sich Handlungsmöglichkeiten und Lebensentwürfe ausweiten. Der Wohlstandsschub, das Verblassen traditioneller Normen und die Ausdehnungen im kulturellen Bereich lassen große Wahl- und Entscheidungsfreiheit beim Konsum, der Freizeitgestaltung und der Geselligkeit zu. Subjektive Komponenten beim Handeln treten im Vergleich zu den sozialen Zwängen stärker hervor und lassen das Alltagsleben eher selbst gestaltet als erzwungen erscheinen.

Die traditionellen Schicht- und Klassenkonzepte der Sozialstruktur erfassen die sozialen Zuordnungen und Abgrenzungen nur noch zum Teil. Innerhalb der Gruppe armer Menschen gibt es viele Alleinerziehende, die sich hinsichtlich ihrer Bildung und Herkunft und damit ihrer kulturellen und sozialen Ressourcen intern stark unterscheiden. Der Status alleinerziehend selbst reicht keineswegs für eine Klassifizierung als „arm" aus. Als Einkommensarme bilden sie ebenso wie z. B. Langzeitarbeitslose ein Klientel für Wohnungszuweisungen. Sie haben möglicherweise jedoch wenig Gemeinsamkeiten und benötigen im Alltag eine ganz unterschiedliche Infrastruktur. Und ein gleich hohes Einkommen kann für ganz verschiedene Dinge genutzt werden, um zum Volksfest, zum Tennis oder ins Kino zu gehen, für eine Wohnung in der Innenstadt oder für eine am Stadtrand. Ökonomische, kulturelle und soziale Zuordnungen stimmen immer weniger überein und kulturelle bzw. normative Konflikte prägen die Gesellschaft ebenso wie materielle Verteilungskämpfe. Um die vielfachen Kombinationen von Ressourcen, deren Verwendungsweisen und die Aufwertung kultureller Aspekte des Alltags stärker zu berücksichtigen als in den vertikal orientierten Klassen- und Schichtkonzepten, wurde in der Sozialstrukturanalyse das Lebensstilkonzept eingeführt.

Die Ausprägung eines Lebensstils hat für die Gestaltung der Wohnung zentrale Bedeutung und – mit deutlicheren Einschränkungen – auch für den Wohnstandort. Die Wohnung ist der unmittelbare, individuell gestaltbare Nahbereich, in dem viel Zeit verbracht wird. Im Zuge der quantitativen und qualitativen Verbesserungen beim Wohnen haben symbolische und emotionale Aspekte eine Aufwertung erfahren. Auch wenn nach wie vor das verfügbare Geld der Menschen für die Realisierung von Wohnungsgröße, Lage und Ausstattung der Wohnung den Rahmen bildet, das Bedürfnis, sich in den eigenen vier Wänden selbst darzustellen und die Persönlichkeit zum Ausdruck zu bringen, erlangt als Wohnmotiv immer größere Bedeutung.

Die Wohnungseinrichtung als „dritte Haut" der Menschen ist Bestandteil und Ausdruck eines bestimmten Lebensstils. Nicht umsonst sind Einrichtungsstile in der empirischen Forschung eine immer wieder verwendete Dimension zur Ermittlung von Lebensstilen (Apel 1989; Bourdieu 1987; Conrad, Burnett 1985; Lüdtke 1989; Richter 1989; Schulze

1992; Spellerberg 1993). Bestimmte Wohnungen, ebenso wie bestimmte Wohngegenden und Orte, ziehen bestimmte Lebensstile an und stoßen andere ab. So eignen sich z. B. die weniger normierten Altbauwohnungen eher für alternative Lebensformen als die ungleichen, auf spezifische Funktionen hin zugeschnittene Raumgrößen in Neubauten. Die Stilisierung des Lebens findet an bestimmten Orten mit spezifischen physisch-materiellen Gelegenheiten statt, die wiederum bestimmte Images transportieren.

Durch Prozesse der Einwanderung, sozialen Schließung und Segregation können bestimmte Lebensstilgruppen einzelne Stadtquartiere prägen: „Gebiete mit relativ homogener Bevölkerung und Bausubstanz, die für ihre Bewohner eine eigene Identität haben und auch in den kognitiven Landkarten der übrigen Stadtbewohner als Einheiten auftreten" (Hamm 1982: 144). Zugleich werden Lebensstile in den alltäglichen Aktivitäten, die zumeist einen klaren Raumbezug aufweisen, stabilisiert. Mit der „Widerspiegelungsthese" beschreibt Lüdtke (1989) den Prozess des Heimischwerdens: Ein Bewohner sendet zunächst probeweise Signale in einem Gebiet aus, und erfolgreiche Signale kommen zu ihm auf symbolischer und sozialer Ebene zurück, die dann durch Versuch und Irrtum ausgewählt und verdichtet werden. Bereits vorhandene kollektive Bedeutungen eines Ortes wirken dabei auf das Bewusstsein des Bewohners zurück. Je länger dieser Prozess andauert, desto bedeutender wird das lokale Umfeld für die Identität und das „Heimatgefühl" (Bertels 1997) sowie für die Lebensstile der Bewohner.

In diesem Beitrag soll das Konzept der Lebensstile für die Untersuchung sozialräumlicher Phänomene herangezogen werden. Ich stütze mich dabei auf eine Repräsentativbefragung, bei der die gesamte Bevölkerung in West- und in Ostdeutschland nach Lebensstilmerkmalen unterteilt wird. Dieses Vorgehen ist notwendigerweise unschärfer als die Untersuchung von Individuen und Gruppen in spezifischen lokalen Kontexten, doch auch auf dieser Basis kann die These einer lebensstilspezifischen Raumaneignung geprüft werden.

Bei der Bildung von Lebensstiltypologien werden Personen nach ihrer Ähnlichkeit der Alltagsgestaltung, vor allem im Hinblick auf die Freizeitaktivitäten und den kulturellen Geschmack, in homogene Gruppen zusammengefasst, die sich von anderen Gruppen deutlich unterscheiden. Im Mittelpunkt der Analyse stehen damit die Verwendungsweisen der persönlichen Ressourcen und nicht das Niveau des Einkommens oder der Bildung selbst. Lebensstile sind dabei nicht losgelöst von materiellen Zwängen. Sie sind zum einen Ausdruck der sozialen und materiellen Lage und auch der biografischen Erfahrungen. Zum anderen sind sie Ausdruck von individuellen Lebenshaltungen, Lebensplänen und Gestaltungsleistungen.

In den Worten von Hans-Peter Müller (1992) umfasst der Lebensstil eine expressive, interaktive, evaluative und kognitive Dimension. Auf diese Weise kann auch die lebensstilspezifische Raumnutzung präzisiert werden: expressives Verhalten der Raumnutzung (Aneignung von physischen Objekten, Nutzung von Angeboten wie Kirchen, Veranstaltungsorten, Kleingärten, Discos, Sportplätzen, etc.), Interaktionen im Raum (Aktionsradius, face-to-face-Kontakte, Netzwerke), Bewertungen und Klassifikationen von Räumen (Symbolgehalt z. B. für Subkulturen, nach Herrschaftsaspekten), sowie Vorstellungen und Wissen um räumliche Sachverhalte und Prozesse (z. B. über die soziale Position von Bewohnern bestimmter Stadtteile, Preisstrukturen, rechtliche Regelungen) (vgl. Dangschat

1994; Klee 2001). Diese Untergliederung bietet zudem unmittelbar Anschluss an die aktuelle raumsoziologische Diskussion, in der prozessuale Aspekte der Raumaneignung, die Konstitution von Raum in symbolischer Hinsicht sowie die individuellen Syntheseleistungen bei der Herstellung von Raum in den Vordergrund der wissenschaftlichen und individuellen Betrachtung rücken (Löw 2001). Raum wird der Argumentation Löws folgend im Zusammenspiel von individuellen Ressourcen, Habitusstrukturen der Beteiligten und institutionellen Vorgaben (Gesetze, Normen, Regelungen) angeeignet. Die Lebensstilforschung und die Raumsoziologie verbindet damit das Anliegen, individuelle Präferenzen, Ressourcen und gesellschaftliche Strukturen in ihrem Zusammenwirken zu ergründen.

Die Wohnstandortwahl richtet sich selbstverständlich nicht nur nach dem Bedürfnis, verwandte Lebensstile im Wohngebiet anzutreffen oder eine Wohnung mit bestimmten Grundrissen zu beziehen. Berufliche Mobilität, unzureichende Informationen, Preisstrukturen, Erbschaften oder mangelnde Angebote erzwingen in der Regel Kompromisse beim Wohnen. Da das Gut „Wohnung" nach marktwirtschaftlichen Kriterien vergeben wird und zudem die Haushaltszusammensetzung von entscheidender Bedeutung für den Wohnstandort ist, stellt sich die Frage, ob die ermittelten – zudem grobmaschigen – Lebensstiltypen überhaupt dazu beitragen können, Unterschiede bei der Standortwahl zu erfassen. Auch wenn sich lebensstiltypische Muster finden lassen, ist zumindest zu prüfen, ob hierfür nicht Einkommensunterschiede oder Haushaltsstrukturen der jeweiligen Lebensstiltypen verantwortlich sind. In diesem Zusammenhang wird in diesem Beitrag die folgende forschungsleitende Hypothese geprüft, dass

a) Lebensstilgruppen sich in spezifischer Weise im Raum verteilen, d. h. sich empirisch im Hinblick auf ihre Wohnstandorte und ihre Wohnwünsche unterscheiden,

b) individuelle Vorlieben bei der Standortwahl zum Ausdruck kommen. Das heißt, dass die Klassifikation der Bevölkerung nach Lebensstilen empirisch einen eigenständigen Erklärungsbeitrag für die Erklärung von Wohnstandorten leistet, auch wenn Einkommen, Schichtzugehörigkeit und Haushaltsform kontrolliert werden, und dass

c) sich Lebensstiltypen in ihrer Stilisierungsneigung und Quartierstypen in ihrem Image unterscheiden, d. h., dass je nach Quartierstyp die Aussagekraft der Lebensstiltypologie variiert.

Im Blickpunkt des Interesses steht zunächst die Stadt-Land-Verteilung, bevor innerstädtische Gebiete differenzierter untersucht werden. Dabei geht es nicht nur um die faktische Verteilung nach Gebietstypen, sondern auch um Wohnbedürfnisse im Hinblick auf die Wohnlage. Subjektive Informationen, d. h. evaluative Aspekte, werden damit ebenfalls berücksichtigt. Ich verbinde hiermit zwei Zielrichtungen: zum einen, auf das Lebensstilkonzept in der Stadt- und Regionalsoziologie hinzuweisen, und zum anderen, repräsentative Informationen für die aktuelle raumsoziologische Diskussion bereitzustellen.

2 Datenbasis und Methode

Den folgenden Analysen liegt eine repräsentative Bevölkerungsumfrage zum Zusammenhang von Lebensstilen und Wohnverhältnissen zugrunde, in der detaillierte Informationen zu Standorten, Wohnwünschen, Nachbarschaften, regionalen Bindungen, Einschätzungen und Wohnzufriedenheiten erhoben und nach Lebensstilen differenziert ausgewertet wurden. Das Projekt mit dem Titel „Lebensstile, Wohnbedürfnisse und räumliche Mobilität" war am Wissenschaftszentrum Berlin angesiedelt und wurde von der Wüstenrot Stiftung Deutscher Eigenheim Verein e.V. finanziert. Die repräsentative Umfrage wurde als Einschaltung in den Sozialwissenschaften-Bus 1996 konzipiert – in enger Kooperation mit Dr. Ferdinand Böltken vom Bundesamt für Bauwesen und Raumordnung (früher BfLR) – und umfasst mehr als 3.000 Befragte in West- und Ostdeutschland.[1] In dem Projekt wurden darüber hinaus Gruppen- und Experteninterviews durchgeführt, die hier allerdings nicht im Mittelpunkt stehen (vgl. Spellerberg 1997).[2] Im Folgenden wird zunächst kurz die Operationalisierung des Lebensstilkonzeptes dargelegt.

Lebensstile sind anhand äußerer, sichtbarer Zeichen zu identifizieren. Die Kombination verschiedener Zeichen aus unterschiedlichen Bereichen (Körpersprache, Kleidung, Essverhalten, Musikvorlieben, Hobbys etc.) verdichtet sich zu einem Stil. Indem jemand einen Stil ausbildet, werden Wahlmöglichkeiten begrenzt und Routinen und Gewohnheiten ausgebildet, die für die Identitätsausbildung und -sicherung von wesentlicher Bedeutung sind. Indem typische Muster und Profile des Verhaltens identifiziert werden, wird weiterhin soziale Mitgliedschaft und Zugehörigkeit ausgedrückt. Der Lebensstil wird damit zum Mittel der Kommunikation – ich sende und empfange Botschaften über diese Zeichen. Gemeinsame Werthaltungen und Verhaltensweisen sind wiederum eine wichtige Basis für die Wahl von Partnern und Freunden. Nicht zuletzt werden mit Lebensstilen soziale Grenzen markiert. Das heißt auch, dass Lebensstile im Feld von Prestige und sozialer Schließung angesiedelt sind (Bourdieu 1987).

Auch wenn die Zwänge unübersehbar sind, die durch Arbeit, Einkommen oder Infrastruktur gesetzt werden, so ist doch die Eigenleistung und Eigenverantwortung für den persönlichen Lebensweg fester Bestandteil des individuellen Bewusstseins. Lebensstilkonzepte sind zur Ergänzung von herkömmlichen Klassen- und Schichtkonzepten entwickelt worden, um eine alltagsnahe Klassifikation der Bevölkerung zu erreichen. Vor allem im Bereich von Freizeit und Konsum gewinnt das Moment der bewussten Wahl eine immer größere Bedeutung.

In der vorliegenden Untersuchung werden, der Konzeption H. P. Müllers folgend, bei der empirischen Operationalisierung von Lebensstilen nicht nur Freizeitaktivitäten und kulturelle Geschmacksrichtungen, sondern auch übergeordnete Werthaltungen als Orientierungsrahmen für individuelles Verhalten als typenbildende Variablen in die

---

[1] Hier kam eine kondensierte Fassung des Lebensstilfragebogens von 1993 zum Einsatz, der von der Autorin entwickelt wurde und Bestandteil des Wohlfahrtssurvey 93 war, eine Repräsentativbefragung zur Lebensqualität in West- und Ostdeutschland (Leitung W. Zapf, R. Habich, H.-H. Noll; zu Ergebnissen vgl. Zapf, Habich 1996).

[2] Aus heutiger Sicht ist zu betonen, dass sich die Rahmenbedingungen für die untersuchten Zusammenhänge seit dem Erhebungszeitraum wesentlich verändert haben und dass damit eine Verallgemeinerung der Ergebnisse nicht vollkommen möglich ist.

Analysen einbezogen. Die Dimensionen in der empirischen Erhebung von Lebensstilen sind entsprechend:

Freizeitverhalten	(Freunde treffen, Theater besuchen, Weiterbildung, mit Familie mit Kindern, TV, wandern, Musik hören, Gartenarbeit, Kunst betreiben, PC)
Kultureller Geschmack	Musik (Schlager, Pop, Oper, Rock, Märsche, Punk)
Fernsehinteressen	(Shows, Sport im TV, Dokumentationen, Heimatfilme, Actionfilme, Horrorfilme, Soap Operas)
Leseverhalten	(klassische Literatur, Unterhaltungsromane, Sachbücher, Arztromane, Esoterik, Biografien, Gedichte, Comics)
Kleidungsstil	(bequem, elegant, hohe Qualität, jugendlich, praktisch)
Wertorientierungen	(Abwechslung, Hilfsbereitschaft, Attraktivität, Sicherheit, Anerkennung, Sparsamkeit, politisches Engagement, Führungspositionen)
Alltagsverhalten	(einfaches und bescheidenes Leben, ganz für die Familie, sozial aktiv, genussvoll, arbeitszentriert, zwanglos)

In der Repräsentativbefragung haben wir damit ein alternatives Verfahren zu klassischen Sozialstrukturkonzepten gewählt: Wir klassifizieren die Bevölkerungsmitglieder nach ihren Vorlieben und Lebensplänen und analysieren dann, inwieweit die so gefundenen typischen Gruppen sich unterscheiden nach den demografischen und sozialstrukturellen Kriterien und natürlich auch im Hinblick auf ihre Wohnverhältnisse und Wohnbedürfnisse. Auf Seiten der Raumnutzung konnten expressive, interaktive und evaluative Aspekte berücksichtigt werden (u. a. Wohnverhalten, Einrichtungsweisen, Nachbarschaftskontakte, Kontakte zu Ausländern, Zufriedenheiten und Bewertungen von Wohnungen und Wohnstandorten sowie Wohnwünsche).

3 Ergebnisse: Lebensstilspezifische Raumnutzung

Anhand der aufgelisteten Einzelmerkmale wurden typische Lebensstilgruppen identifiziert. Es ergaben sich aufgrund statistischer und inhaltlicher Überlegungen getrennt für West- und Ostdeutschland jeweils neun Gruppen. Sozialstrukturelle Merkmale wurden, wie erwähnt, erst in einem nachgelagerten, zweiten Schritt mit den identifizierten Lebensstilgruppen in Zusammenhang gebracht, um sie sozialstrukturell zu verorten.[3]

3.1 Lebensstiltypologie

In diesem Beitrag, in dem Wohnlagen und Wunschlagen im Mittelpunkt stehen, konzentriere ich mich auf Westdeutschland. In aller Kürze werden im Folgenden die ermittelten Lebensstile vorgestellt.

---

[3] Bei der Typenbildung wurde ein zweistufiges Verfahren gewählt: Die Daten wurden vor den eigentlichen Clusteranalysen zunächst mit Hauptkomponentenanalysen (und anschließender Varimax-Rotation) vorstrukturiert – getrennt für die jeweils sieben Fragebatterien und für West- und Ostdeutsche. Die individuellen Faktorwerte bildeten sodann den Ausgangspunkt für die iterativen Clusteranalysen. Als Programm wurde „CLUSTAN" verwendet (Wishart 1987). Das Programm CLUSTAN erlaubt ein partitionierendes, iteratives Verfahren (nach dem sogenannten „k-means-Algorithmus"): In einem ersten Schritt werden die Fälle einer bestimmten Anzahl Clustern zugeordnet (z. B. nach dem Zufallsprinzip). Wenn ein Fall eine größere Ähnlichkeit zu einem anderen Cluster hat, wird er umgruppiert und die Clusterzentren werden neu berechnet. Dies geschieht so lange, bis die größtmögliche Homogenität der Cluster erreicht ist. Optimierungskriterium ist bei den hier vorgenommenen Analysen die Euklidische Distanz, die die quadrierten Abweichungen eines jeden Falles zum Clusterzentrum misst, zu dem er gehört. In einem nächsten Rechenschritt werden die beiden einander ähnlichsten Cluster zu einem fusioniert, wobei die Ähnlichkeiten der Fälle nach dem gewählten Gütekriterium wiederum neu berechnet und umgruppiert werden.

Das Erkenntnisinteresse besteht darin, in sich homogene und voneinander klar zu unterscheidende Lebensstiltypen (Cluster) herauszufiltern. Ein vorgeschaltetes statistisches Kriterium über die „ideale" Lösung bietet die Fehlerquadratkurve (nach dem „Ward"-Verfahren), die eine zusätzliche Entscheidungshilfe bot. Es war für West- wie für Ostdeutschland auszumachen, dass bei einer Clusteranzahl von elf für West- und zehn für Ostdeutschland die Cluster homogener waren als bei vorhergehenden Lösungen.

Als eine weitere Hilfe bietet CLUSTAN die Möglichkeit, nach bestimmten Zuordnungskriterien von entgegengesetzten Klassifikationen auszugehen (size- and shape-Koeffizienten) und diese Startpositionierungen zum Ausgangspunkt des oben beschriebenen, iterativen Verfahrens zu verwenden. Die jeweils ermittelten Summen der Euklidischen Distanzen können mit denen, die sich aus zufällig ermittelten Startpositionen ergeben, verglichen werden. Stimmen die Werte von drei unterschiedlichen Ausgangspartitionierungen überein, ist von einem lokalen optimalen Ergebnis auszugehen. Dieses Verfahren habe ich angewandt.

Die Lösungen von 12 bis zu 7 Clustern wurden inhaltlich interpretiert. Es zeigen sich bestimmte Kerne (Hochkultur, Volkskultur, Jugendformen, Sport- und Sachorientierungen), die sich bei einer größeren Clusteranzahl ausdifferenzieren. Bei der detaillierten Interpretation der Typen zeigten sich bei der 11er- und 10er-Lösung zu große Ähnlichkeiten zweier Typen. Inhaltlich-interpretative Gründe gaben letztendlich den Ausschlag für die Lösung von neun Clustern in West- wie in Ostdeutschland (auf Basis der zufälligen Startpartitionierung). Bei den westdeutschen Ergebnissen kam die 10er-Lösung nicht in Betracht, weil ein Cluster lediglich 13 Fälle enthielt.

Lebensstile und Wohnstandorte

Tab. 1: Lebensstilgruppen in West- und Ostdeutschland

Westdeutschland	Anteil in %
Hochkultureller, etablierter Niveautyp	11
Moderner Selbstverwirklichungstyp	9
Allseits interessierter, expressiver Typ	12
Sachorientierter qualitätsbewusster Typ	12
Erlebnis-/unterhaltungsorientierter Typ	6
Familiärer unterhaltungs-/modeorientierter Typ	10
Häuslicher, einfach lebender, arbeitsorientierter Typ	13
Sicherheitsorientierter, sozial integrierter Typ	11
Passiver, traditioneller, zurückgezogener Typ	16

Quelle: Eigene Berechnungen

Abb. 1: Lebensstile in Westdeutschland nach Alter und Bildung

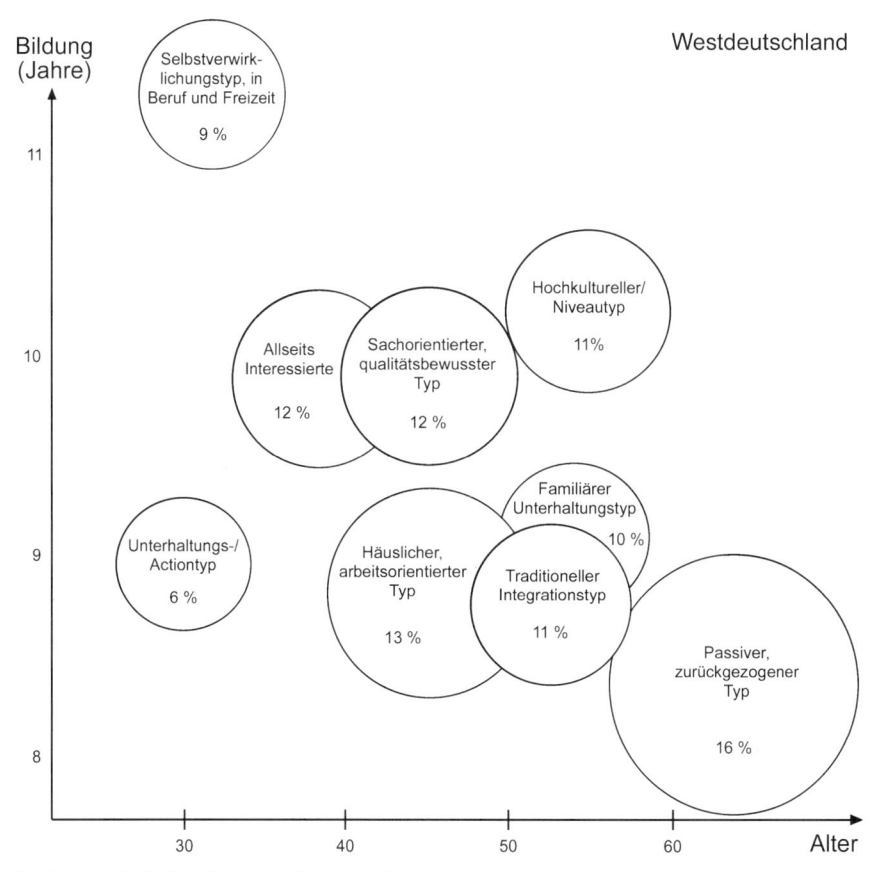

Quelle: Datenbasis: Sozialwissenschaften-Bus 1996

In der oben stehenden Abbildung 1 sind die ermittelten Lebensstilgruppen nach den sozialstrukturellen Kriterien angeordnet, nach denen Lebensstile sich am stärksten voneinander unterscheiden: Alter und Bildung. Der Zusammenhang zwischen Einkommen und beruflichem Status und Lebensstilen ist gegeben, diese Variablen sind jedoch nicht die wichtigsten für die Lebensstilzugehörigkeit.[4] Nach übereinstimmenden empirischen Ergebnissen der Lebensstilforschung sind heute das Alter und die kulturelle Kompetenz, also die Bildung, die entscheidenden Faktoren zur Bestimmung und Differenzierung von Lebensstilzugehörigkeiten. Die Beherrschung kultureller Codes und Kompetenzen, altershomogene Gruppierungen und auch geschlechtsspezifische Erfahrungen prägen die Lebensstilzugehörigkeit stärker als die finanziell verfügbaren Mittel und der berufliche Status (vgl. Georg 1998; Hartmann 1999; Schulze 1992; Spellerberg 1996).[5] Die vertikale Hierarchie wird mehrfach gebrochen und ist im Alltag immer weniger sichtbar.

Aus Gründen der Übersichtlichkeit beschränke ich die Ergebnisdarstellung auf kontrastreiche Lebensstilgruppen:

- Hochkulturell interessierter Niveautyp (berufs- und erfolgsorientiert, interessiert an klassischer Musik, Oper, Theaterbesuchen und politikorientierter Mediennutzung, gut gebildet, wohlhabend, häufig in der Lebensphase „empty nest")
- Moderner Selbstverwirklichungstyp (berufs- und erlebnisorientiert, vielseitig aktiv bei Sport, Kultur und Geselligkeit, jung, gut gebildet, wohlhabend, keine dominante Familienform)
- Sachlich-pragmatische Qualitätsbewusste (Interesse an Sport, Informationen, Weiterbildung und Computern, kultureller Konsum unwichtig, mehr Männer als Frauen, häufig Familienhaushalte)
- Unterhaltungs- und Erlebnistyp (freizeit- und spannungsorientiert, Geselligkeit und Medien in der Freizeit, jung, häufig Männer, häufig ledig, ohne Kinder, niedrigere Bildung, Einkommen weit gestreut, häufig berufstätig)
- Traditionelle Integrierte (hilfsbereit, sicherheitsorientiert, sparsam, triviale und volkstümliche Kulturprodukte, häuslich, mehr Frauen, gemischte Altersgruppen, niedrigere Bildung)
- Passiver, zurückgezogen lebender Typ (desinteressiert an Kultur- und Stilfragen, sozial wenig integriert, ältere Menschen, geringere Bildung, geringes Einkommen)

Der hochkulturell interessierte Niveautyp (als Streben nach Rang in Anlehnung an die Etikettierung von Gerhard Schulze) gehört zu den in beiden Landesteilen sozial besser Gestellten. Sie sind im Hinblick auf dem Wohnungsmarkt häufig Eigentümer

---

[4] In der Umfrage sind 5,5% der Befragten Ausländer (n=105). Sie bilden kein eigenes Cluster, sondern konzentrieren sich auf einige Typen: Den höchsten Anteil weisen die Erlebnisorientierten mit 11% auf, die traditionellen Integrierten haben einen Anteil von 9% und die zurückgezogen Lebenden von 7%. In den anderen Gruppen sind sie unterrepräsentiert.

[5] Der Bildungsabschluss ist zwar das entscheidende Kriterium für die berufliche Laufbahn, er ist jedoch eine multidimensionale Größe, die über die reine berufliche Verwertung hinausweist. Zugangschancen zum und Nutzungsmöglichkeiten des Freizeit- und Kulturbereichs sind maßgeblich durch Bildungsabschlüsse strukturiert.

ihrer Wohnungen und entsprechend gut mit Wohnraum versorgt. Diese Gruppe spielt ihren sozialstrukturellen Merkmalen gemäß bei Suburbanisierungsfragen eine Rolle. Die beiden relativ jungen Gruppen „Moderner Selbstverwirklichungstyp" und „Erlebnistyp" erfahren in der Debatte um Gentrifikation besondere Aufmerksamkeit, während die beiden letztgenannten, traditioneller eingestellten und eher unauffälligen Gruppen „Sozial Integrierter, sicherheitsorientierter Typ" und „Zurückgezogener Typ" nicht im Lichte der wissenschaftlichen Debatte stehen. Allein aus demografischen Gründen (es handelt sich um eine ältere und umfangreiche Gruppe) werden ihre Bedürfnisse jedoch an Bedeutung auf dem Wohnungsmarkt gewinnen. Auch der „Sachorientierte Typ" in West- und in Ostdeutschland spielt in der Debatte um Lebensstile und Wohnen keine große Rolle. In diesem Beitrag möchte ich die Chance einer repräsentativen Studie nutzen, auch für diese auf den ersten Blick unscheinbaren Gruppen Aussagen im Hinblick auf Wohnorte und Wohnbindungen treffen zu können.

3.2 Lebensstile im städtischen und ländlichen Kontext

Für die folgendenden Analysen wurde die den Befragten zugewiesene Quartierstypologie nach Hoffmeyer-Zlotnik mit den Ausprägungen „Wohngebiet mit überwiegend Altbauten (Vorkriegsbauten)", „Wohngebiet mit überwiegend Neubauten", „Mischgebiet mit Wohnungen und Geschäften bzw. Gewerbebetrieben", „Geschäftszentrum (Läden, Banken, Verwaltungen) mit wenig Wohnungen", „Gewerbe- bzw. Industriegebiet mit wenig Wohnungen", „dörfliches Gebiet" und „Großsiedlung" verfeinert und reduziert:

- Altbauquartiere in Innenstädten
- dörfliche Gebiete ausschließlich in kleinen Gemeinden
- Neubaugebiete am Kleinstadtrand bzw. auf dem Dorf
- Mischgebiete in Groß- und Mittelstädten
- Großsiedlungen

Mischgebiete oder Altbauquartiere in Dörfern und Kleinstädten sind somit nicht ausgewiesen. Jeweils vier von zehn Befragten in West- und Ostdeutschland wohnen in vergleichsweise unspezifischen Lagen, die hier nicht betrachtet werden. Dieses Vorgehen wurde gewählt, um einer stadtsoziologischen Betrachtung auf Basis der Repräsentativbefragung nahezukommen. Notwendigerweise sind die Unschärfen größer als bei einer kleinräumigen Analyse einer bestimmten Stadt (vgl. z. B. Klee 2001 für die Stadt Nürnberg).

Die Suburbanisierungsprozesse der 60er- und 70er-Jahre, gerade von bessergestellten Bevölkerungsschichten, haben für unscharfe Grenzen zwischen Stadt und Land gesorgt. Mobilität und der Ausbau der Infrastruktur haben ihre Wirkung gezeigt: In Städten und Dörfern sind hochkulturelle Lebensstile anzutreffen, ebenso wie sich traditionellere, ortsverbundene Lebensstile in allen Gemeindetypen finden lassen (vgl. auch Spellerberg 1997; Schneider, Spellerberg 1999: 189 ff.). Zugleich weist die Zusammensetzung der Bevölkerung von Stadt und Land bestimmte Schwerpunkte auf.

Tab. 2: Lebensstile nach Stadt-Land-Unterschieden

Lebensstiltypen (Westdeutschland)	Wohngegend						Anteil insgesamt
	Auf dem Land < 5.000	Kleinstadt <20.000	Innere mittelgroße Stadt <100.000	Umland/ Stadtrand. Stadt >20.000	Großstadt (>100.000) City	Großstadt: Innere Stadt	
	in %						
Hochkultureller, etablierter Typ	21	16	21	23	2	16	100
Engagierter Selbstverwirklichungstyp	17	8	16	16	13	30	100
Erlebnis-/Unterhaltungstyp	15	18	16	21	1	29	100
Sachorientierter Typ	27	20	20	13	4	17	100
Traditionelle Integrierte	31	25	12	14	1	18	100
Zurückgezogen Lebende	33	16	15	11	3	22	100
Insgesamt	26	20	17	15	4	20	N: 1245

Quelle: Datenbasis: Projekt: Lebensstile, Wohnbedürfnisse und Mobilitätsbereitschaft, Sowi-Bus 1996; Cramer's V: ,13

Tab. 3: Lebensstile nach Wohnquartieren

Lebensstiltypen (Westdeutschland)	Quartierstyp						Anteil insgesamt
	Altbauten in Innenstädten	Dörfliches Gebiet	Neubauten, Dorf, Rand von Kleinstädten	Städtische Mischgebiete	Großsiedlung	Sonstige	
	in % (Zeilen)						
Hochkultureller, etablierter Typ	12	7	27	7	4	43	100
Engagierter Selbstverwirklichungstyp	11	4	22	26	1	36	100
Erlebnis-/Unterhaltungstyp	11	9	14	24	0	42	100
Sachorientierter Typ	11	7	17	9	7	49	100
Traditionelle Integrierte	8	10	29	12	2	39	100
Zurückgezogen Lebende	11	11	20	12	2	44	100
Insgesamt	10	8	23	14	3	42	N: 1245

Quelle: Datenbasis: Projekt: Lebensstile, Wohnbedürfnisse und Mobilitätsbereitschaft, Sowi-Bus 1996; Cramer's V: ,14

Der hochkulturell interessierte, etablierte Niveautyp ist im Umland und am Stadtrand von größeren Städten sowie in Mittelstädten überrepräsentiert. Der Niveautyp lebt seltener in innerstädtischen Mischgebieten und in Citylagen. Sieben von zehn wohnen in 1- bis 2-Familienhäusern bzw. Reihenhäusern und sind zugleich Eigentümer (47% im Durchschnitt). Damit handelt es sich häufig um den Quartierstyp „Neubaugebiet". Die Verteilung betätigt die These, dass im Wesentlichen dieser Lebensstiltyp Suburbanisierungsprozesse mitträgt.

Der moderne Selbstverwirklichungstyp ist eher ein Großstadttyp. In Citylagen und der inneren Stadt lebt er häufiger als der Durchschnitt, während er seltener in Dörfern wohnt. Ein Drittel aller befragten Citybewohner gehört dieser Lebensstilgruppe an. Großstädte bieten dieser Gruppe offensichtlich nach wie vor bessere Bedingungen als Mittelstädte oder kleinere Gemeinden. Wie aus Publikationen über Gentrifikation bekannt ist, bevorzugen diese jungen, allein bzw. mit Partner/in lebenden, gut qualifizierten und einkommensstarken Personen pulsierende Innenstadtlagen. Entsprechend leben nahezu doppelt so viele des Selbstverwirklichungstyps wie im Bevölkerungsdurchschnitt im Quartierstyp „gemischtes, innerstädtisches Gebiet". Bei einem Anteil von immerhin 22 % befinden sich die Wohnungen aber auch in kleineren Orten, und weitere 23 % wohnen zudem in städtischen Neubaugebieten mit nur wenigen Gewerbebetrieben (nicht ausgewiesen). Bei erkennbarer Affinität zum städtischen Leben hat sich ein nicht unerheblicher Teil dieses Lebensstiltyps für homogene Wohnstandorte jenseits der Innenstadt entschieden.

Der junge erlebnisorientierte Unterhaltungstyp wohnt im Vergleich zum Selbstverwirklichungstyp seltener in Citylagen und häufiger im Umland, am Stadtrand und im weiteren Innenstadtbereich. Drei Viertel wohnen als Mieter in Häusern mit mindestens vier Mietparteien. In Dörfern ist der Erlebnis- und Unterhaltungstyp deutlich unterrepräsentiert. Dieser Typ favorisiert wie der Selbstverwirklichungstyp die gemischten städtischen Quartiere. Auch der junge erlebnisorientierte Lebensstiltyp entspricht bei der Wahl des Wohnquartiers tendenziell den aus der Gentrifikationsdebatte geprägten Erwartungen.

Der sachorientierte und wenig stilbetonte Typ weist als einziger der sechs ausgewiesenen Gruppen keine spezifische Verteilung auf. Die relative Indifferenz gegenüber stilistischen und kulturellen Aspekten des Alltags äußert sich auch in geringer ausgeprägten Präferenzen für einen bestimmten Ortstyp. Bemerkenswert ist in diesem Zusammenhang, dass die sachorientierten Pragmatischen in Großsiedlungen überrepräsentiert sind. Großsiedlungen unterliegen einem negativen Image, sodass Distinktionsgewinne bei diesem Standort kaum zu erzielen sind. Das Ergebnis stützt die These der geringen Stilisierungsneigung dieses Lebensstiltyps.

Die beiden traditionelleren Typen „Sozial Integrierte" und „Zurückgezogen Lebende" wohnen vergleichsweise häufig in Dörfern und kleineren Orten. Der Anteil von Mietern liegt dabei mit 62 % bzw. 59 % jeweils über dem westdeutschen Durchschnitt (53 % in der Umfrage). Die auf den Nahbereich und lokalen Umkreis hin orientierten sicherheitsorientierten sozial Integrierten benötigen Gleichgesinnte und Betätigungsraum am Wohnort, die in dichtbesiedelten und heterogenen städtischen Gebieten schwieriger zu erreichen sind.

Festgehalten werden kann, dass je nach Ortstyp die Lebensstiltypen in spezifischer Weise gewichtet sind: In Städte zieht es eher hochkulturelle und junge, außerhäuslich aktive Lebensstiltypen und kleinere Orte werden eher von traditionelleren Lebensstilgruppen bevorzugt. Nicht für alle Lebensstiltypen können klare Entscheidungen zugunsten von Großstadt, Kleinstadt und Dorf sowie für bestimmte Quartiere identifiziert werden. Den sozialräumlichen Phänomenen von Suburbanisierung und Gentrifikation sind zwar bestimmte Gruppen zuzurechnen, es sollte jedoch berücksichtigt werden, dass die Mehrheit der jeweiligen Lebensstiltypen nicht in den ihnen zugedachten Lagen wohnt.

3.3 Erklärungskraft von Lebensstilen, Schicht und Haushaltsform für den Wohnstandort

Aus den bisherigen Ausführungen lässt sich bereits folgern, dass die Qualität der Wohnungen nach Lebensstilen variiert. So wohnt beispielsweise in Westdeutschland der junge Erlebnistyp doppelt so häufig wie der hochkulturelle Niveautyp oder der Sachorientierte Typ in renovierungsbedürftigen Wohnungen (41 % im Vergleich zu 19 % bzw. 21 %). Es stellt sich daher die Frage, ob in den Verteilungen weniger Unterschiede nach Lebensstilen als nach Schichtzugehörigkeit bzw. finanzieller Lage zum Ausdruck kommen. Schließlich sind Lebensstile nicht unabhängig von der materiellen Lage, und Häuser am Stadtrand kann sich nicht jeder leisten. In der folgenden Tabelle ist die schichtspezifische Verteilung nach Quartierstypen ausgewiesen.

Tab. 4: Schichtspezifische Verteilung auf Quartierstypen (Auswahl)

Schicht[1]	Quartierstyp					Gesamt
	Altbauten in Innenstädten	Dörfliches Gebiet	Neubauten, Dorf, Rand von Kleinstädten	Städtische Mischgebiete	Großsiedlung	
Westdeutschland	in % (Zeilen)					
Rangniedrigste, 1	6	14	21	18	5	117
2	9	11	19	13	4	332
3	12	7	21	12	5	203
4	9	7	27	12	4	245
5	9	6	25	15	1	110
Ranghöchste, 6	11	3	24	16	2	140
Insgesamt	10	8	23	14	3	N: 1147

[1]: Schicht gebildet anhand des Schulabschlusses (3 Stufen) und der Berufsposition (5 Stufen nach der Skala: Autonomie in der Tätigkeit nach Hoffmeyer-Zlotnik)

Quelle: Datenbasis: Projekt: Lebensstile, Wohnbedürfnisse und Mobilitätsbereitschaft, 1996; Cramer's V: 0,11

Die Tabelle zeigt, dass untere Prestigeschichten in Dörfern und städtischen Mischgebieten überrepräsentiert sind, während ranghöhere Schichten in Neubaugebieten einen Schwerpunkt aufweisen, im Übrigen aber breit gestreut sind.[6]

Auf den ersten Blick scheint damit die Lebensstiltypologie Unterschiede beim Wohnen besser als klassische Ungleichheitsdimensionen aufdecken zu können. Um die Hypothese b zu prüfen, dass die Lebensstiltypologie unter Kontrolle des Einkommens und auch der Haushaltsform aussagekräftig ist, wird in einem Modell berechnet (logistische Regression), ob und wie weit die Wahrscheinlichkeit steigt, bei Kenntnis des Einkommensniveaus, des

---

[6] Wird das Einkommen separat betrachtet, so ergibt sich ein noch schwächerer Zusammenhang (Cramer's V: 0,08). Allein im Hinblick auf das innerstädtische Altbauquartier in Westdeutschland ist eine Tendenz zu beobachten, und zwar ein steigender Anteil mit höherem Einkommen: 5 % bei Personen im untersten Einkommensquintil im Unterschied zu 14 % im höchsten Quintil.

beruflichen Status, des Haushaltskontexts[7] und des Lebensstiltyps in a) Städten oder in Dörfern, b) in innerstädtischen Mischgebieten oder c) im Umland größerer Städte zu wohnen. Damit sind kontrastierende Wohnstandorte ausgewählt worden. Der Haushaltskontext ist in Bezug auf die Standortwahl relevant, weil notwendigerweise die Wohnfläche variiert und Haushalte mit Kindern unmittelbaren Zugang zu Grünflächen wünschen.

Tab. 5: Logistische Regression „Wohnstandort" auf Schicht, Einkommen, Lebensform und Lebensstil

	Dorf vs. Stadt	Städtisches Mischgebiet	Umland großer Städte
Westdeutschland		Chi^2	
Schicht	3,10*	,02	,82
Einkommen	1,30	6,17**	,82
Haushaltsform	48,82***	44,33***	2,80
Lebensstil	16,81***	17,08***	15,47**

1: Das Vergleichsmodell hat den Wert 0, Freiheitsgrade: Lebensstile DF=6, Haushaltskontext DF=7, Referenzkategorie: höchste Ausprägung, d.h. die drei hier nicht ausgewiesenen Typen bei der Variable Lebensstil und Familien mit Schulkindern beim Haushaltskontext. Einkommen und Schicht sind als kontinuierliche Variablen in das Modell einbezogen worden.

*: statistisch signifikant auf dem 10%-Niveau, ** 5% bzw. ***1%-Niveau. Die Wald-Statistik folgt einer chi^2-Verteilung und entspricht dem quadrierten t-Wert des jeweiligen Koeffizienten. Die Höhe der Effekt-Koeffizienten (Exp(b)-Werte) geben an, in welchem Verhältnis die Chancen steigen, in einem innerstädtischen Mischgebiet bzw. im Umland zu wohnen im Vergleich zur Referenzkategorie, die den Wert 1 erhält. Werte zwischen 0 und 1 verringern die Chance entsprechend.

Quelle: Datenbasis: Projekt: Lebensstile, Wohnbedürfnisse und Mobilitätsbereitschaft, Sowi-Bus 1996.

Dorf versus Stadt

Die Ergebnisse der ersten Spalte zeigen, dass für die Unterscheidung, ob auf dem Dorf oder in der Innenstadt gewohnt wird, der Haushaltskontext, der Lebensstil und in schwacher Form auch die berufliche Position relevant sind. Die Einkommenshöhe allein ist eine unwichtige Größe. Die Höhe der Chi^2-Werte zeigt weiterhin, dass die Gesamterklärungskraft des Haushaltskontextes in Westdeutschland dreimal höher liegt als die der Lebensstiltypen (Chi^2: 48,8 im Vergleich zu 16,8). Die Erklärungskraft von Lebensstilen liegt wiederum mehr als fünfmal höher als die der Schichtzugehörigkeit. Das heißt, dass für eine Stadt-Land-Entscheidung nicht die Marktmacht der Personen entscheidend ist, sondern zunächst einmal die Familienform, der Lebensstil und in Grenzen auch der berufliche Status.

Die Einzelergebnisse sind oben bereits ausgeführt: Der Selbstverwirklichungstyp wohnt auch unter Einbezug von Haushaltskontext, Einkommen und des beruflichen Status mit deutlich höherer Wahrscheinlichkeit in der Stadt als auf dem Dorf,[8] während der tradi-

---

[7] Bei der Klassifikation des Haushaltstyps wird idealtypisch nach einem Lebenslauf differenziert: Alleinlebende bis 60, jüngere Zweipersonenhaushalte, Zweipersonenhaushalte, 40–59 Jahre, Haushalte mit Kleinkindern und mit Schulkindern und ältere Person zu zweit bzw. allein im Haushalt.

[8] Effektkoeffizient Exp(b) = ,51; Wald-Statistik: 7,94***

tionelle Integrationstyp mit größerer Wahrscheinlichkeit in kleinen Gemeinden wohnt.[9] Der junge erlebnisorientierte Typ unterscheidet sich im multivariaten Modell allerdings nicht signifikant von den übrigen Lebensstilgruppen. Bei dieser Gruppe entscheidet die Haushaltsform „Alleinlebend" oder „Partnerhaushalt" über den häufigen Wohnstandort Stadt. Werden diese Häufungen in die Auswertung einbezogen, so zeigt sich keine überdurchschnittliche Präferenz für die Innenstadtlage mehr.

Tab. 6: Logistische Regression „Innerstädtisches Mischgebiet" und „Stadtrand" auf Lebensform und Lebensstil (Effektkoeffizienten)

	Innerstädtisches Mischgebiet			Umland von Städten, Stadtrand		
Westdeutschland	Chi²	Exp(b)	Wald	Chi²	Exp(b)	Wald
Lebensstil	17,08***			15,47**		
- Niveautyp		,52	6,23**		1,57	5,09**
- Selbstverwirkl.		1,20	,64		,94	,06
- Sachorientierte		,52	7,54***		,90	,26
- Erlebnistyp		,79	,78		1,90	6,41***
- Tradit. Integrierte		,82	,85		1,06	,07
- Zurückgezogene		,80	1,17		,85	,56
Haushaltskontext	44,33***			2,80		
- Allein,<60		3,23	22,53***		1,24	,79
- Allein, 60+		1,94	5,80**		,98	,09
- Alleinerziehend		1,53	2,07		1,14	,22
- mPartner, <39		2,84	13,63***		1,19	,36
- mPartner, 40-59		1,32	1,16		1,31	1,39
- mPartner, 60+		1,12	,18		1,16	,38
- mPartn. Kind <6		,89	,15		1,04	,02

1: Das Vergleichsmodell hat den Wert 0, Freiheitsgrade: Lebensstile DF=6, Haushaltskontext DF=7, Referenzkategorie: höchste Ausprägung, d.h. die drei hier nicht ausgewiesenen Typen bei der Variable Lebensstil und Familien mit Schulkindern beim Haushaltskontext: Einkommen und Schicht sind als kontinuierliche Variablen in das Modell einbezogen worden.

*: statistisch signifikant auf dem 10%-Niveau, ** 5% bzw. ***1%-Niveau. Die Wald-Statistik folgt einer chi²-Verteilung und entspricht dem quadrierten t-Wert des jeweiligen Koeffizienten. Die Höhe der Effekt-Koeffizienten (Exp(b)-Werte) geben an, in welchem Verhältnis die Chancen steigen, in einem innerstädtischen Mischgebiet bzw. im Umland zu wohnen im Vergleich zur Referenzkategorie, die den Wert 1 erhält. Werte zwischen 0 und 1 verringern die Chance entsprechend.

Quelle: Datenbasis: Projekt: Lebensstile, Wohnbedürfnisse und Mobilitätsbereitschaft, Sowi-Bus 1996.

Bei der Betrachtung der Bewohner/innen von Mischgebieten in Städten[10] (Spalte 2) ergibt sich, dass die berufliche Position kein relevantes Unterscheidungskriterium ist. Das Einkommen ist allerdings eine signifikante Größe. Der Anteil höherer Einkommens-

---

[9] Effektkoeffizient Exp(b) = 1,42; Wald-Statistik: 3,06*

[10] Hier wird dichotomisiert, ob die Befragten in einem innerstädtischen Mischgebiet wohnen oder nicht bzw. im Umland/am Stadtrand wohnen oder nicht.

schichten sinkt bei den mit Gewerbe durchmischten Quartieren. In diesen Gebieten zeigt sich darüber hinaus eine spezifische Struktur sowohl nach Haushaltskontext als auch nach Lebensstil, wobei der Haushalt deutlich höheres Gewicht hat als der Lebensstil (Chi²: 44,3 versus 17,1).

Städtisches Mischgebiet und Umland

In der oben stehenden Tabelle sind zusätzlich zu Tabelle 5 die Detailergebnisse aufgelistet. Der hochkulturell orientierte Niveautyp ist – wie erwähnt – vergleichsweise selten Bewohner innerstädtischer Mischgebiete; dies trifft auch für den sachorientierten, pragmatischen, qualitätsbewussten Typ zu (jeweils Exp(b): ,52). Insbesondere jüngere Alleinlebende (abgeschwächt auch ältere Alleinlebende) und jüngere Personen, die mit Partner/in zusammen leben, haben umgekehrt eine hohe Wahrscheinlichkeit, in diesen Gebieten zu wohnen (Exp(b): 1,94; 3,23 und 2,84).

Beim Umland größerer Städte bzw. dem Stadtrand spielt der Haushaltskontext keine entscheidende Rolle, d.h., dass Familien mit Kindern nicht überdurchschnittlich häufig im Umland bzw. am Stadtrand wohnen, wenn die finanzielle Lage und der Lebensstil berücksichtigt werden. Die Lebensstilzugehörigkeit spielt teilweise eine Rolle. Wie erwartet, sind die hochkulturell Interessierten häufiger am Stadtrand zu finden (Exp(b): 1,57) und auch die jungen Erlebnisorientierten (Exp(b): 1,90), die weniger die heterogenen Citylagen bevorzugen, aber offensichtlich eine differenzierte städtische Infrastruktur in Reichweite verfügbar haben möchten.

Die Interpretation der Einzelkategorien zeigt, dass sich nicht alle Lebensstile oder alle Haushaltstypen nach ihren Wohnstandorten unterscheiden. Die zurückgezogen Lebenden weisen keine Auffälligkeiten auf, ebenso wie die Alleinerziehenden oder ältere Partnerhaushalte. Die Analysen ergeben auch, dass die Relevanz der sozialstrukturellen Klassifikationen je nach Quartierstyp variiert, wobei der Einfluss des Einkommens oder des Berufsprestiges zum einen seltener festzustellen und zum anderen schwächer ausgeprägt ist als die Kategorien Haushaltsform und Lebensstil.

3.4 Wohnlage versus Wunschlage

Gründe für die unterschiedlichen Wohnlagen könnten in der Preislage der jeweiligen Viertel, im Wohnungsangebot oder aber in der Präferenzstruktur der Lebensstilgruppe liegen. Für das Dorf entscheiden sich beispielsweise nicht nur Familien mit Kindern, sondern auch ältere Personen, die ihren letzten Lebensabschnitt in weitläufiger Landschaft und Ruhe verbringen möchten (Johaentges 1996). Häufig sind es jedoch auch siedlungsstrukturelle und ökonomische Notwendigkeiten, die bestimmte Bevölkerungsgruppen in bestimmte Gebiete drängen, ohne dass die Wohnlage gewünscht wird oder Überlegungen darüber angestellt werden, welche Lebensstile im Wohngebiet vorherrschen. Das Leben im Eigenheim lässt sich für Familien in der Regel nur außerhalb der Innenstädte realisieren, was nicht unbedingt ihren Präferenzen entsprechen muss. Bei berufsbedingter Mobilität ist das preiswerte Wohnen ein Hauptmotiv für die Wahl des Umlandes als Standort. Hochqualifizierte Arbeitsplätze befinden sich vorwiegend in den Städten; zugleich möchten diese Arbeitskräfte vielleicht naturnah wohnen. Es ist davon auszugehen, dass bei einem erheblichen Teil der Bevölkerung die Standortwahl den Wohnwünschen nicht optimal angepasst werden kann. Die Antworten auf die Frage, wo man am liebsten wohnen möchte, geben Aufschluss über die ideale Wohnlage der Lebensstiltypen.[11]

Auf der Wunschliste oben stehen in der Bevölkerung das Land und die Kleinstadt, gefolgt von Mittelstädten und dem Umland größerer Städte bzw. dem Stadtrand. Dieses Ergebnis deckt sich mit der faktischen Entwicklung, nach der Dörfer seit geraumer Zeit ein Bevölkerungswachstum verzeichnen, unabhängig davon, ob sie sich in der Nähe von Städten befinden (Johaentges 1996). Das Wohnen in Großstädten ist damit im Vergleich zu „Land" und „Kleinstadt" weniger attraktiv, dies aber ist vor allem auf die nicht großstädtischen Befragten zurückzuführen.[12]

Tab. 7: Wunschlage nach Lebensstilgruppen

	Wunschgegend						
	Auf dem Lande	Kleinstadt	Mittelgroße Stadt	Umland größerer Stadt	Großstadt: Zentrum	Großstadt: Innere Stadt	Großstadt: Stadtrand
Lebensstiltyp	in %						
- Niveautyp	25	25	15	16	1	8	10
- Selbstverwirkl.	16	20	16	15	5	14	15
- Sachorientierte	21	29	18	14	2	9	7
- Erlebnistyp	19	15	18	9	8	9	22
- Tradit. Integrierte	30	25	18	9	0	10	11
- Zurückgezogene	34	24	21	5	1	8	8
insgesamt	26	25	18	10	2	9	10

Quelle: Datenbasis: Projekt: Lebensstile, Wohnbedürfnisse und Mobilitätsbereitschaft, Sowi-Bus 1996

Die oben vorgestellten Ergebnisse werden hier weitgehend bestätigt: Der jüngere Selbstverwirklichungstyp bevorzugt überdurchschnittlich häufig städtische Lagen, dabei jedoch häufiger die ruhigeren Lagen im Umland oder am Stadtrand. Auch der hochkulturell orientierte Typ schätzt insbesondere das Umland größerer Städte. Bemerkenswerterweise ist es jedoch der junge erlebnisorientierte Typ, der am häufigsten den Stadtrand als Wohnort bevorzugt – auch wenn sich ein überdurchschnittlich hoher Anteil Citylagen vorstellen kann. Die beiden traditionelleren, sicherheitsorientierten Typen bevorzugen mehrheitlich kleine Orte.

Am häufigsten stimmt bei den sicherheitsorientierten, traditionellen, sozial Eingebundenen die ideale Lage mit dem Wohnort überein (bei 53 %), insbesondere bei Stadtrandbewohnern (neun von zehn) und Dorfbewohnern (sieben von zehn). Die Integration in die Gemeinde scheint besonders an diesen Standorten gut zu gelingen. Diese Gruppe ist

---

[11] Im Hinblick auf die Dimensionen, die räumliches Verhalten kennzeichnen (interaktives, expressives, evaluatives und kognitives), ist hier die evaluative Dimension angesprochen.

[12] Detaillierte Analysen zum Verhältnis von Wohnlage und Wunschlage und Auswirkungen auf Wohnzufriedenheiten im Ost-West-Vergleich sind zu finden in: Böltken, Schneider, Spellerberg 1998.

ferner mit dem Wohnort sehr zufrieden, insbesondere wird mit einem Wert von 8,5 auf einer Skala von 0 bis 10 die Nachbarschaft sehr positiv bewertet. Mehr als vier von zehn vergeben hier den Höchstwert 10.

Tab. 8: Wohnlage versus Wunschlage nach Lebensstilgruppen

	Ist=Soll: Dorf/Kleinstadt/ Peripherie	Ist: Do/Kl/Pe Soll: Stadt	Ist=Soll: Stadt	Ist: Stadt, Soll: Do/Kl/Pe	Insgesamt
Lebensstiltyp	in %				
- Niveautyp	52	9	16	24	100
- Selbstverwirkl.	34	7	28	31	100
- Sachorientierte	52	8	21	19	100
- Erlebnistyp	38	16	20	26	100
- Tradit. Integrierte	58	11	14	16	100
- Zurückgezogene	53	7	22	18	100
Insgesamt	51	9	19	21	N=1244

Quelle: Datenbasis: Projekt: Lebensstile, Wohnbedürfnisse und Mobilitätsbereitschaft, Sowi-Bus 1996; Cramer's V: .11

Werden die Standorte in eher ländliche und eher städtische Wohngebiete dichotomisiert, so zeigt sich beim Selbstverwirklichungstyp ein ambivalentes Bild. Zum einen zählt diese Gruppe häufig zu den Stadtbewohnern, zugleich möchte die Hälfte der Städter der Stadt den Rücken kehren. Das Verhältnis bei den Dorf- und Umlandbewohnern ist deutlich günstiger, etwa 5:1 von Befürwortern zu Wegstrebenden. Auch beim jüngsten Typ, den Erlebnisorientierten, ergibt sich ein uneinheitliches Bild: Dorfbewohner streben zu einem vergleichsweise hohen Anteil das Stadtleben an (Verhältnis 2:1 von Ortsbefürwortern zu Ortsmüden), aber von den Stadtbewohnern zieht es die Hälfte in ruhigere Lagen (20% Übereinstimmung von Lage und Wunschlage, 26% Diskrepanz).

Über alle Wohnlagen betrachtet, stimmen bei weniger als einem Drittel dieser Gruppe (31%) Wohnort und Wunschort überein (43% im Durchschnitt). Dieser Typ wohnt häufig im Mietgeschossbau und in Großstädten – umso bemerkenswerter ist es, dass gerade diese junge Gruppe ausgesprochen häufig ein Eigenheim anstrebt: acht von zehn des „Selbstverwirklichungstyps" sehen in einem Ein-/Zweifamilienhaus (einschl. Bauernhaus, 24%) das Idealhaus. Zugleich sollte ein solches Haus überdurchschnittlich häufig am Stadtrand oder im Umland gelegen sein. Dies scheint eine adäquate Vorstellung zu sein, weil bei drei Vierteln des am Stadtrand wohnenden Selbstverwirklichungstyps der Wunschort dem Wohnort entspricht. Trotz des hohen Verdienstes und der hohen kulturellen Kompetenzen hat es die Gruppe zu dem erfassten Zeitpunkt ihrer Wohnbiografie nicht geschafft, ihre Wohnwünsche zu realisieren. Sie sind entsprechend häufig unzufrieden mit den Wohnbedingungen, insbesondere mit den Umweltbedingungen am Ort.

Dies ist insofern ein für den Wohnungsmarkt besonders relevanter Befund, als diese Gruppe nach Lebensalter, Bildung und Einkommen in hohem Maße in der Lage sein dürfte, die Lücke zwischen Wunsch und Wirklichkeit zu schließen, sich in der Nähe großstädtischer Vielfalt nach dem privaten Rückzugsraum von Einfamilienhäusern umzusehen und damit den Suburbanisierungsprozess weiter zu verstärken. Die Wahrscheinlichkeit dafür ist umso höher, als diese Gruppen in außerordentlich hohem Maß Umzugsabsichten äußert: 36% geben an, in den nächsten zwei Jahren umziehen zu wollen.

Hierauf Bezug nehmende Modelle sind in Großstädten entwickelt worden. Berlin hat beispielsweise einen Architekturwettbewerb unter dem Motto „Das städtische Haus" durchgeführt, in dem dazu aufgerufen wurde, für 2.000 DM pro Quadratmeter Eigenheime bzw. Eigentumswohnungen von etwa 100 Quadratmetern Wohnfläche zu entwerfen. Die Gesamtkosten für das Eigenheim sollen 300.000 DM nicht übersteigen. Es ist anvisiert, bis zum Jahr 2000 an fünf innerstädtischen Standorten (Zehlendorf, Köpenick, Marzahn, Hohenschönhausen und Hellersdorf) jeweils 30 bis 100 Wohnungen dieses preisgünstigen Typs entstehen zu lassen (Süddeutsche Zeitung vom 12.03.1998, S. IV).

Umgekehrt bevorzugen traditionelle und einfache, häusliche Lebensstilgruppen das Leben auf dem Dorf und haben dies auch häufiger realisiert, sodass die Diskrepanzen in diesen Gruppen geringer ausfallen. Bei unterschiedlichen Wohnerfahrungen und quer durch alle Lebensstiltypen scheint sich – mit unterschiedlicher Gewichtung – die Stadt-Land-Bewegung durchzusetzen.

4 Zusammenfassung

Ausgangsthese dieses Beitrags ist, dass sich anhand von Lebensstilen spezifische Wohnverhältnisse und Wohnbedürfnisse identifizieren lassen. Im ersten Teil des Beitrags wurden sozialstrukturelle Wandlungsprozesse skizziert, die die Bedeutung des Lebensstilkonzepts für stadt- und regionalsoziologische Fragen erläutern. Im zweiten Teil wurde eine bundesweite Repräsentativbefragung zu Lebensstilen und Wohnbedürfnissen sowie das empirische Vorgehen der Typenbildung vorgestellt. Die Lebensstiltypologie teilt die Bevölkerung ein in homogene Gruppen, die auf Basis von kulturellem Geschmack, Freizeitaktivitäten und Lebenszielen gebildet werden. Die Ergebnisdarstellung bezieht sich auf Wohnstandorte, d.h. eine unterschiedliche Verteilung von Lebensstilen im Raum, und auf Wohnwünsche im Hinblick auf die Wohnlage.

Die Ergebnisse zeigen, dass zwar Lebensstilgruppen nicht exklusiv in bestimmten Wohngebieten anzutreffen sind, dass sich jedoch Schwerpunkte erkennen lassen. Ein „Hochkulturell interessierter Typ" lebt vorzugsweise am Rand von Großstädten und dabei in Neubauwohngebieten. Bei einem in eher kleinen Gemeinden lebenden Typ „Traditionell, sozial Integriert" zeigen sich die größten Übereinstimmungen zwischen Wohnort und Wunschort und auch eine hohe Wohnzufriedenheit. Auch der „Zurückgezogen lebende Typ" lässt sich eher in ländlichen Gebieten finden – wo er auch leben möchte. Ein sachorientierter, pragmatischer und qualitätsbewusster Typ findet sich breitgestreut in allen Ortstypen, wobei er auch Großsiedlungen nicht meidet, in innerstädtischen, mit Gewerbe gemischten Gebieten jedoch seltener wohnt.

Bei den Wohnbedürfnissen herrscht weitgehende Übereinstimmung und zwar nicht nur für ansonsten kontrastierende Lebensstilgruppen, sondern auch für West- und Ostdeutsche (Böltken, Schneider, Spellerberg 1999). Auch wenn der moderne Selbstverwirklichungstyp die Stadtnähe sucht, so möchte er doch mehrheitlich nicht in städtischen Verhältnissen wohnen. Als Ideal gelten für diesen Typ offensichtlich die Wohnverhältnisse des hochkulturell interessierten Typs, der sich ein Haus am Stadtrand leisten kann und die städtischen Einrichtungen nutzt. Die Lebensstiltypen bilden offensichtlich keine neuen Muster der Raumnutzung aus – bzw. die möglicherweise vorhandenen sind auf dieser allgemeinen Standortebene nicht zu identifizieren (vgl. Helbrecht 1997). In der lebensstilspezifischen Kombination von Wohnerfahrungen, Perspektiven und Bewertungskriterien werden zugleich lebensstilspezifische Profile sichtbar, die in biografischer Hinsicht plausibel erscheinen, damit auch auf aktuellen Problemdruck und Handlungsbedarf auf dem Wohnungsmarkt aufmerksam machen. Handlungsrelevant werden die Wohnwünsche vor allem dann, wenn sie mit hoher Unzufriedenheit mit den aktuellen Wohnbedingungen zusammenfallen, wie dies bei den jüngeren Typen gegeben ist. Sie sind am häufigsten mit Umzugsüberlegungen befasst.

Die Tendenz der Stadtbewohner, Innenstädte mehrheitlich nicht länger als Wohnort zu wählen, deckt sich mit aktuellen Ergebnissen der Wohnungsmarktbeobachtung, z. B. am Beispiel von Dortmund, die „gängige Klischeevorstellungen vom ‚Auszug der Reichen und Kinderreichen' (widerlegen). ... Zweipersonenhaushalte bilden die stärkste Gruppe. ... Offensichtlich ziehen vergleichsweise viele Paare ins Umland bevor sie Kinder bekommen." (Kreibich 1999: 136 f.) Die wichtigsten Gründe für Randwanderungen liegen dabei nicht in der Bildung von Eigentum, sondern im Wunsch, im Grünen zu wohnen bzw. weniger Lärm und saubere Luft um sich zu haben. Volker Kreibich interpretiert die Randwanderung zwar mit einem möglichen Kinderwunsch, die Informationen aus der Lebensstilstudie sprechen bei den jungen Gruppen angesichts geringer Familienorientierung jedoch nicht notwendigerweise für eine Familiengründung. Entscheidend ist, dass der Wunsch dominiert, sich in ökologischer Hinsicht und auch im Hinblick auf die Wohnfläche zu verbessern. Der Problemdruck durch anhaltende Suburbanisierung (bzw. Desuburbanisierung) mit den damit verbundenen negativen Konsequenzen des Flächenverbrauchs und steigenden Verkehrsaufkommens wird in absehbarer Zeit nicht abnehmen, sofern nicht entsprechende Angebote auf dem innerstädtischen Wohnungsmarkt vorliegen.

In logistischen Regressionen wurde auch statistisch geprüft, inwieweit die gefundenen Standortunterschiede auf lebensstilspezifische Entscheidungen zurückgehen, auf materielle Ressourcen oder den Haushaltskontext der Befragten. Nach den Ergebnissen sind das Einkommen und der berufliche Status bei der dargestellten Gemeinde- und Quartierstypik kaum aussagekräftig. Der Wohnungsmarkt wird von vielfältigen Faktoren gesteuert, und die hier besprochene Gebietstypik weist eine so differenzierte Bevölkerungsstruktur auf, dass die sozialstrukturelle Gliederung der Bevölkerung räumlich kaum zum Ausdruck kommt. Über eine Segregation nach Nationalität bzw. ethnischer Herkunft kann hier angesichts der geringen Anzahl von Ausländern, die sich zudem auf bestimmte Lebensstilgruppen verteilen, keine Aussagen getroffen werden. Der Einfluss von Einkommen und Berufsprestige kommt in stadtteilbezogenen Untersuchungen, wie sie in anderen Beiträgen dieses Bandes vorgestellt werden, möglicherweise besser zum Ausdruck.

Das Lebensstilkonzept und die Klassifikation nach Haushaltstypen (in Anlehnung an Lebensphasen) sind bei den vorgestellten Analysen tragfähiger als die ungleichheitsorientierten Kategorien. Die statistischen Auswertungen lassen zugleich den Schluss zu, dass auch diese Klassifikationen der Bevölkerung die Verteilung auf bestimmte Wohnorte und

Quartiere nur in begrenztem Maße erklären können. Auffällig sind einzelne Untergruppen, wie z. B. junge Alleinlebende, der Erlebnistyp und die hochkulturell Interessierten, während beispielsweise zurückgezogen Lebende sich nicht danach unterscheiden, ob sie auf dem Land oder in der Stadt bzw. in städtischen Mischgebieten oder im Umland wohnen.

Die Hypothese, dass Lebensstile mit unterschiedlicher Raumnutzung in Zusammenhang stehen, kann vor dem Hintergrund dieser Untersuchung dahingehend reformuliert werden, dass einige Lebensstiltypen Affinitäten zu bestimmten Standorten aufweisen, andere jedoch breit verteilt sind. In vielen Quartierstypen leben die Lebensstilgruppen nicht stark segregiert voneinander und nicht bei allen Lebensstilgruppen sind Standortpräferenzen ausgebildet.

Vor dem Hintergrund der Ergebnisse kann ein dreistufiges Analyseraster für stadtsoziologische und stadtplanerische Studien vorgeschlagen werden: Für ökonomisch orientierte Problemstellungen (Marktsegmentationen) sind herkömmliche Schichtmodelle (bzw. Klassenlagen und Einkommen) wichtig. Mit dem zweiten, bekannteren Konzept des Haushaltskontexts bzw. der Lebensphasen kann insbesondere die Wohnungsversorgung aufgeschlüsselt werden, da Erfordernisse und Ansprüche beim Wohnen deutlicher mit den Etappen im Lebensverlauf variieren. Mit dem dritten, aufwendiger zu erhebenden Lebensstilkonzept können weiterführende Ergebnisse bei der Untersuchung von Einschätzungen und Bewertungen, symbolischen und ästhetischen Aspekten des Standorts, von Netzwerken und Kontakten gewonnen werden. Das skizzierte dreistufige Raster dürfte auch für Praktiker auf dem Wohnungsmarkt interessant sein, um die an Bedeutung gewinnenden kulturellen Aspekte bei sozialräumlichen Planungen berücksichtigen zu können.

Im folgenden möchte ich eine Studie von Martin Albrow zitieren, in der deutlich wird, dass bei zukünftigen Forschungen nicht die Typik eines Wohnquartiers das entscheidende Kriterium im Zusammenhang mit Lebensstilen bilden sollte, sondern die Formen der Gemeinschaftsbildung von Bewohnern eines Quartieres weiterführend sein dürften. Über die Handlungen im Quartier, am Wohnort, in der Region sowie über „Tele-Kontakte" sind weitergehende Lebensstilunterschiede zu erkennen. So variieren Kontakte zu Nachbarn unserer Studie entsprechend deutlich mit der Lebensstilzugehörigkeit. Während die Hochkulturellen enge Kontakte pflegen, verhalten sich Selbstverwirklicher den Quartiersbewohnern gegenüber distanziert. Dies trifft auch für Stadtrandbewohner dieses jungen Typs zu.

Albrow und sein Team haben in dem Londoner Bezirk Tooting (Wandsworth) Bindungen an den Wohnort, Netzwerke, Konsum- und Freizeitmuster sowie Wahrnehmungen untersucht und festgestellt, dass der gleiche Ort ganz unterschiedliche Bedeutung für die Befragten hat und zugleich ausgesprochen positiv und negativ bewertet wird. Die Nähe zum Londoner Zentrum macht ihn für Bessergestellte attraktiv, und als „zone of transition" bilden Ausländer einen hohen Bevölkerungsanteil. „Für einige ist es eine alte Gemeinschaft, für andere ist es eine neue Stätte der Gemeinschaft, die ihre kulturellen Wurzeln in Indien hat. Für einige ermöglicht Tooting Freizeitaktivitäten mit Gleichgesinnten, für andere ist es ein Ort zum Schlafen und mit Zugang nach London." (Albrow 1997: 308 f.) Während manche Menschen sich hier nur mit der privaten Wohnung verbunden fühlen, nutzen andere den öffentlichen Raum, und beide Gruppen können Kontakte mit Personen in der ganzen Welt pflegen. Albrow interpretiert im Rahmen einer Globalisierungstheorie die unterschiedlichen Welten an einem Ort, die er als Soziosphären bezeichnet, mit den Worten: „Diese Menschen bewohnen soziale Sphären, die nebeneinander bestehen und sich räumlich überschneiden, aber grundlegend verschiedene Horizonte und Zeit-Spannen besitzen. Die Realität von Tooting besteht in der Verflechtung und gegenseitigen Beziehung dieser Sphären." (Albrow 1997: 303; vgl. auch Noller, Ronneberger 1995).

Der Stadtbezirk wird somit stärker durch die Pluralität und das raum-zeitlich verschachtelte Handeln der Lebensstile charakterisierbar als durch das Vorherrschen einer bestimmten Gruppe. Es bleibt zu hoffen, dass diese Art von Lebensstilforschungen fortgesetzt wird, um Formen räumlichen Handelns und die Konstitution von Räumen besser zu verstehen.

Literatur

Albrow, M. (1997): Auf Reisen jenseits der Heimat. Soziale Landschaften in einer globalen Stadt. In: Beck, U. (Hrsg.): Kinder der Freiheit. Frankfurt am Main: Suhrkamp, S. 288–314.

Apel, H. (1989): Fachkulturen und studentischer Habitus. In: Zeitschrift für Sozialisationsforschung und Erziehungssoziologie. 9. Jg. Heft 1, S. 2–22.

Bertels, L. (1997): Die dreiteilige Großstadt als Heimat. Ein Szenarium. Opladen: Leske + Budrich.

Böltken, F.; Schneider, N.; Spellerberg, A. (1999): Wohnen – Wunsch und Wirklichkeit. Subjektive Prioritäten und subjektive Defizite als Beitrag zur Wohnungsmarktbeobachtung. In: Informationen zur Raumentwicklung, Heft 2: Wohnungsmarktbeobachtung, S. 141–156.

Bourdieu, P. (1987): Die feinen Unterschiede. Frankfurt am Main: Suhrkamp.

Conrad, M.; Burnett, L. (1985): Life-Style Research 1985. München: Burda Verlag.

Dangschat, J. S. (1994a): Lebensstile in der Stadt. In: Dangschat, J. S.; Blasius, J. (Hrsg): Lebensstile in den Städten. Opladen: Leske + Budrich. S. 335–354.

Georg, W. (1998): Soziale Lage und Lebensstil. Eine Typologie. Opladen: Leske + Budrich.

Hamm, B. (1982): Einführung in die Siedlungssoziologie. München: Beck.

Hartmann, P. (1999): Lebensstilforschung. Darstellung, Kritik und Weiterentwicklung. Opladen: Leske + Budrich.

Johaentges, A. (1996): Das Dorf als Wohnstandort – Eine Analyse von Wanderungsbewegungen in ländliche Räume. Bonn: Forschungsgesellschaft für Agrarpolitik und Agrarsoziologie e.V.

Klee, A. (2001): Der Raumbezug von Lebensstilen in der Stadt. Passau: L.I.S. Verlag.

Kreibich, V. (1999): Der Wohnungsmarkt in der Stadtregion – ein weißer Fleck der Wohnungsmarktbeobachtung und Wohnungspolitik. In: Informationen zur Raumentwicklung, Heft 2: Wohnungsmarktbeobachtung, S. 133–140.

Läpple, D. (1991): Essay über den Raum. Für ein gesellschaftswissenschaftliches Raumkonzept. In: Häußermann, H. u. a. (Hrsg.): Stadt und Raum. Pfaffenweiler: Centaurus, S. 157–207.

Löw, M. (2001): Raumsoziologie. Frankfurt am Main: Suhrkamp.

Lüdtke, H. (1989): Expressive Ungleichheit. Zur Soziologie der Lebensstile. Opladen: Leske + Budrich.

Müller, H.-P. (1992): Sozialstruktur und Lebensstile. Frankfurt am Main: Suhrkamp.

Noller, P.; Ronneberger, K. (1995): Die neue Dienstleistungsgesellschaft. Berufsmilieus in Frankfurt am Main. Frankfurt am Main/New York: Campus.

Richter, R. (1989): Subtile Distinktion zur Reproduktion sozialer Ungleichheit im mikrosozialen Bereich. In: Österreichische Zeitschrift für Soziologie. Jg. 14., Heft 3, S. 53–63.

Schneider, N.; Spellerberg, A. (1999): Lebensstile, Wohnbedürfnisse und räumliche Mobilität. Opladen: Leske + Budrich.

Schulze, G. (1992): Die Erlebnisgesellschaft. Frankfurt am Main: Campus.

Spellerberg, A. (1993): Lebensstile im Wohlfahrtssurvey 1993. Dokumentation zum Konzept und zur Entwicklung des Fragebogens. Wissenschaftszentrum Berlin.

Spellerberg, A. (1996): Soziale Differenzierung durch Lebensstile. Eine empirische Untersuchung zur Lebensqualität in West- und Ostdeutschland. Berlin: edition sigma.

Spellerberg, A. (1997): Lebensstile und Wohnverhältnisse. Berlin: Wissenschaftszentrum Berlin für Sozialforschung. Arbeitspapier FS III 97–404.

Zapf, W.; Habich, R. (Hrsg.) (1996): Wohlfahrtsentwicklung im vereinten Deutschland. Sozialstruktur, sozialer Wandel und Lebensqualität. Berlin: edition sigma.

Wishart, D. (1999): FocalPoint Clustering. User Guide. St. Andrews, GB.

Teil III
Resümee: Herausforderungen für Politik und Stadtplanung

Jens S. Dangschat, Alexander Hamedinger[1]

Sozial differenzierte Räume – Erkenntnisinteresse, Problemlagen und Steuerung

Gliederung

1 Vorbemerkungen
2 Worüber Sozialwissenschaftler/innen häufig verkürzt und daher unzureichend berichten – die aktuellen Entwicklungstendenzen in den (Stadt-)Gesellschaften
3 Was Ungleichheits- und Stadtforscher/innen zu wenig wissen – aktuelle Strukturen sozialer Ungleichheit
4 Was Stadtforscher/innen kaum wahrnehmen – Beschreibung der relevanten Ausdifferenzierung städtischer Gesellschaften in ihren Mustern der Verräumlichung durch amtliche Statistiken
5 Zwischen „objektiven" Behältern und subjektiven Konstruktionen sozialräumlicher Qualität
6 Worüber gestritten wird – die Bewertung der Segregations- und Konzentrationsmuster der Stadtgesellschaften
7 Was gesteuert werden sollte – die Frage der funktionalen und sozialen Mischung
8 Die „neuen Kreativen" – Renaissance der (Innen-)Städte?
9 Was wir häufig überschätzen – die Integrationslust und das Integrationsvermögen der Stadtbevölkerung
10 Die Hebel I: Belegungspolitik und kleinräumige funktionale Mischung
11 Die Hebel II: Die Gestaltung des (öffentlichen) Raumes und öffentlicher Einrichtungen
12 Die Hebel III: Die Partizipation
13 Die Hebel IV: Die Einbeziehung der Verantwortung der lokal gebundenen Ökonomie
14 Zusammenfassung
Literatur

1 Vorbemerkungen

Nach einer längeren Phase zunehmender finanzieller Absicherung unterer Einkommensgruppen sowie gesellschaftlicher Integration in den Nachkriegsjahrzehnten differenzieren sich moderne Gesellschaften seit den 1970er- resp. 1980er-Jahren verstärkt wieder nach sozioökonomischen und soziokulturellen Kategorien aus. Diese in der Fachwelt weitgehend geteilte Einschätzung bedeutet aber auch, dass die zunehmend auftretenden Polarisierungen der Einkommen und Heterogenisierungen der sozialen Milieus zu neuen räumlichen Segregations- und Konzentrationsmustern der Wohnbevölkerung führen werden. Insbesondere in Großstadtagglomerationen kommt es bereits gegenwärtig ver-

---

[1] Wir danken insbesondere Dieter Läpple und Annette Spellerberg für ihre Kommentare und Korrekturvorschläge zu diesem Beitrag.

stärkt zur Herausbildung von Armuts- und Wohlstandsquartieren und zu Szene-Quartieren, die durch neue Dienstleistungsberufe, „neue Lebensstile" und veränderte Zeitmuster gekennzeichnet sind.

Zwei Einschränkungen hat der Arbeitskreis „Soziale Lagen, Lebensstile und Siedlungsstrukturen" daher gleich zu Beginn vorgenommen: Erstens eine Begrenzung auf eher große Großstädte und zweitens aufgrund der Betrachtung von Armut und sozialer Ausgrenzung auf der einen und lebensstilspezifischer Raumnutzung auf der anderen Seite eine selektive Auswahl von Ungleichheits-Kategorien. Beide Kategorien spannen das Spektrum sozialer Ungleichheit auf: In der Vertikalen die sozioökonomische Polarisierung (Armut und Wohlstand) und in der Horizontalen die soziokulturelle Ausdifferenzierung (soziale Milieus, Lebensstile).

Armut und soziale Ausgrenzung sind Bestandteil einer sozioökonomischen Polarisierung,[2] welche gegenwärtig in umfangreichem Ausmaß die lokale, kommunale und regionale Planung beeinflusst. Die „neuen Lebensstile" – in der Wissenschaft auch als „kreative Milieus", „creative classes" oder „creative industries" bezeichnet – sind Ergebnis zunehmender soziokultureller Heterogenisierung und gelten vor allem als Hoffnungsträger von ökonomischer Wettbewerbsfähigkeit, touristischer Attraktivität und zunehmend auch als Kitt einer noch zusammenzufügenden lokal gebundenen Zivilgesellschaft.

Während das Armuts- und Ausgrenzungsthema breit diskutiert wird (vgl. Häußermann 1997; Kronauer 1997, 2002; Siebel 1997a; Dangschat 1999a; Friedrichs, Blasius 2000; Walther 2002; Greiffenhagen; Neller 2004; Hanesch, Krüger-Conrad 2004; Walther, Mensch 2004; Aehnelt et al. 2004), liegen zu den „Kreativen" und deren ökonomischen und sozialintegrativen Potenzialen noch wenig systematische Erkenntnisse vor (Ausnahmen sind die Arbeiten des französischen GREMI-Instituts, vgl. Camagni 1995, 2003, die Arbeiten von Landry 2000; Pratt 2002 und Lange 2005, der Reader von Bryson et al. 2000 sowie die Reflektionen über das Integrationspotenzial der Kreativität bei der Steuerung der Schrumpfungsprozesse vor allem in Ostdeutschland – vgl. Keim 2003; Liebmann, Robischon 2003a; Matthiessen 2004).

Aufgabe der an der Veröffentlichung beteiligten Arbeitsgruppe war es, die Auswirkung dieser beiden Tendenzen der gegenwärtigen Ausdifferenzierung von (Stadt-)Gesellschaften auf die Siedlungsstrukturen genauer zu analysieren:

1. Die wieder zunehmenden sozioökonomische Ungleichheiten (in Kategorien des Einkommens und Vermögens, aber auch der Sicherheit des Arbeitsplatzes, des Geschlechts und des ethnischen Status), die sich im siedlungsräumlichen Kontext von Städten auf der einen Seite als deutlicher hervortretende Armutsquartiere zeigen. Auf der anderen Seite nimmt die Zahl der Wohlstandsgebiete zu, die sich zudem immer deutlicher von dem Rest der Stadt abschotten. Zusätzlich erhöhen sich die Abstände der Einkommen

---

[2] Zentrale treibende Kräfte sind hierbei die ökonomische Umstrukturierung, die veränderte Regulation der Arbeitsverhältnisse und Absicherung sozialer Risiken, deren Ursachen und Steuerung weitgehend außerhalb der Kommunen und Regionen liegen, sich dennoch in ihren problematischen Erscheinungsformen in spezifischen (peripheren) Regionen resp. Stadtquartieren zeigen (vgl. Dangschat 1995, 1999a; Häußermann 2000; Kronauer 2002 – siehe auch die Beiträge von Kronauer, Geiling sowie Läpple, Walter in diesem Band).

und Vermögen zwischen den Gebieten. Dies zeigt sich nicht nur in den ökonomisch „schwächelnden" Regionen, sondern tritt auch in den wenigen prosperierenden Großstädten/Stadtregionen (München, Hamburg, Düsseldorf, Rhein-Main und Leipzig) auf. Die Befürchtung besteht (seit der Deutsche Städtetag den Begriff „Sozialer Brennpunkt" im Jahr 1987 verwendete), dass die Menschen in den von finanzieller Knappheit, von Sozialhilfebezug, aber auch von hohen Ausländeranteilen geprägten Quartieren durch das Leben in diesen – oftmals „überforderten Nachbarschaften" – zusätzlich benachteiligt werden, woraus sich Sozialisationsdefizite und Integrationsprobleme ergeben können (vgl. Alisch, Dangschat 1998).

2. Ein deutlich geringerer Teil der Beiträge widmet sich der Frage der soziokulturellen Ausdifferenzierung, die in der Soziologie mit Konzepten der sozialen Milieus, der Lebensweisen und Lebensstile gefasst werden (vgl. Hradil 1990, 1992; Klocke 1993; Konietzka 1995; Richter 1994; Helbrecht 1997; Schneider, Spellerberg 1999; Rink 2002; siehe auch die Beiträge von Dangschat und Geiling in diesem Band). Sozialwissenschaftliche Studien und vor allem die Markt- und politische Meinungsforschung betonen sehr stark, dass die alten Kategorien sozialer Ungleichheit (also Klasse, Schicht, aber auch Geschlecht und Alter) an Bedeutung dafür verlieren, die Wertemuster, Einstellungen zu Einzelaspekten und insbesondere das Verhalten in ihrer (zunehmenden) gesellschaftlichen Ausdifferenzierung zu beschreiben, zu kategorisieren, zu erklären oder gar zu prognostizieren.

Neben einer angemessenen Wahl der Kategorien, Theorien und empirischen Überprüfungsmöglichkeiten der bestehenden Differenzierung innerhalb von Stadtgesellschaften bestand die Herausforderung für die Arbeitsgruppe im zweiten Schritt darin, diese Überlagerungen traditioneller und neuer Formen gesellschaftlicher Ausdifferenzierung in ihrer Übertragung auf Siedlungs- und Raumnutzungsmuster zu erfassen (üblicherweise in Kategorien der Konzentration und Segregation). Die Analyse dieser neuen Muster führt zwangsläufig zur Frage der Bewertung dieser neuen Muster – diese ist in stadtsoziologischen Kreisen in den letzten Jahren in Bewegung geraten – und daher auch zu der Frage, wie diese im Sinne der Unterstützung erwünschter und der Vermeidung unerwünschter Formen der Konzentration planerisch, politisch oder zivilgesellschaftlich beeinflusst werden können.

Daher war das Erkenntnisinteresse des Arbeitskreises „Soziale Lagen, Lebensstile und Siedlungsstrukturen" vor allem darauf gerichtet,

a) wie die Gesellschaft in ihren Ungleichheitsstrukturen und -prozessen zu (er)fassen ist: Sollte man von einer Rückkehr resp. einem Wieder-sichtbar-Werden der Klassenstrukturen (siehe den Beitrag von Kronauer in diesem Band) oder von einer Entstrukturierung und Entbettung jenseits von Klasse und Schicht, d.h. von einer individualisierten Gesellschaft ausgehen? Bilden sich bereits neue Formen der sozialen Schließung heraus – womöglich auch aufgrund der veränderten Segregationsmuster? (Siehe den Beitrag von Dangschat in diesem Band);

b) ob diese Muster mehrdimensionaler sozialer Ungleichheit durch „Spiegelungen" unmittelbar in den Raum übertragen werden oder ob durch die Verräumlichung verstärkende und/oder kompensierende Faktoren für die Ungleichheit zu berücksichtigen sind (siehe den Beitrag von Geiling in diesem Band): Wie überlagern sich traditionelle und „neue" Dimensionen sozialer Ungleichheit im Raum zu möglicherweise neuen Mustern? (Siehe die Beiträge von Eder, Schneider-Sliwa und Spellerberg in diesem Band.) Gibt es möglicherweise neue Formen residenzieller Segregation aufgrund der Überlagerungen?

c) von welchem Verständnis von Raum ausgegangen wird: Sind Quartiere durch Menschen als Merkmalsträger oder Unternehmen nach Branchenzugehörigkeit „angefüllt", die aufgrund der Strukturen und Dynamiken „Problemlagen" oder „Dynamik" signalisieren (wie es die nationalen und EU-Förderrichtlinien nahelegen) oder sind Quartiere eher Ausdruck hochkomplexer Prozesshaftigkeit in einem gesellschaftlichen Raum, wobei die sozialen Akteur/innen in einem sozialräumlichen ‚framing' agieren? (Siehe die Beiträge von Geiling, Häußermann, Holzinger und Läpple, Walter in diesem Band.)

Für die Stadt- und Regionalplanung entsteht daraus die Frage, für wen und in welchem Ausmaß sozialräumliche Ungleichheit ein (zusätzliches) Problem oder ein Entwicklungspotenzial darstellt und wie im Rahmen kommunaler oder regionaler Kapazitäten einzelne Formen dieser Ungleichheit abgemildert oder verhindert resp. unterstützt werden können oder sollten.

Die Umsetzung des Erkenntnisinteresses führt jedoch zu (neuen) *Problemlagen,* was vor allem an zwei noch unzureichend gelösten Aspekten liegt: Erstens liegen die notwendigen Informationen zur angemessenen Bestimmung sozialer Ungleichheit weder in den amtlichen Statistiken vor, noch lassen sich differenzierte Ungleichheitsforschungen bislang auf kleinräumige Einheiten beziehen. Zweitens ist die Einordnung von Segregationen momentan sowohl theoretisch und methodisch als auch in ihrer Interpretation sehr umstritten: Welche Art, Intensität und Dauer ist für welche soziale Gruppe sinnvoll, nötig oder akzeptabel? (Siehe die Beiträge von Kronauer und Geiling in diesem Band.)

Dies führt dazu, dass die Möglichkeit zur Steuerung der sozial-räumlichen (Durch-)Mischung als strukturelle Zusammensetzung resp. als sozialer Prozess der Integration meist eine veritable „Fahrt im dicken Nebel" ist – auch wenn sie immer wieder mehr oder weniger bewusst durchgeführt wird:

- Die Versuche seitens der Politik und der Planungseinheiten, das Problem sozialräumlicher Ungleichheiten mittels Belegungs-, Verdrängungs-, Abriss- und Neubauprogrammen oder anderen Attrahierungspolitiken im Sinne eines ‚social mix' zu lösen, sind zwar noch nicht aufgegeben worden – wohl aber (meist) die Hoffnung auf deren alleinige Wirksamkeit.

- Bei der Schwerpunktsetzung auf die Strategien des Umgangs mit den bestehenden Konstellationen (anstelle deren „Auflösung") geht man von zwei idealtypischen Ansätzen aus – einer eher input-orientierten institutionellen Lösung (siehe den Beitrag von Geiling in diesem Band) oder einer outcome-orientierten kommunikativen Lösung (siehe den Beitrag von Häußermann in diesem Band).

Die „Nebel zu lichten" – und damit eine effektivere Vorgehensweise in der kommunalen und regionalen Steuerung zu erreichen – ist eng damit verbunden, dass

a) von einem veränderten Verständnis von Raum ausgegangen wird, bei dem soziale Prozesse im Zusammenhang mit den Prozessen der Raumaneignung (und Identifikation) und der Raumgestaltung gesehen werden (siehe den Beitrag von Holzinger in diesem Band);

b) eine Erweiterung der Methoden durch (qualitative) Formen der Sozialraumanalyse vorgenommen wird und diese Ergebnisse im Sinne einer Triangulation und Mehrebenenanalyse auf die vorhandenen (quantitativen) Daten bezogen werden (vgl. Riege, Schubert 2002; Krummacher et al. 2003),

c) eine erweiterte/veränderte Rolle von Planung und Wissenschaft im Sinn eines action-research'-Ansatzes eingenommen wird, wodurch ein gegenseitiges Verstehen verschiedener „Welten" erleichtert wird (vgl. Reason, Bradbury 2001; Astleithner, Hamedinger 2003) und

d) die Zielsetzung weg von Output-Kenngrößen struktureller Veränderungen hin zu einer Outcome-Orientierung entwickelt wird, bei der ein kollektives, an den gesellschaftlichen Raum gebundenes soziales Kapital in Form zivilgesellschaftlicher ‚thickness'[3] entwickelt werden kann (vgl. Schur 2003).

Entsprechend dieser Strukturierung werden in diesem Kapitel nun die Erkenntnisse quer zu den Beiträgen zusammengestellt, bisweilen etwas zugespitzt (Pkt. 1–8) und in ihrer Planungsrelevanz eingeordnet (Pkt. 9–12).

2 Worüber Sozialwissenschaftler/innen häufig verkürzt und daher unzureichend berichten – die aktuellen Entwicklungstendenzen in den (Stadt-)Gesellschaften

Die Gesellschaften Westeuropas verändern sich seit den 1990er-Jahren mit höherer Intensität als noch in den 1970er- und 1980er-Jahren. Die Ursachen hierfür liegen in den der Globalisierung zugeschriebenen Prozessen und Werthaltungen, wobei insbesondere die Veränderungen auf dem Arbeitsmarkt bestimmend sind (Arbeitsorganisation in Raum- und Zeitverflüssigung, Flexibilisierung der arbeitsvertraglichen Regelungen, Veränderung von der Dominanz der (industriellen) Güterproduktion hin zu personalintensiven Dienstleistungen, aber auch Inszenierungen und Konstruktionen des Realen in Kunst, Kultur, Werbung und Architektur (‚creative industries')). Mit diesen Veränderungen geht eine Ausdifferenzierung der Werte einher, was sowohl politisch-administrative Steuerungen (und damit auch die Stadt- und Regionalplanung), als auch die Alltagswelt der Gesellschaft betrifft. Schließlich werden Kategorien des Umweltschutzes sowie große demografische Trends bedeutsam (Überalterung, Zuwanderung und Integration). Diese Prozesse beschreiben

---

[3] Hiermit soll explizit auf den Begriff der ‚institutional thickness' Bezug genommen werden, der von Amin, Thrift (1995) eingeführt wurde, um die Synergieeffekte eines abgestimmten und aufeinander bezogenen institutionellen Handelns im Zuge neuer Management-Modelle als Zielgröße „lernender Regionen" oder innovativer Institutionen zu bestimmen.

einen Wandel hin zur „wissensbasierten Dienstleistungsgesellschaft" und haben neben der gesellschaftlichen Dynamik aufgrund ihrer selektiven Verräumlichungen eine besondere Bedeutung für die Professionen, die sich mit der Gestaltung des Raumes resp. deren Rahmenbedingungen beschäftigen.

Pongs (1999a, 1999b) hat eine Übersicht darüber herausgegeben, welche Ansätze zur Beschreibung der (Veränderungen in den) Gegenwartsgesellschaft(en) aktuell diskutiert werden. Jeder dieser Ansätze „reduziert" jedoch den gegenwärtigen intensiven, komplexen und interdependenten Wandel auf einen „Kernbegriff" (Dienstleistungs-, Wissens-, Informations-, Erlebnis- oder multikulturelle Gesellschaft, resp. postindustrielle, postmoderne oder postfordistische Gesellschaft etc.). Nur selten wird der Versuch gemacht, die parallel analysierten Prozesse aufeinander zu beziehen, um darüber einem komplexeren Verständnis des sozialen Wandels näher zu kommen.

Eine für die Analyse der sozialen Ungleichheit zentrale These gesellschaftlicher Modernisierungstheorien ist die einer (erneuten[4]) gesellschaftlichen Entstrukturierung: „Jenseits von Klasse und Stand" habe sich aufgrund der zeitlichen Flexibilisierungen und räumlichen Entankerungen eine „Weltrisiko-Gesellschaft" etabliert (vgl. Beck 1986), die befreit sei von den Zwängen der Klassenlage resp. der Bindung an Schichtzugehörigkeiten, von familiären Bindungen und normprägenden Großorganisationen wie Kirche und Staat, aber dazu gezwungen sei, für den eigenen Lebensweg selbst verantwortlich zu sein und sich die Existenz materiell und normativ „zusammenbasteln" zu müssen (vgl. Beck 1985). Am Ende der Dominanz von Industriearbeit und sozialpolitischen Regelungen sowie einer zunehmenden Bedeutung des „Rohstoffes Wissen" ergeben sich Entstrukturierungen und Entbettungen, was für Beck auch bedeutet, dass die alten Strukturen sozialer Ungleichheit (für alle!) obsolet geworden seien, dass die Menschen sich in eine „Weltrisikogesellschaft" katapultiert sähen (vgl. zum „disembedding" auch Giddens 1996).

Auf der anderen Seite stehen vor allem Autoren wie Geißler (1994), der nach wie vor am Schichtungsmodell von Geiger festhält (und dazu empirische Belege liefert), oder auch Dangschat (1989), der die zunehmende Bedeutungen von gesellschaftlichen Spaltungen und Entkoppelungen im Sinne (moderner) Klassengegensätze (am Arbeits- und Wohnungsmarkt) betont (vgl. auch Häußermann, Siebel 1987; Dangschat, Diettrich 1999).

Einige Sozialwissenschaftler/innen, die „das Neue" betonen, beschreiben sicherlich richtige Trends, aber sie überbewerten sie, indem sie behaupten, dass „das Neue" eine allgemeine gesellschaftliche Verbreitung gefunden habe. Publikationen, die das Neue (über)betonen, erfüllen zwar die Logik der „Ökonomie der Aufmerksamkeit"; Aufgabe der Wissenschaft sollte es jedoch sein, die Ausbreitungsgrade und die Übergangswahrscheinlichkeiten sozialer Gruppierungen in ihrer Mobilität im mehrdimensionalen „Sozialen Raum" einer Gesellschaft zu erfassen (und zu interpretieren).

Ebenfalls „das Neue" wird von den Verfechtern der Milieu- und Lebensstil-Ansätze verfolgt – offensichtlich jedoch „empirisch gehärteter", denn auf diesem Hintergrund

---

[4] Schon im Übergang in das 20. Jahrhundert hatte der Soziologe Georg Simmel die Gesellschaft als eine eingeordnet, die sich von den „rostigen Ketten" der normativen Vorgaben durch die Kirche und ständische Organisation befreit habe und in eine kapitalistische Form einer Industriegesellschaft hinüberwechsele.

haben sich Ansätze der Marktforschung und der Erforschung der politischen Präferenzen durchgesetzt (vgl. SINUS Sociovision 2003). Diese Ansätze arbeiten in Umfragen mit einem größeren Set an Fragen nach Einstellungen und Verhaltensweisen. Dadurch entsteht ein multidimensionaler Raum, der mittels der Anwendung entsprechender methodischer Verfahren auf handhabbare Größen (Faktoren oder Cluster) reduziert wird. Aufgrund der Anwendung solcher multivariaten Verfahren entsteht jedoch ein anders gelagertes Problem, denn sie sind von der Art und der Zahl der berücksichtigten Merkmale und den Verteilungen in den jeweiligen Stichproben abhängig (vgl. Blasius 1994). Damit kommt jede Analyse zu einem eigenen Ergebnis bezüglich der Zahl der Faktoren resp. Cluster, deren Namen und Inhalten, was für eine Anwendung in der Praxis eher verwirrend ist. Die Wissenschaft in Deutschland bedient sich zunehmend eines empirischen Modells, das in der Marktforschung, in der Konsumforschung und für Wahlprognosen entwickelt wurde. In dieses Modell gehen sowohl die alte Schichtungs-Skala (Vertikale) als auch eine gesellschaftliche Innovationsskala (Horizontale) ein.[5]

Die Gesellschaftsdiagnosen und Deutungsangebote an die Gesellschaft, insbesondere an die planerische und politische Praxis, sind dann irreleitend (und eigentlich verantwortungslos), wenn sie die bestehenden Vorurteilsstrukturen aus Ängsten und Hoffnungen bedienen, die aber ohnehin schon sehr „wirkmächtig" sind. Es ist also eine allgemeine Vorsicht geboten, in dieser Situation mehrfacher dynamischer Umbrüche die Interpretationen aus der Sozialwissenschaft anzunehmen, denn sie bergen zu sehr die Gefahr, „gefiltert" dargestellt zu sein – was beispielsweise von Schönwandt (2000; 2002: 54–57) als eine der Denkfallen des Planungsprozesses beschrieben wird.

Dieser Vorbehalt gilt selbstverständlich auch für die in diesem Band zum Ausdruck kommenden Deutungsangebote gesellschaftlicher Entwicklung – was das Argument wachsender gesellschaftlicher Gegensätze nicht verharmlosen soll.

3 Was Ungleichheits- und Stadtforscher/innen zu wenig wissen – aktuelle Strukturen sozialer Ungleichheit

Die sozialwissenschaftliche Ungleichheitsdebatte liefert gegenwärtig ein wenig einheitliches Bild, d.h. die Erkenntnisse und Schwerpunkte der Analyse sozialer Ungleichheiten sind sehr unterschiedlich und stark vom „Hintergrund" der Autor/innen abhängig. Das ist einerseits der „unübersichtlichen" Situation der Gesellschaft(en) selbst geschuldet, wirkt sich aber auch auf die aufklärende Rolle der Sozialwissenschaften negativ aus. Die berechtigte Kritik an der traditionellen Konzentration auf das Schichtungsmodell hat im ersten Schritt zur Proklamation einer Myriade „neuer sozialer Ungleichheiten" geführt, in die allenfalls randlich und plakativ planungsrelevante Unterscheidungen wie Region oder Wohnbedingungen aufgenommen (vgl. Hradil 1987) und worin Orte/Territorien als differenzierendes Merkmal nur selten erwähnt wurden (vgl. im Gegensatz dazu Dangschat 1996; Friedrich 1999).

---

[5] Mittlerweile hat hierbei eine institutionelle Ausgründung stattgefunden: Dieser Zweig des Sinus-Instituts heißt nun Sinus-Sociovision und die Postmaterialismus-Skala, die als kulturelle Skala der y-Achse bis zum Jahr 2002 diente, wurde durch eine „Innovationsskala" ersetzt, was durch die Betonung der „Bastel-Existenzen" wiederum zu neuen Milieuclustern und -bezeichnungen geführt hat (vgl. Sinus Sociovision 2003).

Mit der breiten Akzeptanz der These der Entstrukturierung und Individualisierung wurde das Schwergewicht der akademischen Ungleichheitsforschung in Deutschland auf die Konzepte der sozialen Milieus und Lebensstile gelenkt (vgl. Hradil 1990, 1992; Konietzka 1995; Berger, Vester 1998). In diesem Diskurs wird von einer „Pluralisierung" von Lebensstilen ausgegangen, welche gegenüber einer „verfestigten Gesellschaft" eine Erweiterung von Handlungsmöglichkeiten und eine Ausdifferenzierung von Lebensentwürfen bedeutet. Die zunehmende Wahl- und Entscheidungsfreiheit der Individuen drückt sich in distinktiven Lebensstilen aus, für welche die Wohnortwahl sowie die Ausstattung und Ausgestaltung der Wohnung zu zentralen Elementen der Inszenierung werden (vgl. Bourdieu 1991; Noller 1999).

Mit diesem Ansatz können zwar generelle Zusammenhänge zwischen der Wohnstandortwahl und der Zuordnung nach Makromilieus hergestellt werden, doch bleiben die Informationen aufgrund des Mangels an kleinräumigen Daten vorläufig bezüglich der Mikrostandorte noch vage (vgl. Schneider, Spellerberg 1999; Spellerberg 2004[6]). Noch ist nicht geklärt, ob zur Wahl eines Wohnstandortes eher das Einkommen und Vermögen, das Alter und die Position im Lebenszyklus, die berufliche Position oder die Bildung oder eben bestimmte Wertekonstellationen als Basis von Milieus ausschlaggebend sind. Eine weitere offene Frage ist: wenn das Set an Variablen, welches den Wohnstandort bestimmt, umfangreicher wird, entstehen daraus eher homogene Wohnquartiere oder heterogene in bestimmten Merkmalskombinationen, die sich einerseits als hoch integrativ, andererseits aber als Orte von „Parallelgesellschaften" darstellen?

Wir standen im Arbeitskreis der Individualisierungsthese, d.h. der Vorstellung, dass Gesellschaften hochgradig bis völlig entstrukturiert seien (vgl. Beck 1985), eher skeptisch gegenüber, da Arbeitslosigkeit und Prekarisierung von Arbeitsmarktsegmenten die sozioökonomischen Ungleichheiten wieder vertiefen und da askriptive Kategorien der Ungleichheit (wie beispielsweise Geschlecht und ethnischer Hintergrund, aber auch die Herkunft) für die Verteilung der sozialen Ungleichheit offensichtlich wieder wichtiger werden. Im Arbeitskreis gingen wir eher von einem Modell der Überlagerung der Wirksamkeit verschiedener Ungleichheits-Modelle aus (siehe den Beitrag von Dangschat in diesem Band): Klassenunterschiede scheinen noch immer resp. wieder stärker im Arbeits- und Wohnungsmarkt zu gelten, die zudem zunehmend seltener durch wohlfahrtsstaatliche Praktiken ausgeglichen werden. Diese sozioökonomisch geprägten Muster werden insbesondere von der Mitte des gesellschaftlichen Aufbaus an aufwärts durch kulturelle Distinktionsmuster überlagert, die auf unterschiedlichen Wertemustern aufbauen. Will man sich nicht auf eine genaue Kombination materieller und kultureller Ungleichheiten resp. eine theoretisch-normative Etikettierung festlegen, spricht man in den Sozialwissenschaften von sozialen Lagen (vgl. Hradil 1987, 1990).

---

[6] Auch der Bundesverband für Wohneigentum und Stadtentwicklung (vhw) versucht, einen praxisnahen Ansatz zu entwickeln, indem das auf räumlich hoch aggregierten Daten basierende SINUS-Modell (Makro-Milieus) mit weiteren, der Marktforschung zur Verfügung stehenden Daten verknüpft und über eine kleinräumig differenzierte Betrachtung auf die Mikro-Ebene „heruntergezont" wird. Hierzu ist der vhw Kooperationen mit Berlin, Essen, Hannover, Köln und München sowie der Arbeitsgemeinschaft Brandenburger Städte (ARGE-REZ) eingegangen (vgl. Rohland, Hallenberg 2004).

Dabei stehen die Kategorien in einem einflussreichen, aber keineswegs determinierenden Verhältnis: Klassen, Schichten und soziale Lagen bestimmen die Wertvorstellungen (bei Bourdieu: Habitus), welche wiederum den Rahmen für Handlungsmuster setzen. Die Handlungen können dann im Sinne eines Lebensstils über Symbolisierungen wieder auf die soziale Lage zurückwirken, wobei auch temporäre und „zusammengebastelte Identitäten" denkbar sind. Bourdieu kombiniert diese Ebenen im Rahmen seines Struktur-Habitus-Praxis-Konzepts in ähnlicher Weise und auch der Hannoveraner Ansatz folgt einem ähnlichen Muster (vgl. Vester et al. 2001; siehe auch den Beitrag von Geiling in diesem Band). Dieser Ansatz legt im Hinblick auf die Weiterentwicklung der Ungleichheitssoziologie nahe, stärkere Verbindungen zwischen der strukturellen Ebene, den institutionellen Regelungen und lokal gebundenen Mentalitäten herzustellen. Diese Sichtweise schien uns für die Einordnung sozial-räumlicher Differenzierungen, aber auch für sozial-räumlich wirksame Interventionen als Maßstab sinnvoll.

Wir gehen innerhalb der Arbeitsgruppe also nicht von einem Entweder-oder-Ansatz aus, sondern versuchen, die unterschiedlichen Facetten sozialer Ungleichheit (für die es jeweils theoretische und/oder empirische Analysen gibt) zu überlagern.

- So sind die (Reste der?) ständischen Gesellschaften (für Berufsgruppen der Ärzt/innen, Jurist/innen, Architekt/innen, Professor/innen etc.) und auch gesellschaftliche Rollenzuweisungen entlang der Unterschiede zwischen Geschlechtern, Rassen und Ethnien – weil an Personen fest gebunden – häufig noch entlang von „Geburts-Ständen" interpretierbar.
- Die Schichtungstheorie sollte für die nach wie vor bestehende vertikale Strukturierung komplexerer sozialer Lagen mit Auf- und Abstiegsmöglichkeiten beibehalten und „modernisiert" werden,
- wobei dennoch bezogen auf Arbeits- und Wohnungsmärkte sowie die Zugehörigkeit zu Regionen von Spaltungen gesprochen werden kann, die Klassenlagen entsprechen.
- Betrachtet man politische Lager, Wertegruppen und unterschiedliche Lebensentwürfe grundsätzlicher Prägung, sollte man auf den Milieu-Ansatz zurückgreifen, der – in der Interpretation als Mikro-Milieus – unmittelbare Kontakte von Menschen untereinander voraussetzt, was wiederum in wesentlichen Teilen aufgrund des (zumindest vorübergehenden) gemeinsamen Teilens von Lebens- und Alltagsräumen auftritt (also unmittelbar siedlungsrelevant ist).
- Schließlich kann der Handlungsaspekt (von der Wohnstandortwahl bis zur aktionsräumlichen Bewegung) in seiner gesellschaftlichen Differenziertheit mit einem in diese strukturellen Überlegungen eingeordneten Lebensstil-Ansatz erfasst werden.

Eine solche Überlagerung wird in der aktuellen Ungleichheitsforschung nicht diskutiert, auch sind uns keine nennenswerten Ansätze der Kombination mehrerer Ungleichheiten bekannt (eine Ausnahme bildet der Ansatz der Hannoveraner Forschungsgruppe, siehe den Beitrag von Geiling in diesem Band). Die empirische Klärung der Überlagerungen und Zusammenhänge der erwähnten Aspekte sozialer Ungleichheit sind die Voraussetzung dafür, die Thesen Becks der Entstrukturierung und Auflösung zu bestätigen oder aber die „neuen" Zusammenhänge besser verstehen und benennen zu können.

Es geht hierbei jedoch nicht (nur) um elfenbeinturm-relevantes Grundlagenwissen, sondern auch um eine Verminderung des praxisrelevanten Forschungsbedarfs, denn die Kenntnisse über die Zusammenhänge der o. a. Prozesse und Strukturen, die beispielsweise für die (Freiheitsgrade und Zielsetzungen der) Wahl der Wohnstandorte, das Aufsuchen von Einrichtungen und das Mobilitätsverhalten relevant sind, sind offensichtlich noch sehr gering.

4 Was Stadtforscher/innen kaum wahrnehmen – Beschreibung der relevanten Ausdifferenzierung städtischer Gesellschaften in ihren Mustern der Verräumlichung durch amtliche Statistiken

In der Humangeografie, Stadt- und Regionalsoziologie wird ebenso wenig wie in der Raumplanung die aktuelle (deutschsprachige) Diskussion der (neuen) sozialen Ungleichheiten angemessen wahrgenommen. Das ist einerseits Folge der Arbeitsteilung in den Wissenschaften, andererseits aber auch dem dominanten methodischen und theoretischen Zugang in der Stadt- und Regionalplanung geschuldet, lediglich mit flächendeckend vorhandenen Daten arbeiten zu wollen. Innerhalb der klassischen Segregations- und Konzentrationsstudien, wie sie auch der Stadt- und Regionalplanung zugrunde liegen, wird zudem mit isolierten Einzelindikatoren gesellschaftlicher Differenzierung gearbeitet – ebenfalls vor allem deshalb, weil die amtliche Statistik nichts anderes liefert.

Das Wissen über die allgemeine Komplexität des (stadt-)gesellschaftlichen Wandels ist also kaum abgesichert und daher ist der an die Praxis vermittelbare Wissensvorrat begrenzt. Dies gilt umso mehr für die Raummuster der Siedlungsweise und der Nutzung städtischer Räume von sozialen Gruppen. War schon immer die statistische Information über die Stadtgesellschaft eine der schlechtesten (beispielsweise gegenüber Strukturen und Prozessen der biologischen Umwelt oder gar der Wirtschaft), so verliert sie weiter an Steuerungsrelevanz in dem Maße, in dem die soziodemografischen Merkmale – die im Wesentlichen die Statistik zur Wohnbevölkerung ausmachen – an Erklärungskraft für gesellschaftliche Unterschiede (Strukturen, Wertemuster, Verhaltensweisen) verlieren. Mit soziodemografischen Merkmalen können zwar reale gesellschaftliche Formationen beschrieben werden, aber sie sind nur bedingt relevant dafür, die aktuellen gesellschaftlichen Ausdifferenzierungen angemessen zu beschreiben.

Wir haben diesem Problem zwei Aufsätze gewidmet: Im ersten wird von Eder, Schneider-Sliwa versucht, die in den amtlichen Statistiken vorliegenden Informationen im Sinne „modernerer" und „traditionellerer Milieus" zu interpretieren; im zweiten Beitrag versucht Spellerberg, Erkenntnisse der Makro-Milieu-Forschung auf nationaler Ebene auf die der Städte zu disaggregieren. Beide Beispiele zeigen neben den von den Wissenschaftlerinnen herausgearbeiteten Fortschritten auch die nach wie vor bestehenden Schwierigkeiten auf.

Die sozialwissenschaftlichen Großuntersuchungen ALLBUS setzen die Ungleichheitskonzepte leider nicht zeitgleich ein und das Sozioökonomische Panel (SOEP) lässt erst neuerdings die Möglichkeit zu, Daten kleinräumig zu disaggregieren. Ziel dieser Ansätze ist es, die planerische Praxis zu überzeugen, weitergehend in ein umfangreicheres Datenrepertoire vor allem auf Gemeindeebene zu investieren. Der vhw (Bundesverband für Wohneigentum und Stadtentwicklung) bemüht sich in Kooperation mit Sinos Sociovision bereits um eine kleinräumige Erfassung wohnungsbezogener Informationen – beide sollten allerdings eine größere Nähe zu grundlagenforschenden Wissenschaftlerinnen und Wissenschaftlern suchen. Ob es hierbei eine Interventions- und Mediationsmöglichkeit für die ARL, das difu oder andere „Schnittstellen"-Institutionen gibt, sollte näher betrachtet werden.

Dass amtliche Statistiken wenig über die Gesellschaft aussagen, ist in Fachkreisen bekannt – dennoch werden daraus keine Konsequenzen gezogen. Weder können Sozialwissenschaftler/innen in geeigneter Weise ihre Theorien entwickeln und empirisch testen, noch besitzen (Stadt-)Verwaltungen die Voraussetzung dafür, gesellschaftliche Prozesse angemessen zu steuern[7] – sie verharren im Nebel der Vermutungen. Wäre ein vergleichbar großes Defizit an Nichtwissen in anderen Wissenschaftsbereichen und Politikfeldern im Bewusstsein der Fachleute – der Protest der Wissenschaft, die Forderungen der Unternehmen und die politischen Aufträge sähen anders aus. Ausgerechnet für die Gesellschaft in ihren Ungleichheitskategorien gilt das nicht, obwohl dies im Bedeutungsspektrum allen Tuns der öffentlichen Hände obenan stehen sollte.

Es muss also die Frage erlaubt sein, warum bei der Überschreitung einer Menge Feinstaubs oder der Lärmbelastung eine ganze Apparatur gesetzlicher Verordnungen, Investitionen in Anlagen und technologischer Innovationen greift, während eine Polarisierung der Gesellschaft (beispielsweise durch Schwellenwerte einer nicht zu überschreitenden Arbeitslosigkeitsquote, der Drop-Out-Quote des Bildungssystems oder der Konzentration sozial benachteiligter Gruppen in Wohnquartieren) schulterzuckend oder „mit Besorgnis" oder „mit Bedauern" zur Kenntnis genommen werden, ohne dass die Ursachen hierfür bekämpft werden. Eine solche „Schwellenwert-Debatte" hätte vor allem eine symbolische und diskursive Bedeutung – sie wäre theoretisch ähnlich schwach gehärtet wie Grenzwerte nach dBA, Milligramm Feinstaub und die Zahl der Pkw pro Stunde.

5 Zwischen „objektiven" Behältern und subjektiven Konstruktionen sozialräumlicher Qualität

Zudem wurde auch im Arbeitskreis darauf hingewiesen, dass der Kategorie „Raum" in der Ungleichheitssoziologie bisher zu wenig Bedeutung beigemessen wurde. Für die Erklärung von sozialer Ungleichheit sollte neben der Ressourcenverteilung auch der Zugang zu öffentlichen Dienstleistungen im Stadtraum berücksichtigt werden, denn daran entscheidet sich häufig, welche Möglichkeiten zur Integration in das System der Erwerbsarbeit, der Daseinsvorsorge und/oder in lokale Formen der Vergemeinschaftung vorhanden sind. Neben der Nutzbarkeit des städtischen Raumes im Sinne der Erreichbarkeit und Zugänglichkeit von Infrastruktur und im Rahmen der Nahversorgung ist die Möglichkeit der Einflussnahme auf den Ort als Identifikationsraum relevant (siehe den Beitrag von Holzinger in diesem Band).

---

[7] Dies setzt allerdings voraus, dass es diesen Anspruch innerhalb der Planung (noch) gibt, denn Misserfolge in der Vergangenheit, die unzureichende Datenlage und der allenfalls eingeschränkte Einfluss auf die Ursachen der Prozesse gesellschaftlicher Veränderungen haben diesen Anspruch stark relativiert.

Ob man in der räumlichen Konzentration sozialer Benachteiligung oder von kreativen Netzwerken ein Problem oder eine Chance sieht, ist zudem davon abhängig, wie deterministisch die ortsspezifischen Zusammenhänge angesehen werden. In der klassischen Stadt- und Regionalsoziologie werden – ebenso wie in der Stadtplanung – die Strukturmerkmale eines Gebietes in ein mathematisch-statistisches Verhältnis gesetzt und daraus die Wahrscheinlichkeit einer sozialräumlichen Problematik abgeleitet. Dies ist zugleich mit der Vorstellung über den Raum verbunden, der einem Container gleicht. Wählt man hingegen den Ansatz eines gesellschaftlichen Raumes (vgl. Hamm 1984; Läpple 1992; Eracius, Löw 1997, 2001; Matthiesen 2003), dann stehen in der Betrachtung jeweils die sozialen Bezüge zwischen den sozialen Gruppen im Vordergrund. Nicht die Wahrscheinlichkeit bestimmter Inter-Gruppen-Relationen in einer Vielzahl von Gebieten als raum- und zeitunabhängiges soziales Quasi-Gesetz ist relevant für raumbezogene Handlungen, sondern welche Motivationsstrukturen vor Ort bestehen, welche Inter-Gruppenbeziehungen aufgebaut wurden und wie günstig oder ungünstig die Konstellationen sind.

Während in der deutschen Stadt- und Regional*soziologie* spätestens seit den 1990er-Jahren wieder intensiver über das Verhältnis von „Raum" und „Gesellschaft" diskutiert wurde, wurde in der Stadt- und Regional*planung* diese raumtheoretische Debatte weitgehend ignoriert. Das liegt einerseits an einem unterschiedlichen Erkenntnisinteresse und daher unterschiedlichen Fragestellungen sowie andererseits an einer unterschiedlichen Nähe zu steuerungspolitischen Akteuren. Auch innerhalb der Stadt- und Regionalsoziologie kann nicht von der Dominanz eines einzigen raumtheoretischen Paradigmas ausgegangen werden, allerdings wurde mit den „relationalen" Raumansätzen und mit der Vorstellung der orts- und zeitabhängigen sozialen Produktion und Reproduktion von gesellschaftlichem Raum ein inzwischen von vielen Wissenschaftlerinnen und Wissenschaftlern geteilter Konsens in der Debatte gefunden. Dabei wird vielfach davon ausgegangen, dass der gesellschaftliche Raum soziale Verhältnisse strukturiert und umgekehrt der gesellschaftliche Raum den Rahmen für soziale Prozesse setzt: Anstatt daraus eine Ursachen-Wirkungs-Beziehung zu entwickeln, die ohnehin im Henne-Ei-Dilemma endet, sollte viel mehr die Dualität von (gebautem) Raum und Gesellschaft überwunden werden.

Daraus ergibt sich die Notwendigkeit, die Dualität von Materie als Objektivität und Sozialem als Subjektivität zu hinterfragen. Dabei geht es jedoch nicht um die Ersetzung eines bestimmten Raumverständnisses durch ein anderes, sondern um die Ergänzung und Erweiterung einer Raumperspektive, die immer noch – gerade in der „professionellen" Teil-Welt der Stadt- und Regionalplaner/innen – durch die Behälter-Raum-Vorstellung dominiert wird. Es geht also nicht um entweder eine „objektive" Behälter-Position oder eine „subjektive" Konstruktions-Position, sondern um ein Sowohl-als-auch, dessen Artikulation von Fall zu Fall unterschiedlich ist.

Eine Erweiterung des raumtheoretischen Ansatzes ist zudem notwendig, da sich mit einem zumeist statischen „Behälter-Raum-Konzept" dynamische Prozesse der Verflüssigung von Raumnutzungsstrukturen (Stichwort: Medien, insbesondere Internet) sowie Prozesse der Verflechtung und Überlagerung von Räumen unterschiedlicher Reichweiten und sie aufspannende Antriebskräfte (Stichwort: Globalisierung) nur schwer erfassen lassen. Der prozessorientierte Ansatz der sozialen Konstruktion von Räumen bietet dafür umfangreichere Möglichkeiten. Schließlich wird aus den empirischen Arbeiten der letzten Jahre innerhalb der Stadt- und Regionalsoziologie deutlich: place matters. Orte sind nicht unabhängig von ihren Inhalten zu betrachten; physisch-materielle Räume und soziale Prozesse sind miteinander verflochten; der Grad des Einflusses von Orten/Territorien auf soziales Verhalten und umgekehrt ist immer in soziale Prozesse eingebettet und von gesellschaftlichen Strukturmerkmalen der Akteure und Akteurinnen abhängig, d.h. vor allem von Kategorien sozialer Ungleichheit.

Damit wirken Orte/Territorien mit ihren Qualitäten (politisch, soziostrukturell, ökonomisch, physisch, symbolisch, netzwerkartig, interaktiv, etc.) auf die Ungleichheitsstrukturen, was sich wiederum etwa auf die Integrations- resp. Konfliktbereitschaft innerhalb eines Stadtteils auswirken kann. Orte/Territorien können in diesem Zusammenhang zu einer umkämpften Identitäts-Ressource werden, wenn individuelle Ängste und Desintegrationserfahrungen groß sind (vgl. Bourdieu 1991). Nach Anhut, Heitmeyer (2000b) bekommt der öffentliche Raum in benachteiligten Quartieren eine stärker identitäts-stablisierende Funktion von denjenigen sozialen Gruppen zugeschrieben, die eine ungenügende funktional-individuelle Systemintegration (bürgerliche Rechte, Arbeits- und Wohnungsmarkt, Bildungs-, Gesundheitssystem und soziale Sicherung) erfahren haben – aber auch hierbei variieren soziale Gruppen und die Qualität öffentlicher Einrichtungen (siehe den Beitrag von Kronauer in diesem Band). Der Stadtteil ist daher mit seinen Qualitäten eine potenzielle Ressource und ein Erfahrungsraum, der durch Außen- und Binnenwahrnehmungen in starkem Maße mitbestimmt wird (vgl. Madanipour 2005).

6   Worüber gestritten wird – die Bewertung der Segregations- und Konzentrationsmuster der Stadtgesellschaften

Eines der zentralen Themen der Stadtforschung und der Raumplanung ist die ungleiche Verteilung sozialer Gruppen in Stadtregionen. Auch wenn die Forschenden weniger eindeutig als die Raumplaner/innen und Kommunalpolitiker/innen das Entstehen räumlicher Konzentrationen von sozial benachteiligten Bevölkerungsgruppen zu verhindern und vorhandene zu bekämpfen trachteten, sahen die Fachleute in diesen sozial-räumlichen Konzentration überwiegend Negatives. Häußermann, Siebel (1990) haben zwischen „freiwilliger" und „unfreiwilliger" Segregation unterschieden, d.h. ob die strukturbedingten Beharrungstendenzen im Wohnquartier eher „erzwungen" oder „freiwillig gewählt" werden.[8] Neben der Tatsache, dass die Eindeutigkeit von „(Un-)Freiwilligkeit" sich kaum bewusst gemacht oder sinnvoll gemessen werden kann, würde unter die Kategorie des „Freiwilligen" auch das Verlassen der Mittelschichten aus den gemischten Quartieren und der Rückzug in die mehr oder weniger offen gestalteten ‚gated communities' zu rechnen sein – spätestens hier wird der funktionale Zusammenhang zwischen „Unfreiwilligkeit" und „Freiwilligkeit" deutlich.

Die Konzentrationen der verschiedenen sozialen Gruppen stehen also in einem funktionalen Zusammenhang: a) als Ergebnis der Produktion sozialer Ungleichheiten über

---

[8] Eine ähnlich gemeinte Unterscheidung nahm Heitmeyer (1998) durch sein Gegensatzpaar von „strukturell" (negativ) und „prozessbedingt" (positiv) vor.

den Arbeitsmarkt und die nachlassende wohlfahrtsstaatliche Regulation und b) vor allem durch die Filtering-Prozesse aufgrund der sozial selektiven Fortzüge aus den ehemals sozial gemischten Wohngebieten, d.h. die „Freiwilligkeit" der Wohnstandortwahl der Fortziehenden trägt zur Zunahme sozial-räumlicher Ausdifferenzierung bei, die sich für die unteren Schichten als „Falle" herausstellen kann.

Die Spanne der Einschätzung der sozial-räumlichen Konzentration der nach Einkommens-, Schichtungs- und ethnischen Kategorien Benachteiligten seitens der wissenschaftlichen Fachleute reicht

- von Segregation als direktem Ausdruck gesellschaftlicher Segmentation/Desintegration (Friedrichs 1985: 80)
- über die Warnung vor Parallelgesellschaften (Heitmeyer 1998)
- bis zur Einschätzung, dass solche Politik- und Planungsstrategien, die Segregationen verhindern, letztlich einem eigen-ethnischen Interesse an Ausgrenzung dienen (Häußermann 1998) (vgl. zur Debatte Dangschat 2004).

Die meisten Politiker/innen und die Vertreter/innen der einschlägigen Fachverwaltungen der EU-Nationalstaaten und der Kommunen sind jedoch der Meinung, dass das Problem der Armut vor allem ihre hohe räumliche Konzentration sei – vor diesem Hintergrund ist eine De-Segregierungspolitik nachvollziehbar, wie sie vermutlich am intensivsten in den Niederlanden und Großbritannien betrieben wird. Wissenschaftliche Untersuchungen haben jedoch gezeigt, dass Antworten auf die Frage, ob es negative Nachbarschaftseffekte gäbe, vor allem davon abhängen, was die entsprechenden Wissenschaftler/innen darunter verstehen – zumindest sind die strukturellen Nachbarschaftseffekte eher schwach.

Die empirische Forschung zur Wirksamkeit von territorialen settings auf Integrationsprozesse kommt daher zu unterschiedlichen Ergebnissen. Farwick (2001) macht beispielsweise deutlich, dass die Frage, ob Armutsquartiere – als Orte des sozialen Lernens – als problematisch oder konfliktreich erfahren werden und welchen Einfluss die räumliche Konzentration von armen und sozial ausgegrenzten Menschen auf die Möglichkeit zur Integration in die „Mehrheitsgesellschaft" habe, weniger von der numerischen Konzentration der als sozial problematisch erachteten sozialen Gruppen abhängig ist, sondern vor allem von der Einbindung in Vergemeinschaftungs- und Vergesellschaftungsmöglichkeiten, die der Stadtteil anbietet. Auch Anhut, Heitmeyer (2000b) kommen zu dem Schluss, dass der relative Ausländeranteil selbst kaum einen Einfluss auf die Integration habe; bedeutsam ist jedoch, wenn eine der Zuwanderungsgruppe ähnlich groß ist wie oder größer als die der Autochthonen. Bedeutsamer als Anteile von Ethnien oder Nationalitäten sei hingegen das politische und soziale Klima vor Ort, das vor allem durch die Art der Inter-Gruppen-Beziehungen bestimmt wird resp. diese erst ermöglicht (vgl. Anhut, Heitmeyer 2000a). Also: Nicht das Potenzial zu sozialen Kontakten durch die räumliche Nähe ist relevant, sondern ob die sozialen Kontakte tatsächlich genutzt werden, die vielfältigen Integrationsbemühungen auch zu unterstützen.

Wie bedeutsam Inter-Gruppen-Beziehungen sind, wird in den Ansätzen zur „Sozialen Stadt" deutlich. Denn hier wird sowohl seitens der Wissenschaft darauf hingewiesen, wie wichtig kontextuelle, ortsgebundene Ressourcen für die individuelle Bewältigung von

Armutssituationen und sozialer Ausgrenzung sind, als auch seitens der (lokalen) öffentlichen Verwaltung versucht, ressortübergreifend die Mittel und Instrumente einzusetzen, zu koordinieren und zu optimieren. Dass es bei der „horizontalen" und „vertikalen" Politikverflechtung noch massive Probleme gibt, wird seit Jahren bei Evaluationen und Benchmarking-Verfahren festgestellt (vgl. Parkinson 1998; Aehnelt u. a. 2004; Breitfuss u. a. 2004).

Atkinson, Kintrea (2004) spitzen die Negativ-Alternativen für sozial Benachteiligte zu: In den Armutsgebieten lebend, fehlen ihnen häufig privatwirtschaftlich oder öffentlich bereitgestellte Infrastrukturen, die zudem häufig unterdimensioniert, in schlechtem Zustand und/oder personell überfordert sind; aber sie sind meist in lokale, funktionierende Netzwerke eingebunden, welche den Zugang zu informeller Beschäftigung, zu sozialen Kontakten, zu preiswerten Produkten, zu billigen Unterkunftsmöglichkeiten etc. möglich machen, also als soziales Kapital auch ökonomisch wirksam gemacht werden können ('coping') (siehe auch den Beitrag von Kronauer in diesem Band).

Leben die sozial Benachteiligten hingegen in Mittelschichtgebieten, dann ist die infrastrukturelle Versorgung deutlich besser, jedoch die Einbindungen in die lokal verankerten Netzwerke sind eher lose und partikular. Wenn nun in diesen Gebieten die Zugänge zu den Infrastrukturen stärker in die Verantwortung der Zivilgesellschaft gelegt werden (beispielsweise durch ein notwendiger werdendes höheres Engagement der Eltern in Schulen, in Nachbarschafts- und Selbsthilfe oder durch die Privatisierung des Postservices), dann wirken die kaum ausreichenden Einbindungen in die freiwilligen sozialen Netzwerke eher ausgrenzend (vgl. auch Häußermann, Siebel 2002).

Die „neuen Armutskonstellationen" sind also im wissenschaftlichen Diskurs in ihrer integrationshemmenden Wirkung umstritten. Skepsis sollte vor allem darin bestehen, ob es mit den kommunalen Steuerungsmöglichkeiten gelingt, die „Problem-Haushalte" im Stadtgebiet so umzuverteilen, dass daraus überwiegend Vorteile entstehen. Die zweite Frage bleibt, ob man es sollte. Sicherlich ist es sinnvoll, mit den bestehenden sozial-räumlichen Konstellationen umzugehen und den sozialen Gruppen die Integrationschancen auf gesamtstädtischer Ebene zu verbessern – dazu bedarf es jedoch breiterer Konstellationen in Politik und Verwaltung als bisher.

Ein neues Element brachte Siebel (1997b) mit dem Begriff der „binnenintegrativen Segregation" in die Diskussion ein. Diese Sichtweise öffnet den Blick auf das Verhältnis aus der Möglichkeit des (zeitweisen?) Auseinander-Rückens und des Sich-aus-dem-Weg-Gehens, ohne dass ein Zerfall der Stadtgesellschaft die Folge wäre. Die entscheidende Frage ist damit aber ebenfalls angesprochen: Wer sorgt mit welchen Möglichkeiten für den Zusammenhalt einer sich vielfältig ausdifferenzierenden Gesellschaft – d. h. es ist damit die Rolle der (Stadt-)Planung angesprochen (siehe unter Abschnitte 9 bis 12). Es ist bei Häußermann und Siebel auch nicht mehr von „Polarisierung der großen Städte" die Rede (vgl. Häußermann, Siebel 1987: 44–90), sondern von der „Kultur der Differenz und Indifferenz" (Häußermann 1995: 94).

Inwieweit sich eine Konzentration der neuen Lebensstil- und Milieugruppen positiv auswirkt, ist bislang erst ansatzweise untersucht worden (vgl. Blasius, Dangschat 1994; Dangschat 1994). Um die neuen Zeitmuster (Tages-, Wochen- und Monatszeiten) „leben" zu können, bedarf es einer Anpassung der Infrastrukturangebote, der lokalen Ökonomie und entsprechend zeit- und orts-flexibler Beschäftigter. Solche „neuen 24-Stunden-Stadtteile" sind nicht nur für die Nutzer/innen und Bewohner/innen dieser Gebiete interessant: Es sind lebendige Stadtteile (‚vibrant city') – ideal als Ausgeh- und Vergnügungsort. Sie sind daher auch für Stadtverwaltungen attraktiv (touristischer Reiz und als sichtbarer Ort der ‚creative industries'). Hier konzentriert sich ein hohes kreatives Potenzial, das neben einer Wiederbelebung der lokalen Ökonomie (der meist alt-industrialisierten oder handwerklichen Standorte) auch für zivilgesellschaftliche Strukturen der Viertel genutzt werden kann.[9]

Noch in den 1990er-Jahren wären diese Phänomene viel eindeutiger als aufwertende und verdrängende Gentrifikations-Prozesse eingeordnet und entsprechend kritisch gesehen worden (vgl. Häußermann, Siebel 1987; Dangschat 1995). Die Verschiebung der Einschätzungen ist auch darauf zurückzuführen, dass die Gentrifikations-Prozesse nicht so konsequent wie befürchtet „durchgeschlagen" haben und auch in solchen Quartieren noch Nischen von Haushalten mit niedrigen Einkommen und Alternativ-Ökonomien verbleiben. Zum anderen haben die Szenen der Anarchos, der Alternativen und der Bauwagenbewohner/innen auf der einen und der Laptop-„bewaffneten" Kreativ-Worker auf der anderen Seite längst gelernt, es zumindest als Parallelgesellschaft in einem gemeinsamen Viertel auszuhalten (siehe den Beitrag von Läpple, Walter in diesem Band).

7 Was gesteuert werden sollte – die Frage der funktionalen und sozialen Mischung

Damit ist die normative Frage des Anlasses, des Zeitpunktes, der Richtung, der Art und der Intensität möglicher planerischer Eingriffe angesprochen – Bezüge, die im „Konsens der Fachleute" über einen langen Zeitraum als eindeutig erschienen. Heute ist das „wie", „wohin" und „womit" von Stadt- und Regionalplanung zumindest umstritten. Das Spektrum reicht dabei von der existenziellen Frage danach, ob eine Stadt- und Regionalplanung überhaupt noch gebraucht werde, bis hin zu einem Diskurs darüber, welche Art von Planung für welche Aufgabenstellung als angemessen erscheint.

Drei Elemente scheinen sich im reflektierten Fachdiskurs mittlerweile durchgesetzt zu haben:

- die Entscheidungen der Vergangenheit, Bezug nehmend auf die (Magna) Charta von Athen, funktionsgetrennte städtische Teil-Realitäten zu bauen, sollten endgültig als Fehler erkannt sein – ob dieses nun allein mit zu hohem Verkehrsaufkommen, mit volkswirtschaftlichen resp. kommunalen Kosten, mit hohen Belastungen der Umwelt, mit der Forderung nach nachhaltiger Entwicklung, mit der putzig-kleinstädtischen Ideologie des ‚new urbanism', des ‚smart growth' oder den Leitbildern der „Stadt der kurzen Wege" resp. der „dezentralen Zentralisierung" begründet wird.

---

[9] Die Pioniere der Gentrifikation wurden lange lediglich in ihrer normativen Verfasstheit als unkonventionell, non-konform, risikofreudig und „moderat abweichend" beschrieben, nicht aber in ihrer ökonomischen und sozial innovativen Kraft. Dieser Perspektivenwechsel ist Folge der „neuen Aufmerksamkeit" für die Kreativpotenziale einer wissensbasierten Dienstleistungsgesellschaft (vgl. Schur 2002; Dangschat 2006; Läpple 2005; siehe auch den Beitrag von Läpple, Walter in diesem Band).

- Mit baulichen Mitteln (Städtebau und Architektur) kann weder die Gesellschaft „repariert", noch der Kontext für eine „bessere Gesellschaft" erschaffen werden. Schlechte Architektur sowie schlechter Städte- und Landschaftsbau können aber gesellschaftliche Entwicklungen verhindern resp. Desintegration unterstützen, während „gute bauliche Lösungen" lediglich eine gute Voraussetzung dafür sind, von der Gesellschaft angenommen und in integrativem Sinne genutzt zu werden. Hochhäuser und Beton machen also ebenso wenig krank oder kriminell, wie guter Städtebau die Gesellschaft zusammenbringt.
- Stadtplanung und Kommunalpolitik können daher nicht verhindern, dass sich Gesellschaften entsprechend ihrer Ungleichheiten und gruppenspezifischen Konstruktionen über wahrgenommene Ungleichheiten ungleich im (städtischen) Raum verteilen – sei es bei der Wahl des Wohnstandortes, des Ortes der Freizeitgestaltung oder des Aufenthalts im öffentlichen Raum. Trotz gegenteiliger Auffassung wird das Auseinanderdriften der Gesellschaft stadtplanerisch resp. durch Wohnungsbelegungspolitik noch unterstützt.

Wenn diese drei Positionen befürwortet werden, sollte das Schwergewicht der Stadtplanung darin liegen, in fachlichem und finanziellem Austausch mit anderen Ressorts dafür zu sorgen, dass die bestehenden sozial-räumlichen Strukturen nicht „gefährlich" oder „gefährdend" werden. Das betrifft im ersten Schritt das „Kerngeschäft" der Stadtplanung: Auf die funktionale und materielle Qualität der baulichen und infrastrukturellen Ausstattungen sollte geachtet werden (‚hardware'). Zusätzlich sollten im Rahmen neuer Steuerungsmöglichkeiten (horizontale Vernetzung, vertikale Vernetzung, Partizipation der Bewohner/innen, Einbeziehen der (lokalen) Ökonomie) zusätzliche Akteure/Akteurinnen in die Verantwortung der Gestaltung von Mikro-Standorten eingebunden werden (‚corporate local responsibility'). Schließlich sollten in Kooperation mit Sozialarbeit im weitesten Sinne und Künstler/innen Anregungen zur Nutzung der städtischen Räume gegeben werden, um eine gesellschaftliche Kohäsion unterschiedlicher Lebensstil-Gruppen zu unterstützen (‚software'). Stadtplanung verschiebt sich damit zusehends von einem Ingenieurfach (als das es überwiegend noch gelehrt wird und zumeist auch institutionell verankert ist!) zu einer Disziplin, die über die traditionell verpflichtende Abwägung der Interessen hinaus den *Ausgleich von Interessen* um eine möglichst vielfältige Nutzung von Orten moderiert (‚enabling').

Diese Integration unterschiedlicher sozialer Strukturen und Interessen vor Ort wird jedoch durch die gegenwärtige Stadtentwicklung unterlaufen, die im starken Maße von Developern und Investoren bestimmt wird. Denn wurde früher nach Funktionen getrennt sowie nach sozialen Gruppen eher integrierend geplant und gebaut, so werden heute zwar verstärkt wieder nutzungsgemischte städtebauliche und funktionale Strukturen hergestellt, sie sind jedoch zumeist an der engen sozioökonomischen und/oder soziokulturellen Bandbreite der ökonomisch erfolgreichen „neuen Dienstleistenden" ausgerichtet.

8 Die „neuen Kreativen" – Renaissance der (Innen-)Städte?

Die neuen, wissensbasierten Dienstleistungen gelten sowohl in ökonomischer als auch in soziokultureller Hinsicht als Hoffnungsträger für eine bessere Zukunft der Städte (siehe den Beitrag von Läpple, Walter in diesem Band). Dafür spricht einerseits die Tatsache, dass sie die kleinteilige, flexible und wachsende Basis einer Dienstleistungsökonomie bilden, von der sich die Städte zukünftig eine steigende Wertschöpfung und eine Absicherung der Beschäftigung erwarten. Darüber hinaus bilden sie aufgrund ihrer Standortpräferenzen sichtbare Cluster entweder in brachgefallenen Industriestandorten, die neu positioniert werden („waterfront development' resp. ‚brownfield-development') oder in innerstädtischen Stadtteilen, die als ‚hip' gelten (vgl. Läpple 2005b).[10] Diese Prozesse stärken nicht nur die oftmals eher schwache lokal eingebundene Ökonomie dieser Quartiere, sondern sie „wiederbeleben" diese Stadtteile (vgl. Läpple 2004), zumal dann, wenn sich in Folge der Sichtbarkeit der „Neuen" eine umfangreiche Gastronomie und neue Formen des Einzelhandels ansiedeln. Diese Prozesse wurden in den 1980er- und 1990er-Jahren von der kritischen Stadtforschung als „bedrohlich" geschildert und von den unterschiedlichen Einkommens- und Lebensstilgruppen teilweise militant ausgefochten, während die Stadtverwaltungen die „Revitalisierung" eher billigend in Kauf nahmen resp. wohlwollend betrachtet und als „Sanierungserfolg" gefeiert haben.

Diese „neue Attraktivität" mancher innenstadtnaher Standorte hat viele parallel laufende und sich verstärkende Faktoren, die vor allem auf ein neues, flexibles Fließgleichgewicht aus Erwerbsarbeits-, Reproduktionsarbeits- und Freizeit zurückzuführen sind. Die Ansage: „Du bist verantwortlich für Dein Leben" *und* die Struktur der neuen beratenden, wissensbasierten, kreativen Dienstleistungen ergeben zusammen eine Orientierung unter den Jugendlichen und jungen bis mittelalten Erwachsenen, die sich einerseits als „neue Lebensstile", andererseits als „neue Produktionsformen" (von Dienstleistungen, aber auch figures, stories, images und fakes der Medien, Werbung und kulturellen Produktion im weitesten Sinne) resp. „neue Reproduktionsformen" von Partnerschaft, Freundschaft und sozialen Netzwerken zeigen (vgl. Dangschat 2006). Häufig wird bei Berichten über diese neuen Szenen und Milieus nur die attraktive Seite dargestellt resp. als Wunschtraum reproduziert; dabei wird ein hoher Anteil hoch prekärer Beschäftigung, zumindest temporär, in der Regel ausgeblendet (hier liegt die Basis eines wachsenden ‚working poor'-Anteils) (vgl. Manske 2005).

Trotz der oft sozioökonomisch höchst heterogenen sozialen Lagen sind diesen Lebensstil-Typen jedoch neue, flexible Formen der Raum- und Zeitmuster gemeinsam – hierin liegt die neue Herausforderung von Stadtplanung, der Organisation der Arbeitsmärkte und der sozialpolitischen Steuerung. Diese Raum-Zeit-Organisationsformen stehen nämlich in fundamentalem Gegensatz zu dem industriell-fordistischen Muster, aus dem unsere heutigen Großstädte entstanden sind und die sie noch immer beherrschen – in der städtebaulichen Anlage, in der funktionalen Trennung, in den verregelten Zeitmustern (vgl. zu

---

[10] Hier sollte man – analog zur Gentrifizierung – zwei Typen von Stadtteilen unterscheiden: einerseits „jünger gewordene bürgerliche Stadtteile" (wie Schwabing in München oder Harvestehude und Eppendorf in Hamburg) und andererseits „aufgewertete ehemalige Arbeiterquartiere" (Kreuzberg, Prenzlauer Berg, Scheunenviertel in Berlin, Kölner Südstadt, Frankfurter Nordend oder Sachsenhausen, Westliche Innere Stadt in Hamburg etc.).

deren Flexibilisierung den ARL-Band von Henckel, Eberling 2002), in den Alltagsroutinen und in den über Generationen eingeübten Formen des Lebens in Partnerschaften, Familien und Freundeskreisen.

Die Hoffnung für eine Renaissance der (Innen-)Städte durch die „neuen Kreativen" (vgl. Läpple 2005a) beruht somit auf drei wichtigen Elementen, die für das neue Regulationsregime des städtischen Post-Fordismus unabdingbar scheinen:

a) in flexiblen Formen der Arbeitszeit mit Akteuren mit hoher Selbstständigen-Mentalität und einem hohen Anteil an wissensbasierten Jobs,

b) in neuen Formen der Vergemeinschaftung in Freundeskreisen, Übernahme zivilgesellschaftlicher Aufgaben und neuen Formen von Partnerschaften mit der Folge neuer sozialer Milieus und Lebensstile und

c) in neuen Formen flexibler städtischer Governance, welche einerseits die vertikale und horizontale Integration verstärken, breitere Kreise in kommunalpolitische Entscheidungen einbinden, aber eben auch mit einer Stadt- und Regionalplanung, die ebenfalls in der Lage ist, ihre Instrumente und Planungsprozesse angemessen zu flexibilisieren (strategische Orientierung, Masterplan-Skizzen statt bunter Pläne mit Gesetzescharakter, mehrfarbig angelegter Flächen in Nutzungsplänen, Diskurs statt Top-down-Entscheidungen, Einbinden der lokalen Ökonomie in die Verantwortung für den Mikro-Standort etc.) (s. u. Abschnitt 12).

Zu einer Renaissance für die Innenstädte können die Kreativ-Milieus jedoch nur dann beitragen, wenn sie entsprechende Arbeitsorte vorfinden (zu Lofts umgebaute Fabriken und Lagerhallen, Hinterhöfe, Dachgeschosse, leer stehende Ladenlokale oder ‚start-up-buildings'), wenn die umliegenden Dienstleistenden entsprechende Öffnungszeiten und Angebote haben (Frühstück bis 16 Uhr, warmes Essen schon um 5 Uhr und noch um 3 Uhr), wenn die Menschen jenseits der traditionellen Routinen in der Lage sind, den Alltag flexibel zu gestalten (der hat dann nicht notwendigerweise mehr nur 24 Stunden und ein Dienstag muss sich nicht mehr vom Sonntag unterscheiden, Schlafengehen kann um 6 Uhr sein etc.) und wenn die unterschiedlichen Gruppen in „Parallelgesellschaften mit sinnvollen Überschneidungen" zu leben gelernt haben.

Unter diesen Bedingungen heißt Renaissance: Es vernetzt sich eine neue Dienstleistungsökonomie unterschiedlichster Sparten auf engstem Raum in flexiblen, auch von Zufälligkeiten lebenden Netzwerken, welche den Standort wieder in Wert setzen und kulturell neu positionieren, die bestehenden Infrastrukturen besser auslasten resp. erweitern und den Raum für neue Lebensstile und soziale Milieus öffnen. Die vielfältigen Angebote aus Erwerbsarbeits-, Reproduktions- und Freizeit sind eine gute Voraussetzung dafür, das Eigen-Bild zusammenzubasteln, temporär flexibel zu halten und expressiv nach außen zu zeigen („Lebensstilisierung") – ganz so wie die Theoretiker der Individualisierungsthesen die neue Herausforderung benennen. Offen bleibt der „planerische Rahmen", denn einerseits verursacht die ökonomische Aufwertung einen Spekulations- und Verdrängungsdruck (Gentrifikation), andererseits benötigen die Großstädte solche ‚vibrant places' um im Standortwettbewerb zu bestehen, denn diese Orte lassen sich nicht nur touristisch hervorragend vermarkten, sie sind zudem Anziehungspunkte für weitere „Individualisten" der Kreativ-Milieus.

Aufgrund des fiskalischen und ökonomischen Drucks der Städte werden die ‚creative capacities' dieser ‚creative milieus' jedoch häufig zu rasch und zu einseitig ausschließlich unter dem Blickwinkel der ‚creative industries', also der raschen ökonomischen Verwertbarkeit gesehen. Wie Läpple, Walter in ihrem Beitrag zeigen können, wird am Beispiel des Schanzenviertels deutlich, dass die „kreativen Milieus" neben dem Beitrag für die lokale Ökonomie zudem einen hohen Beitrag dafür leisten können, dass im Quartier Verantwortung für die Entwicklung der Nachbarschaft übernommen wird und dass trotz unterschiedlicher ökonomischer Positionen und politischer Weltanschauungen Parallelgesellschaften entstehen können, die einander brauchen – auch wenn es nur darum geht, sich vor einer abgeschabten Kulisse der Arbeiter/innenkultur, den Graffiti als Zeichen einer Hip-Hop-Kultur resp. in einem modisch-architektonisch gestylten Fabrik-Milieu als ‚creative milieus' zu inszenieren.

‚Creative Industries' bilden nur dann Orte aus, wenn es räumlich daneben und temporär sich überlagernd andere Formen der Kreativität gibt, die nicht mit der oder gegen die Logik des kapitalistischen Marktes arbeiten, wo die Lust am Augenblick mehr Wert verspricht als die Diskussion mit dem Anlagen- oder der Steuerberater/in. ‚Creative Industries', die ihrerseits als Innovations-Pool für den Mainstream arbeiten, sind auf frische Ideen und lustvolle Inszenierungen nicht nur im Sinne unmittelbarer ökonomischer Verwertbarkeit angewiesen, sondern auch auf die Erfindungen im Umgang mit Fairness beim Schaffen kollektiver Güter, das gemeinsame Erleben kreativer Momente und die Brainstorms durch „Spinnereien".

9 Was wir häufig überschätzen – die Integrationslust und das Integrationsvermögen[11] der Stadtbevölkerung

In den Überlegungen zur „Urbanität", zur „Europäischen Stadt" und zu den „Nachbarschaften" gehen die Fachleute meist zu selbstverständlich davon aus, dass eine große soziale Vielfalt auch kleinräumig gewünscht ist und gerne gelebt wird („voneinander lernen"). Es scheint so, dass die Entwicklung der Stadtgesellschaften eher auf das Gegenteil hinausläuft: Mit zunehmender gesellschaftlicher Ausdifferenzierung – oft auch entlang der „feinen Unterschiede" – steigt das Bedürfnis nach Distinktion (der Bestimmung des Spezifischen des Selbst) und die Verunsicherung über die (angemessene) Verortung in der Gesellschaft. Beides führt zu Gruppenschließungs-Prozessen, die sich auch räumlich ausdrücken. Als drittes Element kommt das verstärkte Sicherheitsdenken hinzu – beispielsweise als Sicherheit über einen gemeinsamen Wertevorrat im Wohnviertel, sei es in Hinsicht auf die Schulen, die Identifikation mit „den Nachbarn" oder aber die Sicherstellung der Hausordnungen und Eigentümer/innen-Regelungen bei den sich zunehmend verbreitenden Teil-Eigentümer-Gemeinschaften.

An die Stelle der Forderung nach „gemischten Nachbarschaften" rücken von Wissenschaftlerinnen und Wissenschaftlern geprägte normative Orientierungen an dem Vorbild

---

[11] Beim Begriff „Integration" soll an dieser Stelle nicht eindeutig zwischen multikultureller Eigenständigkeit (‚urban mosaic') und Assimilation (‚melting pot') unterschieden werden; vielmehr ist hier der Umgang mit „den Anderen" in städtischen sozial-räumlichen Milieus (im Treppenhaus, im Wohnumfeld, im öffentlichen Raum etc.) gemeint.

einer souveränen Nutzung der Vielfalt des städtischen Raumes (vgl. Häußermann 1995) – auch dieses kann sich dahingehend auswirken, dass die Stadtteile sich in Konkurrenz um die Einzigartigkeit sozioökonomisch und soziokulturell auseinander entwickeln (wie unter dem Stichwort der Gentrifikation hinreichend beschrieben).

An dieser Stelle sei zudem auf einen meist blinden Fleck der Segregations-Debatte hingewiesen, denn der Druck, mit möglichst vielen, möglichst unterschiedlichen Menschen im Alltag gut auskommen zu sollen, lastet vor allem auf den Menschen, die untere sozioökonomische Ränge innehaben: Die Arbeit der Integration der Zugewanderten wird „vor Ort" geleistet und die Hilfen von außen gehen zunehmend von einem zivilgesellschaftlichen Engagement auch von den sozialen Gruppen aus, die wenig Zeit, Geld und Selbstvertrauen haben, sich nicht gut in der Sprache des Aufnahmelandes ausdrücken können und womöglich ganz andere Formen des Interessenausgleichs eingeübt haben, als an Runden Tischen zu sitzen und Arbeitsgruppen zu bilden.

Die Mittel- und erst recht die Oberschichten entziehen sich aufgrund der Freiheitsgrade ihrer Wohnstandortwahl dieser täglichen zivilgesellschaftlichen Aufgabe zur gesellschaftlichen Integration. Auf der anderen Seite setzen sie jedoch die Standards einer „gelungenen Integration" (vgl. Dangschat 1999b). Die Konzentration von den sozialen Gruppen, die im Verdacht stehen, auffällig zu sein – und nur über diese wird die Sorge mangelnder Integrationsmöglichkeiten verbreitet – steht dann im Mittelpunkt der Bekämpfung künftiger Entwicklung resp. der innovativen Programmatik des ‚empowerments'.

Wurde bis hierher der Stand der Humangeografie, Stadt- und Regionalsoziologie sowie der Ungleichheitsforschung in seinen Erkenntnissen und Forschungsdefiziten dargestellt, so sollen in den folgenden Punkten die Möglichkeiten zur Beeinflussung der Zusammenhänge zwischen sozialen Lagen, Lebensstilen und Siedlungsformen thematisiert werden.

10 Die Hebel I: Belegungspolitik und kleinräumige funktionale Mischung

Von den Befürwortern der „Social-Mix"-Zielsetzung wird vor allem versucht, die Rahmenbedingungen für sozioökonomische, ethnische und soziodemografische Mischungen günstig zu stellen. Darunter fallen vor allem ein hoher Mix an Bauträger/innen, Eigentums- und Finanzierungsformen, unterschiedlichen Grundrissen und Gebäudetypen, unterschiedlichen Wohnungsgrößen, aktive Formen der Belegungspolitik und die Aktivierung des nachbarschaftlichen Zusammenhalts.

Diese Maßnahmenbündel sind sicherlich grundsätzlich richtig und sollten weiterhin aktiv genutzt werden. Gleichzeitig sollte dieses Instrumentenbündel jedoch nicht überschätzt werden, denn es liefert keinesfalls eine Garantie für intensivere soziale Kontakte über Grenzen sozialer Gruppen hinweg oder gar für einen besseren gesellschaftlichen Zusammenhalt (im Gegensatz dazu die eher deterministische Position von Brech 2005), sondern bildet allenfalls bessere Voraussetzungen für eine integrierte Gesellschaft als ein segmentiertes Wohnungsmarktangebot. Wie am Beispiel der Belegung von Großsiedlungen oder aber einer behutsamen Stadterneuerung abzulesen ist, sind diese Maßnahmen nur bedingt erfolgreich gewesen, weil häufig Vermarktungsinteressen (Eigentum und sozial geförderter Wohnungsbau in einem Gebäude oder Block) resp. Vorbehalte der Menschen selbst gegenüber „Anderen" zu groß sind.[12] Gerade die Mittelschichten haben sich rasch aus den Großsiedlungen verabschiedet, was dort zu einer Abwärtsspirale geführt hat, und auch in den behutsam erneuerten innenstadtnahen Wohnquartieren ist die Modernisierung oft zum Startsignal einer Gentrifizierung geworden.

Neben einem sozialen Mix ist vor allem auch auf einen funktionalen Mix zu achten, denn der Prozess des sozialen Herabfilterns wird nicht nur durch die Vorbehalte gegenüber den Nachbarn, sondern auch durch das Fehlen von Arbeitsplätzen, haushaltsbezogenen Dienstleistungen und kulturellen Einrichtungen beschleunigt (siehe den Beitrag von Läpple, Walter in diesem Band).

Da man bei einem Zusammenleben unterschiedlicher sozialer Gruppen mit sehr unterschiedlichen Reaktionen rechnen muss,[13] ist bei der Frage nach der „geeigneten" sozialen Mischung auch der Maßstab relevant. Soll das „ideale Mischungsverhältnis" auf der Ebene eines Hauses, eines Blockes, eines Viertels gesucht und gefunden werden? Mit diesen Fragen war die Sozialwissenschaft bereits in den 1970er-Jahren konfrontiert worden (wie viele Haushalte mit Zuwanderern pro Treppenhaus?) und sollte sie auch jetzt nicht mit „Eindeutigkeiten" im Sinne der ‚Tipping Theorie' beantworten.

Da sich in der Stadtsoziologie mittlerweile die Erkenntnis durchgesetzt haben dürfte, dass Anteilswerte einer sozialen Gruppe k(aum)einen Hinweis auf das Ge- resp. Misslingen einer gesellschaftlichen Integration liefern (als frühes Beispiel vgl. Alpheis 1990; vgl. aktueller Heitmeyer, Anhut 2000b), sollte die „ideale Mischung" grundsätzlich vor Ort ermittelt und „gefunden" werden. Die „Lösung" wird jedoch allenfalls ein Fließgleichgewicht der jeweiligen Interessen sein, die sich aufgrund einer veränderten Zusammensetzung der Wohnbevölkerung und/oder von Entwicklungen exogener Größen (Arbeitsmarkt, staatliche/kommunale Intervention, Wohlstandsentwicklung, sozioökonomische Polarisierung etc.) immer wieder vor Ort neu ergeben. Auf der gesamtstädtischen Ebene sollten unterschiedliche „Körnungen" sozialer Mischung möglich sein, um ganz unterschiedlichen Bedürfnissen nach „Abstand" und sozialer Schließung entgegenkommen zu können.

Wenn sich die Schere der Einkommen und Vermögen öffnet und der Arbeitsmarkt für sozial benachteiligte Gruppen allenfalls für prekäre Jobs offen ist, dann wird sich das in Großstädten immer wieder in Armutsgebieten zeigen – und diese sind immer wieder die gleichen, auch wenn sie über Jahre hinweg thermo-saniert, begrünt, verkehrsberuhigt und

---

[12] Inwieweit sich die kommunale Strategie in der Tübinger Südstadt, als Developer aufzutreten, mit den Planwertgewinnen Zwischennutzungen zu finanzieren resp. Darlehen zu ermöglichen und die Grundstücke nur an Endnutzer weiterzugeben, als integrationsfördernd auswirken wird, wird die Zeit zeigen müssen – hier wurde dem Ansatz der sozialen Mischung jedenfalls konsequent gefolgt (vgl. Feldtkeller 2001).

[13] Die Kontakthypothese – sie besagt, dass Menschen mit unterschiedlichem kulturellen Hintergrund die gegenseitigen Vorurteile dann am schnellsten abbauen, wenn sie einen intensiven (positiven) sozialen Kontakt haben –, auf die die Befürworter des ‚social mix' setzen, funktioniert bei sozial benachteiligten Gruppen eher schlecht, während sie bei den bildungsbürgerlichen Mittelschichten – die diese Standards zwar setzen, aber nicht leben wollen und müssen – deutlich besser funktioniert. Ein Grund hierfür ist sicherlich auch, dass in der Regel diese sozialen Kontakte zwischen der bildungsbürgerlichen Mittelschicht und den Zugewanderten die Ausnahme sind, weil man selten nebeneinander wohnt oder miteinander arbeitet. Bei schwer zu ertragender Nähe zu „Anderen" schlägt die soziale Beziehung leicht in einen Konflikt um, was dann den Integrationsbemühungen zuwider läuft. (Vgl. Dangschat 1998; Häußermann, Siebel 2002; Siebel 2005.)

über Beteiligungsverfahren den Quartiersplatz gestaltet bekommen haben. Hier wird es – stärker als bisher geschehen – auf die koordinierte Zusammenarbeit einer Reihe von Fachressorts bei der Lösung resp. der Milderung der lokal auftretenden Probleme ankommen. Gleichzeitig ist – ähnlich wie in Großbritannien – auf eine stärkere Vernetzung der Entwicklung der „Problemgebiete" mit der der gesamten städtischen Agglomeration zu achten (vgl. Hamedinger 2004).

11 Die Hebel II: Die Gestaltung des (öffentlichen) Raumes und öffentlicher Einrichtungen

In der Segregationsdebatte wird meist auf die Wohnstandorte und die soziale Mischung von Wohnquartieren geachtet; demgegenüber wird der Gestaltung und Nutzung des öffentlichen Raumes sowie der öffentlichen Einrichtungen eine sehr viel geringere Bedeutung zuteil. Da die gesamte Segregationsdebatte über die damit zusammenhängenden Vermutungen über soziale Kontakte (Häufigkeit, Intensität, Inhalte) verbunden ist, die entweder im Treppenhaus oder im Wohnumfeld stattfinden, ist es überraschend, dass das Kommunikations- und Integrationspotenzial des öffentlichen Raumes und der quartiersbezogenen öffentlichen Einrichtungen wenig Beachtung findet.

Der öffentliche Raum (insbesondere als Platz) wird innerhalb der Stadtplanung überwiegend als „Ort der Urbanität" angesehen, d.h. als der Raum, in dem man sich relativ frei und vorbehaltlos begegnet, sich untereinander wenig stört oder verunsichert und im unverbindlichen „Sehen-und-gesehen-werden" die Zeit verbringt. Deshalb ist es nur konsequent, wenn man einer räumlichen Einheit, die zudem eine soziale sein oder werden soll, einen zentralen Platz zuordnet – hierfür lassen sich eine Reihe von städtebaulichen Beispielen in der Nachkriegszeit bis heute finden.

Was passiert jedoch, wenn die städtebauliche Lösung des zentralen Platzes für die soziale Bandbreite als „zu eng" resp. „zu klein" empfunden wird? Dann entstehen Verdrängungs- und Ausweichprozesse, dann entstehen Gefühle des Keinen-Platz-mehr-Habens und des Übergangen-und-nicht-mehr-respektiert-Werdens – alles eher Prozesse, welche die gesellschaftliche Kohäsion „unterlaufen" (vgl. Madanipour 2005).[14]

Es wird daher vor dem Hintergrund einer sich wieder stärker ausdifferenzierenden Gesellschaft statt eines – möglicherweise einengenden – gemeinsamen Raumes eher ein System öffentlicher Räume mit unterschiedlichen Bewegungsdynamiken (rasches Gehen bis betrachtendes Sitzen), unterschiedlicher Gelegenheitsdichte und Nutzungs-Determinierung benötigt. Es braucht in diesem Geflecht der unterschiedlichen Bestimmtheit Nischen für diejenigen, die Schwierigkeiten haben, ihre Raumansprüche zu formulieren oder denen es schwer gemacht wird, sie durchzusetzen. Es braucht aber auch Orte der Begegnung, an denen Anlässe geschaffen werden, dass Menschen sehr unterschiedlicher Art auch zusammenkommen können und es braucht Prozesse, die bisweilen auch unterstützt werden müssen, um die unterschiedlichen Ansprüche an das System öffentlicher Räume zu formu-

---

[14] Ähnliches ist beispielsweise aus Jugendzentren, von Spiel- und Sportplätzen bekannt, wo nach Geschlecht, Ethnie, Alter und Milieu unterschiedliche Jugendgruppen um ihren Raum (der Anerkennung) kämpfen, ihn besetzen, verteidigen und „markieren" (vgl. Deinet 2002; Deinet, Krisch 2002).

lieren und auszuhandeln – hierzu sind städtebauliche Planungen über Beteiligungsverfahren ebenso gut geeignet, wie lokale Agenda-21-Prozesse (vgl. Dangschat et al. 2006).

Auch öffentliche Einrichtungen oder Vereine haben die Möglichkeit, Inter-Gruppen-Beziehungen einen Ort zu geben – gerade für Schulen wird dieses breit diskutiert (vgl. Dollase u. a. 2000). Gerade in den städtischen Quartieren, die vor einer hohen Integrations-Herausforderung stehen, müssten Schulen in besonderer Weise mit Mitteln und Personal ausgestattet werden, um dort die Integrationsleistung zu unterstützen – aufgrund der zunehmenden fiskalischen Probleme der Kommunen kann dieser Zielsetzung jedoch immer weniger nachgekommen werden.

Bei der sozialen und ökonomischen Stabilisierung und „Wiederbelebung" ehemaliger Arbeiter- und Industriegebiete spielen vor allem auch die Kreativmilieus eine bedeutsame Rolle. Sie nutzen den ‚value gap' leerstehender Gebäude, werten bestehende städtebauliche Strukturen um und bringen aufgrund ihrer extrovertierten Lebensstile rasch eine Sichtbarkeit des Wandels, welche weitere Pioniere nach sich zieht.

12 Die Hebel III: Die Partizipation

Partizipation ist ein schillerndes Gebilde, weil sie oft unterschiedlich instrumentalisiert wird und auf sehr unterschiedlichem Niveau stattfindet (zu den Stufen vgl. Arnstein 1969; Selle 1996b: 69, 1996c: 170). Kaum eine planende Verwaltung wird heute ganz ohne Beteiligungsverfahren auskommen, doch sind die Zielsetzung und die Motivation von Fall zu Fall sehr unterschiedlich. Ein Motiv kann es sein, sich „unangenehme" Meinungen von Vertreterinnen und Vertretern von NGOs, sozialen Einrichtungen oder von Bürgerinnen und Bürgern „vom Halse" zu schaffen – die gesetzlich vorgeschriebenen Anhörungen weisen häufig Elemente hiervon auf. Auch das öffentliche Auslegen von Planungsänderungen haben eher einen formalen als einen wirklich partizipativen Charakter. Besonders problematisch ist es, wenn versucht wird, kommunalpolitische oder planerische Patt-Situationen oder unangenehme kommunalpolitische Entscheidungen über partizipative Verfahren zu „lösen".

Zwischen der Wissenschaft und der kommunalpolitischen und planerischen Praxis scheint es einen generellen Dissens darüber zu geben, was jeweils „angemessene" Formen der Partizipation sind: Die Wissenschaftler/innen neigen dazu, Elemente der Kooperation und der Eigenverantwortlichkeit der Bürger/innen und Unternehmer/innen, eine stärkere Einbeziehung der Beteiligten bei der Entscheidungsfindung und eine stärkere Ergebnisoffenheit vorzuschlagen resp. einzufordern, während Kommunalpolitiker/innen und Planer/innen eher konservativ vorgehen und die Rolle der Beteiligten auf die der Ideenfindung reduzieren. Letztere sehen in den weit gehenden Forderungen der Wissenschaftler/innen oftmals ihre Entscheidungsmacht und -freiheit bedroht und lehnen daher weitergehende Formen der Partizipation eher ab, während in der Planungstheorie viele Wissenschaftler/innen auf den ‚communicative turn' in der Planungspraxis setzen (vgl. Healey 1997, 1998; Selle 1997; Cars et al. 2002; Sinning 2003; Dangschat 2007b).

Sozialwissenschaftler/innen fehlt in dieser Situation häufig ein besseres Verständnis für die „guten Gründe" der Kommunalpolitiker/innen und Planer/innen dafür, die Partizipation nur auf „niedrigem Niveau" anzugehen – ob es nun die institutionellen Einbindungen sind, die als (zu) gering eingeschätzten eigenen Spielräume oder persönliche Erfahrungen mit zumindest in Teilen ergebnisoffenen Verfahren.

Umgekehrt werden Partizipationsprozesse von Kommunalpolitiker/innen und Planer/innen häufig erst dann in Entscheidungsfindungsprozessen eingesetzt, wenn wesentliche „Eckpunkte" verwaltungsintern oder gegenüber Investoren bereits mühsam ausgehandelt wurden. Hat ein verwaltungsinterner oder parteiübergreifender Abstimmungsprozess erst einmal stattgefunden, ist es eher unwahrscheinlich, dass dieser aufgrund von Ideen, Vorschlägen oder Kritikpunkten von Laien noch einmal hinterfragt wird. Solche „Beteiligungsprozesse" sollen formal bereits bestehende Entscheidungen lediglich „legitimieren", unterstützen damit jedoch eher eine Politik(er/innen)- und Verwaltungs-Verdrossenheit.

Häufig fühlen sich insbesondere Kommunalpolitiker/innen auf der untersten Ebene in ihren Entscheidungsbefugnissen herausgefordert und bedroht, weil sie den Eindruck haben, ohnehin nur wenig entscheiden zu können. Das Subsidiaritätsprinzip sowie Prozesse der Verwaltungsmodernisierung sollten es jedoch mit sich bringen, dass Entscheidungsbefugnisse und auch die Mittel hierfür innerhalb der Verwaltungsstrukturen nach unten delegiert werden. Wenn das nicht geschieht, wird die Offenheit für Partizipationsverfahren behindert, denn nur wer weitere Spielräume in seinem Zuständigkeitsbereich erhält, wird in der Lage sein, daraus etwas nach unten (innerhalb der Verwaltung) oder nach außen in Partizipationsprozesse zu delegieren. In dieser unklaren Situation wird es zudem häufig verabsäumt oder übergangen, die „Spielregeln" der Partizipationsverfahren eindeutig festzulegen. (Was ist das Ziel? Welche Entscheidungsspielräume gibt es? Was sollte nicht mehr hinterfragt werden?) Die Rahmenbedingungen klar zu kommunizieren gehört jedoch zu den wichtigsten Voraussetzungen einer gelungenen Partizipation.

Der breiten Forderung, dass man auch diejenigen stärker berücksichtigen solle, die üblicherweise in Beteiligungsverfahren unterrepräsentiert sind (Kinder, Jugendliche, ältere Menschen, Menschen mit Zuwanderungshintergrund, resp. Geschlecht – in Abhängigkeit von den Themenstellungen), stehen jedoch in der Regel eher unzureichende Bemühungen der Verwaltungen entgegen, für eine stärkere Ausgewogenheit zu sorgen. Es reicht eben nicht, Hauswurfsendungen in vier bis sechs Sprachen in die Briefkästen zu stecken, sondern es geht vor allem darum, zu verstehen, dass die verschiedenen Kulturen und sozialen Milieus auf die gleiche Herausforderung ungleich reagieren – jedenfalls nicht alle das am Maßstab der deutschen Mittelschicht orientierte Zusammensitzen in Vollversammlungen oder Arbeitsgruppen als die geeignete Form der Problemlösung ansehen. Schließlich ist zu berücksichtigen, dass es – solange es ein Recht, aber keine Pflicht auf Beteiligung gibt – Menschen gibt, die schlichtweg an dem Thema zu wenig interessiert sind, als dass sie dafür ihre Freizeit aufwenden wollen, oder die negative Erfahrungen gemacht haben. Ähnlich ist die Situation bei politischen Wahlen, bei denen mehr als ein Drittel das Wahlrecht nicht wahrnimmt und in manchen Quartieren zudem ein Großteil der Bevölkerung nicht wahlberechtigt, gleichwohl aber von kommunalpolitischen Entscheidungen tangiert ist.

Ein weiterer Hinderungsgrund, Partizipationsverfahren in einer „neuen Planungskultur" einzusetzen, ist die Überfrachtung und Überforderung dieser Maßnahmen. Wenn sich eine Kommune zu einem Partizipationsverfahren durchringt, verlangt sie als Auftraggeberin häufig zu viel in zu kurzer Zeit, was das gesamte Vorgehen leicht überfordern kann und sich kontraproduktiv auswirkt. Die Auftragnehmer/innen tragen oft zu dieser Überfrachtung bei, weil dieser Markt hart umkämpft ist und sie vielfach den Ehrgeiz haben, ‚alle Register' ziehen zu wollen. Überfordert sind Partizipationsveranstaltungen häufig in ihrer Erwartung an das Ergebnis, die meist inhaltlich hochgesteckt wird und innerhalb eines (zu) kurzen Zeitraumes erreicht werden soll.

Mit einer angemessen eingesetzten Partizipation (Umfang und Intensität der Einflussnahme von außen) ist man jedoch sicherlich in der Lage, kommunalpolitische und planerische Entscheidungen im Sinne eines verbreiterten Demokratieverständnisses zu unterstützen und ist – bei entsprechender Breite der Beteiligung – zudem in der Lage, einen Beitrag zur Integration einer Stadtgesellschaft zu leisten.

13 Die Hebel IV: Die Einbeziehung der Verantwortung der lokal gebundenen Ökonomie

Wenn Partizipation auf kommunalpolitischer Ebene oder in Stadtplanungs-Zusammenhängen diskutiert wird, wird in der Regel lediglich an die Beteiligung von privaten Haushalten, Vereinen, NGOs oder Interessengruppen gedacht, die im weitesten Sinne „Sozialarbeit" erledigen. Häufig wird hierbei die lokal gebundene Ökonomie übergangen.[15] Wenn sich im Zuge der Neuorganisation gesellschaftlicher Regulation die öffentliche Verwaltung und die Gesellschaft neu positionieren sollen, so gilt dieses auch für den ökonomischen Sektor. Hierzu sind innerhalb der EU entsprechende Vorgaben durch die Verträge von Lissabon und Göteborg gemacht worden, die sich im Weißbuch „Good Governance" niederschlagen (vgl. EU 2001).

Den Unternehmen wird hierbei eine ‚corporate social responsibility' abverlangt, die in der Regel überwiegend auf der Ebene der internationalen Zusammenarbeit gesucht wird. Einen Perspektivenwechsel stellen in diesem Zusammenhang erste Projekte dar, in denen die lokal gebundene Ökonomie[16] Verantwortung für den eigenen Standort – sei es auf Agglomerationsebene oder auf der Quartiersebene – übernimmt, indem sie Partnerschaften mit lokalen Institutionen resp. der öffentlichen Hand eingeht.

Instrumente dieses partnerschaftlichen Wirkens können ‚social sponsoring' (als Geld oder ‚in kind'-Leistung), ‚social investment' oder andere Formen des zivilgesellschaftlichen Engagements sein, die in der Regel vertraglich abgesichert werden.[17] Gerade vor

---

[15] Auch dass letztlich im Zuge der Verwaltungsmodernisierung die ressort- und ebenenübergreifende Zusammenarbeit der Verwaltungseinheiten als eine Form der Ausweitung von partizipativen Ansätzen gesehen werden kann, wird häufig ebenfalls übersehen, gleichwohl wird an dieser Stelle hierauf nicht näher eingegangen (vgl. hingegen Bogomil 2002; Dangschat 2007a).

[16] Die allgemeine Feststellung, dass zumal unter dem Vorzeichen einer um sich greifenden Globalisierung „die Wirtschaft" allgemeinen Zwängen der internationalen Wettbewerbsfähigkeit mit entsprechenden Folgen für die Standortbindung ausgesetzt sei, entbehrt jeder empirischen Basis; sie beschränkt sich vor allem auf Großbetriebe, nur in Ausnahmefällen bezieht sich dies auch auf die KMUs. Wie Läpple (2000) zeigen konnte, sind etwa 17 Prozent aller Beschäftigten einer städtischen Ökonomie eher standortgebunden.

[17] Eine Vorreiterrolle haben in Deutschland sicherlich die Initiativen im Rahmen des „startsocial"-Programmes bewirkt; vgl. http://www.startsocial.de.

dem Hintergrund genereller steuerlicher Entlastungen (was umgekehrt die fiskalischen Engpässe der Kommunen mitverursacht), sind auch Großbetriebe in die Verantwortung für ihre Standorte mit einzubeziehen (wie Volkswagen in Wolfsburg, Nokia in Helsinki, Monte dei Paschi di Siena in der Toskana etc.).

Darüber hinaus wird mit dem Business-Improvement-District-Ansatz (BID)[18] in Deutschland ein Modell diskutiert, bei dem sich lokal gebundene Unternehmen zusammenschließen, um ihren Mikro-Standort ökonomisch zu stabilisieren und aufzuwerten. Neben den üblichen Geschäftsstraßen-Initiativen schließen diese Ansätze auch städtebauliche Gestaltungen des öffentlichen Raumes sowie die allseits bekannten „Sicherheit-Sauberkeit-Service"-Maßnahmen mit ein. Negative Begleiterscheinungen dieser Ansätze sind jedoch sicherlich auch ein „soziales Aufräumen" und eine zumindest ansatzweise Privatisierung des öffentlichen Raumes Straße.

14 Zusammenfassung

Über soziale Milieus und Lebensstile zu diskutieren hat Konjunktur. Das liegt zum einen an dem offensichtlich ‚wahren Kern', denn die traditionellen sozioökonomischen Merkmale sozialer Ungleichheit und die in den amtlichen Statistiken ausschließlich vertretenen Merkmale der soziodemografischen Strukturierung haben einen großen Teil ihrer Erklärungskraft für binnengesellschaftliche Unterschiede der Einstellungen und Verhaltensweisen eingebüßt. Soziale Milieus beschreiben hingegen Wertegemeinschaften, die, auch wenn sie sich soziostrukturell vielseitig zusammensetzen, nicht völlig unabhängig von sozialen und demografischen Kontexten bestehen. Mit den Lebensstilen geht man hingegen auf die Erscheinungsform von Moden, komplexen Handlungsbündeln und Verhaltensmustern ein. Dass diese Kategorien „neuer sozialer Ungleichheiten" neben Einkommen, Bildung und Haushaltsgröße zunehmend zu Bestimmungsfaktoren der Wohnstandortwahl geworden sind, ist vorerst eine plausible Vermutung, denn bislang wurden solche soziokulturellen Segregations- und Konzentrationsmuster noch nicht nachgewiesen. Hier sollten kommunale Verwaltungen ihren Informationsbedarf überprüfen – erste Ansätze sind für einige deutsche Städte in der Zusammenarbeit mit dem vhw zu sehen.

Ein weiterer Grund für die Konjunktur von Milieu- und Lebensstil-Ansätzen liegt in der „Ökonomie der Aufmerksamkeit", die auch die Wissenschaft bestimmt, d.h. nachdem die Konsum- und Wahlforschung diese Kategorien entdeckt und Hradil (1987) sie in seiner Habilitation wissenschaftlich „geadelt" hatte, gilt es als Standard, diese Begriffe zu verwenden. Die Angebote für Milieu- und Lebensstil-Systeme seitens der Wissenschaft sind methodisch bedingt sehr vielfältig und tragen daher häufig zur Verunsicherung resp. zur Beliebigkeit der begrifflichen Verwendung bei (vgl. Blasius 1994). Da die theoretische Fundierung vorerst noch vage ist (Ausnahmen bilden Bourdieu und die Hannoveraner Forschungsgruppe agis) oder häufig auf Theorie ganz verzichtet wird, indem ein faktori-

---

[18] Ein erstes BID-Modell in Deutschland wurde im Frühjahr 2005 in Hamburg-Bergedorf eingeführt, nachdem das Bundesland Hamburg als erstes die gesetzlichen Rahmenbedingungen dafür geschaffen hatte.

alanalytischer Ansatz gewählt wird,[19] ist hier noch eine Menge sozialwissenschaftlicher Ungleichheitsforschung notwendig.

Darüber hinaus sollte die Ungleichheitsforschung der Verteilung sozialer Gruppen im Raum eine stärkere Aufmerksamkeit widmen, denn die Muster der Wohnstandorte in großstädtischen Agglomerationen sind mehr als nur die Spiegelung der unterschiedlichen Ressourcen und Constraints sowie der unterschiedlichen Machtstrukturen innerhalb der Gesellschaft – also nicht nur Indikator, wie es die klassische Chicagoer Schule der Humanökologie ansah (vgl. Bourdieu 1991; Dangschat 1996). Benachteiligende Wohn- und Wohnumfeldsituationen sind nicht nur Ausdruck der sozialen Lage, sondern sie verschärfen die Ungleichheitsstrukturen zusätzlich (darauf haben Alisch, Dangschat 1983, 1998 ebenso wie Häußermann, Siebel 2002 hingewiesen).

Bei der (modischen) Befassung mit kulturellen Mustern (soziale Milieus) und den Erscheinungsformen sozialer Ungleichheit (Lebensstile) darf in Gesellschaftsanalysen jedoch nicht übersehen werden, dass auch die traditionellen sozioökonomischen Unterschiede innerhalb moderner Gesellschaften wieder zunehmen. Auch wenn sie neue Formen annehmen, sollten sich Sozialwissenschaftler/innen nicht dazu verleiten lassen, dies alles als „individuell bestimmt" anzusehen.

Diese akademischen Diskussionsfelder berühren vorerst die der Kommunalpolitiker/innen sowie der Stadt- und Regionalplaner/innen nur am Rande. Das Problem der Berufsgruppen, welche wesentlich die Rahmenbedingungen der Siedlungsformen setzen und damit die Möglichkeiten von (Stadt-)Gesellschaften beeinflussen, sich im Raum zu organisieren, ist ein noch grundlegenderes, denn die amtlichen Statistiken, auf die sie üblicherweise zurückgreifen, geben keinen Hinweis auf die aktuellen soziokulturellen Ausdifferenzierungen und kaum einen auf die neuerlichen Zunahmen sozioökonomischer Ungleichheit. Das Denken und Handeln in den traditionellen Kategorien von Sozialpolitik oder Förderschienen (Kinder, Jugendliche, ältere Menschen, junge Familien, Zuwanderer/innen etc.) verstellt den Blick darauf, welch dichter Nebel sich um die aktuellen Tendenzen gesellschaftlicher Aus-, Um- und Neu-Strukturierung gelegt hat.

Vor diesem Hintergrund gibt es jedoch Eindeutigkeiten im normativen Feld der Bewertung der räumlichen Konzentration von solchen Personengruppen, die als „problematisch" angesehen werden und deren Konzentration an wenigen Orten Sorge bereitet (zusätzliche Benachteiligung?). Aber auch hier kann die Sozialwissenschaft gegenwärtig keine eindeutigen Antworten oder Empfehlungen an die Praxis liefern, denn die Einschätzung, ob der sozial-räumliche Kontext bedeutsam ist und wie, ist umstritten. Überspitzt formuliert: Die unterschiedlichen methodischen und theoretischen Zugangsweisen erzeugen unter Umständen mehr Varianz als die Umstände selbst. Trotz dieser gewissen Unsicherheit in diesen unübersichtlichen gesellschaftlichen Situationen erscheint uns der Ansatz, bei dem die zwischen strukturellen Merkmalen (Sozialstruktur, Wohnbaustruktur, Infrastruktur, ökonomische Struktur etc.) und möglicherweise abweichenden Verhaltensweisen ver-

---

[19] Diese Einschätzung bedeutet, dass sich die Autoren der Arbeitsgruppe von empirizistischen „Theorien" eher distanzieren, die aus statistischen Zusammenhängen beliebiger Merkmalskombinationen gewonnen werden, auch wenn sich die Faktor- resp. Clusterstrukturen als durchaus stabil erweisen können.

mittelnden kollektiven, an den Ort gebundenen Kulturen im Mittelpunkt stehen („Habitus des Ortes') erfolgversprechender als die traditionelle Zugangsweise der Analyse von statistischen Korrelationen von Strukturmerkmalen.

Diese Zugangsweise entspricht zudem einem shift in der Wissenschaft, sich stärker auf die Prozesse selbst einzulassen, sie zu analysieren und möglicherweise im Rahmen eines transdisziplinären Ansatzes auch zu beeinflussen. Dieses berührt auch das Wechselverhältnis von Sozialwissenschaften auf der einen und Kommunalpolitik sowie Stadt- und Regionalplanung auf der anderen Seite.

Die Ausdifferenzierung der Lebensstile wird gegenwärtig insbesondere unter der Sichtweise der „neuen Lebensstile" resp. der „Kreativ-Milieus" wahrgenommen. Auch dies geschieht vor allem – ebenso wie bei der Armutsdebatte – aufgrund ihrer Konzentration in bestimmten Quartieren, was dazu führt, dass sie als Szene wahrgenommen werden. Diese neuen Lebensstile entwickeln sich meist um neue Formen der Dienstleistungsarbeit, die neue Raum- und Zeitnutzungsstrukturen nach sich zieht. Diese „Kreativ-Szenen" sind in vielerlei Hinsicht interessant: Sie bringen eine neue Attraktivität in ökonomisch und sozial bislang eher abgewertete Standorte (von verlassenen Fabrikgebäuden und Gewerbebetrieben bis zu ganzen Stadtteilen der ehemaligen Arbeiterkulturen), was sich ökonomisch (,creative industries', ,start ups') und sozial (,vibrant quarters', sozial-integrativ) positiv auswirken kann und zudem eine neue Attraktivität für Tourismus, Gastronomie und Unterhaltung liefert. Soziologisch sind diese neuen Gruppierungen bislang noch wenig erforscht – es ist jedoch denkbar, dass sich in deren Formen der Vergemeinschaftung neue soziale Schließungsprozesse abzeichnen.

Literatur

Aehnelt, R.; Häussermann, H.; Jaedicke, W.; Kahl, M.; Toepel, K. (2004): Zwischenevaluierung des Bund-Länder-Programms „Förderung von Stadtteilen mit besonderem Entwicklungsbedarf – die soziale Stadt". Endbericht. Institut für Stadtforschung und Strukturpolitik (IfS) GmbH. Berlin.

Alisch, M.; Dangschat, J. S. (1983): Die Solidarische Stadt. Ursachen von Armut und Strategien für einen sozialen Ausgleich. Darmstadt.

Alisch, M.; Dangschat, J. S. (1989): Armut und soziale Integration. Strategien sozialer Stadtentwicklung und lokaler Nachhaltigkeit. Opladen.

Alpheis, H. (1990): Erschwert die ethnische Konzentration die Eingliederung? In: Esser, H.; Friedrichs, J. (Hrsg.): Generation und Identität. Theoretische und empirische Beispiele zur Migrationssoziologie. Opladen, S. 147–184.

Amin, A.; Thrift, N. (eds.) (1995): Globalization, Institutions and Regional Development in Europe. Oxford.

Anhut, R.; Heitmeyer, W. (2000a): Desintegration, Konflikt und Ethisierung. Eine Problemanalyse und theoretische Rahmenkonzeption. In: Heitmeyer, W.; Anhut (Hrsg.) 2000, S. 17–75.

Anhut, R.; Heitmeyer, W. (2000b): Bedrohte Stadtgesellschaft. Diskussion von Forschungsergebnissen. In: Heitmeyer, W.; Anhut, R. (Hrsg.) 2000, S. 551–69.

Arnstein, S. R. (1969): The Ladder of Citizen Participation. In: Journal of the Institute of American Planners, Vol. 35, S. 216–224.

Astleithner, F.; Hamedinger, A. (2003): The Analysis of Sustainability Indicators as Socially Constructed Policy Instruments: Benefits and Challenges of ‚Interactive Research'. Local Environment, Vol. 8, No. 6, S. 627–640.

Atkinson, R.; Kintrea, K. (2004): ‚Opportunities and Despair, It's All in There'. Practitioner Experiences and Explanations of Area Effects and Life Chances. Sociology, 38, No. 3, S. 437–455.

Beck, U. (1985): Die „Individualisierungsdebatte". In: Schäfers, B. (Hrsg.): Soziologie in Deutschland. Opladen, S. 185–198.

Beck, U. (1986): Risikogesellschaft. Auf dem Weg in eine andere Moderne. Frankfurt am Main.

Berger, P.; Vester, M. (Hrsg.) (1998): Alte Ungleichheiten – Neue Spaltungen. Sozialstrukturanalyse 11. Opladen.

Blasius, J. (1994): Empirische Lebensstilforschung. In: Dangschat, J. S.; Blasius, J. (Hrsg.) (1994), S. 237–254.

Blasius, J.; Dangschat, J. S. (1994): Lebensstile in Städten – zwischen Individualisierung und neuen Klassenkonflikten. In: Dangschat, J. S.; Blasius, J. (Hrsg.) (1994), S. 13–23.

Bogomil, J. (Hrsg.) (2002): Kommunale Entscheidungsprozesse im Wandel. Theoretische und empirische Analysen. Opladen.

Bourdieu, P. (1983): Ökonomisches Kapital, kulturelles Kapital, soziales Kapital. In: Kreckel, R. (Hrsg.): Soziale Ungleichheiten, Soziale Welt, Sonderband 2, S. 183–198.

Bourdieu, P. (1991): Physischer, sozialer und angeeigneter physischer Raum. In: Wentz, M. (Hrsg.): Stadt-Räume. Frankfurt am Main & New York, S. 25–34.

Brech, J. (2005): Architektonische Gestaltung und soziales Zusammenleben. In: Verbundpartner „Zuwanderer in der Stadt" (Hrsg.), S. 301–348.

Breitfuss, A.; Dangschat, J. S.; Frey, O.; Hamedinger, A. (2004): Städtestrategien gegen Armut und soziale Ausgrenzung. Studie im Auftrag der Arbeiterkammer Wien, der Magistratsabteilungen für Wohnen und Stadtentwicklung. Wien.

Bryson, R.; Daniels, P. W.; Henry, N.; Pollard, J. (eds.) (2000): Knowledge, Space, Economy. London und New York.

Camagni, R. (1995): The Concept of Innovative Milieu and Its Relevance for Public Policies in European Lagging Regions, Regional Science, 4/1995, S. 317–340.

Camagni, R. (2003): Regional Clusters, Regional Competencies and Regional Competition. Mimeo.

Cars, G.; Healey, P.; Madanipour, A.; De Magelhaes, C. (eds.) (2002): Urban Governance. Institutional Capacity and Social Milieux. Aldershot.

Dangschat, J. S. (1994): Lebensstile in der Stadt. Raumbezug und konkreter Ort von Lebensstilen und Lebensstilisierungen. In: Dangschat, J. S.; Blasius, J. (Hrsg.) (1994), S. 335–354.

Dangschat, J. S. (1995): „Stadt" als Ort und als Ursache von Armut und sozialer Ausgrenzung. In: Aus Politik und Zeitgeschichte B31–32/95, S. 50–62.

Dangschat, J. S. (1996): Raum als Dimension sozialer Ungleichheit und Ort als Bühne der Lebensstilisierung? – Zum Raumbezug sozialer Ungleichheit und von Lebensstilen. In: Schwenk, O. G. (Hrsg.): Lebensstile zwischen Sozialstrukturanalyse und Kulturwissenschaft. Opladen, S. 83–119.

Dangschat, J. S. (1998a): Klassenstrukturen im Nach-Fordismus. In: Berger, P. A.; Vester, M. (Hrsg.): Alte Ungleichheiten – Neue Spaltungen. Sozialstrukturanalyse 11. Opladen, S. 49–88.

Dangschat, J. S. (1998b): Warum ziehen sich Gegensätze nicht an? Zu einer Mikro-Meso-Makro-Theorie ethnischer und rassistischer Konflikte im städtischen Raum. In: Heitmeyer, W. et al. (Hrsg.) (1998), S. 21–96.

Dangschat, J. S. (Hrsg.) (1999a): Modernisierte Stadt – Gespaltene Gesellschaft. Ursachen von Armut und sozialer Ausgrenzung. Opladen.

Dangschat, J. S. (1999b): Nur ein Irrtum? Von der eigenen Überschätzung der Erfinder der „multi-kulturellen Gesellschaft". In: Honegger, C. et al. (Hrsg.): Grenzenlose Gesellschaft? Opladen, S. 519–538.

Dangschat, J. S. (2004): Konzentration oder Integration? – Oder: Integration durch Konzentration? In: Kecskes, R.; Wagner, M; Wolf, C. (Hrsg.): Angewandte Soziologie. Wiesbaden, S. 45–76.

Dangschat, J. S. (2007a): Wohnquartiere als Ausgangspunkt sozialer Integrationsprozesse. In: Kessel, F.; Otto, H.-U. (Hrsg.): Territorialisierung des Sozialen. Regieren über soziale Nahräume. Opladen: Barbara Budrich Verlag. Im Druck.

Dangschat, J. S. (2007b): Autobahnen ins Glück – der Münchhausen-Effekt der Strategischen Raumplanung. In: Hamedinger, A.; Dangschat, J. S.; Frey, O.; Breitfuss, A. (Hrsg.): Strategieorientierte Planung im kooperativen Staat. Wiesbaden. Im Druck.

Dangschat, J. S.; Gruber, S., Gstöttner, S.; Witthöft, G.; Breitfuss, A. (2006): Integration im öffentlichen Raum. Stadt Wien, Magistratsabteilung 18 (Hrsg.): Werkstattbericht, Nr. 82.

Dangschat, J. S.; Blasius, J. (Hrsg.) (1994): Lebensstile in den Städten. Konzepte und Methoden. Opladen.

Dangschat, J. S.; Diettrich, B. (1999): Regulation, Nach-Fordismus und „global cities" – Ursachen der Armut. In: Dangschat, J. S. (Hrsg.) (1999a): S. 73–112.

Deinet, U. (2002): Der qualitative Blick auf Sozialräume als Lebenswelten. In: Deinet, U.; Krisch, R. (Hrsg.) (2002): Der sozialräumliche Blick der Jugendarbeit. Opladen., S. 31–44.

Deinet, U.; Krisch, R. (2022): Konzepte und Methoden zum Verständnis der Lebensräume von Kindern und Jugendlichen. In: Riege, M.; Schubert, H. (Hrsg.) (2002): Sozialraumanalyse. Grundlagen – Methoden – Praxis. Opladen, S. 133–145.

Dollase, R.; Bieler, A.; Ridder, A.; Köhnemann, I.; Woitowitz, K. (2000): Nachhall im Klassenzimmer. Zur relativen Unabhängigkeit der schulischen Integration vom Belastungsgrad der städtischen Umgebung. In: Heitmeyer, W.; Anhut, R. (Hrsg.) (2000), S. 199–256.

Ecarius, J.; Löw, M. (1997): Raum – eine vernachlässigte Dimension erziehungswissenschaftlicher und sozialwissenschaftlicher Forschung und Theoriebildung. In: Ecarius, J.; Löw, M. (Hrsg.): Raumbildung – Bildungsräume. Über die Verräumlichung sozialer Prozesse. Opladen, S. 7–12.

EU (Commission of the European Communities) (2001): European Governance. A White Paper, COM 428 final.

Farwick, A. (2001): Segregierte Armut in der Stadt: Ursachen und soziale Folgen der räumlichen Konzentration von Sozialhilfeempfängern. Opladen.

Feldtkeller, A. (Hrsg.) (2001): Städtebau: Vielfalt und Integration. Neue Konzepte für den Umgang mit Stadtbrachen. Stuttgart & München.

Friedrich, M. (1999): Die räumliche Dimension städtischer Armut. In: Dangschat, J. S. (Hrsg.) (1999a): S. 263–288.

Friedrichs, J. (Hrsg.) (1988): Soziologische Stadtforschung. Sonderheft 29/1988 der Kölner Zeitschrift für Soziologie und Sozialpsychologie.

Friedrichs, J. (1995): Stadtsoziologie. Opladen.

Friedrichs, J.; Blasius, J. (2000): Leben in benachteiligten Wohngebieten. Opladen.

Geissler, R. (1994): Die pluralisierte Schichtstruktur der modernen Gesellschaft: Zur aktuellen Bedeutung des Schichtbegriffs. In: Geissler, R. (Hrsg.): Soziale Schichtung und Lebenschancen in Deutschland. Stuttgart, S. 6–36.

Giddens, A. (1996): Leben in einer posttraditionalen Gesellschaft. In: Beck, U.; Giddens, A.; Lash, S. (Hrsg.): Reflexive Modernisierung. Eine Kontroverse. Frankfurt am Main, S. 113–194.

Greiffenhagen, S.; Neller, K. (Hrsg.) (2004): Praxis ohne Theorie? Wiesbaden.

Häußermann, H. (1995): Die Stadt und die Stadtsoziologie. Urbane Lebensweise und die Integration des Fremden. Berliner Journal für Soziologie 5/1, S. 89–98.

Häussermann, H. (1997): Armut in den Großstädten – eine neue städtische Unterklasse? Leviathan 25, Heft 1, S. 12–27.

Häussermann, H. (1998): Zuwanderung und die Zukunft der Stadt. Neue ethnisch-kulturelle Konflikte durch die Entstehung einer neuen sozialen ‚underclass'? In: Heitmeyer, W. et al. (Hrsg.), S. 145–175.

Häussermann, H. (2000): Die Krise der „sozialen Stadt". In: Aus Politik und Zeitgeschichte, B 10–11/2000. 13–21.

Häussermann, H.; Siebel, W. (1987): Neue Urbanität. Frankfurt am Main.

Häussermann, H.; Siebel, W. (1990): Bausteine zu einem Szenario zur Entwicklung von Berlin. Sozialräumliche Struktur und Steuerung des Wachstums. Mimeo.

Häussermann, H.; Siebel, W. (2002): Die Mühen der Differenzierung. In: Löw, M. (Hrsg.) (2002): Differenzierungen des Städtischen. Opladen, S. 29–67.

Hamedinger, A. (2004): Integrierte Stadterneuerungsstrategien in England und Deutschland. In: dérive – Zeitschrift für Stadtforschung, Heft 17, S. 14–18.

Hamm, B. (1984): Aktuelle Probleme sozialökologischer Analyse. Kölner Zeitschrift für Soziologie und Sozialpsychologie 36, S. 277–292.

Hanesch, W.; Krüger-Conrad, K. (Hrsg.) (2004): Lokale Beschäftigung und Ökonomie – Herausforderung für die „Soziale Stadt". Wiesbaden.

Healey, P. (1997): Collaborative Planning – Shaping Places in Fragmented Societies. Basingstoke.

Healey, P. (1998): Planning through Debate: The Communicative Turn in Planning Theory. In: Campbell, S.; Fainstein, S. (eds.): Readings in Planning Theory. Oxford, S. 234–257.

Heitmeyer, W. (1998): Versagt die „Integrationsmaschine" Stadt? Zum Problem der ethnisch-kulturellen Segregation und ihren Konfliktlagen. In: Heitmeyer et al. (Hrsg.) (1998), S. 443–468.

Heitmeyer, W.; Anhut, R. (Hrsg.) (2000): Bedrohte Stadtgesellschaft. Soziale Desintegrationsprozesse und ethnisch-kulturelle Konfliktkonstellationen. Weinheim & München.

Heitmeyer, W.; Dollase, R.; Backes, O. (Hrsg.) (1998): Die Krise der Städte. Frankfurt am Main.

Helbrecht, I. (1997): Stadt und Lebensstil. Von der Sozialraumanalyse zur Kulturraumanalyse? In: Die Erde 128: 3–16.

Henckel, D.; Eberling, M. (Hrsg.) (2002): Raumzeitpolitik. Opladen.

Hradil, S. (1987): Sozialstrukturanalyse in einer fortgeschrittenen Gesellschaft. Von Klassen und Schichten zu Lagen und Milieus. Opladen.

Hradil, S. (1990): Postmoderne Sozialstruktur? Zur empirischen Relevanz einer „modernen" Theorie sozialen Wandels. In: Berger, P.; Hradil, S. (Hrsg.) 1990: Lebenslagen, Lebensläufe, Lebensstile. Soziale Welt, Sonderband 7: 125–150.

Hradil, S. (1992): Alte Begriffe und neue Strukturen. Die Milieu-, Subkultur- und Lebensstilforschung der 80er Jahre. In: Hradil, S. (Hrsg.): Zwischen Bewusstsein Und Sein. Die Vermittlung „Objektiver" Lebensbedingungen Und „Subjektiver" Lebensweisen. Opladen, S. 15–55.

Keim, D. (2003): Zur Notwendigkeit kreativer Arbeitsformen bei der Stadtentwicklung in Ostdeutschland. In: Liebmann, H.; Robischon, T. (Hrsg.) (2003a), S. 14–25.

Klocke, A. (1993): Sozialer Wandel, Sozialstruktur und Lebensstile in der Bundesrepublik Deutschland. Frankfurt am Main.

Konietzka, D. (1995): Lebensstile im sozialstrukturellen Kontext. Zur Analyse soziokultureller Ungleichheiten. Opladen.

Kronauer, M. (1997): „Soziale Ausgrenzung" und „Underclass": Über neue Formen der gesellschaftlichen Spaltung. Leviathan 25, Heft 1, S. 28–49.

Kronauer, M. (2002): Exklusion. Die Gefährdung des Sozialen im hoch entwickelten Kapitalismus. Frankfurt am Main und New York.

Krummacher, M.; Kulbach, R.; Waltz, V.; Wohlfahrt, N. (2003): Soziale Stadt – Sozialraumentwicklung – Quartiersmanagement. Herausforderungen für Politik, Raumplanung und soziale Arbeit. Opladen.

Läpple, D. (1992): Essay über den Raum. In: Häussermann, H.; Ipsen, D.; Krämer-Badoni, T.; Läpple, D.; Rodenstein, M.; Siebel, W. (Hrsg.): Stadt und Raum. Soziologische Analysen. Pfaffenweiler, S. 157–207, 2. Aufl.

Läpple, D. (2000a): Ökonomie der Stadt. In: Häussermann, H. (Hrsg.): Großstadt – Soziologische Stichworte. Opladen, S. 194–208.

Läpple, D. (2000b): Städte im Spannungsfeld zwischen globaler und lokaler Entwicklungsdynamik. In: Institut für Landes- und Stadtentwicklungsforschung des Landes NRW (Hrsg.): Lokale sozioökonomische Strategien in Stadtteilen mit besonderem Erneuerungsbedarf. Dortmund, S. 19–41.

Läpple, D. (2004): Entwicklungsperspektiven von Stadtregionen und ihrer lokalen Ökonomien. In: Hanesch, W.; Krüger-Conrad, K. (Hrsg.):, S. 95–117.

Läpple, D. (2005a): Lokale Ökonomie. In: Akademie für Raumforschung und Landesplanung (Hrsg.): Handwörterbuch der Raumordnung. Hannover, S. 616–619.

Läpple, D. (2005b): Phönix aus der Asche: Die Neuerfindung der Stadt. In: Löw, M.; Berking, H. (Hrsg.): Die Wirklichkeit der Städte. Soziale Welt, Sonderband 22. Im Druck.

Landry, C. (2000): The Creative City. A Toolkit for Urban Innovators. Chicago.

Lange, B. (2005): Landscapes of Scenes. Socio-Spatial Strategies of ‚Culturepreneurs' in Berlin. In: Terkenli, T. S.; D'hautesserre, A. M. (eds.): Landscapes of a New Cultural Economy of Space. Dordrecht.

Liebmann, H.; Robischon, T. (Hrsg.) (2003a): Städtische Kreativität – Potenzial für den Stadtumbau. Erkner & Darmstadt.

Liebmann, H.; Robischon, T. (2003b): Was ist städtische Kreativität? Zehn Thesen. In: Liebmann, H.; Robischon, T. (Hrsg.) (2003a), S. 51–59.

Löw, M. (2001): Raumsoziologie. Frankfurt am Main.

Madanipour, A. (2005): Public Space and Social Integration. In: Verbundpartner „Zuwanderer in der Stadt" (Hrsg.), S. 349–382.

Manske, A. (2005): Prekarität auf hohem Niveau. Unveröff. Disseration, Humboldt Universität, Berlin.

Matthiesen, U. (2003): Dimensionen der Raumentwicklung in der Perspektive einer strukturalen Hermeneutik. In: Krämer-Badoni, T.; Kuhm, K. (eds.): Die Gesellschaft und ihr Raum. Raum als Gegenstand der Soziologie. Opladen, S. 251–274.

Matthiesen, U. (Hrsg.) (2004): Stadtregion und Wissen. Analysen und Plädoyers für eine wissensbasierte Stadtpolitik. Wiesbaden.

Noller, P. (1999): Globalisierung, Stadträume und Lebensstile. Kulturelle und lokale Repräsentationen des globalen Raumes. Opladen.

Parkinson, M. (1998): Combating Social Exclusion. Lessons from Area-based Programmes in Europe. Bristol.

Pongs, A. (1999a): In welcher Gesellschaft leben wir eigentlich? Gesellschaftskonzepte im Vergleich, Band I. München.

Pongs, A. (1999b): In welcher Gesellschaft leben wir eigentlich? Gesellschaftskonzepte im Vergleich, Band II. München.

Pratt, A. C. (2002): Hot Jobs in Cool Places. The Material Cultures of New Media Product Spaces: The Case of South of the Market, San Francisco, Information, Communication, Society 5, No. 1, S. 27–50.

Reason, P.; Bradbury, H. (eds.) (2001): Handbook of Action Research. Participative Inquiry and Practise. London u. a.

Richter, R. (Hrsg.) (1994): Sinnbasteln. Beiträge zur Soziologie der Lebensstile. Wien u. a.

Riege, M.; Schubert, H. (Hrsg.) (2002): Sozialraumanalyse. Grundlagen – Methoden – Praxis. Opladen.

Rink, D. (2002): Lebensweise, Lebensstile und Lebensführung. Soziologische Konzepte zur Untersuchung von nachhaltigem Leben. In: Rink, D. (Hrsg.): Lebensstile und Nachhaltigkeit. Konzepte, Befunde und Potentiale. Opladen, S. 27–52.

Rohland, P.; Hallenberg, B. (2004): Auf dem Weg zu einer nachfrageorientierten Verbandspolitik des vhw. In: vhw Forum Wohneigentum, 4/2004, S. 170–175.

Schneider, N.; Spellerberg, A. (1999): Lebensstile, Wohnbedürfnisse und räumliche Mobilität. Opladen.

Schönwandt, W. L. (2000): Grundriss einer Planungstheorie der „dritten Generation". In: Voigt, A.; Walchhofer, H. P. (Hrsg.): Schriftenreihe des Instituts für Örtliche Raumplanung, TU Wien, Band 3. Wien, S. 3–31.

Schönwandt, W. L. (2002): Planung in der Krise? Theoretische Orientierungen für Architektur, Stadt- und Raumplanung. Stuttgart.

Schur, O. (2003): Lokales Sozialkapital für die „soziale Stadt". Politische Geographien sozialer Quartiersentwicklung am Beispiel Berlin-Moabit. Opladen.

Selle, K. (Hrsg.) (1996a): Planung und Kommunikation. Gestaltung von Planungsprozessen in Quartier, Stadt und Landschaft. Grundlagen, Methoden und Praxiserfahrungen. Wiesbaden.

Selle, K. (1996b): Von der Bürgerbeteiligung zur Kooperation und zurück. Vermittlungsarbeit bei Aufgaben der Quartiers- und Stadtentwicklung. In: Selle, K. (Hrsg.) 1996a, S. 61–78.

Selle, K. (1996c): Klärungsbedarf. Sechs Fragen zur Kommunikation in Planungsprozessen – insbesondere zur Beteiligung von Bürgerinnen und Bürgern. In: Selle, K. (Hrsg.) (1996a), S. 161–180.

Selle, K. (1997): Kooperation im intermediären Bereich – Planung zwischen Commodifizierung und zivilgesellschaftlicher Transformation. In: Schmals, K.; Heinelt, H. (Hrsg.): Zivile Gesellschaft – Entwicklung – Defizite – Potentiale. Opladen, S. 29–58.

Siebel, W. (1997a): Armut oder Ausgrenzung? Leviathan 25, Heft 1, S. 67–75.

Siebel, W. (1997b): Die Stadt und die Zuwanderer. In: Häussermann, H.; Oswald, I. (Hrsg.): Zuwanderung und Stadtentwicklung. Leviathan Sonderheft 17, S. 30–41.

Siebel, W. (2005): Objektive und subjektive Faktoren der Integration resp. der Ausgrenzung von Migranten im biologischen Verlauf. In: Verbundpartner „Zuwanderer in der Stadt" (Hrsg.), S. 149–174.

Sinus Sociovision (2003): Die Sinus-Milieus 2003. Heidelberg.

Sinning, H. (2003): Kommunikative Planung. Leistungsfähigkeit und Grenzen am Beispiel nachhaltiger Freiraumpolitik in Stadtregionen. Opladen.

Spellerberg, A. (2004): Bevorzugte Quartiere von Lebensstilgruppen. vhw Forum Wohneigentum, 1/2004, S. 11–15.

Verbundpartner „Zuwanderer in der Stadt" (Schader-Stiftung, Deutscher Städtetag, GdW Bundesverband deutscher Wohnungs- und Immobilienunternehmen, Deutsches Institut für Urbanistik, Institut für Wohnungswesen, Immobilienwirtschaft, Stadt- und Regionalentwicklung) (Hrsg.) (2005): Zuwanderer in der Stadt – Expertisen zum Projekt. Darmstadt.

Vester, M.; Oertzen, P. von; Geiling, H.; Hermann, T.; Müller, D. (2001): Soziale Milieus im gesellschaftlichen Strukturwandel. Frankfurt am Main.

Walther, U.-J. (Hrsg.) (2002): Soziale Stadt – Zwischenbilanzen. Ein Programm auf dem Weg zur Sozialen Stadt? Opladen.

Walther, U.-J.; Mensch, K. (Hrsg.) (2004): Armut und Ausgrenzung von der „Sozialen Stadt". Konzepte und Rezepte auf dem Prüfstand. Darmstadt.

Kurzfassungen/Abstracts

Lebensstile, soziale Lagen und Siedlungsstrukturen
Life styles, social position and settlement structures

Jens S. Dangschat, Alexander Hamedinger
Lebensstile, soziale Lagen und Siedlungsstrukturen – Einführung

Die Ausgangslage im Themenfeld „Lebensstile, soziale Lagen und Siedlungsstrukturen" wird in diesem einführenden Beitrag anhand von antagonistischen Begriffspaaren beschrieben, welche die Vielschichtigkeit und Uneinigkeit des wissenschaftlichen Diskurses aufzeigen. Im Einzelnen sind dies die Homogenisierung bzw. die Heterogenisierung sozialer Ungleichheit, die Globalisierung bzw. die Lokalisierung gesellschaftlicher Prozesse, die Verräumlichung bzw. Enträumlichung sozialer Strukturen und Prozesse sowie Government bzw. Governance als Steuerungsform.

Life styles, social position and settlement structures: an introduction

This introductory chapter sets out the prevailing situation surrounding the topic of "Life styles, social position and settlement structures" by means of a number of pairs of antagonistic terms which illustrate the diversity of opinion and the lack of consensus within the scientific discourse. These are: the increasing homogeneity and heterogeneity of social inequality; the globalisation and localisation of social processes; spatial occupation and spatial retreat in respect of social structures and processes; and, finally, government and governance as forms of control.

Jens S. Dangschat
Soziale Ungleichheit, gesellschaftlicher Raum und Segregation

Der Autor stellt in seinem Beitrag einen Abriss der aktuellen Positionen in der bundesdeutschen Ungleichheitsforschung dar, die keineswegs von einem einheitlichen Bild geprägt ist. Das Dilemma vergrößert sich vor allem dadurch, dass die Ungleichheitsforschung praktisch ohne einen Raumbezug agiert, wodurch weder die strukturellen Benachteiligungen durch den Wohnstandort (Infrastruktur, Wohnbaustruktur, soziales Umfeld) berücksichtigt werden, noch die unterschiedlichen Möglichkeiten zur Nutzung des Raumes resp. der Identifikation mit ihm. Umgekehrt wird in der Segregationsforschung die Komplexität gesellschaftlicher Ausdifferenzierungen vernachlässigt, indem man sich auf die Daten bezieht, die flächendeckend in der amtlichen Statistik erhältlich sind. Am Ende des Beitrages wird auf die meist übergangene normative Frage des „idealen Integrationskonzeptes" eingegangen, was wiederum auf das „ideale Ausmaß" sozial-räumlicher Ungleichheiten einen zentralen Einfluss hat.

Social inequality, social space and segregation

In this paper the author presents a survey of the positions currently being taken in research into inequality in the Federal Republic of Germany; the picture here is by no means uniform. The dilemma is exacerbated in particular by the fact that research into inequality is undertaken with practically no reference to space: account is taken neither of the structural disadvantages resulting from place of residence (infrastructure, housing structure, social milieu), nor of the different opportunities which exist for using space or for identification with it. On the other hand, research into segregation ignores the complexity of social segmentation by drawing solely on broadbrush data from official national and state sources. The paper closes with an exploration of the frequently ignored normative question of the "ideal concept for integration", which in turn is a key factor in determining the "ideal level" of social/spatial disparity.

Elisabeth Holzinger

Raum verloren, Räume gewonnen – Veränderungstendenzen der räumlichen Organisation der Gesellschaft

Die Veränderungen der räumlichen Organisation der Gesellschaft werden oft als Bedeutungsverlust des Raums für Mensch und Gesellschaft, als „Enträumlichung" interpretiert. Dieser Beitrag beschäftigt sich mit den verschiedenen Deutungen des Mensch-Raum-Verhältnisses. Es wird darauf hingewiesen, dass Bedeutungsverlust und Bedeutungsgewinn von Räumen nebeneinander bestehen und dass die unterschiedlichen Befunde auf die – meist unreflektierte – Anwendung unterschiedlicher Raumkonzepte zurückzuführen sind. Unter Anwendung eines relationalen Raumkonzepts werden die vor sich gehenden Veränderungen des Mensch-Raum-Verhältnisses als Pluralisierung der Produktions- und Reproduktionsbedingungen für die Raumschaffung mit einer Tendenz zur „Entgesellschaftung des Raums" beschrieben. Durch die Ausbreitung von für eine Vielzahl von Lebensvollzügen ungeeigneten Räumen und den Ausschluss von Menschen/sozialen Gruppen von der Raumbildung und Raumaneignung entstehen neue Formen sozialer Ungleichheit, die die Raumordnung als Gesellschaftspolitik fordern und vor neue Herausforderungen stellen.

Spaces lost, spaces gained – changing trends in the spatial organisation of society

Changes in the spatial organisation of society are often interpreted in terms of areas losing their significance for humans and for society, referred to in German as Enträumlichung (roughly "retreat" or "despatialisation"). This paper deals with the various interpretations of the relationship between man and space. As the author explains, the processes of spaces gaining and losing significance exist side by side; divergent findings can be attributed to the – frequently unreflected – application of different concepts of space. Using a relational concept of space, the author describes ongoing changes in the relationship between mankind and space in terms of the pluralisation of the conditions of production and reproduction for the creation of space with a tendency towards the social disengagement with space, referred to as Entgesellschaftung. Expansion into spaces unsuitable for a whole range of social processes and real-life modes coupled with the exclusion of human beings and social groups from the processes of forming and acquiring space are giving rise to new forms of social inequality which represent new demands and challenges for spatial planning as an area of social policy.

Martin Kronauer

Quartiere der Armen: Hilfe gegen soziale Ausgrenzung oder zusätzliche Benachteiligung?

Der Autor geht der Frage nach, wie die Menschen, welche am Arbeitsmarkt hohen Risiken ausgesetzt sind, die Bedrohung durch Armut und soziale Ausgrenzung erfahren und bewältigen und welchen Einfluss dabei die Lebensbedingungen in Stadtteilen mit überdurchschnittlich hoher Arbeitslosigkeit und Armut ausüben. Das Ergebnis empirischer Untersuchungen in zwei Stadtteilen in Hamburg ist, dass die Beziehungen zwischen Ausgrenzungs- und Armutserfahrungen und dem Quartier sehr viel komplexer sind, als es die These vom „Quartierstypeneffekt" (etwa: funktional gemischte Innenstadtquartiere bieten bessere Möglichkeiten zur Bewältigung der Situation von Armut und sozialer Ausgrenzung als monofunktionale Großwohnsiedlungen) erwarten lässt. In dem Beitrag wird deutlich, dass unterschiedliche Quartierstypen für unterschiedliche Armutspopulationen bezogen auf ihre Lebensbedingungen unterstützend oder benachteiligend sein können, woraus sich dann wieder Konzentrationsprozesse unterschiedlicher Armutspopulationen erklären lassen.

Poor neighbourhoods: a means of countering social exclusion, or an additional disadvantage?

The author explores the question as to how those people who are particularly at risk on the labour market both experience and cope with the threat of poverty and social exclusion, and also what influence is exerted in this context by the living conditions in neighbourhoods characterised by above-average levels of unemployment and poverty. As revealed in the results from empirical studies in two areas in Hamburg, the relationships between experiences of exclusion and poverty, on the one hand, and the area in which people live are much more complex than is suggested by the "neighbourhood-type-effect" thesis (roughly: inner-city areas with a functional mix provide better opportunities for coping with the situation of poverty and social exclusion than large-scale, monofunctional housing developments). What becomes clear in this paper is that different types of neighbourhood may be either supportive or detrimental with regard to living conditions for different populations of the poor; this in turn explains the concentration processes of different populations of the poor.

Heiko Geiling

Probleme sozialer Integration, Identität und Machtverhältnisse in einer Großwohnsiedlung

Die Komplexität sozialer Integrationsprobleme in städtischen Großwohnsiedlungen wird am Beispiel des am Bund-Länder-Programm „Soziale Stadt" beteiligten Stadtteils Hannover-Vahrenheide dargestellt. Der Beitrag fasst eine Untersuchung zusammen, die kleinräumige Sozialstrukturanalysen mit qualitativen Methoden der Befragung und Beobachtung zu einer neuen Methode der Sozialraumanalyse verbunden hat. Theoretisch und methodisch wird erläutert, wie über die allgemeinen Befunde städtischer sozialer Segregation hinaus stadtteiltypische Konfliktlinien identifiziert und dargestellt werden können. Alltagskulturell praktizierte soziale Distanzen und Nähebeziehungen werden damit ebenso kenntlich gemacht wie politisch wirksame Ressourcen- und Machtverteilungen im Stadtteil.

Problems of social integration, identity and power relationships in a large-scale housing development

The complexity of the problems of social integration in large-scale urban housing developments is illustrated by reference to the case of Hannover-Vahrenheide, a suburb which is participating in the Social City programme run jointly in Germany by the federal and state governments. This paper provides a summary of the study, which has combined local-level analyses of social structures, on the one hand, with qualitative methods for interrogation and observation to create a new method for the analysis of social space. The author explains in both theoretical and methodological terms how the general findings on urban social segregation can be analysed to identify and depict the lines of conflict typical of a particular urban area. This reveals equally well both the familiar everyday cases of social separation and proximity and the politically effective distribution of power and resources in the locality.

Dieter Läpple, Gerd Walter

Stadtquartiere und gesellschaftliche Integrationsmuster

Dieter Läpple und Gerd Walter diskutieren am Beginn ihres Beitrages die Rolle von Städten für gesellschaftliche Integrationsprozesse in einem kurzen historischen Rückblick. Angesichts eines tiefgreifenden gesellschaftlichen und wirtschaftlichen Wandels werden die gegenwärtigen Integrationsleistungen der Städte sodann kritisch beurteilt. Aus ihrer Sicht ist es notwendig, Integration im Hinblick auf die Einbindung in verschiedene Teilsysteme der Gesellschaft zu betrachten. Die Autoren sehen dabei den Stadtteil als wichtiges „Scharnier" in der Vermittlung zwischen System- und Sozialintegration, wobei sie die Notwendigkeit der Herstellung von „schwachen" und „starken" Verbindungen zwischen lokalen Akteuren betonen, wenn es um die Bekämpfung von Ausgrenzungsmechanismen geht. Anhand der Analyse von zwei sehr unterschiedlichen Stadtteilen Hamburgs (das innenstadtnahe Schanzenviertel und die Großsiedlung Steilshoop) wird deutlich gemacht, wie sich lokale

Integrationsmuster unterscheiden (das „post-fordistische" Integrationsmodell des Schanzenviertels vs. das „fordistisch-wohlfahrtsstaatliche" Integrationsmodell von Steilshoop) und wie sich verschiedene lokale Wirkungszusammenhänge auf Mechanismen und die individuelle Situation der Ausgrenzung auswirken können.

Urban neighbourhoods and patterns of social integration

Dieter Läpple and Gerd Walter begin with a discussion of the role of cities in processes of social integration and provide a short historical survey. In the light of the magnitude of the changes taking place in both society and the economy, the current performance of cities in respect of integration is judged critically. In the authors' view, integration has to be viewed in terms of the various different sub-systems within society. In this context, the authors see the urban locality as an important "hinge" in mediating between system and social integration; here they stress the need to create both "weak" and "strong" links between local actors in striving to combat the mechanisms of exclusion. Analysis of two very different parts of Hamburg (the inner-city Schanzenviertel and the large-scale Steilshoop development) demonstrates clearly just how disparate local patterns of integration can be (the "post-Fordist" model of integration found in the Schanzenviertel v. the "Fordist/welfare-state" model of integration in Steilshoop) and how different local constellations can impact on mechanisms as well as on the individual situation of exclusion.

Susanne Eder Sandtner, Rita Schneider-Sliwa

Neue Gesellschaftsformen und ihre residenziellen Verteilungsmuster am Beispiel von Basel-Stadt

In der sozialgeografischen Studie geht es darum, den in der Sozialwissenschaft thematisierten sozialen Strukturwandel – weg von der Klassen- hin zu einer heterogenen Lebensstilgesellschaft – mit quantitativ für ein gesamtes Stadtgebiet verfügbaren Daten der amtlichen Statistik nachzuvollziehen. Als Basis für die analysierten „Lebensformengruppen" werden aus soziologischen Lebensstilansätzen Selektionskriterien abgeleitet. Im Zentrum des Beitrags steht die Frage, wie sich das Phänomen der neuen Gesellschaftsstrukturen in Form neuer residenzieller Wohnstandortmuster im urbanen Raum abbildet. Es stellt sich heraus, dass für das Wohnstandortverhalten der Haushalte neben den Bedingungen des Wohnungsmarktes sowohl die Zugehörigkeit zu einer bestimmten sozialen Lage als auch die Zugehörigkeit zu einer bestimmten gesellschaftlichen Modernisierungsstufe von entscheidender Bedeutung ist.

New societal structures and their patterns of residential distribution, as illustrated by inner-city Basel

This socio-geographic study is concerned with finding empirical evidence from the quantitative data provided in official statistics available for an entire municipal territory for the change in social structure addressed in the social sciences, i.e. away from a class-based society to a heterogeneous, life-style society. In order to establish a basis for the so-called "life-form groups" analysed, selection criteria are derived from sociological attempts to characterise life styles. The central concern of this paper is the question of how the phenomenon of new societal structures manifests itself in the form of new residential patterns regarding place of residence in an urban area. With regard to the behaviour of households in choosing where to live, it is evident that this decision is critically determined not only by the situation on the housing market and the social status of the household, but also by how it ranks itself within society in terms of modernity.

Hartmut Häußermann

Segregation – Partizipation – Gentrifikation. Zur Bedeutung von kulturellem Kapital in der Stadterneuerung

Der Autor analysiert in seinem Beitrag, welche Auswirkungen die Veränderung der Organisation der Stadterneuerung für die soziale Zusammensetzung und die Partizipationsmöglichkeiten der Bürgerinnen und Bürger im Sanierungsprozess hat. Am Beispiel des Stadtteils Berlin-Prenzlauer Berg wird deutlich gemacht, wie der Wechsel von einem staatlich zentrierten, fordistischen Stadterneuerungsregime zu einem verhandlungsorientierten, post-fordistischen Stadterneuerungsregime die Position der Mieter im Erneuerungsprozess verändert, wobei deren kulturelles und soziales Kapital eher über die erfolgreiche Durchsetzung ihrer Interessen entscheidet als das ökonomische Kapital. Die Analyse zeigt, dass das neue Sanierungsregime mehr die Personen als die vorhandene soziale Schicht schützt und dass es zu einer Verdrängung der unteren sozialen Schichten kommt.

Segregation – participation – gentrification. The importance of cultural capital for urban renewal

In this paper the author analyses the impacts of changes in the organisation of urban renewal on the social composition of citizens involved in the renewal process and the scope for their participation. By referring to the Prenzlauer Berg area in Berlin, the author illustrates the way in which the shift from a central-state, Fordist regime for urban renewal towards a negotiation-based, post-Fordist regime has altered the position of tenants within the renewal process; with regard to their success in asserting their interests, their cultural and social capital is more decisive than their economic capital. The analysis shows that the new renewal regime protects individuals rather than the social class previously in place, and the lower social classes are consequently displaced.

Annette Spellerberg

Lebensstile im sozialräumlichen Kontext: Wohnlagen und Wunschlagen

In dem Beitrag wird das Lebensstilkonzept für die Untersuchung sozialräumlicher Phänomene herangezogen. Es wird empirisch geprüft, ob Lebensstile auch unabhängig von klassischen Ungleichheitskriterien die Wahl des Wohnstandorts erklären können und ob lebensstilspezifische Wohnbedürfnisse erkennbar sind. Als Datenbasis dient eine repräsentative Bevölkerungsumfrage in Westdeutschland mit mehr als 2.000 Befragten. Für sechs ausgewählte Lebensstilgruppen (Hochkulturell interessierter Niveautyp, Moderner Selbstverwirklichungstyp, Sachlich-pragmatisch Qualitätsbewusste, Unterhaltungs- und Erlebnistyp, Traditionelle Integrierte sowie Passiv zurückgezogen lebender Typ) werden Ergebnisse zu Stadt-Land-Verteilungen und innerstädtischen Wohngebieten präsentiert. Wenn auch je nach Ortstyp die Lebensstiltypen unterschiedlich hohe Anteile aufweisen, so sind klare Standortmuster nicht bei jeder Lebensstilgruppe zu erkennen (z.B. Sachorientierter, pragmatischer Typ). In multivariaten Modellen zeigt sich bei dieser repräsentativen und damit überörtlichen Betrachtung zusammenfassend, dass die Haushalts- und Familienform ebenso wie der Lebensstil mindestens so aussagekräftig zur Erklärung des Wohnstandortes sind wie das Einkommen oder das Berufsprestige.

Life styles in the context of social space: actual and preferred locations for living

This paper draws on the concept of life styles in order to investigate social-space phenomena. It examines whether life styles, independently of classical inequality criteria, are capable of explaining the choice of where to live, and whether any lifestyle-specific requirements are identifiable. The database is provided by a representative poll carried out in western Germany with over 2,000 respondents. Results are presented on urban-rural distribution and on inner-city residential locations for six selected life-style groups (high-culture type; modern self-realisational type; pragmatic, quality-conscious type; entertainment and experience type; traditionally integrated type; and passive, reclusive type). Even though there are differences in the distribution of these life-style types over the location types, clear locational patterns are not evident for every life-style group (e.g. pragmatic type). In multi-variant models, summarising this representative and thus supra-locally relevant study, it becomes apparent that the nature of the household or family unit is just as powerful an indicator for the choice of place of residence as income or professional prestige.

Jens S. Dangschat, Alexander Hamedinger

Sozial differenzierte Räume – Erkenntnisinteresse, Problemlagen und Steuerung

In einem resümierenden Schlusskapitel werden die theoretischen wie empirischen Befunde aus den einzelnen Beiträgen aufeinander bezogen, die Diskussionen der verschiedenen Arbeitskreissitzungen zusammengefasst und im Hinblick auf die Rolle der Stadt- und Regionalplanung bei der Steuerung vor allem der räumlichen Konzentration von armen und sozial benachteiligten Personen erörtert. Besonderes Augenmerk wird dabei auf die Steuerungsmöglichkeiten von Stadterneuerungsprogrammen gelegt, die unter dem Begriff „Quartiersmanagement" subsumiert werden können und gegenwärtig in einigen europäischen Ländern kritisch diskutiert werden („area-based-initiatives" in Großbritannien, „grote steten beleid" in den Niederlanden, Programm „Soziale Stadt" in Deutschland oder "contrat de villes" in Frankreich). Schließlich wird das Potenzial der Standorte der „neuen sozialen Milieus", der Kreativ-Netzwerke vor allem vor dem Hintergrund analysiert, wie sie die Möglichkeit dafür verbessern, in den Stadtvierteln die lokale Zivilgesellschaft zu stärken.

Socially differentiated spaces: areas for research, problems and control

In this concluding and summarising chapter, the theoretical and empirical findings presented in the various papers are brought together, and the discussions which took place in the working group are recapitulated and examined with regard to the role of urban and regional planning in steering in particular the spatial concentration of poor and socially disadvantaged members of society. In this context, special attention is placed on the scope for steering and control provided by urban renewal programmes, which can be subsumed under the heading "neighbourhood management" and are currently the subject of critical discussion in a number of European countries ("area-based initiatives" in the United Kingdom; "grote ███████ *the Netherlands; the "social city" programme in Germany; or the "contrat* ███████ *ce). The chapter closes with an analysis of the potential of "new social* ███████ *and of creative networks against the background of the question of how* ███████ *ope for strengthening local civil society in urban neighbourhoods.*

Verbundforschungsprojekt
„Räumliche Konsequenzen des demographischen Wandels"

AKADEMIE FÜR RAUMFORSCHUNG UND LANDESPLANUNG

Teil 1
Schrumpfung – Neue Herausforderungen für die Regionalentwicklung in Sachsen, Sachsen-Anhalt und Thüringen
Bernhard Müller, Stefan Siedentop (Hrsg.)
Hannover 2003
Arbeitsmaterial Nr. 303
154 S., 21,- EUR
ISBN 978-3-88838-303-8

Teil 2
Planung und Migration
Determinanten, Folgen und raumplanerische Implikationen von sozialräumlicher Mobilität
Thorsten Wiechmann, Oliver Fuchs (Hrsg.)
Hannover 2004
Arbeitsmaterial Nr. 307
(vergriffen)

Teil 3
Landesentwicklung bei Bevölkerungsrückgang – Auswirkungen auf die Raum- und Siedlungsstruktur in Baden-Württemberg
Erika Spiegel (Hrsg.)
Hannover 2004
Arbeitsmaterial Nr. 310
(vergriffen)

Teil 4
Bestimmungsfaktoren der künftigen räumlich-demographischen Entwicklung in Deutschland
Nichtdemographische Einflussfaktoren der Regionalentwicklung in Deutschland
Martin T. W. Rosenfeld, Claus Schlömer (Hrsg.)
Hannover 2004
Arbeitsmaterial Nr. 312
(vergriffen)

Teil 5
Demographischer Wandel im Raum: Was tun wir?
Gemeinsamer Kongress 2004 von ARL und BBR
Wendelin Strubelt, Horst Zimmermann (Hrsg.)
Hannover 2005
Forschungs- und Sitzungsberichte Bd. 225
154 S., farb. Abb., 19,- EUR
ISBN 978-3-88838-054-9

Teil 6
Demographische Trends in Deutschland
Folgen für Städte und Regionen
Paul Gans, Ansgar Schmitz-Veltin (Hrsg.)
Hannover 2006
Forschungs- und Sitzungsberichte Bd. 226
384 S., farb. Abb., 25,- EUR
ISBN 978-3-88838-055-6

Teil 7
Konsequenzen aus der demographischen Entwicklung für Regionen in Nordwestdeutschland
Hans-Jürgen Back (Hrsg.)
Hannover 2006
Arbeitsmaterial Nr. 328
68 S., 11,- EUR
ISBN 978-3-88838-328-1

Teil 8
Demographischer Wandel in ausgewählten Regionstypen Nordrhein-Westfalens
Herausforderungen und Chancen für regionale Politik
Rainer Danielzyk, Heiderose Kilper (Hrsg.)
Hannover 2006
Arbeitsmaterial Nr. 329
162 S., farb. Abb., 25,- EUR
ISBN 978-3-88838-329-8

Teil 9
Umbau von Städten und Regionen in Nordostdeutschland
Handlungsnotwendigkeiten und Handlungsperspektiven
Hans Joachim Kujath, Suntje Schmidt (Hrsg.)
Hannover 2007
Arbeitsmaterial Nr. 330
298 S., farb. Abb., 38,- EUR
ISBN 978-3-88838-330-4

NEU

Teil 10
Umdenken – Umplanen – Umbauen
Stadt- und Regionalentwicklung in Sachsen, Sachsen-Anhalt und Thüringen unter Schrumpfungsbedingungen
Peter Sedlacek (Hrsg.)
Hannover 2007
Arbeitsmaterial Nr. 331
258 S., farb. Abb., 36,- EUR
ISBN 978-3-88838-331-1

Bestellmöglichkeiten über den Buchhandel
Auslieferung über VSB-Verlagsservice
Postfach 47 38, 38037 Braunschweig
Tel. 0 18 05/7 08-7 09, Fax 05 31/7 08-6 19
E-Mail: vsb-bestellservice@westermann.de

AKADEMIE FÜR RAUMFORSCHUNG UND LANDESPLANUNG
Hohenzollernstr. 11, 30161 Hannover
Tel. 05 11/3 48 42-13, Fax 05 11/3 48 42-41
E-Mail: Berswordt@ARL-net.de
www.ARL-net.de